# Das Gesundheitswesen und seine volkswirtschaftliche Bedeutung

Maik Ebersoll  •  Roman Grinblat
Marianna Hanke-Ebersoll
Thorsten Junkermann
Hrsg.

# Das Gesundheitswesen und seine volkswirtschaftliche Bedeutung

*Hrsg.*
Maik Ebersoll
AWT Institut für ökonomische Systemtheorie
München, Deutschland

Marianna Hanke-Ebersoll
AWT Institut für ökonomische Systemtheorie
München, Deutschland

Roman Grinblat
Duale Hochschule Baden-Württemberg
Heidenheim
Heidenheim, Deutschland

Thorsten Junkermann
AWT Institut für ökonomische Systemtheorie
Bad Kreuznach, Deutschland

ISBN 978-3-658-36939-2      ISBN 978-3-658-36940-8 (eBook)
https://doi.org/10.1007/978-3-658-36940-8

Die Deutsche Nationalbibliothek verzeichnet diese Publikation in der Deutschen Nationalbibliografie; detaillierte bibliografische Daten sind im Internet über http://dnb.d-nb.de abrufbar.

Springer Gabler

Lektorat/Planung: Margit Schlomski
Springer Gabler ist ein Imprint der eingetragenen Gesellschaft Springer Fachmedien Wiesbaden GmbH und ist ein Teil von Springer Nature.
Die Anschrift der Gesellschaft ist: Abraham-Lincoln-Str. 46, 65189 Wiesbaden, Germany

# Vorwort

Als Gesundheitssystem wird in der Regel die Gesamtheit von Personen, Organisationen, Regelungen und Prozessen bezeichnet, welche die Gesundheit der Bevölkerung zum Ziel hat. Das sehr komplexe System der Prävention, Kuration und Rehabilitation zur Förderung, Erhaltung und Wiederherstellung von Gesundheit und Lebensqualität ist neben diesen Primärzielen auch ein Subsystem der Gesellschaft. Aufgrund seiner Dimension ist gerade das Gesundheitswesen ein erheblicher Wirtschaftsfaktor und hat damit als eine Schlüsselbranche, von der die gesamte Bevölkerung betroffen ist, volkswirtschaftliche Relevanz.

In den letzten Jahren beliefen sich die Gesundheitsausgaben regelmäßig auf mehr als zehn Prozent des Bruttoinlandsproduktes und somit auf ca. 400 Milliarden Euro. Eine ähnliche Größenordnung zeigt sich bei den im Gesundheitswesen beschäftigten Personen, welche mehr als zehn Prozent der Erwerbsbevölkerung ausmachen.

Der Gesundheitsmarkt ist ein besonderer Markt, weil die ihm zugrunde liegenden Bedürfnisse nach Erhalt oder Verbesserung des individuellen Gesundheitszustandes sehr existenziell, ursprünglich und letztlich überlebenswichtig sind. Die damit – auch ethisch – einhergehenden Fragestellungen geben dem Gesundheitsmarkt seine besondere Prägung und gesellschaftliche Bedeutung. Hierzu zählen nicht nur klassische Fragen wie etwa der unmittelbare Abgleich von Angebot und Nachfrage über Preismechanismen, sondern eben auch ausgeprägte staatliche Eingriffe zur Gestaltung und Regulierung, an welchen sich die verschiedenen Stakeholder wie etwa Gesundheitsdienstleister, Krankenkassen, Bürger auszurichten haben. Die Spanne reicht von strikten gesetzlichen Vorgaben bis hin zu sanften verhaltenssteuernden Eingriffen bei meritorischen Gütern. Ein kurzer Blick auf die Maßnahmen zur Vermeidung der Überlastung des Gesundheitswesens durch die Coronapandemie vermag dies eindrucksvoll zu belegen.

Das Ziel des vorliegenden Buches besteht darin, die volkswirtschaftliche Bedeutung des Gesundheitswesens aus unterschiedlichen Blickwinkeln darzustellen. Dabei werden wirtschaftliche, sozialwissenschaftliche, medizinische und rechtliche Perspektiven eröffnet. Diese Interdisziplinarität soll es ermöglichen, den eigenen Fokus des Lesers zu erweitern und eine ganzheitlichere und zugleich diversifiziertere Sicht auf ein zentrales Element moderner Gesellschaften und Volkswirtschaften zu fördern.

Der erste Beitrag widmet sich einer übergreifenden Darstellung des Gesundheitswesens in Deutschland, was an dieser Stelle nur in Form eines groben, holzschnittartigen Überblicks erfolgen kann. Dieser Beitrag soll Leser erreichen, die sich einen ersten Überblick über die Komplexität und eine Einordnung der Vielfalt des Gesundheitswesens verschaffen möchten. Die darauffolgenden Beiträge eröffnen aufschlussreiche Perspektiven aus Sicht einzelner Stakeholder des Gesundheitswesens. Janine Bicking und Gregor Mainzer geben einen Einblick in die ambulante ärztliche Versorgung, während Gerald Gaß und Maike Visarius Krankenhäuser als zentrale Akteure regionaler Versorgungsnetzwerke in den Fokus rücken. Franz Benstetter und Dominik Schirmer beleuchten aus Sicht der gesetzlichen Krankenversicherung die ökonomische Dimension von Betrugs- und Missbrauchsfällen in der medizinischen Versorgung.

Die weiteren Beiträge fokussieren auf methodische, prozessuale Aspekte, wie bspw. der Beitrag von Roman Grinblat und Enes-Batuhan Baskal zur Evidenz und Preisfindung digitaler Gesundheitstechnologien oder Rainer Pelkas Modell IMPAKT© als kybernetischer Treiber effizienter Therapien chronischer Krankheiten oder Michael Huss' Überlegungen zum Paradigmenwechsel in der Forschung zu psychischer Gesundheit und ihre Auswirkungen auf die gesundheitsökonomische Bewertung von Evidenz.

Mit Blick auf die Zukunft geht Oliver Kremer der Frage nach, ob die Leistungsfähigkeit des deutschen Gesundheitswesens bei einer linearen Weiterentwicklung seiner Beeinflussungsdeterminanten weiter aufrechterhalten werden kann und sensibilisiert damit für bevorstehende Herausforderungen für das Gesundheitssystem.

Das Autorenquartett Maik Ebersoll, Jürgen Federmann, Marianna Hanke-Ebersoll und Thorsten Junkermann widmet sich schließlich der Operationalisierung des „Gesundheitszustandes" von Bevölkerungsgruppen, was als wesentliche Voraussetzung für fundierte Einbeziehung in quantitative, makroökonomische Theorien sowie die Wirtschafts-/Gesundheitspolitik angesehen werden darf.

Die Beiträge dieses Buches spannen damit einen weiten Bogen, welcher nicht nur unterschiedliche Disziplinen zu Wort kommen lässt, sondern eben auch ganz unterschiedliche sachliche Fragestellungen teils aus theoretischer Perspektive und teils aus Praxissicht beleuchtet. Neben der wenig überraschenden Bestätigung, dass das Gesundheitswesen als überaus relevanter Gesellschaftsbestandteil mit signifikanter wirtschaftlicher Bedeutung angesehen werden muss, zeigen die Einzelbeiträge auch dessen Komplexität und Vielschichtigkeit sowie die Notwendigkeit immer wieder neu auszuhandelnder Kompromisse teils widerstreitender Interessen und Zielsetzungen.

Die Herausgeber wünschen viel Freude bei der Lektüre.

München, Deutschland                                          Maik Ebersoll
Heidenheim, Deutschland                                      Roman Grinblat
München, Deutschland                             Marianna Hanke-Ebersoll
Bad Kreuznach, Deutschland                         Thorsten Junkermann

# Inhaltsverzeichnis

# Ausgewählte Aspekte des Gesundheitswesens aus volkswirtschaftlicher Sicht

Maik Ebersoll, Marianna Hanke-Ebersoll und Thorsten Junkermann

## Inhaltsverzeichnis

**Zusammenfassung**

Die Organisation der Gesundheitsversorgung wird von vielen Staaten als wichtige Aufgabe verstanden, für welche grundsätzlich verschiedene Ansätze verfolgt werden

M. Ebersoll · M. Hanke-Ebersoll
AWT Institut für ökonomische Systemtheorie, München, Deutschland
E-Mail: maik.ebersoll@awtinst.org; marianna.hanke-ebersoll@awtinst.org

T. Junkermann (✉)
AWT Institut für ökonomische Systemtheorie, Bad Kreuznach, Deutschland
E-Mail: thorsten.junkermann@awtinst.org

M. Ebersoll et al. (Hrsg.), *Das Gesundheitswesen und seine volkswirtschaftliche Bedeutung*, https://doi.org/10.1007/978-3-658-36940-8_1

können und welche daher auch regelmäßig in den Fokus des gesellschaftlichen und politischen Diskurses gerät. Der Beitrag skizziert in Form des privatwirtschaftlichen Gesundheitswesens, des staatlichen Gesundheitsdienstes sowie der Sozialversicherung, drei idealtypische Ausprägungsmöglichkeiten, bevor im Anschluss das deutsche Gesundheitswesen in seinen Grundzügen umrissen wird. Anhand einer quantitativen, makroökonomischen Systemtheorie wird sodann gezeigt, dass derartige Gesundheitssysteme auch in der Volkswirtschaft durchaus markante Spuren hinterlassen und diese prägen. Weiterhin eröffnen sich interessante Ansätze zur Beurteilung von Effizienz und Effektivität (gesundheits-)politischer Maßnahmen.

## 1.1   Drei idealtypische Ausprägungen des Gesundheitswesens[1]

In der Literatur finden sich viele verschiedene Ansätze, Gesundheitssysteme zu strukturieren und zu klassifizieren. In diesem Abschnitt wird die Klassifikation vorgestellt, die bereits 1978 von Milton Terris (vgl. 1978, S. 1125 ff.) eingeführt wurde. Ihr liegen drei Modelle zu Grunde: das privatwirtschaftlich organisierte Gesundheitswesen, der staatliche Gesundheitsdienst und die Sozialversicherung (vgl. Rovira et al., 1998, S. 188).[2]

Für die spätere Untersuchung sind diese drei Grundtypen weiterhin beachtenswert, auch wenn wir im Verlauf dieser Monografie zur Komplexitätsreduktion meist das faktische deutsche Gesundheitswesen heranziehen.

### 1.1.1   Das privatwirtschaftlich organisierte Gesundheitswesen

In einem privat organisierten Gesundheitswesen liegt die Verantwortung für die Finanzierung der Gesundheitsversorgung beim Individuum selbst.

Falls sich das Individuum überhaupt für eine Form der finanziellen Vorsorge entscheidet, muss diese grundsätzlich auf privatem Wege erfolgen. Im Falle einer Krankheit bedeutet dies, dass der Umfang der nachgefragten Gesundheitsleistungen allein von den Präferenzen der Individuen, deren verfügbaren Einkommen und den am Markt vorherrschenden Preisen bestimmt wird. Um einen reibungslosen Handel von Gesundheitsleistungen und -gütern auf dem Markt zu gewährleisten, müssen die Voraussetzungen der Produzentensouveränität und Konsumentensouveränität gewährleistet sein (vgl. Volk, 1989, S. 21).

---

[1] Das vorliegende Kapitel orientiert sich an Hanke, 2007, S. 4 ff.

[2] Weitere mögliche Klassifikationen sind zum Beispiel: Laing's approach, BID report, Evans' approach, OECD approach, NERA prototype, WHO HiT Profiles. Vgl. Rovira et al., 1998, S. 189 ff.

**Abb. 1.1**  Privatwirtschaftlich organisiertes System

Auf dem Markt von Gesundheitsgütern, die oft mehr Dienstleistungen als greifbare und objektiv leicht zu beurteilende Waren darstellen,[3] ist es fraglich, ob eine Souveränität beider Parteien vollständig zu verwirklichen ist, da Informationsasymmetrien (Principal-Agent-Problem) zwischen Ärzten (Produzenten) und Patienten (Konsumenten) vorliegen können.

Der Staat spielt in diesem Modell lediglich die Rolle als Garant für die einzuhaltenden (z. B. vertragsrechtlichen) Rahmenbedingungen eines funktionierenden Marktes und kann damit steuernde Wirkung bezüglich der Informationsasymmetrie (z. B. durch eine gesetzliche Verpflichtung zu umfassender Aufklärung, wie sie bereits heute kodifiziert ist) erreichen. Die Abb. 1.1 gibt einen graphischen Überblick.[4]

### 1.1.1.1 Leistungsanbieter

Die Leistungsanbieter, zum Beispiel Ärzte, Apotheken, Physiotherapeuten, Krankenhäuser, Pflegeeinrichtungen, stehen im System des privatwirtschaftlichen Gesundheitswesens in direktem vertragsrechtlichem Kontakt zum Patienten und verhandeln mit diesem die Art, den Umfang und die Bezahlung der Gesundheits(dienst)leistungen. Diese Verhandlungen werden auf der Seite des Anbieters durch seine Ressourcen und auf der Seite des Nachfragers durch die finanziellen Möglichkeiten limitiert.[5]

Der direkte Kontakt zwischen Anbieter und Nachfrager führt unweigerlich zu einem Wettbewerb zwischen den Leistungserbringern um „zahlende Kundschaft". Dabei ist das oft sehr subjektive Qualitätsurteil der Kunden ausschlaggebend, ob es zum Beispiel Weiterempfehlungen gibt. Aber auch weitestgehend „objektive" Informationsquellen wie bspw. Evaluierungen, Qualitätsstudien, Vergleichs- und Bewertungsportale, können die Wettbewerbspositionen der Anbieter beeinflussen.

### 1.1.1.2 Leistungsempfänger

Der Leistungsempfänger wählt seinen Arzt selbst aus, verhandelt mit diesem und stellt idealerweise Leistungs- sowie Kostenvergleiche an. Er allein entscheidet, ob und in wel-

---

[3] Eine „objektive" Beurteilung von Dienstleistungen und deren Qualität ist aufgrund der besonderen Bedeutung subjektiver Empfindungen ungleich komplexer, als dies bei materiellen Gütern mit weitgehend objektiv messbaren und quantifizierbaren Eigenschaften möglich ist.

[4] Der private Versicherungsanbieter kann auch entfallen.

[5] Zum Beispiel, Arbeitszeit, Kompetenzen, räumliche Möglichkeiten, Personalausstattung einer Praxis usw.

chem Umfang er durch reines Ansparen oder das Abschließen von Versicherungen dem finanziellen Engpass im Krankheitsfall vorbeugen will.

Es wird deutlich, dass dem Leistungsempfänger bei diesen Entscheidungen ein hohes Maß an Informationen zur Verfügung stehen muss, wenn er alle Gestaltungsmöglichkeiten berücksichtigen will; Informationen über Leistungsangebote und Konditionen der verschiedenen Versicherungen (alternativ auch über diverse Geldanlagen) und Wissen über die adäquate Behandlung im Krankheitsfall.

Ein Sonderfall im Zusammenhang mit Gesundheitsleistungen sind Notfallleistungen, deren Erbringung keinen Aufschub duldet (z. B. Behandlung des akuten Herzinfarktes). Hier scheiden die vorherige Informationseinholung und Anbieterauswahl regelmäßig aus. Der Leistungsempfänger wäre im privatwirtschaftlichen Gesundheitssystem ohne das Vorhandensein einer Versicherung mit seinem gesamten privaten Vermögen für diese existenzielle Leistung haftbar. Situativ und fachlich ist das Wissen über die adäquate Behandlung damit eng beschränkt und die Informationsverfügbarkeit für den Leistungsempfänger im Markt der Gesundheitsleistungen selten ausreichend erfüllt, so dass die erforderliche Konsumentensouveränität nicht vollständig vorliegt.[6] Bei der Frage nach ausreichendem Versicherungsschutz liegt die Schwierigkeit darin, die eigene Gesundheit der Gegenwart und der Zukunft realistisch einschätzen zu können. Einfluss auf diese Einschätzung haben bspw. die unterschiedlichen individuellen Risikoneigungen, die auch im Lebensverlauf variieren können.

**Exkurs**

Der direkte Kontakt des Versicherungsnehmers mit der Versicherung führt idealerweise zu einer individuellen Gestaltung des Vertrages, welcher damit auf die Bedürfnisse optimal abgestimmt werden kann. So unterscheidet sich der Leistungsumfang von Vertrag zu Vertrag und der Versicherungsnehmer zahlt mit seiner Prämie lediglich die von ihm gewünschten und eventuell beanspruchten Leistungen. Durch diese individuelle Gestaltungsmöglichkeit kommt es vor, dass ein objektiv betrachtet gleiches Krankheitsrisiko zu unterschiedlich hohen Beiträgen versichert ist und damit auch unterschiedliche Leistungspakete beansprucht. So wird sich ein Familienvater z. B. stärker gegen unvorhergesehene krankheitsbedingte Arbeits- und damit Lohnausfälle absichern wollen als ein junger alleinstehender Mann. Die Entscheidung über den Versicherungsvertrag hängt somit auch von der Risikoneigung der entsprechenden Person ab, was prinzipiell Situationen von „Überversicherung" und „Unterversicherung" ermöglicht. Ein Vorteil, neben dem oben erwähnten individuell zugeschnittenen Versicherungsverträgen entsteht besonders Personen mit geringem Krankheitsrisiko, also überwiegend gesunden Menschen. Sie können ihre Beiträge sehr niedrig halten; möglich wären auch Zugeständnisse seitens der Versicherung, z. B. in Form von nicht-finanziellen „Geschenken". Eher risikobehaftete Personen werden es dagegen schwer haben, sich zu einem genauso niedrigen Beitrag zu versichern. Sie stellen für die Versicherungen ein als vergleichsweise hoch empfundenes Erkrankungsrisiko dar, welches eventuell langfristige Behandlungen und enorme finanzielle Kosten verursacht. So wird sich eine Versicherung zwar bereit erklären, das Risiko teilweise oder vollständig zu übernehmen, jedoch nur mit entsprechend finanzieller Absicherung und damit einem höheren Beitrag.

---

[6]Zur Konsumentensouveränität siehe auch: Engelkamp & Sell, 1998, S. 31.

### 1.1.1.3 Finanzierungsträger

In einem privatwirtschaftlichen Gesundheitssystem gibt es zwei Arten der Finanzierung, sieht man von Almosen ab: Vorsorge durch privat organisiertes Sparen oder Versicherungsabschlüsse.

Die Berechnung eines Versicherungsbeitrags und die Gestaltung des angebotenen Leistungspaketes wird meist durch Kriterien wie Geschlecht, Alter, Beruf, Familienstand und Vorerkrankungen bestimmt. Diese Kriterien helfen dem Versicherungsgeber, die Informationsasymmetrie gegenüber dem Versicherungssuchenden über sein Gesundheitsverhalten und seinen Gesundheitszustand abzumildern. Auch die Wahl der Leistungspakete bietet Rückschlussmöglichkeiten auf verborgene Anfälligkeiten und ermöglicht eine bessere Risikokalkulation für die Versicherung.

Wie bereits erwähnt, führt die freiwillige Versicherungsmöglichkeit zum Wettbewerb zwischen den Anbietern um Versicherungsnehmer; mehr (gesunde) Kunden bedeuten mehr Einnahmen durch Versicherungsprämien und eine bessere Risikostreuung. Die Attraktivität der eigenen Versicherung kann dabei über den Preis und über zielgruppenspezifisch ausgerichtete Leistungen beeinflusst werden. Eine notwendige Bedingung für diesen Wettbewerb stellt ein ausreichend guter Informationsstand dar, der ein schnelles Vergleichen von verschiedenen Anbietern für die Versicherungsnehmer erst möglich macht.

## 1.1.2   Das Gesundheitswesen als staatlicher Gesundheitsdienst

Im Modell des staatlichen Gesundheitsdienstes legt der Staat nicht nur die Rahmenbedingungen fest, sondern bestimmt auch die Höhe des Budgets für die Gesundheitsausgaben, den Umfang der Gesundheitsleistungen und die Art und Höhe der Vergütungen von Leistungsanbietern (vgl. Rovira et al., 1998, S. 188). Der Staat ist in diesem System gleichzeitig Anbieter und Finanzier von Gesundheitsleistungen.

Dieses Modell führt in seiner Konsequenz zu einer beliebig starken Einschränkung der individuellen Wahlfreiheit der Patienten. Es liegt die Annahme zu Grunde, dass der Einzelne nicht zwischen wahrem und scheinbarem Nutzen von Gesundheitsleistungen unterscheiden kann und daher die Verlagerung der Entscheidungsgewalt weg von den Patienten hin zum Staat erfolgt. Dieser hat die Aufgabe, eine Art objektive Vernunft herzustellen, indem er die Interessen der Gemeinschaft über die des Einzelnen stellt und damit in letzter Konsequenz für das Individuum entscheidet (vgl. Volk, 1989, S. 60).

Das verfolgte Ziel ist nach Volk (1989, S. 45) „[…] die soziale Ungleichheit […] sowie Versorgungsdisparitäten zu vermeiden, und eine gleichmäßige und gleichwertige Gesundheitsversorgung für jeden einzelnen zu gewährleisten." Die Abb. 1.2 gibt einen graphischen Überblick.[7]

---

[7]Der Staat übernimmt den Steuereinzug, die Steuerung der Gesundheitsversorgung und das Leistungsangebot.

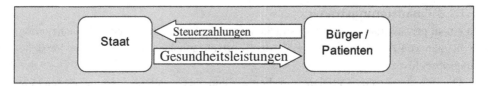

**Abb. 1.2** Staatlich organisierter Gesundheitsdienst

### 1.1.2.1 Leistungsanbieter

Die Leistungsanbieter sind Beschäftigte des Staates, werden direkt aus öffentlichen Mitteln bezahlt und sind der Weisung und Kontrolle öffentlicher Stellen, regional oder kommunal, unterstellt. Ebenso wird die Qualität und Quantität der Leistungen auf übergeordneter Ebene planwirtschaftlich und administrativ festgelegt (vgl. Volk, 1989, S. 46). Der fehlende Wettbewerb dieses staatlichen Versorgungspaketes kann zu ausbleibenden Weiterentwicklungen von Versorgungsstrukturen und zur Unwirtschaftlichkeit bei der Finanzmittelverwendung führen.

Zusätzliche, das heißt nicht vom Staat angebotene, beplante und finanzierte Leistungen sind grundsätzlich nicht existent. Ein solcher Einkauf von Leistungen, welche über den staatlich definierten Umfang hinausgehen, stellt genau genommen schon eine Mischform aus staatlichem und privatem System dar.

### 1.1.2.2 Leistungsempfänger

Der Bürger finanziert über Steuern das vom Staat festgelegte Gesundheitsbudget (vgl. Rovira et al., 1998, S. 188) und hat im Gegenzug dafür freien Zugang zu den Gesundheitsleistungen. Es gibt keine Ausschlusskriterien, die bei Bedarf von Gesundheitsgütern zu einer Verweigerung führen können (vgl. Volk, 1989, S. 46). Damit wird jedem Bürger des Systems eine medizinische Grundversorgung zugesichert.

Durch die Planwirtschaft des Gesundheitswesens werden Bedarf und die dafür nötigen Leistungen zentral und staatlich bestimmt. Diese Form der Staatsbürgerversorgung bedeutet für den Einzelnen im Rahmen des staatlichen Gesundheitsdienstes den Verzicht auf eine von der Bedarfsplanung abweichende persönliche Gestaltung der Gesundheitsversorgung (vgl. Volk, 1989, S. 61).

### 1.1.2.3 Finanzierungsträger

Die Finanzierung obliegt dem Staat, der mittels eines Budgets aus Steuergeldern die Gesundheitsversorgung des Landes dirigiert. Die Festlegung der Höhe des Gesundheitsbudgets ist eine der Kernaufgaben und erfolgt über die Ermittlung des notwendigen Bedarfs an Leistungen in der Bevölkerung. Mit den auf regionalen oder kommunalen Verwaltungsebenen zugeteilten Haushaltmitteln müssen dann sowohl die Leistungen für die Patienten eingekauft, als auch die Leistungserbringer vergütet werden. So fungiert die Aufteilung der Gelder als Lenkungsinstrument des Staates. Schwerpunktthemen und -regionen können so durch überproportionale Finanzmittelzuteilung gesondert gefördert werden (vgl. Volk, 1989, S. 47).

Die Finanzierung durch Steuern stellt eine Art Zwangsversicherung dar, welcher der Gedanke der Gesundheitsversorgung als meritorisches Gut zu Grunde liegt. Individuen sind zu stark gegenwartsorientiert, um sich selbständig und ausreichend für die eigene Zukunft abzusichern.[8]

**Exkurs**

Als meritorische Güter werden jene Güter bezeichnet, die eine positive Wirkung durch den Konsum nach sich ziehen, allerdings zu wenig nachgefragt werden, da der Nutzen des Gutes oft nicht bekannt ist oder eine falsche Beurteilung zukünftiger Bedürfnisse und Präferenzen vorliegt (sogenanntes Problem der Zeitpräferenzrate). Der Staat sieht sich deswegen oft in der Verantwortung, diese Mängel auszugleichen und geht davon aus, dass er die Präferenzen der Bürger in Gegenwart und Zukunft besser beurteilen kann als das Individuum selbst. Durch Gütersubventionen, Preissenkungen oder Konsumverpflichtungen greift er dann in das Marktgeschehen ein.

### 1.1.3 Das Gesundheitswesen als Sozialversicherungssystem

Das Kernstück des Sozialversicherungsmodells bildet die obligatorische Krankenversicherung mit gesetzlich festgelegten Sozialleistungen.

Die Höhe der Versicherungsbeiträge richtet sich in der Regel nach dem Einkommen der zu versichernden Person. Ein wichtiger Kerngedanke im Sozialversicherungssystem ist die Solidarität; ihr wird nicht nur durch den einkommensabhängigen Beitrag Rechnung getragen, sondern zuweilen auch durch die Verteilung der Beitragslast zwischen Arbeitgebern und Arbeitnehmern.[9]

Familienversicherungen oder andere Vergünstigungen sind in dieser Form des Gesundheitssystems nicht selten, da der Gesetzgeber hiermit seinen sozialen Gestaltungswillen umsetzen kann.

Vertragsabschlüsse zwischen Leistungsanbietern und der Sozialversicherung gehören ebenso in das Modell wie regulierende Maßnahmen durch den Staat. Die Anbieter können dabei vollkommen frei als Anbieter im Gesundheitsmarkt auftreten (z. B. in Krankenhäusern oder Praxen) oder ausschließlich oder zusätzlich eine vertragliche Bindung mit einer

---

[8] Eine Folge davon könnte sein, dass sich ein Patient zu spät in eine Gesundheitsversorgung begibt oder sein eigenes Krankheitsrisiko unterschätzt. Die Tatsache, dass in einem staatlichen Gesundheitswesen keine direkten Zahlungen für den Patienten entstehen, trägt dazu bei, eher zum Arzt zu gehen und dadurch akute Krankheitsfälle zu vermeiden oder frühzeitig zu erkennen.

[9] Aus Sicht des arbeitskrafteinkaufenden Unternehmens ist es nicht entscheidend, welche Zahlungen direkt oder indirekt in die Sozial- oder Steuersysteme fließen. Entscheidend ist aus Sicht des Investitionskalküls lediglich, dass mit der Tätigkeit der Arbeitskraft beide Beitragsanteile verdient werden müssen. Daher ist es auch zweitrangig, ob in bestimmten Ländern, wie z. B. Deutschland, der Eindruck vermittelt wird, dass bestimmte Sozialbeiträge paritätisch gezahlt werden, denn letztendlich muss sich die unternehmerische Kalkulation an der Gesamtsumme orientieren.

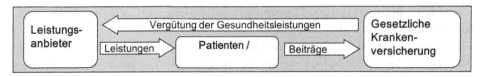

**Abb. 1.3** Gesundheitswesen als Sozialversicherungssystem

Versicherung eingehen (vgl. Rovira et al., 1998, S. 188). Staatlicherseits werden Rahmen-bedingungen für Qualität von Leistungen festgelegt, die jedoch zusätzliche Leistungen, neben diesen Qualitätsstandards zulassen. Das Sozialversicherungssystem ist somit ein Hybrid aus dem rein privatwirtschaftlichen und dem staatlich organisierten Gesundheits-wesen. Die Abb. 1.3 gibt einen graphischen Überblick.[10]

### 1.1.3.1 Leistungsanbieter

Im Sozialversicherungssystem stehen die Leistungsanbieter insbesondere in der Leis-tungserbringung in direktem Kontakt mit den Versicherungen. Ein vertragliches Verhältnis besteht in aller Regel „nur" über die gewünschte Leistungsart. Der Leistungsanbieter fungiert im Sozialversicherungssystem als Erfüllungsgehilfe der Krankenversicherung, er erfüllt den Leistungsanspruch, den der Patient gegenüber seiner Krankenversicherung hat, materiell. Streitigkeiten um Art und Umfang von Leistungen werden vom Leistungsanbie-ter mit der Krankenversicherung ausgetragen, nicht hingegen mit dem Leistungs-empfänger.[11]

Die Finanzierung von Leistungen ist in der Regel bereits vorab zwischen dem Leis-tungsanbieter und einer Versicherung verhandelt und vertraglich bspw. in einem Leis-tungskatalog definiert. Dieses Vertragsverhältnis ist die Grundlage für den Leistungsan-bieter und damit der Zugang zur Behandlung der Versicherten.

Aus diesem Verhältnis heraus organisieren sich häufig mehrere Leistungsanbieter in Dachorganisationen, um die eigene Verhandlungsmacht gegenüber den Versicherungen zu stärken.

Bei der späteren Behandlung der Patienten wird dagegen nur selten einzeln über zu erbringende Leistungen verhandelt. Der Arzt orientiert sich dann in erster Linie an den vertraglich geregelten und refinanzierbaren Leistungen der Versicherung des Patienten.

Ein Vertrag mit einem Finanzierungsträger kann in diesem Fall eine Garantie für ein ausreichendes Patientenaufkommen sein und damit über den wirtschaftlichen Erfolg einer Praxis oder Praxisgemeinschaft entscheiden.[12]

---

[10] Der Staat kann auf alle skizzierten Leistungs- und Geldströme regulierend einwirken.

[11] Dass für diese Auseinandersetzungen entsprechende Hinweise und Mithilfe der Leistungsempfän-ger notwendig sind, ist selbstverständlich.

[12] Stehen Ärzte in vertraglicher Beziehung zu einem Versicherer, dann stellt sich ein Versicherungs-nehmer, der nicht diese Vertragsärzte aufsucht, finanziell oft schlechter, da entstehende Kosten evtl. nicht (vollständig) von der eigenen Kasse getragen werden.

Seitens der Regierung kann es zusätzlich Eingriffe in den Markt geben, wenn der Staat das von ihm zu schützende soziale Sicherungsprinzip in Gefahr sieht. Dies betrifft bspw. die Themen der Infrastruktur des Angebotes, die Qualität des Angebotes oder die Preisstrukturen. So kann er beispielsweise den Versicherungen einen Kontrahierungszwang mit Anbietern auferlegen, wenn diese staatlich festgelegte Kriterien der Qualität erfüllen.

### 1.1.3.2 Leistungsempfänger

Der Leistungsempfänger unterliegt der Versicherungspflicht, wobei ihm die Wahl des Versicherungsanbieters freigestellt ist. Durch die Wahl der Versicherung erhält er ein vom Staat festgelegtes Mindestpaket an Gesundheitsleistungen und eventuell darüber hinaus gehende Leistungen der Versicherung.

Durch die Entscheidung für eine Versicherung wird oft schon die Wahlmöglichkeit der Leistungserbringer vorbestimmt, da die Finanzierungsträger in direkten vertraglichen Beziehungen mit den Leistungserbringern stehen. Wird bspw. ein Arzt gewählt, der nicht in vertraglicher Bindung zum Versicherungsanbieter steht, werden oft keine Kosten übernommen.[13]

Der Beitrag, den ein Mitglied des Sozialversicherungssystems zu entrichten hat, ist in der Regel einkommensabhängig und wird oft zu einem bestimmten Teil vom Arbeitgeber mitgetragen. Aus Sicht des arbeitskrafteinkaufenden Unternehmens ist nicht entscheidend, welche Zahlungen direkt (Arbeitgeberanteil) oder indirekt (Arbeitnehmeranteil) in die Sozial- oder Steuersysteme fließen. Entscheidend ist aus Sicht des Investitionskalküls lediglich, dass mit der Tätigkeit der Arbeitskraft beide Beitragsanteile verdient werden müssen. Daher ist es auch zweitrangig, ob in bestimmten Ländern, wie z. B. Deutschland, der Eindruck vermittelt wird, dass bestimmte Sozialbeiträge paritätisch gezahlt werden, denn letztendlich muss sich die unternehmerische Kalkulation an der Gesamtsumme orientieren.

Da die Beitragszahlungen nicht individuell angespart werden und mit steigendem Einkommen wachsen, findet eine Umverteilung der Finanzierungslast zwischen hohen und niedrigen Einkommen innerhalb einer Versicherung statt. Je nach Größe der Versicherung und möglicher staatlicher Ausgleichsmechanismen zwischen den Versicherungen, erfolgt auch eine Umverteilung innerhalb der Gesellschaft. Auf diese Weise zahlt ein Versicherungsnehmer mit hohem Einkommen durch seine Prämie u. U. auch einen Anteil der Behandlungskosten eines Niedrigverdieners. Ebenso entsteht auf diese Weise eine Umverteilung von risikobehafteten zu weniger risikobehafteten Personen, das heißt weniger kranke Menschen zahlen für chronisch kranke Leistungsempfänger und deren notwendige Behandlungen. Diese Art der Umverteilung wird unter dem Begriff der Solidarität zusammengefasst. Die Problematik, die mit dem Begriff der Solidarität verbunden werden kann, beschreibt Stillfried wie folgt: „In dem Maße, in dem ‚Solidarität' das Prinzip der Eigen-

---

[13] In Deutschland ist z. B. der Zahlungsausgleich zwischen Mitgliedern der Kassenärztlichen Vereinigungen (KV) und der Gesetzlichen Versicherung in den Satzungen der KVen geregelt. Vgl. z. B.: Satzung der Kassenärztlichen Vereinigung Bayerns vom 22.06.2002.

verantwortung ersetzt, wird zugleich die Verantwortung für unbefriedigt gelassene Bedürfnisse personalisiert: Missverhältnisse zwischen wünschbarem und tatsächlich erreich-
tem Versorgungsniveau werden der Regierung angelastet, die sich andererseits durch
zunehmend detaillierte Regulierung zunehmend direkt für die Verfügbarkeit ausreichender medizinischer Versorgung verantwortlich macht." Stillfried (1996, S. 101).

Der Gedanke der Solidarität wird dem System der Sozialversicherung oft zu Grunde
gelegt. Aber Solidarität im ursprünglichen Sinne hat nur noch wenig mit der Interpretation
des Begriffs gemein, wie sie im Zusammenhang mit dem Gesundheitssystem verwendet
wird. Einkommensabhängige Beitragszahlungen, Umlagefinanzierung oder Pflichtabga-
ben an finanziell schwächer gestellte Personen entsprechen nicht der ursprünglichen Bedeutung des Wortes, denn der Begriff der Solidarität impliziert Freiwilligkeit, die bei einem gesetzlich erzwungenen Pflichtversicherungssystem nicht im Mittelpunkt steht. Was
allerdings weiter zu bemerken bleibt, ist die Frage, ob ohne eine „Pflicht zur Solidarität"
finanzielle Hilfe in dem notwendigen Maße geleistet werden würde.[14]

### 1.1.3.3 Finanzierungsträger

Im Sozialversicherungssystem wird dem Finanzierungsträger unter anderem die Funktion
des ergänzenden Sachwalters zugeordnet. Auf Grund der zahlreichen, teilweise hochspe-
zialisierten Informationen über mögliche Behandlungen wird davon ausgegangen, dass
dies ein einzelner Mensch nicht hinreichend optimal beurteilen und darauf basierende
Entscheidungen treffen kann. Daher wird Organisationen wie Versicherungen die Aufgabe
übertragen, die staatlich festgelegten Qualitätskriterien und die Leistungsfinanzierung für
ihre Versicherungsnehmer zur prüfen und vertraglich zu vereinbaren. Auf diese Weise
nimmt die Versicherung die Funktion eines ergänzenden Sachwalters für den Patienten ein
und vertritt seine Interessen gegenüber den Leistungserbringern. Einzelne Verhandlungen
zwischen Arzt und Patient beschränken sich dadurch weitestgehend auf die individuelle
Krankengeschichte des Patienten. Dem Leistungserbringer kommt allerdings durchaus die
Aufgabe zu, in der Erfüllungsgehilfeneigenschaft Regelungen zu erklären, die durch das
Vertragsverhältnis mit dem Finanzierungsträger in Bezug auf Leistungsart und -umfang
getroffen wurden.[15]

Die Versicherung beeinflusst durch ihre Verhandlungen nicht nur Qualität und Angebot,
sondern auch Zugang von Leistungsanbietern zu potenziellen Kunden. Diese Verhandlungsmacht soll genutzt werden, eine patientenoptimale Entscheidung zu treffen. Dem
liegt die Annahme zu Grunde, dass der ergänzende Sachwalter optimal über die Bedürfnisse des Versicherungsnehmers Bescheid weiß. Im Weiteren wird davon ausgegangen,
dass staatlich vorgeschriebene Grundversorgungsleistungen in den Verhandlungen vollständig berücksichtigt sind.

Durch die freie Versicherungswahl des Leistungsempfängers entsteht ein Wettbewerb
unter den Versicherern. Diese werben mit Hilfe ihrer Leistungen, über die gesetzliche

---

[14]Vgl. Wikipedia, Stichwort: Solidarität, Stand: 01.04.05.

[15]In diesem Zusammenhang wird auch von Aufklärungspflichten gesprochen.

Grundversorgung hinaus und durch die Beitragshöhe um Mitglieder. Der Wettbewerb über die Höhe des Beitragssatzes kann beispielsweise durch optimierte Verwaltungskosten niedrig gehalten werden, Bonusprogramme sowie zusätzliche Serviceleistungen sind ein weiteres Instrument.

Ein Ausschluss von Leistungen, mit dem Ziel schlechte Risiken abzuschrecken, oder gar ein Ablehnen von Versicherungsnachfragern ist von staatlicher Seite unerwünscht. Ganz im Gegenteil werden von staatlicher Seite oft Versuche zur Neutralisierung von Risikounterschieden zwischen den Versicherungsträgern unternommen.[16]

## 1.2 Das deutsche Gesundheitswesen in seinen Grundzügen

Für die weitere Untersuchung soll beispielhaft das deutsche Gesundheitswesen herangezogen werden. Dieses ist in seinem Grundtyp dem Gesundheitswesen als Sozialversicherung sehr ähnlich (vgl. Abschn. 1.3). Da es jedoch einige Besonderheiten besitzt, soll es im Folgenden in seinen Grundzügen kurz skizziert werden.

### 1.2.1 Leistungsangebot und Leistungsanbieter

#### 1.2.1.1 Übersicht der Leistungserbringer[17]
Die Leistungserbringer im deutschen Gesundheitswesen sind in Bezug auf ihre Interessen, Aufgaben und Ziele äußerst vielfältig und in verschiedenen Formen organisiert. Vom Einzelunternehmer bis zu Konzernstrukturen sind alle Formen vertreten. Krankenhäuser, niedergelassene Ärzte, Anbieter für rehabilitative Maßnahmen, Pflegeeinrichtungen sowie Heil- und Hilfsmittelanbieter sind beispielhaft zu erwähnen.

Anhand der in der Abb. 1.4 gezeigten Ausgaben der gesetzlichen Krankenversicherung und ihrer Verteilung auf verschiedene Leistungsbereiche entsteht nicht nur ein erster Überblick über das Gesundheitssystem, sondern es lässt sich auch die Vielfalt der handelnden Leistungserbringer erahnen (vgl. GKV, 2020).

Ergänzend für die Pflege skizziert die Abb. 1.5 die Leistungsausgaben der sozialen Pflegeversicherung nach Leistungsbereichen 2019 (in Milliarden Euro; vgl. GKV, 2020).

#### 1.2.1.2 Prävention
Prävention im Gesundheitswesen wird als Oberbegriff für die Vermeidung von Krankheiten oder Schädigungen der Gesundheit verwendet. Grundlegende begriffliche Definitio-

---

[16] In Deutschland erfolgt dies über den sog. Morbiditätsorientierten Risikostrukturausgleich (morbiRSA).

[17] Nähere Erläuterungen zur Alternativen Wirtschaftstheorie (AWT) folgen in Abschnitt 3.

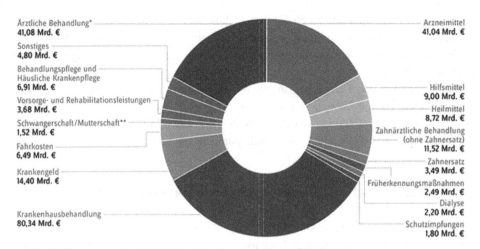

**Abb. 1.4** Ausgaben für einzelne Leistungsbereiche der GKV 2019 in Mrd. Euro. (Quelle: GKV (2020) GKV-Spitzenverband; abgerufen am 04.12.2020 unter https://www.gkv-spitzenverband.de/gkv_spitzenverband/presse/zahlen_und_grafiken/gkv_kennzahlen/gkv_kennzahlen.jsp)

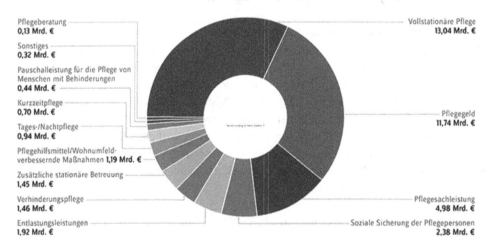

**Abb. 1.5** Ausgaben der Pflegeversicherung nach Leistungsbereichen 2019 in Mrd. Euro. (Quelle: GKV (2020) GKV-Spitzenverband; abgerufen am 04.12.2020 unter https://www.gkv-spitzenverband.de/gkv_spitzenverband/presse/zahlen_und_grafiken/gkv_kennzahlen/gkv_kennzahlen.jsp)

nen differenzieren einerseits nach dem Ziel der Prävention, das auf das individuelle Verhalten aber auch die Lebensverhältnisse gerichtet sein kann. Im ersten Fall wird von Verhaltensprävention gesprochen, im zweiten Fall von der Verhältnisprävention (Bundesministerium für Gesundheit, 2020b).

Weiterhin werden in der Regel Präventionsmaßnahmen nach dem Zeitpunkt unterschieden, zu dem sie eingesetzt werden. Primärprävention bezeichnet Maßnahmen zum Erhalt der Gesundheit bzw. Vorbeugung von Krankheiten. Ursachen- bzw. risikobasiert werden Maßnahmen gewählt, bevor eine Krankheit eintritt (vgl. DGNP, 2020). Primärprävention richtet sich an alle gesunden Menschen und umfasst beispielsweise Impfungen, Ernährungsmedizin, Stresscoping, Sportmedizin und Unfallverhütung.

Leistungserbringer in der Prävention können alle Akteure im Gesundheitswesen sein. Impfungen werden zum Beispiel durch niedergelassene Ärzte und Betriebsmediziner durchgeführt, Trainingsangebote etwa werden von gewerblichen Anbietern (z. B. Fitnessstudios) aber auch im Rahmen verordneter Maßnahmen (Ambulante/Stationäre Rehabilitation) erbracht.

Sekundärprävention umfasst das Gebiet der Früherkennung und die Verhinderung des weiteren Fortschreitens einer Erkrankung. Sie richtet sich an erkrankte Menschen, die zu ihrer Gesundung aktiv etwas beitragen möchten. Sekundärprävention umfasst beispielsweise Screening- oder Vorsorgeuntersuchungen, individuelle Gesundheitsrisikoanalysen, aber auch Stress-Scoping und Sportmedizin mit einem krankheitsbezogenen Ansatz.

Die Tertiärprävention zielt auf die Verhinderung der Progredienz oder den Eintritt von Komplikationen. Typischerweise werden tertiärpräventive Maßnahmen bei manifesten Erkrankungen eingesetzt, um den Patienten die Möglichkeit zu geben, einen erreichten Gesundheitszustand bei Vorliegen einer chronischen Erkrankung oder einer längerfristig anhaltenden Schädigung (z. B. Zustand nach Herzinfarkt) zu erhalten und ein weiteres Fortschreiten der Krankheit zu verhindern (z. B. Tumorerkrankungen). Die Disziplinen der Primär- und Sekundärprävention werden um rehabilitative Maßnahmen ergänzt und gezielt auf die Erkrankung hin eingesetzt.

Prävention kann als meritorisches Gut bezeichnet werden. Wie oben erläutert, bleibt bei meritorischen Gütern die individuelle Nachfrage hinter dem gesellschaftlich gewünschten Maß zurück. Dies ist bei Präventionsmaßnahmen regelhaft gegeben. Hinsichtlich des gesellschaftlichen Ziels der Gesunderhaltung der Bevölkerung hat die Prävention eine positive Wirkung; dieser steht jedoch in aller Regel eine zu geringe Nachfrage gegenüber, was sich beispielsweise in der Zunahme der Zivilisationskrankheiten äußert.[18] Grund hierfür ist beispielsweise, dass der Nutzen des Gutes oft nicht bekannt ist oder eine falsche Beurteilung zukünftiger Bedürfnisse und Präferenzen vorliegt (sogenanntes Problem der Zeitpräferenzrate). Diese Umschreibung trifft insbesondere auf alle Themen und Konsumprodukte oder Dienstleistungen der Prävention zu.

Den Individuen fehlt zum Teil die intrinsische Motivation, sich gesundheitsfördernd oder zumindest nicht gesundheitsschädigend zu verhalten. Themen der Ernährung oder der Bewegung sind hier geeignete Beispielfelder. Aus diesem Grund hat der Gesetzgeber

---

[18] Als Zivilisationskrankheiten werden Erkrankungen bezeichnet, die in der Regel nicht übertragbar sind und an deren Entstehen und Verbreitung die Bedingungen der zivilisierten Lebenswelt auslösende, begünstigende oder auch ursächliche Bedeutung haben (vgl. LNRA, 2020).

den Bereich der Prävention als Auftrag an die Krankenkassen gegeben, in der Hoffnung durch die gemeinsame Entwicklung von attraktiven Programmen und deren Finanzierung zwischen. Leistungserbringern und Krankenkassen, die Inanspruchnahme solcher Angebote beim Versicherten zu steigern (vgl. §§ 20 ff. SGB V).

### 1.2.1.3 Kurative medizinische Leistungen – Akutbehandlung

Die medizinische Leistungserbringung in akuten und chronisch behandlungsbedürftigen Fällen ist im deutschen Gesundheitswesen vor allem dem Beruf des Arztes zugeordnet. Zahlreiche rechtliche Regelungen schützen das besondere Vertrauensverhältnis, das zwischen dem Arzt (Leistungsanbieter) und dem Patienten (Leistungsempfänger) besteht. Die 1:1-Beziehung zwischen Arzt und Patient innerhalb der Erbringung von Gesundheitsleistungen ist, unabhängig von der Größe der Institution in welche der Arzt eingebettet ist, wesentliches Kennzeichen der Idealvorstellung von Gesundheitsdienstleistungen.

Ein strenger Tätigkeitskanon trennt die Befugnisse und Kompetenzen der verschiedenen Berufsgruppen (z. B. Pflegekräfte, medizinische Fachangestellte, Therapeuten und Ärzte) und innerhalb der Berufsgruppen (bspw. zwischen Fachärzten) voneinander. Die Leistungserbringung erfolgt zunehmend arbeitsteilig, je komplexer ein Krankheitsbild und je vitaler der Gesundheitszustand des Patienten bedroht ist. Von Einzelarztpraxen über Gemeinschaftspraxen, Berufsausübungsgemeinschaften, Medizinischen Versorgungszentren über Praxiskliniken und Krankenhäuser unterschiedlicher Versorgungsstufe bis zu rehabilitativer Medizin erstreckt sich die Bandbreite der stets im Kern ärztlichen Leistungserbringer (vgl. Abb. 1.6). Im deutschen Gesundheitswesen werden ambulante von stationären Behandlungen stark unterschieden, obwohl bspw. in beiden Sektoren gleiche Fachärzte für bestimmte Gebiete zu finden sind.

Kernelement ambulanter Behandlungen sind aufsuchende Einzelkontakte durch den Patienten, die regelhaft nur Diagnostik und Therapie beinhalten. Der Patient nimmt die Dienstleistung als Einzelleistung in Anspruch und der Leistungserbringer wird nach einem mit den Kostenträgern verhandelten Leistungskatalog vergütet. Die Allokation der Finanzmittel für gesetzlich versicherte Patienten erfolgt in der Regel über weitere Institutionen wie beispielsweise die Kassenärztlichen Vereinigung. Sie erhält nach den Bevölkerungsdaten berechnete, pauschale und prospektive Mittelzuweisungen von Gesetzlichen Krankenkassen und leitet diese gemäß einem eigenen Leistungskatalog (Einheitlicher Bewertungsmaßstab, EBM) retrospektiv an die Leistungserbringer weiter.

Im privatwirtschaftlichen Teil der Gesundheitsversorgung sind die Leistungen ebenfalls als Einzelleistungen ausgeprägt, werden aber unmittelbar gegenüber dem Patienten nach einem ebenfalls eigenen Leistungskatalog (Gebührenordnung für Ärzte, GOÄ) abgerechnet.

Beide Leistungskataloge enthalten über ein Punktsystem relative Gewichte der jeweiligen Einzelleistung; dabei stehen den Punkten der GOÄ fest verhandelte Geldbeträge gegenüber. Der Punktwert des EBM hingegen bemisst sich am Gesamtvolumen der erbrach-

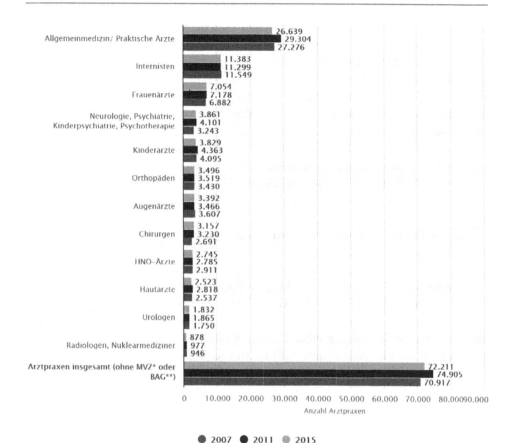

**Abb. 1.6** Arztpraxen in Deutschland. (Quelle: Statistisches Bundesamt (2020a) abgerufen am 22.11.2020 unter https://de.statista.com/statistik/daten/studie/281526/umfrage/anzahl-der-arztpraxen-in-deutschland-nach-facharztbezeichnung/)

ten Leistungen einer Fachgruppe gegenüber allen Patienten pro Zeiteinheit und kann damit von Abrechnungszeitraum zu Abrechnungszeitraum variieren.[19]

Stationäre Einrichtungen hingegen – z. B. Krankenhäuser – verhandeln direkt mit den Gesetzlichen Krankenversicherungen ihr Leistungsbudget. Dieses richtet sich nach dem jeweilig mit den Krankenkassen abgeschlossenen Versorgungsvertrag, der sich aus der Krankenhausbedarfsplanung der Bundesländer ableitet. Der Versorgungsvertrag bestimmt dabei den Versorgungsauftrag und somit die zu erbringende Leistung. Das Finanzierungssystem der Krankenhäuser war in den letzten Jahrzehnten verschiedenen grundlegenden Reformen unterworfen. Wurden zunächst sämtliche Kosten der Krankenhausbehandlung

---

[19]Weitere Informationen zu den Inhalten des EBM und GOÄ sowie den Berechnungen finden sich auf den Seiten des Bundesgesundheitsministeriums. Vgl. (Bundesministerium für Gesundheit, 2020c)

über Tagessätze retrospektiv finanziert, erfolgte 1986 die Einführung prospektiver Budgets, dabei blieb allerdings der Ansatz vollständiger Kostendeckung erhalten. Ab 1993 wurden „gedeckelte" Budgets eingeführt, um wirtschaftliche Anreize in der Leistungserbringung zu setzen und die im internationalen Vergleich langen Liegedauern im Krankenhaus zu reduzieren. Seit 2003 wurde eine rein leistungsbezogene Vergütung über die Fallpauschalen eingeführt. Seitdem sind die Verweildauern in Krankenhäusern stetig zurückgegangen.

Heute werden in fast allen Krankenhausleistungen pauschalierende Entgelte, sogenannte DRGs (Diagnosis Related Groups), den sehr komplexen Leistungskatalogen gegenübergestellt. Eine Einzelleistungsabrechnung würde die Komplexität der morbiditätsbedingt notwendigen interdisziplinären Leistungserbringung nicht mit vertretbarem Aufwand abbilden können. Deshalb werden Behandlungskomplexe gebildet, die wiederum mit unterschiedlichen Gewichten und zusätzlichen Einzelleistungsentgelten zu einer Gesamtvergütung der erbrachten Leistungen führen. Für jedes Kalenderjahr wird ein Budget vereinbart, das bei Über- oder Unterschreitung eine rechnerische Korrektur erfährt und im Folgejahr durch Nach- oder Rückzahlungen ausgeglichen wird.

Beim privat versicherten Patienten werden neben den pauschalen Entgelten evtl. zusätzliche Leistungen abrechenbar. Ärztliche Leistungen können auf Wunsch des Patienten durch ausgewählte Spezialisten erbracht und von diesen als Einzelleistungen nach der GOÄ zusätzlich in Rechnung gestellt werden. Der pauschalierende Teil des Entgeltes wird in das Budget eingerechnet und unterliegt den Ausgleichsregelungen, die Einzelleistungen sind hiervon nicht berührt. Auch wenn der überwiegende Teil der versorgten Patienten in Deutschland dem gesetzlichen Versicherungssystem zugerechnet werden kann, gibt es eine relevante Anzahl privat Versicherter, denen gegenüber eine unmittelbare Leistungsabrechnung erfolgt.

Die bisherigen Ausführungen zur Refinanzierung beinhalten lediglich die reine Leistungserbringung. In der stationären Versorgung sind die Struktur und damit die Investitionskosten durch die Bundesländer zu tragen, dies führt auch zu der bereits oben erwähnten gesetzlichen Zuständigkeit für die Krankenhausbedarfsplanung.

### 1.2.1.4 Rehabilitative medizinische Leistungen

Medizinische Rehabilitation schließt sich überwiegend an eine kurative Behandlungsepisode an. Sie wird aber auch bei chronisch Kranken angewendet und dient allgemein der Wiederherstellung oder Verhinderung einer Verschlechterung eines beeinträchtigten Gesundheitszustandes.

Erfolgreiche Rehabilitation hat auch eine (tertiär-)präventive Komponente, denn sie soll unter anderem dazu beitragen, weitergehende kurative oder pflegerische Leistungen nicht oder mit geringerer Intensität in Anspruch nehmen zu müssen.

Im deutschen Gesundheitswesen wird die medizinische Rehabilitation in stationären oder ambulanten Rehabilitationseinrichtungen erbracht. In der Regel kommt der Patient zur Einrichtung; auch bei ambulanter Reha. Das zugehende Rehabilitationsangebot durch die Leistungsanbieter wird als mobile Rehabilitation bezeichnet. Es ist vor allem in den

Konstellationen sinnvoll, in welchen der Patient vom Verbleiben in seiner vertrauten Wohnumgebung (dies kann auch ein Pflegeheim sein) profitiert und Angehörige in die Rehabilitationsmaßnahmen unterstützend einbezogen werden (z. B. geriatrische oder demente Patienten oder Anschlussbehandlungen bei psychiatrischen Patienten).

Es wird von sechs Rehabilitationsstufen gesprochen die sich an der Rehabilitationsfähigkeit des Patienten orientieren. Die Unterschiede beziehen sich in der Regel auf den Anlass der Behandlung und bedingen auch unterschiedliche Finanzierungsträger.[20]

Im Folgenden sind einige Rehabilitationsformen aufgeführt. Als **Anschlussheilbehandlung (AHB)** werden Maßnahmen bezeichnet, die sich unmittelbar an die kurative Behandlung anschließen und in der Regel innerhalb von 14 Tagen nach Ende der akuten Behandlung angetreten werden müssen. Typisches Behandlungsziel ist die Sicherung des kurativen Behandlungserfolges und die Beseitigung von Störungen, welche durch die Akutbehandlung verursacht werden (z. B. eingeschränkte Gehfähigkeit nach der Implantation einer Hüftprothese).

Bei der **allgemeinen medizinische Rehabilitation** sollen mit gezielter Diagnostik und Therapie Erkrankungen behandelt werden, die zu Störungen und Beeinträchtigungen im Alltag führen. Typische Ziele der Behandlung sind das Abwenden einer körperlichen Behinderung bzw. die Minderung von Krankheitsfolgen – durchaus aber auch die Vermeidung akutmedizinischer Behandlungsnotwendigkeiten.

Die **berufliche Rehabilitation** hat im Wesentlichen die Wiedererlangung der Arbeitsfähigkeit zum Ziel. Dabei wird die Rehabilitationsleistung möglichst in den beruflichen Alltag integriert. Da ein Ziel die Vermeidung eines vorzeitigen Bezuges von Sozialleistungen ist (z. B. Erwerbsminderungsrente), trägt der Rentenversicherungsträger für die berufliche Rehabilitation die Behandlungskosten. Eine zügige Rückkehr in das Berufsleben soll dazu beitragen, längerfristige Behandlungskosten sowie Ausfälle der Zahlung von an das Arbeitsentgelt gekoppelten Sozialbeiträgen zu vermeiden.

Die **soziale Rehabilitation** dient der Förderung der Teilhabe an der sozialen Gemeinschaft (s. a. Bundesteilhabegesetz BTHG) und am gesellschaftlichen Leben.

Neben den speziellen, in der Regel störungsspezifischen Rehabilitationsmaßnahmen werden so genannte **Kur**en angeboten. Kureinrichtungen zeichnen sich dadurch aus, dass unspezifische, aber allgemein gesundheitsförderliche Anwendungen in Anspruch genommen werden. Solche Kuren werden oftmals für spezielle Zielgruppen angeboten, die aufgrund ihrer Lebenssituation ein erhöhtes Gesundheitsrisiko haben (z. B. Mutter-/Vater-Kind-Kuren, Mütterkuren, Kuren für pflegende Angehörige).

---

[20] Je nach Gesundheitszustand des Patienten ist dieser unterschiedlich rehabilitationsfähig. Dies wird in Rehabilitationsstufen von A bis F unterteilt: Phase A – Akutversorgung (siehe Abschn. 3.1.2), Phase B – Frührehabilitation, Phase C – Weiterführende Rehabilitation, Phase D – Anschlussheilbehandlung (AHB)/medizinische Rehabilitation (diese Form der Rehabilitation ist wohl am bekanntesten), Phase E – Nachsorge und berufliche Rehabilitation und Phase F – Aktivierende, zustandserhaltende Langzeitpflege bei anhaltend hoher Pflegebedürftigkeit. Vgl. Betanet, 2020.

### 1.2.1.5 Pflege

Mit der Einführung der Pflegeversicherung 1995 wurde ein neuer Versicherungszweig und damit auch ein neuer Markt begründet.[21] Bereits vor 1995 wurden ältere und alternde Menschen versorgt, jedoch in einem weit geringeren Umfang und im Schwerpunkt finanziert über die Sozialhilfeträger. Das Wort Pflege stand hier insbesondere in Verbindung mit der Krankenpflege – also der Ergänzung der ärztlichen Versorgung. Pflege soll im Folgenden als die Versorgung alternder Menschen außerhalb präventiver, kurativer und rehabilitativer Behandlungen verstanden werden.

**Exkurs**
Die Einführung der Pflegeversicherung schien aus mehreren Gründen erforderlich. Zum einen wuchs der Anteil der älteren und in stationären Einrichtungen zu versorgenden Menschen und in den Bevölkerungsvorausberechnungen zeichnete sich keine Entspannung ab. Zum Zweiten veränderten sich die Familiengefüge und eine Versorgung in den eigenen vier Wänden konnte nicht mehr so leicht bewerkstelligt werden. Es fehlte zunehmend die zuverlässige und räumlich enge Bindung von Familienmitgliedern. Schließlich führten auch die im Schwerpunkt durch die Sozialversicherung zu tragenden Zusatzkosten der Versorgung zu finanziellen Belastungen der Länder und ihrer Kommunen, welche mit einer bundesweiten Pflichtversicherung auf andere Füße gestellt werden konnte.
Bei allgemein steigender Tendenz (vgl. Tab. 1.1; Abb. 1.7) beziehen derzeit rund fünf Prozent aller ca. 82,3 Millionen Pflegeversicherten Leistungen aus diesem Zweig der Sozialversicherung (vgl. Bundesministerium für Gesundheit, 2020a, S. 1).
Die professionell Pflegenden haben gesetzlich festgelegte Zulassungskriterien[22] zu erfüllen, ohne die sie keine Refinanzierung über die Pflegeversicherung ihrer zu Pflegenden erhalten. Pflegedienste und Pflegeheime schließen zu diesem Zweck mit dem Pflegebedürftigen einen Vertrag über die gewünschte Leistung und deren Frequenz. Die erbrachten Leistungen werden durch den Pflegebedürftigen bestätigt und der Leistungsnachweis zusammen mit der Rechnung an die jeweilige Pflegekasse gesendet. Nachdem es sich bei der Pflegeversicherung um eine Teilleistungsversicherung handelt, verbleibt dem Pflegebedürftigen in aller Regel ein privat zu zahlender Eigenanteil. Das über die soziale Pflegeversicherung abgedeckte Ausgabenvolumen belief sich 2019 auf ca. 44 Mrd. Euro (vgl. Bundesministerium für Gesundheit, 2020a, S. 4).

**Tab. 1.1** Gesamtzahl der Leistungsbezieher 2019

|                | Soziale Pflegeversicherung | Private Pflegeversicherung |
|----------------|----------------------------|----------------------------|
| Ambulant       | 3.141.471                  | 196.930                    |
| Stationär      | 858.284                    | 54.953                     |
| gesamt je Zweig| 3.999.755                  | 251.883                    |
| Gesamt         | 4.251.638                  |                            |

---

[21] Es wird häufig zwischen der sog. „sozialen Pflegeversicherung" und der „privaten Pflegepflichtversicherung" unterschieden; siehe z. B. Bundesministerium für Gesundheit, 2020a, S. 1.

[22] Die gesetzlichen Kriterien für die Leistungserbringung und Zulassung sind in §§ 71 SGB XI ff. zu finden. Vgl. zur Anzahl solcher Anbieter auch die Tabelle am Ende dieses Abschnitts.

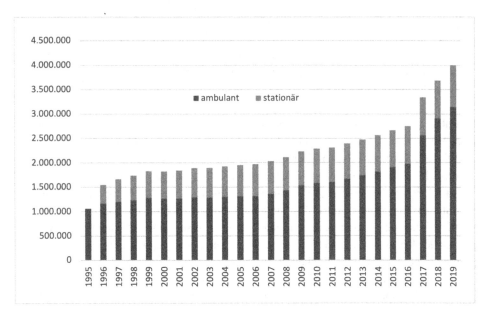

**Abb. 1.7** Leistungsbezieher in der sozialen Pflegeversicherung. (Quelle: Eigene Abbildung, vgl. Bundesministerium für Gesundheit, 2020a, S. 3.)

Die Leistungsanbieter im Deutschen Pflegesystem umfassen im Wesentlichen die Bereiche der ambulanten, stationären und teilstationären Versorgung.

In der ambulanten Versorgung erbringt ein sogenannter Pflegedienst seine Leistungen in der Häuslichkeit des Pflegebedürftigen; laut Statistischem Bundesamt waren dies 2017 rund 0,83 Millionen Pflegebedürftige. Die Pressestelle des Statistischen Bundesamtes (2019) veröffentlichte zu diesem Thema am 3. September 2019 folgende Daten: „3,41 Millionen Menschen waren zum Jahresende 2017 in Deutschland pflegebedürftig im Sinne des Pflegeversicherungsgesetzes (SGB XI). Wie das Statistische Bundesamt [...] weiter mitteilt, wurden gut drei Viertel (76 % oder 2,59 Millionen) aller Pflegebedürftigen zu Hause versorgt. Davon wurden 1,76 Millionen Pflegebedürftige in der Regel allein durch Angehörige gepflegt. Weitere 0,83 Millionen Pflegebedürftige lebten ebenfalls in Privathaushalten, sie wurden jedoch teilweise oder vollständig durch ambulante Pflegedienste versorgt. Knapp ein Viertel aller Pflegebedürftigen (24 % oder 0,82 Millionen Pflegebedürftige) wurde vollstationär in Pflegeheimen betreut."

Im Jahr 2017 wurden 14.050 Pflegedienste registriert (vgl. Statistisches Bundesamt, 2020b). Die ambulante Versorgung tritt typischerweise in folgenden Formen auf:

- Betreutes Wohnen: Hier handelt es sich in der Regel um Wohnungen, welche durch eine Art „Notruf" mit einem Pflegedienst verbunden sind. Die konkreten Formen betreuten Wohnens sind in ihrer Ausgestaltung extrem breit gefächert.
- Pflege in der Häuslichkeit: Hier kommt der Pflegedienst zu vertraglich vereinbarten Zeiten in die Häuslichkeit der Pflegebedürftigen und erbringt die vertraglich vereinbarten Leistungen.

- Wohngruppen: Hier können sich Privatpersonen zusammenschließen und ihre Finanz-mittel bündeln. Es ist eine Kombination aus Geselligkeit und Privatsphäre. In aller Re-gel werden solche Wohngruppen von Leistungserbringern initiiert, die einzelne Zim-mer vermieten und ihre Serviceleistungen für den Fall von Verschlechterungen des Gesundheitszustandes anbieten.

Im Rahmen der stationären Versorgung in Pflegeheimen wird die Leistung der pflegeri-schen Versorgung in einer entsprechenden Einrichtung, in der Regel bis an das Lebensende des Pflegebedürftigen, erbracht. Der Wohnort des Pflegebedürftigen ist die stationäre Ein-richtung. Laut Statistischem Bundesamt wurden 2017 rund 0,82 Millionen Pflegebedürf-tige in Pflegeheimen versorgt (vgl. Statistisches Bundesamtes 2019). Im Jahr 2017 waren dem Statistischen Bundesamt 11.241 stationäre Pflegeeinrichtungen bekannt.

Im Fall der sogenannten Kurzzeitpflege ist diese Versorgung zeitlich befristet. Versor-gungen der Kurzzeitpflege werden in der Regel zur Überbrückung genutzt bis eine Ver-sorgung in der eigenen Häuslichkeit, z. B. nach Umbauten, oder einem Pflegeheim mög-lich ist. Ebenso wird die Kurzzeitpflege gerne in Situationen von Urlauben oder anderen Zeiten der Verhinderung von pflegenden Angehörigen in der ambulanten Laienpflege verwendet.

Im Rahmen der teilstationären Versorgung erfolgt die Leistungserbringung in der Regel in einer stationären Einrichtung, jedoch nur zu bestimmten Tageszeiten. Die Häuslichkeit und der Wohnort wechseln nicht. Ausprägungsformen dieser Versorgungsart sind z. B. die Tages- oder Nachtpflege.

Die Zahl der zugelassene Pflegeeinrichtungen nach § 109 SGB XI hat in den letzten Jahren stetig zugenommen (Tab. 1.2).

**Tab. 1.2** Zugelassene Pflegeeinrichtungen nach § 109 SGB XI. (Quelle: Die Tabelle wurde ent-nommen aus: Bundesministerium für Gesundheit, 2020a, S. 12.)

|  | ambulante Pflegeein-richtungen | stationäre Pflegeein-richtungen | und zwar nach Art der Leistung | | |
|--|--|--|--|--|--|
|  |  |  | vollstationäre Dauerpflege | Kurzzeit-pflege | teilstationäre Pflege |
| 1999 | 10.820 | 8859 | 8073 | 1621 | 1487 |
| 2001 | 10.594 | 9165 | 8331 | 1436 | 1570 |
| 2003 | 10.619 | 9743 | 8775 | 1603 | 1720 |
| 2005 | 10.977 | 10.424 | 9414 | 1529 | 1779 |
| 2007 | 11.529 | 11.029 | 9919 | 1557 | 1984 |
| 2009 | 12.026 | 11.634 | 10.384 | 1588 | 2277 |
| 2011 | 12.349 | 12.354 | 10.706 | 1673 | 2767 |
| 2013 | 12.745 | 13.030 | 10.949 | 1671 | 3302 |
| 2015 | 13.323 | 13.596 | 11.164 | 1674 | 3880 |
| 2017 | 14.050 | 14.480 | 11.241 | 1205 | 4455 |

Pflegeheime mit mehreren Pflegeangeboten sind mehrfach berücksichtigt

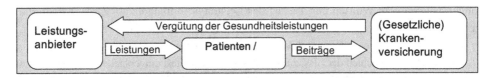

**Abb. 1.8**  Beziehung zw. Leistungsanbieter, Versicherung, Versicherten

## 1.2.2  Leistungsempfänger

Potenziell kann die gesamte Wohnbevölkerung als Leistungsempfänger im Gesundheitswesen auftreten.

Die Risikovorsorge über Versicherungsmodelle sowie die Informationsasymmetrien
zwischen Leistungserbringer und Leistungsempfänger sowohl im Wissen über geeignete
Behandlungsmethoden als auch im Wissen um die tatsächlichen Leiden des Individuums,
führen regelmäßig zu Dreiecksbeziehung zwischen diesen Beteiligten, in welchen die
jeweiligen Gesundheitsleistungen, finanziellen Beiträge und Fürsorge- bzw- Sachwalter-
pflichten austariert werden (siehe hierzu Abb. 1.8).

Sowohl in der Gesetzlichen Krankenversicherung (GKV) als auch in der Sozialen Pflegeversicherung (SPV) werden auf der Basis der Sozialgesetzgebung zwischen Leistungserbringer und Finanzierungsträger vorab Rahmenbedingungen und Richtlinien, Leistungskataloge und Verträge geschaffen, welche die Art und Weise sowie die
Voraussetzungen für einen Leistungskonsum und seine Refinanzierung regeln. Dazu werden unter anderem Qualitätskriterien festgelegt die Leistungserbringer bei einer Leistungserbringung erfüllen müssen, dies erfolgt bspw. in sogenannten Expertenstandards
oder Behandlungsrichtlinien. Ebenso werden neue Behandlungsmethoden vor einer Aufnahme in den Leistungskatalog einer Nutzenprüfung unterzogen, die Entscheidung zur
Aufnahme oder Ablehnung erfolgt in Deutschland meist durch den Gemeinsamen Bundesausschuss (GBA). In diesem gesetzlichen Rahmen kann sich der Leistungsempfänger
und Leistungsanbieter in der Regel frei „bewegen" und es herrscht Wahlfreiheit bei vollständiger Refinanzierung in der GKV.

Ausnahmen der Refinanzierung zu 100 % oder Wahlfreiheit können bei bestimmten
einzelnen Leistungen vorliegen oder bei besonderen Versorgungsverträgen eines Finanzie-
rungsträgers. So sind bspw. bestimmte Hausarztverträge, in die sich ein Leistungsempfänger einschreiben lassen kann, mit der Pflicht verknüpft, immer zuerst zu seinem Hausarzt
dieses Vertrages zu gehen und nicht direkt zu einem Facharzt.

Der ebenfalls durch die Informationsasymmetrie und Versicherungsstrukturen entstehenden Abhängigkeit zwischen professionellen Leistungserbringern und Leistungsempfänger wird durch gesetzliche Aufklärungspflichten der Kostenträger und Leistungserbringer entgegengewirkt. Das Thema Patientenrechte und Patientensicherheit spielt dabei eine
wachsende Rolle.

In der SPV erfolgt die Refinanzierung von Leistungen nur bis zu bestimmten Höchst-
sätzen, es wird von einer Teilleistungsversicherung gesprochen. Die erforderlichen Zuzah-

lungen hängen vom Wunsch und Bedarf des Leistungsempfängers ab. Zwar werden die gesetzlich festgelegten finanziellen Mittelzuweisungen anhand des Bedarfs variiert, z. B. mittels der Pflegegrade, jedoch verbleiben oft Eigenanteile.[23]

Ein weiterer Unterschied der SPV zur GKV besteht in der fest eingeplanten Versorgung von Leistungsempfängern durch ihre Familien und Angehörigen. 2017 wurden rund 52 % aller Pflegebedürftigen ausschließlich durch private bzw. durch Laienpflege in der Häuslichkeit versorgt (vgl. Statistisches Bundesamt, 2019). In diesem Zusammenhang wird auch gerne vom „größten Pflegedienst Deutschlands" gesprochen, wenn es um die Versorgung von Pflegebedürftigen durch nicht-professionelle Pflegekräfte geht. Gesetzlich manifestiert sich dies bspw. in der Mitwirkungspflicht von Angehörigen des gleichen Haushaltes bei einfachen pflegerischen Tätigkeiten. Aber auch die Möglichkeit Pflegegeld zu beziehen, welches der Pflegebedürftige zu seiner freien Verfügung (z. B. Bezahlung des Nachbars oder der Angehörigen für pflegerische Unterstützung) als Leistung wählen kann, unterstützt diesen Gedanken. Eine Begleiterscheinung der Laienpflege ist die professionelle Überwachung der Haushalte und gesetzliche Maßregelungsmöglichkeiten durch die SPV bei Missbrauch des Pflegegeldes.

Entscheidet sich der Leistungsempfänger für eine professionelle Unterstützung wird von Sachleistungsbezug gesprochen.[24] Die Höhe des Pflegegeldes ist bei gleichem Pflegegrad meist niedriger als die monetäre Bewertung der Sachleistung.

Über diese gesetzlichen Regelungen hinaus kann der Leistungsempfänger auch direkt und außerhalb der Rahmenbedingungen und des Leistungskataloges konsumieren, falls seine Wünsche und Bedürfnisse nicht ausreichend berücksichtigt sind. Eine Refinanzierung ist dann privat sicherzustellen.[25]

## 1.2.3  Finanzierungsträger

### 1.2.3.1 Einnahmenseite

Von besonderem Interesse für unsere Untersuchung sind die Finanzströme des deutschen Gesundheitswesens. Grundsätzlich besteht eine Versicherungspflicht für alle Bürger der Bundesrepublik Deutschland. Weiter kann festgehalten werden, dass es im Gesundheitswesen zwei Typen von Versicherungen für den Leistungsempfänger gibt, die gesetzliche Krankenversicherung (GKV) und die private Krankenversicherung (PKV).[26] Ergänzend zu diesen beiden „Grundversicherungen" können eine Vielzahl von Zusatzversicherungen privatrechtlich abgeschlossen werden.

---

[23] In Abhängigkeit der Bedarfe und Fähigkeiten der Leistungsempfänger werden sogenannte Pflegegrade vergeben, welche zu gesetzlich festgelegten finanziellen Mittelzuweisungen führen.

[24] Das Prinzip des Sachleistungsbezuges herrscht in der GKV durchgängig vor.

[25] Die Refinanzierung dieser Leistungen kann durch reines Ansparen oder Zusatzversicherungen abgesichert werden.

[26] Im Jahr 2018 gab das BMG bekannt, dass in der BRD 72,4 Mio. Bürger gesetzlich versichert sind. Bei einer Gesamtbevölkerung im gleichen Zeitraum von rund 83 Mio. wären demnach rund 9 % der deutschen Bevölkerung privat versichert.

Einer jeden Krankenversicherung ist seit 1995 auch eine Pflegeversicherung ange-schlossen. Die Wahl der Pflegeversicherung wird über die Wahl der Krankenversicherung bestimmt, somit gibt es auch hier eine Differenzierung zwischen der Sozialen Pflegeversi-cherung (SPV) und der privaten Pflegeversicherung (PPV).

Beide Versicherungstypen basieren auf der Annahme, dass eine Kostenteilung von Ge-sundheitsausgaben in einer Gruppe von Versicherungsnehmern besser ist, als die Kosten einer Krankheitslast durch jeden Einzelnen bzw. durch den jeweiligen Verursacher tragen zu lassen. Ein wesentlicher Unterschied besteht jedoch in der Größe und teilweise in der Struktur dieser Gruppen. Während in der GKV die gesamte Bevölkerung (ausgenommen der Versicherten der PKV) in einem Kollektiv zusammengefasst wird, ist die Gruppenbildung der PKV vom gewünschten Leistungsumfang bzw. gewählten Versiche-rungstarif abhängig.

**Exkurs**
Diese Darstellung ist eine verkürzte Form, genügt jedoch für die folgende Untersuchung. Grund-sätzlich gibt es natürlich auch in der GKV kleinere Versicherungsgruppen. Blickt man einige Jahre zurück, so finden wir sogenannte geschlossene Krankenkassen in Deutschland. In diesen wurden in der Regel lediglich berufsbezogene Gruppen versichert. Durch die Öffnung der Kassen bzw. Einfüh-rung des Kassenwahlrechts änderte sich dies. Unabhängig hiervon wirkt der Risikostrukturausgleich als Ausgleichsmechanismus über alle teilnehmenden Krankenversicherungen.

Ein weiterer Unterschied besteht in der Bildung des Beitragssatzes. In der GKV gibt es einen gesetzlich festgelegten Beitragssatz, welcher für alle Versicherungsanbieter gilt und eine prozentuale Größe der beitragspflichtigen Einnahmen der Versicherungsnehmer ist.[27] Die jeweilige Krankenversicherung kann ergänzend einen ebenfalls prozentualen Zusatz-beitrag von ihren Versicherten erheben (vgl. § 242 SGB V). Der gesetzlich festgelegte Beitragssatz ist abhängig von politischen Entscheidungen, der Zusatzbeitrag kann jährlich durch die Versicherung geändert werden.

In der PKV erfolgt die Berechnung von Versicherungsbeiträgen mit Hilfe versiche-rungsmathematischer Modelle welche statistische Werte wie bspw. Geschlecht, Alter, Vorerkrankungen und Lebenswandel mit einbeziehen. So kann in einer Versicherungs-gruppe, auch Tarif genannt, zwar die gleiche Leistung abgerufen werden, jedoch ist der jeweilige finanzielle Beitrag der Tarifmitglieder an deren „statistisches" Risiko angepasst. Der Beitragssatz kann durch die jeweilige Versicherung regelmäßig verändert werden. Auslöser können dabei neue statistische Erkenntnisse sein, Änderungen im Leistungskata-log oder gesetzliche Änderungen mit Wirkung auf die Finanzierung der Versicherung.

Der Beitragssatz der sozialen Pflegeversicherung ist ebenfalls gesetzlich festgelegt. Von Versicherungsnehmern ohne Kinder ab dem Alter von 23 Jahren, wird einheitlich ein erhöhter Beitragssatz eingezogen (vgl. § 55 SGB XI). Zur Absicherung der demografi-schen Entwicklung wurde ein Pflegevorsorgefonds eingerichtet, der zur gewünschten Bei-

---

[27]Vgl. § 241 SGB V. Ausnahmen von diesem Beitragssatz gelten z. B. für Studenten oder Arbeitslo-sengeld II-Empfänger (vgl. §§ 243 ff. SGB V) bzw. für die absolute Höhe.

tragssatzstabilität beitragen soll. Gespeist wird er aus einem fixen Anteil des Beitragssatzes zur SPV (vgl. §§ 131 SGB XI ff.).

Die Wahl des Versicherungstyps ist gesetzlich geregelt und einkommensabhängig bzw. berufsabhängig. Die Regelungen zur Versicherungspflicht sind in § 5 SGB V geregelt und im Wesentlichen von der Versicherungspflichtgrenze abhängig. Diese bemisst sich anhand des jeweiligen Einkommens und wird durch eine Jahresarbeitsentgeltgrenze festgelegt (vgl. § 6 SGB V und § 68 SGB VI). Auf oder über dieser Grenze bedeutet eine Wahlfreiheit zwischen der GKV oder PKV, unter dieser Grenze bedeutet die Versicherung in der GKV. Zudem gilt für bestimmte Berufsbilder eine Versicherungsfreiheit und damit der Zugang zur privaten Krankenversicherung (vgl. § 6 SGB V).

Die GKV unterliegt einem Kontrahierungszwang gegenüber dem Versicherungsnehmer, die PKV im Grundsatz ebenfalls, hat jedoch über die individuelle Beitragssatzgestaltung ein unmittelbares Instrument, sich finanziell (un-)attraktiv für einen potenziellen Versicherungsnehmer darzustellen (Tab. 1.3).

Die Beiträge der Versicherungsnehmer werden in der GKV über die jeweilige Krankenkasse eingezogen und an den Gesundheitsfonds abgeführt.[28] Dieser wird durch das Bun-

**Tab. 1.3** Ausgewählte Unterschiede von GKV und PKV

| GKV | PKV |
| --- | --- |
| Risikogruppe ist die gesamte Versicherungsgemeinschaft der Versicherung. Innerhalb einer Versicherung gilt der gleiche gesetzliche Leistungskatalog. | Risikogruppe ist die jeweilige Versicherungstarifgemeinschaft. Innerhalb einer Versicherung gibt es unterschiedliche Tarife mit unterschiedlichem Leistungsumfang. |
| Zugang ist jederzeit möglich; ausgeschlossen sind lediglich einige Berufsgruppen sowie Altersgruppen (bei Wechsel aus der PKV). | Zugang ist nur ab einer bestimmten Einkommensgrenze oder bei bestimmten Berufsgruppen möglich. |
| Kinder und teilweise auch Ehepartner sind über die Eltern/den Ehepartner mitversichert | Kinder und Ehepartner haben eine eigene Versicherungspolice und sind damit beitragspflichtig |
| Alle Leistungen, die nach SGB V ausreichend, zweckmäßig und wirtschaftlich sind, können durch den Versicherten in Anspruch genommen und zu Lasten der GKV abgerechnet werden. | Nur Leistungen, die versichert sind, können zu Lasten der PKV in Anspruch genommen werden. |
| Der Beitragssatz wird gesetzlich festgelegt. Die Versicherung kann einen Zusatzbeitrag erheben, der innerhalb der Versicherung einheitlich für alle gilt. | Risiken werden individuell berechnet und führen zu individuellen Beitragssätzen. |

[28] Der Beitragssatz der GKV setzt sich aus einem Arbeitgeberanteil und einem Arbeitnehmeranteil zusammen. Diese Anteile werden gesetzlich festgelegt und variieren immer wieder. Seit Januar 2015 liegt er bei 14,6 % des beitragspflichtigen Einkommens wobei 7,3 % vom Arbeitgeber getragen werden. Ergänzend zu diesem Beitragssatz kann die Krankenversicherung noch eine Zusatzbeitrag erheben, der ausschließlich durch den Versicherungsnehmer zu tragen ist. Die Beitragssätze werden dabei jedoch nur bis zu einer jährlich neu berechneten Beitragsbemessungsgrenze erhoben.

desamt für Soziale Sicherung (BAS) verwaltet, ggf. durch Steuermittel ergänzt und nach entsprechender Berechnung und Schlüsseln orientiert am Vorjahreswert des zu berücksichtigenden Zeitraumes in Pro-Kopf-Pauschalen an die jeweilige Krankenkasse zurücküberwiesen. Ergänzt wird diese Pauschale durch weitere Pro-Kopf-Größen z. B. in Abhängigkeit der Morbidität der Versichertengemeinschaft. Dieses Verfahren wird als morbiditätsorientierter Risikostrukturausgleich (morbiRSA)[29] bezeichnet und soll unterschiedlich verteilte Krankheitslasten bei den Krankenkassen ausgleichen, um indirekten Risikoselektionen von Versicherten entgegenzuwirken.

Die PKV finanziert sich direkt über die Beiträge der Versicherungsverträge mit ihren Kunden.

Die soziale Pflegeversicherung wird ebenfalls über einen Beitrag finanziert. Dieser ist jedoch über alle gesetzlichen Kassen hinweg gleich.

## 1.2.3.2 Ausgabenseite

Neben den Verwaltungsausgaben der jeweiligen Versicherungen, egal ob GKV oder PKV bzw. SPV oder PPV,[30] stellen die Leistungsausgaben der Versicherten den größten Anteil der Ausgaben dar.

Durch das dem deutschen Gesundheitswesen innewohnende Sachwalterprinzip bedarf es vor einer Abrechnung des Leistungserbringers mit der Versicherung immer eines Vertrages. Diesen erhält er, wenn bestimmte, gesetzlich festgelegte Kriterien erfüllt sind und somit eine Zulassung erlangt wird. Neben den Zulassungskriterien gibt es in einzelnen Bereichen zusätzlich Bedarfsplanungen für das Leistungsangebot, die einschränkend wirken können.[31] Sind beide Kriterien erfüllt und handelt es sich nicht um routineferne Versorgungsgestaltungen,[32] so muss die Versicherung eine Zulassung erteilen, sie unterliegt in diesem Fall dem Kontrahierungszwang.

Möchte sich ein Leistungserbringer außerhalb dieser mit der GKV vereinbarten vertraglichen Regelungen bewegen, muss direkt mit dem Leistungsempfänger kontrahiert und abgerechnet werden.

Welche Leistungen mit der GKV zu welchen Preisen abgerechnet werden können, bestimmen die entsprechenden Leistungskataloge. In Abschn. 2.1 wurde bereits der EBM und die GOÄ für die ambulanten ärztlichen Leistungen erwähnt. Der stationäre Sektor

---

[29] Der morbiRSA wird regelmäßig in seinen Kriterien überprüft und angepasst.

[30] Der durchschnittliche Anteil der Verwaltungsausgaben beträgt in der GKV regelmäßig ca. 5 %; 2018 lag dieser Wert bei 4,73 %. Vgl. https://www.pkv.de/presse/faktencheck/verwaltungskosten/. Zugegriffen am 04.10.2020.

[31] Beispiele für Bedarfsplanungen finden sich in der Krankenhausversorgung oder im Bereich der Apotheken.

[32] Verträge die bspw. im Rahmen von Integrierter Versorgung abgeschlossen werden, können nur mit zugelassenen Leistungsanbietern erfolgen. Einen Zwang zum Abschluss eines Integrierten Versorgungsvertrages gibt es nicht.

bestimmt sich im medizinischen und pflegerischen Bereich jeweils durch ihre definierten Versorgungsaufträge.

Möchte der Versicherungsnehmer über diesen definierten Umfang hinaus Leistungen in Anspruch nehmen, kann er dies entweder durch direkten Einkauf und Konsum – auf private Rechnung – oder durch gezieltes Vorsorgen mittels Zusatzversicherungen für die jeweils gewünschte Leistung (z. B. Zahnzusatzversicherung, Pflegeversicherung).

Die PKV bestimmt in ihren jeweiligen Tarifen den Leistungsumfang und garantiert diesen vertraglich. Was den jeweiligen Leistungsumfang der Tarife betrifft, wird sich in der Regel eng am GKV-Leistungskatalog orientiert.[33]

Sowohl in der GKV als auch in der PKV tragen die jeweiligen Versicherungen die vom Versicherungsschutz umfassten Ausgaben ihrer Mitglieder. Dies führt zwischen den Versicherungsanbietern und Kostenträgern zu einem Wettbewerb.

In der SPV ist dies nicht der Fall. Es gibt einen deutschlandweiten versicherungsanbieterübergreifenden Finanzausgleich. Die Pflegekassen haben an das Bundesamt für Soziale Sicherung (BAS) den Saldo aus Betriebsmittel-/ Rücklagesolls und Einnahmen zu melden und erhalten oder überweisen je nach Ergebnis aus dem oder an den Ausgleichsfonds den entsprechenden Differenzbetrag (vgl. hierzu §§ 65 ff. SGB XI).

Eine weitere wichtige Funktion der Finanzierungsträger ist die Sicherung der Qualität der Leistungserbringung. Ein Instrument stellt hierbei der Medizinische Dienst dar. Er prüft in gesetzlich festgelegten Intervallen und Anlässen die Dienstleistungen und Abrechnungen (vgl. §§ 275 ff. SGB V).

Ist es zu einem Fehler oder Fehlverhalten gekommen, sind die gesetzlichen Krankenversicherungen verpflichtet ein Behandlungsfehlermanagement[34] und eine Anlaufstelle für Hinweise zu Fehlverhalten im Gesundheitswesen[35] anzubieten. An diese Stellen kann sich grundsätzlich jeder Teilnehmer des Gesundheitsmarktes wenden.

## 1.3    Das Gesundheitswesen aus Sicht der Makroökonomie

### 1.3.1    Die Alternative Wirtschaftstheorie[36]

Seit den frühen 1990er-Jahren forscht eine Gruppe von Wissenschaftlern unterschiedlicher Disziplinen an einem gemeinsamen Ansatz zur Beschreibung moderner

---

[33] Seit 2009 müssen die privaten Krankenversicherungen auch einen sogenannten Basistarif anbieten, der dem Leistungsumfang der GKV entspricht und deren Höchstbeitrag nicht überschreiten darf.

[34] Vgl. § 66 SGB V. Die Krankenkassen sollen die Versicherten bei der Verfolgung von Schadensersatzansprüchen unterstützen.

[35] Vgl. § 197a SGB XI. Die Krankenkassen gehen Fällen und Sachverhalten nach, die auf Unregelmäßigkeiten oder auf rechtswidrige oder zweckwidrige Nutzung von Finanzmitteln im Zusammenhang mit den Aufgaben der jeweiligen Krankenkasse oder des jeweiligen Verbandes hindeuten.

[36] Diese Skizze der AWT ist eine gekürzte Fassung aus Ebersoll & Benker, 2014, S. 22 ff.

Wirtschaftssysteme.[37] Das derzeit wichtigste Forschungsprojekt ist die sogenannte Alternative Wirtschaftstheorie (AWT), ein völlig neuartiger Ansatz zur Beschreibung ökonomischer Zusammenhänge.

Durch die „Verknüpfung" der qualitativen Systemtheorie Luhmanns (vgl. Luhmann, 1996, 1997; Reese-Schäfer, 1999) mit der quantitativen Beschreibung von Systemen nach Straubs – auf der Gibbs-Falk-Dynamik basierenden – „Alternativen mathematischen Theorie der Nicht-Gleichgewichtsphänomene" (vgl. Straub, 1997). entsteht die AWT. Sie stellt eine alternative Methodik zur Beschreibung ökonomischer Systeme auf Meso- und Makroebene dar, welche auch ohne die stark einschränkenden Annahmen vieler traditioneller volkswirtschaftlicher Theorien auskommt. Dabei ist die AWT ein weitaus differenzierterer Ansatz als in der orthodoxen Makroökonomie gemeinhin üblich; bezieht sie doch unterschiedliche Sachverhalte und Phänomene zwingend mit ein, welche bisher weitgehend vernachlässigt wurden, darunter z. B. Fragen der Rechtsstruktur, Fragen zur Nutzung eines evolutorischen und irreversiblen Zeitkonzeptes oder etwa der Inanspruchnahme der natürlichen Umwelt. Auch geht sie in ihrer Gesamtheit (insbesondere durch die Einbeziehung von Austauschgrößen mit der Geosphäre) über die enge Fassung eines kommunikativ konstituierten Subsystems nach Luhmann deutlich hinaus (vgl. Ebersoll, 2006, S. 239). Sowohl in Bezug auf die Qualität der Beschreibung ökonomischer Systeme, als auch hinsichtlich ihrer strukturellen Flexibilität weist die AWT wesentliche Vorteile auf (vgl. Lauster, 1998, S. 6).

Konstitutiv für ein System sind „Teilchen" als irreduzible Bestandteile, die miteinander interagieren (vgl. Lauster, 1998, S. 6). In und zwischen Wirtschaftssystemen finden endlich viele Austauschprozesse statt, welche durch die Austauschvariablen $X_1$, $X_2$, …, $X_n$ beschrieben werden können. Die Anzahl extensiver Variablen beträgt mindestens n = 2. Zur Variablenbildung und Eigenschaft der Extensivität siehe (Ebersoll, 2006, S. 31 ff.). In jeder Wissenschaftsdisziplin existieren allgemein anerkannte Variablen, deren Bedeutungen in den Teildisziplinen der jeweiligen Wissenschaft wenigstens annähernd gleich sind. (Vgl. Lauster, 1998, S. 259). Diese sog. Standardvariablen (SV) beziehen sich auf wesentliche Aspekte eines bestimmten Erkenntnisobjektes, z. B. eines Wirtschaftssystems. SV zeichnen sich dadurch aus, nicht nur für ein einzelnes System, sondern für ganze Klassen von Systemen sinnvoll und gültig zu sein. In diesem Sinne sind SV stets auch Kennzahlen. Jede funktionale Verknüpfung von SV erzeugt neue Kennzahlen, welche wiederum zwangsläufig eine sinnvolle Aussage über das System ermöglichen. (Vgl. Jordan & Höher, 2006, S. 97). Eine dieser Variablen wird als abhängig und n−1 Variablen als unabhängig angesehen. Die hieraus folgende Fundamentalrelation $\Gamma$ („Gamma") lautet dann:

$$\Gamma\left(X_1, X_2, \ldots, X_n\right) \equiv 0. \qquad (1.1)$$

---

[37] Siehe hierzu auch www.AWTInst.de.

Extensive Standardvariablen der AWT sind aktuell:[38] der Konsum C, die menschliche Tätigkeit $A$ (vgl. Hanke-Ebersoll, 2015), die Teilchenzahl $N$ (vgl. Bärtl, 2005; Ghirardini, 2013; Ebersoll & Benker, 2014), das ökonomische Volumen $V_{ök}$ (vgl. Ebersoll & Junkermann, 2011; Benker, 2004), die Rechtsstruktur L (vgl. Gansneder, 2001; Ebersoll, 2006, S. 139 ff.), die Systemgeschichte H (vgl. Junkermann, 2006), der ökonomische Impuls $P_{ök}$ (vgl. Ebersoll, 2006, S. 180 ff.; Ebersoll & Junkermann, 2011, S. 115 ff.), der Verbrauch unmittelbarer Energie E (vgl. Lorenz, 2012), der Verbrauch an geosphärischen Inputfaktoren (kurz: Rohstoffe) $R$ (vgl. Lorenz, 2012), der Müll $M$ (vgl. Lorenz, 2012), die Außenwirtschaft F (vgl. Ebersoll & Junkermann, 2011, S. 58 ff.), die Wirtschaftskraft K* (vgl. Lieglein, 2008, S. 33; Ghirardini, 2013, S. 42).

Die Fundamentalrelation lässt sich nach jeder der n Variablen auflösen. Es wird ohne Beschränkung der Allgemeingültigkeit die Größe $X_n = K^*$ gewählt und so die Gibbs-Funktion (vgl. Falk, 1990, S. 216):

$$K^* = g(A,C,E,F,H,L,M,N,P,R,V), \text{gebildet.} \tag{1.2}$$

Auch ohne Kenntnis des zugrunde liegenden funktionellen Zusammenhangs kann ein totales Differenzial, die sogenannte GIBBS'sche Hauptgleichung (GHG), gebildet werden (Vgl. Straub, 1997, S. 73). Die entstehenden Partialgrößen werden auch als „intensive" oder „konjugierte" Variablen bezeichnet und wie folgt geschrieben: $\partial K^*/\partial X_i = \xi_i$, mit i= 1,2, …, n−1 und $\partial K^*/\partial N = \mu$, $\partial K^*/\partial A = \alpha$, $\partial K^*/\partial V = p$, $\partial K^*/\partial P = V$. Die Werte dieser Größen charakterisieren die vorhandenen wirtschaftlichen Neigungen zum Austausch (vgl. Lauster et al., 1995, S. 775). Während die extensiven Variablen Informationen über die Ausdehnung des Systems vermitteln, können die intensiven Variablen Auskunft geben über marginale Größenordnungsverhältnisse (vgl. Straub, 1989, S. 108), denn sie sind homogen vom Grade 0 und daher invariant gegenüber Größenverhältnissen, d. h. die intensiven Größen zweier Systeme (unterschiedlicher Größenordnung) sind immer unmittelbar vergleichbar (vgl. Ebersoll, 2006, S. 73). Alle partiellen Differenziale sind offensichtlich selbst wiederum Funktionen nicht nur der extensiven Variablen, sondern auch aller übrigen intensiven Größen: $\xi_i = \xi_i(\xi_1,\xi_2, …, \xi_{i-1},\xi_{i+1},…,\xi_{n-1})$ (vgl. Falk, 1990, S. 223). Dieser funktionale Zusammenhang wird als Innere GIBBS-Funktion bezeichnet.

Zur Vereinfachung wird die folgende Schreibweise mit verkürzter Symbolik für die partiellen Differenziale vereinbart:

$$dK^* = \alpha \cdot dA + \xi_C \cdot dC + \xi_E \cdot dE + \xi_F \cdot dF + \xi_H \cdot dH + \xi_L \cdot dL + \\ + \xi_M \cdot dM + \mu \cdot dN + v \cdot dP + \xi_R \cdot dR + p \cdot dV \tag{1.3}$$

---

[38] Die Bezeichnung von mehrdimensionalen Größen (z. B. Vektoren und Matrizen) erfolgt im Rahmen der AWT oft mit Sütterlin-Buchstaben. Im Interesse der besseren Lesbarkeit und internationalen Verständlichkeit werden mehrdimensionale Größen in dieser Veröffentlichung fett und kursiv gedruckt.

Durch die GHG werden die differenziellen Veränderungen im gesamten System beschrieben.[39] Die einzelnen Summanden werden als Formen oder Quellen der Wirtschaftskraft bezeichnet. Diese Differenzialgleichung ist für den politiktreibenden Ökonomen als Steuerungsinstrument höchst aufschlussreich, weil der Einfluss einzelner Quellen auf die Wirtschaftskraft des gesamten Systems analysierbar ist.

So können Wirtschaftspolitiker etwa durch die Veränderung der Staatsquote (die Staats- oder auch die Steuerquote sind Parameter, welche in die Messung des ök. Volumens eingehen (vgl. Ebersoll & Junkermann, 2011, S. 51 f.)) Einfluss nehmen auf die Größe „ökonomisches Volumen" und über das zugehörige partielle Differenzial die Effektivität dieser Maßnahme in Bezug auf die Veränderung von K* bestimmen. Zu weiteren, für die Politik relevanten Kenngrößen siehe Ebersoll, 2006, S. 241 f.

Die sich aus der letztgenannten Gleichung ergebenden intensiven Standardvariablen der AWT sind dabei Folgende: der Wertumsetzungsfaktor $\xi_C$, die ökonomische Relevanz $\alpha$, das Teilchenpotenzial $\mu$, der ökonomische Druck $p$, der ökonomische Multiplikator der Rechtsstruktur $\xi_L$, der ökonomische Kommunikationskoeffizient $\xi_H$, die dynamische Geschwindigkeit $V$, die energieinduzierte Rate der Wirtschaftskraft $\xi_E$, die rohstoffinduzierte Rate der Wirtschaftskraft $\xi_R$, die müllinduzierte Verlustrate der Wirtschaftskraft $\xi_M$, der Außenwirtschaftskoeffizient $\xi_F$.

### 1.3.2 Die Spuren des Gesundheitswesens in ökonomiebeschreibenden Größen und Funktionen

Mit den eben vorgestellten Größen und Funktionen lassen sich makroökonomische Systeme und ihre Entwicklungsdynamik in konsistenter Form beschreiben (vgl. zu den Vorteilen Benker et al., 2015; Ebersoll et al., 2021a). Dem aufmerksamen Leser wird aufgefallen sein, dass der genutzte Variablensatz keine explizite Größe „Gesundheitswesen" enthält. Daher stellt sich die Frage: Wie manifestiert sich das Gesundheitswesen in dieser Systembeschreibung?

Begriffe wie „das Gesundheitswesen", „das Bildungssystem", „die Lebensmittelindustrie" usw. werden zwar umgangssprachlich meist ohne größere Verständnisschwierigkeiten genutzt, allerdings offenbart ein detaillierterer Blick oft, dass es sich bei diesen Begriffen keineswegs um alleinstehende, wohldefinierte Gebilde handelt. Vielmehr sind dies Oberbegriffe oder Sammelbegriffe für teils sehr heterogene Elemente und Zusammenhänge, deren Gemeinsamkeit nur darin besteht, dass der jeweilige Sprecher sie aus seiner ganz subjektiven Sicht einer ebenfalls durchaus subjektiv ausgestalteten „Denkschublade" zuordnet. Unter diesen Elementen bestehen meist vielfältige Beziehungen

---

[39] Durch die ebenfalls systembeschreibende EULER-REECH-Funktion $K^* = \alpha \cdot A + \xi_C \cdot C + \xi_E \cdot E + \xi_F \cdot F + \xi_H \cdot H + \xi_L \cdot L + \xi_M \cdot M + \mu \cdot N + V \cdot P + \xi_R \cdot R + p \cdot V$ wird nicht nur das gesamte System in seiner absoluten Ausdehnung deutlich, sondern auch – sofern wir sie in ihrer zeitlichen Veränderung betrachten – die absoluten Veränderungen.

und Abgrenzungsschwierigkeiten, dies gilt ebenso für den Begriff des Gesundheitswesens, sowohl innerhalb dieser „Denkschublade" als auch zu anderen „gesellschaftlichen/wirtschaftlichen Bereichen". Der Verzicht auf klare Definitionen und Abgrenzungen und die damit unzweifelhaft einhergehende Effizienz der Alltagssprache wird zum Nachteil, wenn für konkrete Analysen Kausalitäten und Zusammenhänge gefunden werden sollen, so z. B. ob eine bestimmte ärztliche Weiterbildung nun dem Bildungs- oder Gesundheitswesen oder beidem zuzurechnen ist; oder welchem Feld die Lebensmittelkontrolle mit dem Ziel des Verbraucher- und Gesundheitsschutzes zuzuordnen ist, in der auch die Herstellungs- und Versorgungsketten der Lebensmittelindustrie begutachtet werden.

In der AWT werden derartige abstrakte, umfassende Begriffe wie „Gesundheitswesen" daher nicht als eigene, monolithische Systemgröße verstanden, sondern als ein bestimmter Bereich der Gesellschaft, welcher Berührungspunkte mit allen genannten systembeschreibenden Größen haben kann. Anstatt einer bestimmten Einzelgröße stehen also vielmehr Kombinationen von Größen bzw. deren Variationen im Fokus. Im Folgenden soll dies anhand ausgewählter Größen gezeigt werden (vgl. Ebersoll et al. 2021b):

- In der Teilchenzahl $N$ und der konjugierten Größe $\mu$ finden sich sowohl die personenbezogenen Aspekte (z. B. die Beschäftigten im Gesundheitswesen) als auch die institutionellen Aspekte (z. B. Krankenhäuser, Arztpraxen, aber auch Krankenkassen) wieder.[40] Die Gruppe der Erwerbsbevölkerung stellt sowohl potenzielle Leistungsempfänger als auch Beitrags- oder Prämienzahler dar, während das potenzielle Patientenaufkommen durch die gesamte Wohnbevölkerung repräsentiert wird.
- Der Vektor $A$ der menschlichen Aktivität/Tätigkeit enthält u. a. gesundheitsnahe Tätigkeiten und die Partialgröße $\alpha$ („alpha")[41] u. a. deren Vergütung, so dass es möglich wird, die gesamte Bruttolohnsumme des Gesundheitswesens zu ermitteln. Über die konjugierte Größe $\alpha$ lässt sich der tätigkeitsbezogene Finanzierungsbeitrag zur Krankenversicherung abbilden, daneben umfasst die vektorielle Größe aber auch die zunehmende (medizin-) technische Unterstützung in der Komponente der soziotechnischen Intensität.
- Der Konsum $C$ umfasst Gesundheitsleistungen (z. B. Behandlungen) und konsumierte Sachgüter (z. B. Medikamente).[42] Prinzipiell wäre auch der Einkauf von gesundheitsspezifischem Versicherungsschutz zum Konsum denkbar. Als Konsum wird ganz gene-

---

[40] $N$ ist mehrkomponentig aufgebaut und spiegelt verschiedene „ökonomische Teilchen/Akteure" wider, von natürlichen bis hin zu juristischen Personen, welches jeweils noch in Teilgruppen gegliedert werden können. Vgl. Ebersoll & Benker, 2014, S. 37.

[41] Die Partialgröße $\alpha$ hat – ebenso wie $A$ – eine Vektorform und besteht aus den Komponenten der sozio-technischen Intensität $\alpha_T$, der Incentivierung über Zahlungen für Tätigkeiten $\alpha_Z$ und der Nicht-Routine-Potenziale $\alpha_{NR}$ (vgl. Hanke-Ebersoll, 2015, S. 162 ff.).

[42] Genaugenommen muss $C$ als Kombination aus (i) einem Mengenvektor aller konsumierten Güter und Dienstleistungen mit (ii) dem zugehörigen Vektor der realisierten Preise verstanden werden. Vgl. Ebersoll und Junkermann (2020), S. 7, Fußnote 6.

rell der in Geldeinheiten messbare Versuch der Befriedigung individueller Bedürfnisse im Zusammenhang mit der Umsetzung persönlicher, ökonomischer Wertvorstellungen verstanden. Der sogenannte Wertumsetzungsfaktor $\xi_C$ als konjugierte Größe beinhaltet unternehmerische Investitionskalküle, da hier die Leistungserbringerseite, welche sich unternehmerisch und wirtschaftlich verhalten muss, mit betrachtet wird.

- Eine wesentliche Dimension des Gesundheitswesens in Deutschland zeigt sich in den Komponenten der Rechtsstruktur L. In der Konstruktion dieser Variablen sind auch staatliche Transferleistungen abgebildet.[43] Weiterhin umfasst L auch Rechtsstreitigkeiten, worunter gesundheitsspezifisch vor allem das Sozialrecht und die damit verbundenen Rechtsstreitigkeiten fallen. Die Größe L ist systemerhaltend und dient dazu, den Mittelverbrauch für den Strukturerhalt zu erfassen, um das Gesundheitswesen „am Laufen" zu halten.

Im Ergebnis zeigt sich, dass das Gesundheitswesen fast alle systembeschreibenden Größen berührt und diese mit unterschiedlicher Intensität beeinflusst.[44] Das Gesundheitswesen zeigt sich demnach nicht in Form einer bestimmten Größe, sondern vielmehr in Form bestimmter (Werte-) Konstellationen einer Vielzahl systembeschreibender Größen. Dies ermöglicht nicht nur eine detailliertere Abbildung verschiedener Aspekte des Gesundheitswesens sowie die Einschätzung ihrer Bedeutung innerhalb des Gesamtsystems, sondern verdeutlicht insbesondere auch seine innere Struktur und Einbettung in andere gesellschaftliche Teilsysteme.

Wenn dennoch eine ausschließliche Darstellung des Gesundheitswesens erforderlich sein sollte, dann können die systembeschreibenden Größen in einen „gesundheitsnahen" und in einen eher „gesundheitsfernen" Anteil gegliedert werden. Im Ergebnis entstehen so bspw. die Teilchengrößen

- $N_{GW}$, welche z. B. Pharmaunternehmen, Apotheken, Krankenhausgesellschaften, Krankenkassen und andere Akteure des Gesundheitswesens beinhaltet sowie
- $N_{Rest}$, welche die restlichen, d. h. nicht GW angehörenden Teilchen des gesamten Wirtschaftssystems umfasst.[45]

Wird dies für alle anderen Größen $X_i$ analog durchgeführt, so lässt sich letztlich auch die systembeschreibende Funktion zerlegen:[46]

---

[43] Neben klassischen Transferleistungen sei hier auch die staatlichen Beiträge zum Gesundheitsfonds gem. § 221 SGB V erinnert.
[44] Analoge Schlussfolgerungen ergaben sich bei der Analyse der Covid-19-Pandemie mit den Mitteln der AWT. Vgl. Ebersoll & Junkermann, 2020, S. 4 ff.
[45] Beide N-Größen lassen sich je nach Anwendungsfach in verschiedener Komplexität ausgestalten, welche von einer einfachen, skalaren Zählgrößen der Akteure bis hin zu komplexen Vektoren (oder gar Matrizen) reicht, welche alle Akteure einzeln (ggf. nach Kriterien unterteilt) auflisten.
[46] Hier am Beispiel der sog. EULER-REECH-Funktion. Dies gilt analog auch für die Gibbs'sche Hauptgleichung (GHG): $dK^* = dK^*_{GW} + dK^*_{Rest}$.

$$K^* = K^*_{GW} + K^*_{Rest}, \tag{1.4}$$

wobei für die spezifische (Teil-)Funktion des Gesundheitswesens (GW) gilt:

$$
\begin{aligned}
K^*_{GW} = {}& \alpha_{GW} \cdot A_{GW} + \xi_{C,GW} \cdot C_{GW} + \xi_{E,GW} \cdot E_{GW} + \xi_{F,GW} \cdot F_{GW} + \\
& + \xi_{H,GW} \cdot H_{GW} + \xi_{L,GW} \cdot L_{GW} + \xi_{M,GW} \cdot M_{GW} + \mu_{GW} \cdot N_{GW} + \\
& + v_{GW} \cdot P_{GW} + \xi_{R,GW} \cdot R_{GW} + p_{GW} \cdot V_{GW}
\end{aligned}
\tag{1.5}
$$

und für die restlichen, nicht zum Gesundheitswesen gezählten Anteile:

$$
\begin{aligned}
K^*_{Rest} = {}& \alpha_{Rest} \cdot A_{Rest} + \xi_{C,Rest} \cdot C_{Rest} + \xi_{E,Rest} \cdot E_{Rest} + \xi_{F,Rest} \cdot F_{Rest} + \\
& + \xi_{H,Rest} \cdot H_{Rest} + \xi_{L,Rest} \cdot L_{Rest} + \xi_{M,Rest} \cdot M_{Rest} + \mu_{Rest} \cdot N_{Rest} + \\
& + v_{Rest} \cdot P_{Rest} + \xi_{R,Rest} \cdot R_{Rest} + p_{Rest} \cdot V_{Rest}
\end{aligned}
\tag{1.6}
$$

Auf dieser Basis kann über die Verhältnisgröße $K^*_{GW}/K^*$ (bzw. allgemeiner $X_{i,GW}/X_i$) in abstrakter und hochaggregierter Form ermittelt werden, wie stark das jeweilige ökonomische System (bzw. die jeweilige Größe) vom Gesundheitswesen durchdrungen ist.

Auch lassen sich anhand dieser Funktionen (gesundheits-) politische Maßnahmen im Vorhinein durchspielen, um deren erwünschte oder unerwünschte Wirkung auf das Gesundheitswesen und andere Teile der Gesellschaft abzuschätzen sowie ggf. adressieren zu können. Jede Maßnahme lässt sich in Form von Wertveränderung bestimmter Variablen $(dX_i \neq 0)$ bzw. Kombinationen solcher Veränderungen darstellen. Eine bestimmte Maßnahme M ließe sich dann als Tupel der folgenden Form verstehen: $M = (dX_i \neq 0, dX_{i+1} \neq 0, dX_{i+2} \neq 0, ..., dX_{i+k} \neq 0)$, wodurch M direkt im Kontext der systembeschreibenden Funktion(en) evaluiert werden kann. Derartige Untersuchungen können nicht nur die Querbeziehungen zu Variationen anderer systembeschreibender Größen offenlegen, sondern verdeutlichen insbesondere die mit der Maßnahme M „bewegte" und in ihr „gebundene" Wirtschaftskraft $(d)K^*_M$.

Mit der vorgestellten Systembeschreibung steht ein mächtiges Instrumentarium zur quantitativen Abbildung des Gesundheitswesens und seines „Fußabdrucks" im makroökonomischen System zur Verfügung.

### 1.3.3 Effizienz und Effektivität gesundheitspolitischer Maßnahmen

Aus gesellschaftlicher Sicht stellt sich zunehmend die Frage, ob das Gesundheitswesen und die darin gebundenen Ressourcen zielführend wirken, ob sie also geeignet sind, den Gesundheitszustand der Systembevölkerung zu stützen oder gar zu verbessern. Neben der Frage der generellen Wirksamkeit/Effektivität gesellt sich unmittelbar die Frage nach deren Wirtschaftlichkeit/Effizienz.

Diese Fragestellungen adressieren die Notwendigkeit eines quantitativen Maßes für den Gesundheitszustand (GZ), welches gesundheitsbezogene, makroökonomische

Analysen ermöglicht. Wesentliches Zielobjekt eines Gesundheitswesens ist die Erhaltung und Steigerung dieses Gesundheitszustands GZ. Da das Gesundheitswesen nicht für Einzelindividuen, sondern stets für eine Gesamtpopulation unterhalten wird, muss auch GZ einen eher makroskopischen, durchschnittlichen Charakter aufweisen.

Ließe sich ein solches Maß GZ konstruieren, so wären nicht nur interessante Strukturaussagen aus den Verhältnissen von K\* bzw. den einzelnen $X_i$ und GZ möglich, sondern darüber hinaus ließen sich Aussagen über den „Gesundheitseffekt" dGZ ableiten, welcher mit bestimmten gesundheitspolitischen Maßnahmen, d. h. Größenvariationen einzelner bzw. mehrerer $dX_i$, korrespondiert.

Trivialerweise müssen sich solche Maßnahmen M daran messen lassen, dass ihnen ein positiver Wert $dGZ_M > 0$ gegenübersteht. Anderenfalls wäre die Maßnahme in Bezug auf den Gesundheitszustand nicht wirksam ($dGZ_M = 0$) oder gar gesundheitsschädlich ($dGZ_M < 0$).[47]

Ein Maß für die Effizienz der Maßnahme resultiert unmittelbar aus der Gegenüberstellung von Gesundheitsveränderung $dGZ_M$ und den entsprechenden Maßnahmenkosten, welche sich wiederum eng definieren lassen (z. B. ein bestimmtes Ausgabenvolumen im Budget des Staates oder einer Krankenkasse) oder auch sehr weit (z. B. als Gesamtmenge aller volkswirtschaftlichen Implikationen, welche im korrespondierenden Wert $dK_M$\* gesehen werden kann).

Der Wirkungsgrad ließe sich dann über die folgenden exemplarischen Formeln abbilden:

$$Wirkungsgrad\_1_M = {dGZ_M} \Big/ {dK_M^*} \tag{1.7}$$

oder

$$Wirkungsgrad\_2_M = \frac{dGZ_M / GZ}{dK_M^* / K^*}. \tag{1.8}$$

Wirkungsgrad 1 setzt die jeweiligen Änderungen von GZ und K\* ins Verhältnis und beantwortet die Frage, welche Menge „Gesundheitseinheiten" pro „bewegter" Einheit Wirtschaftskraft gewonnen werden können (z. B. drei Gesundheitseinheiten pro zwei Mrd. Euro K\*). Wirkungsgrad 2 setzt die jeweiligen Änderungen $dGZ_M$ und $dK^*_M$ mit den vorherigen Ausgangswerten GZ und K\* ins Verhältnis. Es steht eine dimensionslose Kennzahl, welche die prozentuale Gesundheitsveränderung je einprozentiger Variation von K\* darstellt (z. B. zehn Prozent Gesundheitszuwachs pro einprozentiger Veränderung von K\*).

---

[47] Das Subskript M soll verdeutlichen, dass letztlich jede einzelne Maßnahme ihr ganz eigenes dGZ hervorruft bzw. mit einem ganz eigenen dK\* einhergeht.

Auf dieser Basis lassen sich ideologisch unbelastete Bewertungen der Effektivität und Effizienz (gesundheits-) politischer Maßnahmen vornehmen und gleichzeitig eröffnen sich interessante Ansatzpunkte für internationale Vergleichsanalysen. Insofern kann die Erarbeitung eines solchen Maßes für den Gesundheitszustandes GZ als lohnenswertes Forschungsthema angesehen werden, welches noch innerhalb dieses Sammelbandes aufgegriffen werden soll.

## Literatur

Bärtl, M. (2005). *Ökonomische Teilchen und produktionstechnisches Potential: Ein Teilchenkonzept in einer wirtschaftswissenschaftlichen Umsetzung der Gibbs-Falk-Dynamik*. Kovač.

Benker, F. (2004). *Der ökonomische Raum auf der Basis geographischer Modellvorstellungen*. Peter Lang.

Benker, F., Ebersoll, M., Höher, K., Junkermann, T., & Lieglein, R. (2015). Gedanken zur Wirtschaftskraft ökonomischer Systeme. Arbeitspapier, Nr. 1/2015 des AWT Institut für ökonomische Systemtheorie e. V.

Betanet. (8. September 2020). https://www.betanet.de/rehabilitation-phasen.html. Zugegriffen am 08.09.2020.

Bundesministerium für Gesundheit. (2020a). Zahlen und Fakten zur Pflegeversicherung, Stand 28.07.2020. https://www.bundesgesundheitsministerium.de/fileadmin/Dateien/3_Downloads/Statistiken/Pflegeversicherung/Zahlen_und_Fakten/Zahlen_und_Fakten_der_SPV_Juli_2020_bf.pdf. Zugegriffen am 29.11.2020.

Bundesministerium für Gesundheit. (2020c). https://www.bundesgesundheitsministerium.de/service/begriffe-von-a-z/e/einheitlicher-bewertungsmassstab-ebm.html und https://www.bundesgesundheitsministerium.de/service/begriffe-von-a-z/g/gebuehrenordnung-fuer-aerzte-und-zahnaerzte.html. Zugegriffen am 04.10.2020.

DGNP (2020) Deutsche Gesellschaft für Nährstoffmedizin und Prävention (DGNP) e. V., www.dgnp.de. Zugegriffen am 12.09.2020.

Ebersoll, M. (2006). *Die Alternative Wirtschaftstheorie – Beitrag zu den Grundlagen einer quantitativen Theorie dynamischer ökonomischer Systeme*. Der Andere.

Ebersoll, M., & Benker, F. (2014). *Demographie der Unternehmen - Teilchenfokussierte Betrachtungen aus makro- und mikroökonomischer Perspektive*. Der Andere.

Ebersoll, M., & Junkermann, T. (2011). *Ansätze zur Beschreibung des Rahmens ökonomischer Interaktion: Überlegungen zum Status Quo und zur weiteren Erforschung der ökonomischen Größe Vök der Alternativen Wirtschaftstheorie*. Der Andere.

Ebersoll, M., & Junkermann, T. (2020). Corona und die Folgen aus Sicht einer quantitativen, ökonomischen Theorie. Reihe: Berichte zu aktuellen, gesellschaftlichen Fragestellungen aus der Perspektive der Alternativen Wirtschaftstheorie. Band 2. AWT Institut für ökonomische Systemtheorie e.V., München, Deutschland, Mai 2020. Grin.

Ebersoll, M., Junkermann, T., & Pelka, R. (2021a). *Die Alternative Wirtschaftstheorie (AWT) als Werkzeug zur Lösung aktueller Wirtschaftsprobleme*. Neopubli GmbH.

Ebersoll, M., Hanke-Ebersoll, M., & Junkermann, T. (2021b). Das Gesundheitswesen aus Sicht einer quantitativen, ökonomischen Systembeschreibung, Neopubli GmbH Berlin. Reihe: Berichte zu aktuellen, gesellschaftlichen Fragestellungen aus der Perspektive der Alternativen Wirtschaftstheorie, Band 3.

Engelkamp, & Sell. (1998). *Einführung in die Volkswirtschaftslehre*. Springer.

Falk. (1990). *Physik – Zahl und Realität*. Birkhäuser.

Gansneder, M. (2001). Operationalisierung von Rechtsstrukturen in ökonomischen Systemen, Dissertation an der Fakultät für Wirtschafts- und Organisationswissenschaften der Universität der Bundeswehr München, Neubiberg.

Ghirardini, A. (2013). *Unternehmenswert und externes Rating – ein Beitrag zur Operationalisierung in ökonomischen Systemen.* Kovač.

GKV. (2020). GKV-Spitzenverband. https://www.gkv-spitzenverband.de/gkv_spitzenverband/presse/zahlen_und_grafiken/gkv_kennzahlen/gkv_kennzahlen.jsp. Zugegriffen am 04.12.2020.

Hanke, M. (2007). *Ideal- und Realsysteme des Gesundheitswesens.* Der Andere.

Hanke-Ebersoll, M. (2015). *Menschliche Aktivität im ökonomischen Raum.* Der Andere.

Jordan, M., & Höher, K. (2006). Kennzahlen als Instrument der Abbildung steuer- und handelsrechtlicher Wirkungen in betriebswirtschaftlichen Systemen. In G. Meeh (Hrsg.), *Unternehmensbewertung, Rechnungslegung und Prüfung: Festschrift für Prof. Dr. Wolf F. Fischer-Winkelmann* (S. 65–100). Kovač.

Junkermann, T. (2006). *Die ökonomische Zeit – anders als die Newton-Zeit – im Rahmen der Alternativen Wirtschaftstheorie.* Der Andere.

Lauster, M. (1998). *Beitrag zu den statistischen Grundlagen einer quantitativen Systemtheorie* (S. 1998). Shaker.

Lauster, M., Höher, K., & Straub, D. (1995). A new approach to mathematical economics: On its structure as a homomorphism of Gibbs-Falkian Thermodynamics. *Journal of Mathematical Analysis and Applications, 193*(1995), 772–794.

Lieglein, R. (2008). *Der ökonomische Wert – Auf den Spuren ökonomischen Verhaltens in der Alternativen Wirtschaftstheorie* (S. 2008). Der Andere.

LNRA. (2020). Landessportbund Nordrhein-Westfalen https://www.vibss.de/fileadmin/Medienablage/Sportpraxis/WZ_Wissenswertes/Zivilisationskrankheiten/WZ_Wissenswertes_-_Zivilisationskrankheiten_-_Definition_und_Eigenschaften.pdf. Zugegriffen am 12.09.2020.

Lorenz, M. (2012). *Die Interaktion zwischen Wirtschaft und Natur im Rahmen der Alternativen Wirtschaftstheorie* (S. 2012). Der Andere.

Luhmann, N. (1996). *Die Wirtschaft der Gesellschaft.* Suhrkamp.

Luhmann, N. (1997). *Die Gesellschaft der Gesellschaft.* erster Teilband. Suhrkamp.

Reese-Schäfer. (1999). *Niklas Luhmann zur Einführung.*

Rovira, J., et al. (1998). Cost-sharing: A system-oriented framework. In R. Leidl (Hrsg.), *Handbuch Gesundheitswissenschaften* (3. Aufl.). Juventa.

Statistisches Bundesamt. (2019). Veröffentlichung der Pressestelle des Statistischen Bundesamtes am 3. September 2019. https://www.destatis.de/DE/Presse/_inhalt.html. Zugegriffen am 03.10.2020.

Statistisches Bundesamt. (2020a). https://de.statista.com/statistik/daten/studie/281526/umfrage/anzahl-der-arztpraxen-in-deutschland-nach-facharztbezeichnung/. Zugegriffen am 22.11.2020.

Statistisches Bundesamt. (2020b). https://www.destatis.de/DE/Themen/Gesellschaft-Umwelt/Gesundheit/Pflege/Publikationen/Downloads-Pflege/laender-ambulante-pflegedienste-5224101179005.html. Zugegriffen am 03.10.2020.

Stillfried DGv. (1996). *Gesundheitssystem im Wandel.* P.C.O.

Straub. (1989). *Thermofluiddynamics of optimized rocket propulsions.* Birkhäuser.

Straub, D. (1997). Alternative mathematical theory of non-equilibrium phenomena. *Mathematics in Science and Engineering, 196.* San Diego u.a.

Terris, M. (1978). The three world systems of medical care: Trends and prospects. *American Journal of Public Health, 68,* 1125–1131.

Volk, M. (1989). *Individualprinzip versus Sozialprinzip.* P.C.O.

# Institutionelle ambulante ärztliche Versorgung

2

Gregor Mainzer und Janine Bicking

## Inhaltsverzeichnis

**Zusammenfassung**

Der Fachbeitrag zur institutionellen ambulanten ärztlichen Versorgung gibt einen Gesamtüberblick über aktuelle Fragestellungen und Entwicklungen im ambulanten Sektor. In dem Beitrag erhält der Leser zu Beginn einen Überblick über die verschiedenen ambulanten Versorgungsformen sowie deren aktuelle Entwicklungen inklusive der Vor- und Nachteile in den einzelnen Betriebsmodellen. Am Beispiel eines größeren Medizinischen Versorgungszentrums (MVZ) mit direkter Anbindung an eine Klinik der Grund- und Allgemeinversorgung wird ein innovatives, intersektorales Betreibermodell inklusive der Erfolgsfaktoren dargestellt. Abschließend werden offene

G. Mainzer (✉)
Landeskrankenhaus (AöR), Andernach, Deutschland
E-Mail: g.mainzer@landeskrankenhaus.de

J. Bicking
conMedico MVZ gGmbH, Andernach, Deutschland
E-Mail: j.bicking@conmedico.de

© Der/die Autor(en), exklusiv lizenziert durch Springer Fachmedien Wiesbaden GmbH, ein Teil von Springer Nature 2022
M. Ebersoll et al. (Hrsg.), *Das Gesundheitswesen und seine volkswirtschaftliche Bedeutung*, https://doi.org/10.1007/978-3-658-36940-8_2

37

und zukünftige Fragestellungen zur ambulanten Versorgung diskutiert und mögliche Entwicklungen in Aussicht gestellt.

## Abkürzungsverzeichnis

| | |
|---|---|
| AOP-Katalog | Katalog ambulant durchführbarer Operationen und sonstiger stationsersetzender Eingriffe gemäß § 115b SGB V im Krankenhaus |
| eAU | Elektronische Arbeitsunfähigkeitsbescheinigung |
| EBM | Einheitlicher Bewertungsmaßstab, Vergütungssystem der vertragsärztlichen bzw. vertragspsychotherapeutischen Versorgung in Deutschland |
| ePA | Elektronische Patientenakte |
| GKV | Gesetzliche Krankenversicherung |
| GKV-VSG | GKV-Versorgungsstärkungsgesetz |
| GMG | GKV-Modernisierungsgesetz |
| MD-Prüfungen | Prüfungen des Medizinischen Dienstes |
| MVZ | Medizinisches Versorgungszentrum |
| SGB V | Sozialgesetzbuch (SGB) Fünftes Buch (V) – Gesetzliche Krankenversicherung – (Artikel 1 des Gesetzes v. 20. Dezember 1988, BGBl. I S. 2477) |

## 2.1 Aktuelle Rahmenbedingungen und Parameter der ambulanten ärztlichen Versorgung

Die medizinische Versorgung in Deutschland und ihre Teilbereiche leisten fast 54 % der Bruttowertschöpfung in der Gesundheitswirtschaft. Im Jahr 2019 lag die Bruttowertschöpfung der Branche bei 199,4 Mrd. EUR (vgl. Abb. 2.1). Auf den ambulanten Sektor entfallen hiervon gut 23,6 %, was einer Wertschöpfung von 47,08 Mrd. EUR entspricht.

Beschäftigt sind im ambulanten Sektor bzw. in den Arztpraxen gut 750.000 Mitarbeiterinnen und Mitarbeiter, die einen wesentlichen Beitrag zur Wertschöpfung leisten (vgl. Abb. 2.2).

Betrachtet man die Gesamtkosten des deutschen Gesundheitswesens, ist hinreichend bekannt, dass es mittlerweile zu den teuersten Gesundheitssystemen weltweit gehört. 11,9 % des Bruttoinlandsproduktes werden für Gesundheit ausgegeben (vgl. Statistisches Bundesamt, 2021). Kritikpunkt der Kostenträger und Gesetzgeber ist es, die Ambulantisierungsraten in Deutschland deutlich zu steigern. Während die durchschnittliche Verweildauer im Krankenhaus in den Niederlanden bei 4 bis 5 Tagen liegt, ist die durchschnittliche Verweildauer in Deutschland bei gut 7 Tagen.

Aus diesem Grund findet aktuell eine Gesetzesform des AOP-Kataloges statt mit dem unmittelbaren Ziel, die Ambulantisierung deutlich auszuweiten. Bis zum 30.06.2021

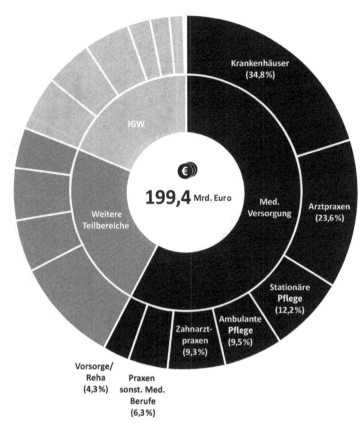

**Abb. 2.1** Bruttowertschöpfung in den Teilbereichen der Gesundheitswirtschaft. (Quelle: BMWi, 2019)

waren die Selbstverwaltungspartner auf Bundesebene aufgefordert, den bestehenden AOP-Katalog (§ 115b SGB V) zu erweitern und eine einheitliche, leistungserbringer-unabhängige Vergütung für den AOP-Katalog zu vereinbaren. Klares Ziel ist hier, die stationären Fallzahlen zu reduzieren und ambulante Krankenhausleistungen hochzufahren.

Betrachtet man neben der reinen makroökonomischen Bedeutung die gesamten, strategischen Dimensionen der ambulanten Leistungserbringung und die damit verbundenen Erlöspotenziale für die ambulanten Dienstleister wie auch für die Krankenhäuser, so ist die Botschaft klar abzuleiten! Stationäre Versorgung ist zukünftig ohne ambulante Leistungserbringung nicht mehr möglich.

Vorangetrieben wird das Ganze von flankierenden ökonomischen Anreizen. Demnach entfallen MD-Prüfungen bei von Krankenhäusern erbrachten Leistungen im Rahmen des aktuellen AOP-Kataloges. Positiv formuliert könnte die These lauten: „Jeder ambulante Behandlungsfall mehr ist eine MD-Prüfung weniger", zumal durch das „Gesetz für bessere und unabhängigere Prüfungen" (MDK-Reformgesetz) vom 14. Dezember 2019 die Beweislastumkehr gilt und die Nachweis- und Begründungspflicht für die Behandlungsauswahl beim Krankenhaus liegt.

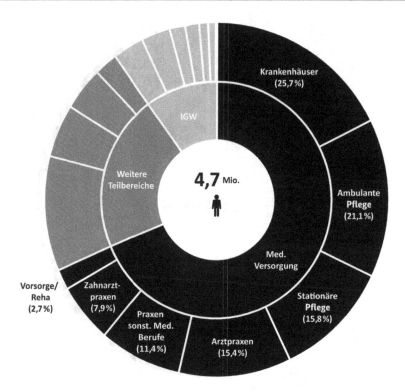

**Abb. 2.2** Erwerbstätige in den Teilbereichen der Gesundheitswirtschaft. (Quelle: BMWi, 2019)

**Chancen:**
- Entwicklung eigener, ambulanter Dienstleistungen (sektorenübergreifendes Angebot)
- Ausschöpfung bestehender und zukünftiger Erlöspotenziale
- Erhöhung eigener Marktanteile
- Ausweitung des ganzheitlichen Behandlungsangebotes

**Risiken:**
- Verlust von Marktanteilen und Patienten
- Unterfinanzierung des stationären Sektors
- Imageverlust aufgrund eingeschränkten Leistungsangebotes

Wenn man dem Trend Glauben schenken kann, werden zukünftig vermehrt Private-Equity-Firmen das Investment im ambulanten Sektor suchen. Hierdurch können diese Investoren nicht nur die ambulante Gesundheitsversorgung bedrohen, sondern auch zukünftig mit „Einweiserpotenzialen" gegenüber den Kliniken handeln. Hier bedrohen Kapitalinteressen das Allgemeinwohl bzw. die öffentliche Daseinsvorsorge (vgl. SpiFa, 2021).

Dies alles sind Gründe, die für ein ganzheitliches, ambulantes Engagement von Krankenhäusern sprechen, was sich nicht auf das ambulante Operieren im Krankenhaus

(AOP-Katalog nach § 115b SGB V) beschränken sollte. Insbesondere dann, wenn man die Entwicklung der Gesundheitsversorgung „vorausdenkt".

## 2.2    Ambulante Betriebs- und Versorgungsmodelle

Der nachfolgende Abschnitt gibt einen Überblick über Betriebs- und Versorgungsmodelle im ambulanten Sektor:

**Die Einzelpraxis**
Die Einzelpraxis ist *noch* das in Deutschland meistgenutzte Modell der Niederlassung. Hier ist der Facharzt oder Psychotherapeut in seiner eigenen Praxis tätig und kann die Praxis entsprechend den eigenen Vorstellungen gestalten. Der Arzt ist hier als Unternehmer tätig, mit allen Vorteilen, Nachteilen und Risiken. Besonders hervorzuhebende Risiken sind hier das Regressrisiko, das Risiko der Betriebsunterbrechung bei Erkrankung, der hohe administrative Zeitaufwand für die Abrechnung, die Praxisorganisation sowie Hygiene- und Qualitätsmanagement.
     Abb. 2.3 und 2.4 zeigen jedoch einen deutlichen Negativtrend in der Entwicklung; im Bereich der Hausärzte deutlich stärker als bei den Fachärzten.

**Die Praxisgemeinschaft**
In der Praxisgemeinschaft findet ein Zusammenschluss zwischen Ärzten und Psychotherapeuten statt, mit dem Ziel, gemeinsam Räume, Geräte und Personal zu nutzen. Ziel ist die Erschließung von Synergie-Effekten.

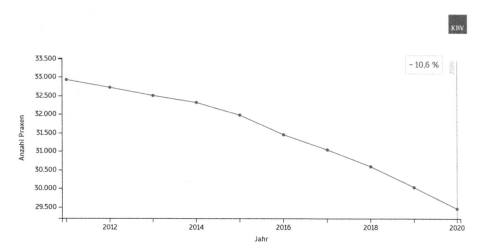

**Abb. 2.3** Anzahl Praxen, fachärztliche Einzelpraxen, 2020. (Quelle: Bundesarztregister, MVZ-Statistik, KBV, 2020)

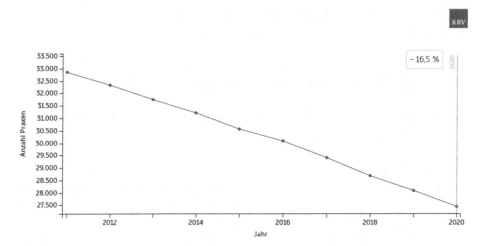

**Abb. 2.4** Anzahl Praxen, hausärztliche Einzelpraxen, 2020. (Quelle: Bundesarztregister, MVZ-Statistik, KBV, 2020)

Die Berufsausübung findet nicht gemeinsam statt. Gegenüber der Kassenärztlichen Vereinigung wird keine wirtschaftliche Einheit im Sinne einer Abrechnungsgemeinschaft gebildet. Jeder Arzt ist eigenverantwortlich tätig. Rechtlich ist die Praxisgemeinschaft einer Gesellschaft des bürgerlichen Rechts (GbR) gleichzustellen.

**Die Berufsausübungsgemeinschaft/die überörtliche Berufsausübungsgemeinschaft**
In der Berufsausübungsgemeinschaft oder besser bekannt als Gemeinschaftspraxis werden Patientinnen und Patienten gemeinsam behandelt. Die Ärzte und Psychotherapeuten nutzen hierbei einen oder mehrere Praxissitze gemeinsam. Sie bilden eine wirtschaftliche und organisatorische Einheit gegenüber der Kassenärztlichen Vereinigungen. Denkbar ist seit 2007 auch die Gründung einer Teilberufsausübungsgemeinschaft, in der Vertragsärzte Teilbereiche der ärztlichen Tätigkeit anbieten.

Die überörtliche Berufsausübungsgemeinschaft (ÜBAG) gilt berufs- und zulassungsrechtlich als Gemeinschaftspraxis. Die Besonderheit hier ist, dass die Ärzte nicht zusammen an einem Standort praktizieren, sondern jeder Arzt an seinem Standort.

Schaut man sich die Entwicklung der fachärztlichen und fachübergreifenden Gemeinschaftspraxen an, so ist zu erkennen, dass das Modell aufgrund des starken negativen Trends kein Zukunftsmodell im ambulanten Sektor sein wird (vgl. Abb. 2.5). Aufgrund einer uneinheitlichen Leitung der einzelnen Standorte lässt sich dieser negative Trend leicht erklären. Im Grunde handelt es sich weiterhin um Einzelpraxen, die lediglich unter dem Deckmantel einer Gemeinschaft ausgeübt werden, jedoch keine wirtschaftliche bzw. organisatorische Einheit besteht.

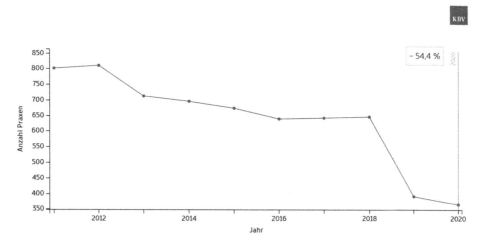

**Abb. 2.5** Anzahl Praxen, fachübergreifende Gemeinschaftspraxen, 2020. (Quelle: Bundesarzt-register, MVZ-Statistik, KBV, 2020)

**Medizinisches Versorgungszentrum**
Medizinische Versorgungszentren (MVZ) sind fachübergreifende, ärztlich geleitete Ein-richtungen. Die gesetzliche Legaldefinition ist in § 95 SGB V nachzulesen. MVZ nehmen wie alle übrigen Fachärzte regelhaft an der ambulanten, vertragsärztlichen Versorgung teil. Die Gründung eines MVZ wurde im Jahr 2004 durch das GKV-Modernisierungsgesetz (GMG) ermöglicht. Bis 2015 war eine Gründung eines MVZ nur mit mindestens zwei Fachrichtungen möglich. Mit Verabschiedung des GKV-Versorgungsstärkungsgesetzes (GKV-VSG) können seit 2015 auch fachgruppengleiche MVZ gegründet werden.

Zu unterscheiden sind hier Medizinische Versorgungszentren in vertragsärztlicher Trägerschaft und medizinische Versorgungszentren in Trägerschaft von Krankenhäusern (Abb. 2.6 und 2.7). Deutlich zu erkennen ist am Beispiel der beiden Grafiken, dass die Tendenz und das Gründungsaufkommen von Krankenhaus-MVZ deutlich höher liegt als in vertragsärztlicher Trägerschaft.
Ein MVZ in Krankenhausträgerstrukturen ist eine Chance, insbesondere für den regio-nalen, ländlichen Raum. Der Erhalt regionaler ambulanter wie auch stationärer Ver-sorgungsangebote ist wichtig für eine bürgernahe Grund- und Allgemeinversorgung. Er ist Teil des Sicherstellungsauftrages und wesentliche Aufgabe der einzelnen Länder.
Hier wird durch die ambulanten Vorleistungen des MVZ die Beweglichkeit des Krankenhauses nachhaltig sichergestellt. Ziel muss es sein, eine interdisziplinäre, inter-sektorale und regionale Versorgung anzubieten. Dies gelingt nur im Verbund von ambulan-ter und stationärer Leistungserbringung – je nach Bedarf des Patienten. Es bedarf vor-gelagerter Medizinischer Versorgungszentren (MVZ), welche idealerweise ambulant und fachübergreifend vor- bzw. versorgen, nachversorgen und mit Anbindung an eine Klinik zur stationären Behandlung übergeben. Ergebnis sind Struktur- und Wettbewerbsvorteile,

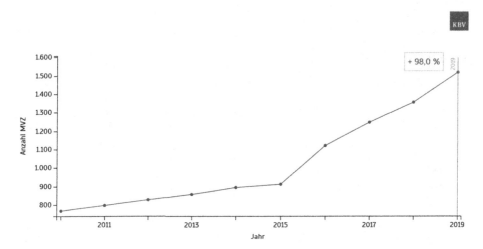

**Abb. 2.6** Anzahl MVZ, Vertragsarzt als Träger, 2019. (Quelle: MVZ: Statistische Informationen, KBV, 2019)

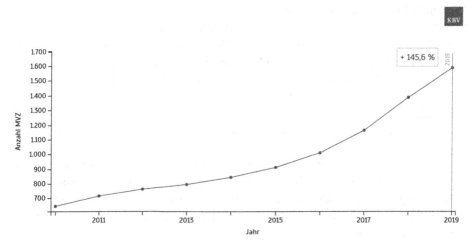

**Abb. 2.7** Anzahl MVZ, Krankenhaus als Träger, 2019. (Quelle: MVZ: Statistische Informationen, KBV, 2019)

die es im regionalen Raum überhaupt ermöglichen, heutzutage noch Krankenhausstrukturen vorzuhalten.

Das MVZ erledigt somit nicht nur fachärztliche ambulante Versorgung, sondern hat weiterreichende Aufgaben und ist fester Bestandteil und Partner eines Krankenhauses im regionalen Raum. Sektorales, getrenntes Denken ist aufzugeben, strategische Allianzen sind zu bilden, Leistungsangebote abzustimmen und Kooperationsgrade zu intensivieren. Oberstes Gebot ist das gemeinsame Interesse aller Beteiligten an einem ganzheitlichen Behandlungsansatz und einer patientenorientierten, vollumfänglichen Behandlung.

Jobsharing im ärztlichen Dienst zwischen Klinik und MVZ, „One face to the customer" sowie fest integrierte, ambulante Praxen in Krankenhäusern sind hierbei das Erfolgsrezept für einen langfristigen Krankenhausbetrieb mit Zukunftsperspektive. Schlüsselfaktoren sind insbesondere die Sicherstellung der fachärztlichen Versorgung inklusive Diversifikation, die Bündelung und Generierung von Patientenströmen, Einweiserpotenzialen und damit verbunden die Ausweitung und Erhöhung der Marktanteile, um einen optimierten, kostendeckenden Krankenhausbetrieb sicherzustellen.

Durch die Möglichkeit, eine Anstellung in den verschiedensten (Teilzeit-)Varianten anbieten zu können und somit die Vereinbarung von Familie und Beruf zu ermöglichen, ist die Attraktivität einer solchen Anstellung gerade für junge Medizinerinnen und Mediziner deutlich gestiegen – somit wird auch die Besetzung offener Stellen im ländlichen und unterversorgten Gebiet durchaus attraktiv. Wegen der Verzahnung ambulanter und stationärer Behandlung durch den gleichen Arzt wird die Arzt-Patienten-Bindung gestärkt, sodass ein erneuter Aufenthalt bei Bedarf im gleichen Krankenhaus wiederholt in Anspruch genommen wird.

Durch ambulante Engagements der Krankenhäuser im ländlichen Raum kann man dem Wegfall der fachärztlichen Versorgung im Bereich der Niederlassung entgegensteuern, indem man die fachärztliche Versorgung angestellt nachbesetzt und an die Klinik ‚andockt'. Hierdurch erhält auch die älter werdende Bevölkerung in strukturschwachen Regionen weiterhin einen Zugang zur wichtigen medizinischen Versorgung.

Auch wenn der Sicherstellungsauftrag zweigeteilt zwischen SGB V und den Bundesländern ist, kann de facto durch ein intersektorales und interdisziplinäres Angebot eine gute, angemessene und notwendige Versorgungsstruktur im ländlichen Raum angeboten werden, die einen strukturellen Mehrwert schafft.

Innovative Angebote und Strukturen wie z. B. digitale Sprechstunden, Online-Services für schnelleren Kontakt in die Praxis und somit schnellerem Erledigen von Patienten-Anfragen, Implementierung teleradiologischer Leistungen oder die Umsetzung der aktuellen Telematik-Infrastruktur (eAU, ePA etc.) sind wichtige und sinnvolle Ergänzungen für zukünftige, ganzheitliche Versorgungszentren. Diese Engagements treten unterversorgten ländlichen Gebieten entgegen und sind eine echte Zukunftsperspektive.

## 2.3 Best-Practice-Modell conMedico MVZ gGmbH als strategischer Partner des Gesundheitszentrums Glantal

Im nachfolgenden Abschnitt wird das „Best-Practice-Modell" eines ambulanten Medizinischen Versorgungszentrums mit direkter Integration/Anbindung an das Gesundheitszentrum Glantal dargestellt, welches im Landkreis Bad Kreuznach in der Stadt Meisenheim, einem regionalen Mittelzentrum, realisiert wurde.

Die conMedico MVZ gGmbH wurde im Jahr 2010 als Tochtergesellschaft des Landeskrankenhauses (AöR) gegründet und betreibt aktuell 10 Praxen an 6 Standorten mit 24 angestellten Ärzten/Psychotherapeuten in Rheinland-Pfalz. Pro Quartal werden ca. 18.000

Patientinnen und Patienten mit unterschiedlichsten Krankheitsbildern behandelt. Im Gesundheitszentrum Glantal selbst ist das conMedico MVZ mit 3 fachärztlichen Sitzen integriert. In der Stadt Meisenheim und im Umfeld von 10 Kilometern betreibt das Medizinische Versorgungszentrum darüber hinaus zwei haus- und allgemeinärztliche Praxen. Diese garantieren einen bürgernahe medizinische Grundversorgung, dienen aber als direkter Einweiser für den Klinikbetrieb.

Durch ein frühzeitiges, zielgerichtetes Engagement konnte hier auch dem hausärztlichen Versorgungsengpass im ländlichen Raum teilweise entgegengetreten werden.

Die Facharztpraxen des Medizinischen Versorgungszentrums befinden sich im Erdgeschoss der Klinik und sind in das Gesamtkonzept des Gesundheitszentrums Glantal eingebunden.

Die vorgelagerten Fachdisziplinen bestehend aus Innerer Medizin, Chirurgie und Neurologie werden intersektoral (ambulant und stationär) im Haus der Allgemein- und Grundversorgung angeboten. Beschäftigt sind hier 6 Fachärzte mit unterschiedlichen Behandlungsschwerpunkten, die größtenteils in Doppelfunktion agieren und über einen Träger-Rahmenarbeitsvertrag sowohl ambulant als auch stationär praktizieren. Baulich und strukturell sind die Praxen in das Gesundheitszentrum Glantal integriert, sodass für den Patienten eine Sektorentrennung äußerlich nicht erkennbar ist.

Faktisch wird durch das intersektorale Betriebsmodell zwischen Gesundheitszentrum und MVZ eine langfristige, perspektivische und bürgernahe Gesundheitsversorgung sichergestellt. Dieses innovative Betriebsmodell tritt dem Haus- und Fachärztemangel entgegen und lässt den notwendigen Freiraum für zukünftige innovative Gesundheitsmodelle. So kann zumindest teilweise die auseinanderklaffende Schere zwischen notwendigem Versorgungsbedarf und Versorgungsangebot eingebremst werden.

Die Praxen des conMedico MVZ sind strategisch von höchster Bedeutung und fester Bestandteil des örtlichen Betriebsmodells. Sie sind mitverantwortlich für eine hohe Belegung und Auslastung der Hauptfachabteilungen und stellen gleichzeitig eine Refinanzierung des Gesamtkonzeptes „Gesundheitszentrum Glantal" sicher.

Um eine darüber hinaus notwendige Auslastung der chirurgischen Hauptfachabteilung sicherzustellen, war es notwendig, neue, interessante Märkte zu erschließen und Marktpotenziale über die Region Glantal hinaus zu generieren. Aus diesem Grund wurde im Jahr 2019 ein chirurgischer Sitz im Stadtbezirk Bad Kreuznach erworben, der in Verbindung mit der bestehenden ambulanten, chirurgischen Praxis im Gesundheitszentrum Glantal ein ambulantes, chirurgisches Zentrum abbildet. Hierzu wurde im Jahr 2020 eine moderne, ambulante Praxis mit den Schwerpunkten Unfallchirurgie, Proktologie, Viszeral- und Venenchirurgie eröffnet, die in einem modernen Gesundheitsdienstleistungszentrum am Standort Bad Kreuznach betrieben wird. Die ärztliche Versorgung findet im Rahmen eines ‚Job-Sharings' zwischen den Standorten Bad Kreuznach und Meisenheim durch das chirurgisch-fachärztliche Team statt. Die Aufklärung und Prämedikation übernimmt das Team der Anästhesie auch standortübergreifend.

Die Akzeptanz in der Bevölkerung für ein solches ambulant-chirurgisches Zentrum war und ist sehr hoch, sodass es gelungen ist, eine echte Markterweiterung zu schaffen, die eine hohe Belegung und Casemix-Punktzahl für die Hauptfachabteilung im Gesundheits-zentrum Glantal garantiert. Grundsätzlich ist auch festzuhalten, dass das Bestehen einer medizinischen Infrastruktur im ländlichen Raum wichtiger Indikator für die Wohnortwahl der Menschen ist, gleichzeitig aber auch ein wichtiger Wirtschaftsfaktor für die Region.

Für das Gesamtprojekt conMedico MVZ sind folgende Erfolgsfaktoren maßgeblich:

- Lean Management
- durchgängige Behandlung durch einen Arzt (ambulant, stationär, vorstationär, nach-stationär)
- engmaschiges, kennzahlenbasiertes Controlling
- regelmäßige Reflexion der bestehenden Aufbau- und Ablauforganisation
- Vereinheitlichung der Strukturen und Infrastrukturen (Praxissoftware, Onlineservice, Abrechnung, Vertragswesen, Buchhaltung, Personalmanagement)
- professionelles Schnittstellenmanagement zwischen Klinik und ambulantem Dienstleister
- Feedback- und Personalgespräche mit Zieldefinition
- Festlegung übergeordneter Projektziele durch die Geschäftsführungen von MVZ und Träger (Vision & Mission)

## 2.4    Zukünftige, offene Fragestellungen

Entscheidend ist aber nicht nur die Moment-Aufnahme des ambulanten Sektors, sondern auch die Überlegung, wie sich die aktuellen Betriebsmodelle zukünftig und perspektivisch gestalten lassen.

Grundsätzlich stellt sich insbesondere im ländlichen Raum die Frage, wie ein sinn-voller Ressourceneinsatz gestaltet werden kann. Als Ressource ist hier sowohl das ärzt-liche wie auch nicht-ärztliche Personal zu verstehen. Notwendig ist es, auf Management-Ebene zu entscheiden, welches Leistungsangebot aktuell und zukünftig regional richtig und wichtig ist.

Welcher Arzt wird hier in welchem Sektor eingesetzt und welche Leistungen werden ambulant als Medizinisches Versorgungszentrum oder im Rahmen der ambulanten zu-gelassenen Krankenhausbehandlung erbracht? Maßgeblich sind hier regionale Rahmen-bedingungen (Altersstruktur der Bevölkerung, Mitwettbewerber, Infrastruktur im Krankenhaus/MVZ etc.), aber auch volks- wie betriebswirtschaftliche Bewertungen. Ob-ligat sind ein ganzheitliches Denken und eine ganzheitliche Betrachtungsweise der Sekto-ren. Konzipiert werden müssen intersektorale, übergreifende Konzepte von Gesundheits-dienstleistungen in einem regionalen oder überregionalen Gesundheitszentrum.

Maßgebliche abrechnungstechnische Fragestellung hierbei ist, wie der Gesetzgeber und die Kostenträger die geplanten ambulanten Leistungen der Krankenhäuser finanzieren werden. Eine Vergütung nach EBM ist aufgrund der höherwertigeren, umfassenderen Infrastruktur, der 24h-Bereitschaft, aber auch der komplexeren Behandlungsintensität und

des Behandlungsangebotes aus Sicht der Spitzenverbände der Krankenhäuser ausgeschlossen. Hier bleibt abzuwarten, wie sich das Thema zukünftig entwickelt und ob es
eine Einigung zwischen Kostenträgern und Betreibern geben wird.

Festzuhalten ist, dass das Angebot an ambulanten Leistungen zukünftig noch deutlich
ausgeweitet werden wird.

Folgende, wesentliche Punkte und Faktoren sprechen für das Betriebsmodell MVZ:

- variable (Teilzeit-)Anstellungen für junge Mediziner, um die Vereinbarung von Familie
  und Beruf zu ermöglichen
- Job-Sharing innerhalb der fachärztlichen Anstellungen
- Ausweitung sämtlicher Online-Dienste und Telematik-Infrastruktur
- Ausweitung digitales Arbeiten/Diktat etc. zur Minimierung der Arbeitslast
- Vollständige Entlastung der angestellten Ärzte bei nicht-medizinischen Verwaltungs-
  arbeiten durch nicht-ärztliches Fachpersonal
- NäPa/Physician Assistant zur perspektivischen Unterstützung des Arztes in unterver-
  sorgten Gebieten

Entscheidende Fragestellungen im Zusammenhang mit der Personalgewinnung sind:

- Zukünftig zu erwartende Personalkosten für den ärztlichen und nicht-ärztlichen Bereich mit entsprechend zielgerichteter Qualifikation
- Personal-Rekrutierung im ländlichen, strukturschwachen Raum

Insbesondere da die Finanzierung von ambulanten Leistungen der Krankenhäuser, aber
auch die Anpassung der bestehenden Vergütungsstrukturen im EBM, da durch die
„Mangelware" Ärztin/Arzt die Personalkosten weiterhin konstant steigen werden, die Einführung der Telematik-Infrastruktur primär ein Investment und Kostentreiber ist und somit
einige Betriebsmodelle einen kostendeckenden Betrieb nicht sicherstellen können.

Die verantwortlichen Kostenträger und Gesundheitspolitiker haben hier einige offene
Fragestellungen noch zu klären!

## Literatur

Bundesministerium für Wirtschaft und Energie (BMWi). (2019). Gesundheitswirtschaftliche
    Gesamtrechnung (GGR), Ausgabe 2019; Berechnungen: WifOR; veröffentlicht in Gesundheits-
    wirtschaft – Fakten & Zahlen. Medizinische Versorgung
Medizinische Versorgungszentren. (2019). Statistische Informationen, KBV.
SpiFa Spitzenverband Fachärzte Deutschlands e.V. (2021). Private Equity in MVZ? Mehr Evidenz
    täte der Debatte gut. https://www.spifa.de/finanzierung-private-equity-in-mvz/. Zugegriffen am
    03.12.2021.
Statistische Informationen aus dem Bundesarztregister und MVZ-Statistik. (2020). KBV.
Statistisches Bundesamt. (2021). Gesundheitsausgaben im Jahr 2019 auf über 400 Milliarden Euro
    gestiegen. https://www.destatis.de/DE/Presse/Pressemitteilungen/2021/04/PD21_167_236.html.
    Zugegriffen am 03.12.2021.

# Die ökonomische Dimension von Betrug und Missbrauch in der gesetzlichen Krankenversicherung und die Bedeutung des „verhinderten Schadens"

**3**

Franz Benstetter und Dominik Schirmer

## Inhaltsverzeichnis

F. Benstetter
Technische Hochschule Rosenheim, Rosenheim, Deutschland
E-Mail: franz.benstetter@th-rosenheim.de

D. Schirmer (✉)
AOK Bayern – Die Gesundheitskasse, München, Deutschland
E-Mail: dominik.schirmer@by.aok.de

© Der/die Autor(en), exklusiv lizenziert durch Springer Fachmedien Wiesbaden
GmbH, ein Teil von Springer Nature 2022
M. Ebersoll et al. (Hrsg.), *Das Gesundheitswesen und seine volkswirtschaftliche
Bedeutung*, https://doi.org/10.1007/978-3-658-36940-8_3

### Zusammenfassung

Durch die Coronakrise deutlich verschärft steigen in den Gesundheitsmärkten die
Gesundheitsausgaben stärker als das Wirtschaftswachstum. Um eine hochwertige und
bezahlbare medizinische Versorgung auch zukünftig sicherstellen zu können, müssen
die Kranken- und Pflegekassen in der Lage sein, auf Betrug und Missbrauch basierte
Leistungen zu erkennen, ihr Ausmaß zu schätzen und weitgehend zu eliminieren oder –
noch besser – zu verhindern.

Damit Kosten-Nutzen-Analysen von Maßnahmen zur Aufdeckung und Vermeidung
von Betrug im Gesundheitswesen durchgeführt werden können, sind nicht nur die
Höhe der gesicherten Forderungen, sondern auch die Höhe des entstandenen Schadens
und des verhinderten Schadens unabdingbare Kennzahlen. Nur so kann das nach wie
vor weitgehend unklare Ausmaß des Fehlverhaltens im Gesundheitswesen aus dem
Dunkelbereich genommen und sichtbar gemacht werden.

Deshalb analysiert und prüft der vorliegende Buchbeitrag anhand von Beispielen
des öffentlichen Sektors in Großbritannien die organisatorischen Voraussetzungen
und Übertragungspotenziale zur Berechnung des verhinderten Schadens für die Fehlverhaltensbekämpfung in der gesetzlichen Kranken- und Pflegeversicherung in
Deutschland.

## 3.1    Einführung und Vorgehen

Fehlverhalten im Gesundheitswesen durch Betrug und Missbrauch stellt ein weltweites
Problem mit enormen gesellschaftlichen Auswirkungen dar. Die durch Betrug und Miss-
brauch abhanden gekommenen finanziellen Mittel fehlen folglich und insbesondere in der
Versorgung kranker und pflegebedürftiger Menschen.

### 3.1.1    Hintergrund

In der Konsequenz wurden in Deutschland im Zuge des GKV-Modernisierungs-
gesetzes am 01. Januar 2004 Stellen zur Bekämpfung von Fehlverhalten im Gesundheitswesen (StBvFG) von den Kranken- und Pflegekassen eingerichtet. Deren Vor-
stände haben gemäß § 197a Abs. 5 SGB V alle zwei Jahre über die Tätigkeit und

Ergebnisse ihrer Betrugsbekämpfungsstellen an ihre jeweiligen Verwaltungsräte und Aufsichtsbehörden Bericht zu erstatten.

Nach der Neuregelung des § 197a Abs. 5 Satz 3 SGB V muss zukünftig auch der „verhinderte Schaden" beziffert werden. Nach der Gesetzesbegründung soll hier der jeweilige Gesamtschaden für die gesetzliche Kranken- und Pflegeversicherung aufgezeigt werden, „der durch Prüfungen vermieden werden konnte" (BT-Drs. 18/6446, S. 24 f).

Der GKV-Spitzenverband hat bereits darauf hingewiesen, dass ein sogenannter verhinderter Schaden in vielen Bereichen außerhalb der Gesundheitswirtschaft bereits ein anerkanntes Element von ökonomischen Kosten-Nutzen-Analysen ist. In der Bundesrepublik Deutschland sind allerdings bis heute noch keine systematischen Kosten-Nutzen-Analysen als Beurteilungsinstrument zur Kriminalitätsprävention praktisch durchgeführt worden (Thomsen, 2015, S. 51–124). Demgegenüber gibt es erste praktische Erfahrungen im angelsächsischen Raum (vgl. u. a. NAO, 2016, S. 19).

In diesem Beitrag soll deshalb insbesondere der Frage nachgegangen werden, auf welcher methodischen Basis die im jährlichen „Cross-Governmental Fraud Landscape Report" der britischen Regierung veröffentlichte Statistik zum „prevented fraud" beruht. Lassen sich Definitionen und Prozesse auffinden, wie das „measurement of the value of prevented fraud" durchgeführt wird?

Am 30.12.2020 wurde darüber hinaus der Tätigkeitsbericht der Betrugsbekämpfungsstelle des öffentlichen Gesundheitsdienstes National Health Service (NHS), die National Health Service Counter Fraud Authority (nachfolgend: NHSCFA) veröffentlicht. Dieser hat erstmals eine Bezifferung des verhinderten Schadens im Sinne von „prevented fraud" für den Berichtszeitraum 2019–2020 vorgenommen (vgl. NHSFA, 2020, S. 19).

Somit ergeben sich folgende Fragestellungen und Überlegungen: Können die in Großbritannien verwendeten Definitionen und/oder Methoden auch in der Fehlverhaltensbekämpfung im Gesundheitswesen in der Bundesrepublik Deutschland Anwendung finden? Falls ja, welche Ansätze der Übertragung der Berechnungs- und Kommunikationsansätze und der damit verbundenen zukünftigen Forschungsansätze sind zur adäquaten Berechnung des verhinderten Schadens notwendig?

## 3.1.2  Vorgehen

Zunächst wird in Abschn. 3.2 das mögliche Ausmaß des Fehlverhaltens im deutschen Gesundheitssystems inklusive der Bedeutung des verhinderten Schadens thematisiert. Abschn. 3.3 befasst sich mit dem Thema „Betrug", dessen Bekämpfung und dem damit verbundenen verhinderten Schaden im öffentlichen Sektor Großbritanniens. Ebenso wird aufbauend auf den generellen Erfahrungen und Bestimmungen der Betrugsbekämpfung im öffentlichen Sektor in Großbritannien insbesondere auf die Umsetzung der Betrugsbekämpfung und der Berücksichtigung des verhinderten Schadens im National Health Service (NHS) eingegangen. Nachfolgend werden in Abschn. 3.4 weitere Ansatzoptionen zur Berechnung des verhinderten Schadens aus der versicherungswirtschaftlichen Praxis eruiert, die z. T. aus den Erkenntnissen und Erfahrungen aus Großbritannien abgeleitet werden. Der Beitrag schließt mit Abschn. 3.5 mit den Implikationen für die Ermittlung des verhinderten Schadens in der gesetzlichen Kranken- und Pflegeversicherung in Deutschland und mit einem Fazit.

## 3.2  Überlegungen zum weitgehend unklaren Ausmaß des Fehlverhaltens im deutschen Gesundheitswesen

Die Gesundheitsausgaben in Deutschland betrugen für das Jahr 2019 410,8 Mrd. EUR oder 4944 EUR je Einwohnerin bzw. Einwohner und sind somit als systemrelevant zu bewerten. Laut dem Statistischen Bundesamt entspricht dies einem Anstieg um 4,9 % gegenüber 2018. Die Gesundheitsausgaben pro Kopf sind dabei nominal im Zeitverlauf von 3172 EUR im Jahr 2007 auf 4944 EUR im Jahr 2019 gestiegen. Für das Jahr 2020 werden insgesamt 425,1 Mrd. EUR an Gesundheitsausgaben geschätzt. Dies entspräche einem weiteren Anstieg von 3,5 %. Damit überschritten diese Ausgaben erstmals die Grenze von 400 Mrd. EUR, nachdem sie erst 2012 die 300-Mrd.-Grenze erreichten. Der Anteil der Gesundheitsausgaben am Bruttoinlandsprodukt entspricht für das Jahr 2019 11,9 % und ist damit 0,2 Prozentpunkte höher als 2018. Im Jahr 2019 entsprach dabei der gemeinsame Anteil der gesetzlichen Krankenversicherung (GKV) und sozialen Pflegeversicherung (SPV) 67 % der gesamten Gesundheitsausgaben in Deutschland (vgl. Statistisches Bundesamt (Destatis), 2020).

Die Leistungsausgaben der gesetzlichen Krankenversicherung stiegen von 239,49 Mrd. EUR in 2019 auf 248,88 Mrd. EUR in 2020 (GKV-Spitzenverband, 2021a, S. 22), die Leistungsausgaben der sozialen Pflegeversicherung erhöhten sich im gleichen Zeitraum von 40,69 Mrd. EUR auf 45,6 Mrd. EUR (GKV-Spitzenverband, 2021b, S. 6).

In einem Gesetzesentwurf des Bundesrates zur Bekämpfung der Korruption im Gesundheitswesen wurde bereits im Jahr 2013 festgestellt, dass von den circa 1 Bio. EUR, die jedes Jahr für Gesundheit in der EU ausgegeben werden, ca. 56 Mrd. EUR bzw. 5,6 % der Ausgaben aufgrund von Fehlern, Betrug und Korruption verloren gehen (BT-Drs. 17/14575, S. 1). Insofern war es nicht verwunderlich, dass der Gesetzgeber mit der Einführung des Gesetzes zur Bekämpfung von Korruption im Gesundheitswesen im Jahre 2016 von den Krankenkassen verlangt, „das tatsächlich weitgehend unklare Ausmaß des Fehlverhaltens im Gesundheitswesen zu erhellen" (BT-Drs. 18/6446, S. 24).

Tatsächlich finden sich im deutschen Gesundheitswesen Daten über Fehlverhalten nur in zwei öffentlich zugänglichen Quellen: diese sind die polizeiliche Kriminalstatistik (PKS) mit den Bundeslagebildern des Bundeskriminalamtes und der Fehlverhaltensbericht des GKV-Spitzenverbandes, der auf Grundlage der Tätigkeitsberichte der gesetzlichen Krankenkassen erstellt wird. Darüber hinaus sind keine offiziellen Quellen existent bzw. bekannt.

Für den GKV-Spitzenverband besteht nach Inkrafttreten des Gesetzes zur Bekämpfung von Korruption im Gesundheitswesen die Verpflichtung, den zweijährig zu erstellenden

**Tab. 3.1** GKV-Kennziffern aus den Tätigkeitsberichten 2014/15, 2016/2017 und 2018/2019. (Quelle: GKV-Spitzenverband, 2018, S. 26, 2021c, S. 38)

| | Inhaltsbeschreibung | 2014/2015 | 2016/2017 | 2018/2019 | Tendenz |
|---|---|---|---|---|---|
| 1. | Anzahl der eingegangenen Hinweise insgesamt | 25.168 | 33.041 | 42.350 | ▲ |
| | 1.1 Anzahl der externen Hinweise | 16.764 | 25.039 | 34.542 | ▲ |
| | 1.2 Anzahl der internen Hinweise | 8404 | 8002 | 7808 | ▼ |
| 2. | Anzahl der verfolgten Fälle | 37.014 | 40.090 | 43.644 | ▲ |
| | 2.1 Anzahl der verfolgten Bestandsfälle | 15.968 | 14.853 | 15.447 | ▲ |
| | 2.2 Anzahl der verfolgten Neufälle | 21.046 | 25.237 | 28.197 | ▲ |
| 3. | Anzahl der abgeschlossenen Fälle | 23.654 | 24.172 | 26.236 | ▲ |
| 4. | Anzahl der Fälle mit Unterrichtung der Staatsanwaltschaft | 3029 | 3371 | 2952 | ▼ |
| 5. | **Höhe der gesicherten Forderungen in EUR** | 41.838.146 | 49.081.369 | **62.012.385** | ▲ |

Tätigkeitsbericht auch im Internet zu veröffentlichen. In Tab. 3.1 finden sich die vom GKV-Spitzenverband zusammengeführten Kennzahlen aus den Tätigkeitsberichten 2014/15, 2016/2017 und 2018/2019.

Mit dem Berichtszeitraum 2018/2019 wurden neben der Anzahl der Leistungserbringer und Versicherten, bei denen es im jeweiligen Berichtszeitraum Hinweise auf Pflichtverletzungen oder Leistungsmissbrauch gegeben hat, erstmals die entstandenen Schäden benannt (GKV-Spitzenverband 2018, S. 37 sowie GKV-Spitzenverband, 2021c, S. 22). Mit dieser Erweiterung sollen sich die Vertreterinnen und Vertreter der Selbstverwaltung „eine konkrete Vorstellung über das tatsächliche Ausmaß des Fehlverhaltens" machen können. Dazu soll „auch das tatsächlich weitgehend unklare Ausmaß des Fehlverhaltens im Gesundheitswesen erhellt werden" (vgl. Meseke, 2015, S. 137).

### 3.2.1 Die Bedeutung der „Gesicherten Forderungen"

Im aktuellen Tätigkeitsbericht des GKV-Spitzenverbandes für die Jahre 2018/2019 wird die Höhe der gesicherten Forderungen mit über 62,01 Mio. EUR angegeben und erreicht damit den höchsten Wert seit dem Beginn der Berichterstattung (GKV-Spitzenverband, 2020). Der Begriff der „gesicherten Forderung" orientiert sich an §§ 77 Abs. 1a, 78 SGB IV i. V. m. § 29a Abs. 2 Nr. 2a der VO über das Haushaltswesen in der Sozialversicherung.

Nach § 77 Abs. 1a Nr. 5 SGB IV sind Erträge des Rechnungsjahres „unabhängig von den Zeitpunkten der entsprechenden Zahlungen in der Jahresrechnung zu berücksichtigen". Jede unmittelbar betroffene Kasse erfasst dabei ausschließlich ihre eigenen gesicherten Forderungen in EUR, die unanfechtbar festgestellt wurden.

### 3.2.2 Die Bedeutung des „Entstandenen Schadens"

Nach der Gesetzesbegründung soll mit der Maßzahl „Höhe des entstandenen Schadens" der jeweilige Gesamtschaden für die gesetzliche Kranken- und Pflegeversicherung beginnend mit dem Berichtszeitraum 2018/19 beziffert werden. Dabei berechnet sich der entstandene Schaden aus der Differenz zwischen der Vergütung der abgerechneten und der abrechenbaren Leistung (GKV-Spitzenverband, 2020, S. 15). In der gesetzlichen Kranken- und Pflegeversicherung liegt ein Vermögensschaden bereits vor, wenn Leistungen tatsächlich erbracht wurden, gleichzeitig aber gegen gesetzliche Vorschriften oder vertragliche Vereinbarungen verstoßen wurde. Der entstandene Schaden entspricht dann dem gesamten Wert der abgerechneten Leistung. Nach den insoweit maßgeblichen Grundsätzen des Sozialrechts entfällt nämlich der gesamte Vergütungsanspruch eines Leistungserbringers („streng formale Betrachtungsweise"). Sofern es nach den Umständen des Einzelfalls naheliegt, dass sich Falschabrechnungen gleichmäßig auf alle Abrechnungen eines zu überprüfenden Zeitraums erstrecken, muss hier aber auch bei nicht-ärztlichen Leistungserbringern auf die anerkannte Möglichkeit der Schadenshochrechnung hingewirkt werden (vgl. dazu auch Schmidt, 2017). Anders können Ausmaß und Umfang von Manipulationen bei typischerweise mehreren Hundert oder Tausend Abrechnungsfällen nicht mit zumutbarem Aufwand beziffert werden (BT-Drs. 18/6446, S. 24 f. sowie Steinhilper, 2017, S. 474). Der entstandene Schaden betrug im Berichtszeitraum 2018/2019 186,6 Mio. EUR, wobei Arznei- und Verbandmittel mit ca. 64,8 Mio. EUR und die Häusliche Krankenpflege mit ca. 41,5 Mio. EUR die beiden größten Schadensblöcke, gefolgt von der Ärztlichen Leistung (23,6 Mio. EUR) und der Krankenhausbehandlung (18,8 Mio. EUR) bilden (GKV-Spitzenverband, 2020).

Auch wenn in der GKV-Statistik als Hauptquellen der Rückforderung Arznei- und Verbandmittel sowie die Häusliche Krankenpflege genannt werden, sind insbesondere die Abrechnungen der Krankenhäuser und der ambulant ärztlichen Versorgung neben den Arzneimitteln die größten Blöcke die GKV-Ausgaben und damit die Kostentreiberpotenziale im deutschen Gesundheitswesen. Dies ist mit 80,3 Mrd. EUR in der stationären Versorgung, mit 41,1 Mrd. EUR in der ambulant ärztlichen Versorgung und mit 41,0 Mrd. EUR in der Arzneimittelversorgung in Abb. 3.1 für die Ausgaben für einzelne Leistungsbereiche der GKV 2019 ersichtlich.

Nach wie vor besteht in der gesetzlichen Kranken- und Pflegeversicherung Unsicherheit darüber, wie der entstandene Schaden durch adäquate Stichproben, durch folgende und professionelle Schadensevaluationen und aktuarielle Berechnungen belastbar ermittelt werden kann (vgl. GKV-Spitzenverband, 2021c, S. 21).

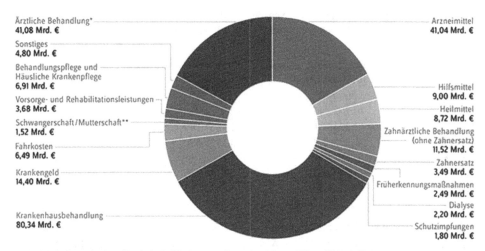

Ärztliche Behandlung*
41,08 Mrd. €

Sonstiges
4,80 Mrd. €

Behandlungspflege und
Häusliche Krankenpflege
6,91 Mrd. €

Vorsorge- und Rehabilitationsleistungen
3,68 Mrd. €

Schwangerschaft/Mutterschaft**
1,52 Mrd. €

Fahrkosten
6,49 Mrd. €

Krankengeld
14,40 Mrd. €

Krankenhausbehandlung
80,34 Mrd. €

Arzneimittel
41,04 Mrd. €

Hilfsmittel
9,00 Mrd. €

Heilmittel
8,72 Mrd. €

Zahnärztliche Behandlung
(ohne Zahnersatz)
11,52 Mrd. €

Zahnersatz
3,49 Mrd. €

Früherkennungsmaßnahmen
2,49 Mrd. €

Dialyse
2,20 Mrd. €

Schutzimpfungen
1,80 Mrd. €

\* Nicht berücksichtigt wurden die gezahlten Beträge für Früherkennung, Impfungen, ehemals Sonstige Hilfen und Dialyse-Sachkosten.
\*\* ohne stationäre Entbindung

**Abb. 3.1** Ausgaben für einzelne Leistungsbereiche der GKV 2019 in Mrd. EUR. (Quelle: GKV-Spitzenverband, 2020)

Experteninterviews im GKV-System[1] zeigen, dass die standardisierte Fallerfassung und Hochrechnung der entstandenen Schäden in den kommenden Jahren noch weiter zu präzisieren und damit zu vereinheitlichen ist. Unterschiede der einzelnen Kranken- und Pflegekassen in der Quote (in Prozent) von „Entstandenem Schaden" zu „Gesicherter Forderung" können nicht ausschließlich aus den Regresserfolgen abgeleitet werden. Allein durch die begrenzten gesetzlichen und ressourcenbasierten Möglichkeiten, hinreichende Schadensprüfungen durchführen und hochrechnen zu können, macht ein Gleichsetzen von „Entstandenem Schaden" und „Gesicherter Forderung" eher fragwürdig. So sind insbesondere die Quotenunterschiede zwischen den einzelnen Kranken- und Pflegekassen auch durch unterschiedliche Berechnungsauslegungen des „Entstandenen Schadens" zu erklären.

Die beispielhaften in Tab. 3.2 gezeigten Berechnungsdifferenzen weisen auch auf die generelle Problematik der unzulänglichen Datenerhebung und Erfassung von Betrug und Missbrauch im Gesundheitswesen hin. Dies zeigt sich stets auch dann, wenn in Fachbeiträgen das Ausmaß des Fehlverhaltens im deutschen Gesundheitswesen beschrieben werden soll. Hier wird in der Regel auf wenige vorhandene Veröffentlichungen zurückgegriffen, welche sich mit der Thematik bereits auseinandersetzten.

---

[1] Unveröffentlichte Berechnungen von Dominik Schirmer, 2020. Zusätzlich wurden Interviews mit Expertinnen und Experten verschiedener Krankenkassen zur Erfassung und Berechnung der entstandenen Schäden geführt, um eine Einschätzung zur Homogenität/Heterogenität des Vorgehens zu erhalten. Um in diesen Interviews eine offene Einschätzung sicherzustellen, wurde den Interviewten ein Verzicht auf eine namentliche Nennung zugesichert.

**Tab. 3.2** Verhältnis von „Entstandenem Schaden" und „Gesicherten Forderungen" in Prozent verschiedener Kassen für den Berichtszeitraum 2018/2019. (Quelle: eigene Darstellung, unveröffentlichte Berechnungen)

| Berichtszeitraum 2018/2019 | Entstandener Schaden in EUR (ES) | Gesicherte Forderung in EUR (VS) | %-Quote (ES/VS) |
|---|---|---|---|
| KK 1 | 3.866.322 | 3.866.322 | 100 |
| KK 2 | 40.763.246 | 2.351.276 | 6 |
| KK 3 | 12.208.781 | 10.881.249 | 89 |
| Kassen *ohne* KK 1 & KK 2 | 51.370.432 | 30.967.580 | 60 |
| Alle Kassen | 96.000.000 | 37.185.178 | 39 |
| GKV | 186.585.392 | 62.012.385 | 33 |

In der Mehrzahl der Berichte über die Kosten von Betrug im Gesundheitswesen werden Schätzungen zugrunde gelegt, die das Ausmaß dieses Phänomens mit zwischen 3 % und 10 % der nationalen Gesundheitsausgaben beziffern. Diese Erkenntnisse wiederum sind nicht nur in dem eingangs beschriebenem Gesetzentwurf des Bundesrates zur Bekämpfung der Korruption im Gesundheitswesen aufgenommen worden, sondern finden sich inzwischen auch in weiteren Veröffentlichungen (Benstetter & Schirmer, 2020, S. 67 sowie BT-Drs. 17/14575, S. 1).

Wenn man anstelle der Bandbreite von „3–10 %" als Schadenswert die Größe von 6,19 % aus den durchschnittlichen Berechnungen der internationalen Schadensanalysen von Gee und Button (2015, S. 6) auf die Leistungsausgaben der GKV und SPV überträgt, muss davon ausgegangen werden, dass der Versichertengemeinschaft in der GKV im Jahr 2019 durch Betrug und Missbrauch bei Gesamtausgaben von 280,18 Mrd. EUR ein Schaden von mehr als 18,18 Mrd. EUR entstanden ist. Angesichts des von den Fehlverhaltensbekämpfungsstellen gesicherten Schadensbetrags von 62 Mio. EUR wäre dies eine „Differenz" in der enormen Höhe von 16,32 Mrd. EUR, die nicht durch die Arbeit der Fehlverhaltensbekämpfungsstellen und der zuständigen Ermittlungsbehörden gesichert werden konnten. Wir bewegen uns damit – auch volkswirtschaftlich betrachtet – in einer Dimension, die von Kassenvorständen und Verantwortlichen in der Gesundheitspolitik als „beitragssatzrelevant" zu bezeichnen wäre, denn der hier benannte Schaden für die GKV macht immerhin ein Volumen von ca. 1,23 Beitragssatzpunkten aus, da ein Beitragssatzpunkt ca. 14,7 Mrd. EUR Einnahmen im Gesundheitsfonds entspricht (AOK-Bundesverband, 2020). Diese Betrachtung verdeutlicht die Notwendigkeit einer dringend erforderlichen intensiveren politischen Wahrnehmung, Aufdeckung und Prävention von Betrug und Missbrauch im deutschen Gesundheitswesen (Benstetter & Schirmer, 2020, S. 67).

Daher benötigen die Kassen neben der aggregierten Berichterstattung über die Entwicklung der Umfänge von Betrug und Missbrauch einen weitgehenden Prüfungsansatz, der systematische Fehlverhaltensmuster der Leistungserbringer und Versicherten in den Gesundheitsmärkten aufdeckt. In Deutschland ist in der Mehrheit der Krankenkassen die

Aufdeckung von Betrug und Missbrauch aktuell auf opportunistische Prüfungen im Rahmen des Schadensmanagementprozesses limitiert. In der Regel basieren diese Prüfroutinen der Krankenkassen auf den beschriebenen beobachteten und traditionellen Verhaltensmustern von Leistungserbringern oder auf der Analyse von ambulanten und stationären Prozeduren und Diagnosen, die häufig mit betrügerischem Verhalten in Verbindung stehen. Komplexere Fehlverhaltensmuster, beispielsweise in der Interaktion zwischen beteiligten Akteuren im Gesundheitswesen oder in weniger auffälligen – nicht mit signifikanten statistischen Ausreißern verbundenen – Fällen, werden ohne systematische fortgeschrittene Analysemethoden i. d. R. nur in Einzelfällen aufgedeckt, beispielsweise durch Informationen von „Whistleblowern".

Im internationalen Vergleich wurden z. B. durch die Gesetzgebung im Rahmen von „Obamacare" in den USA die Kostenträger (insb. die Krankenversicherungen) verpflichtet, auf modernen statistischen Verfahren beruhende Expertensysteme zur Aufdeckung von Betrug und Missbrauch zu implementieren und zu nutzen und damit das Ausmaß der Verschwendung zu erfassen und einzudämmen (vgl. Benstetter & Schirmer, 2020, S. 68–71).

So zeigt Abb. 3.2, dass für das Jahr 2019 durch den Einsatz moderner Analyseverfahren der Kostenträger im US-Gesundheitsmarkt signifikant höhere Regresse in den USA

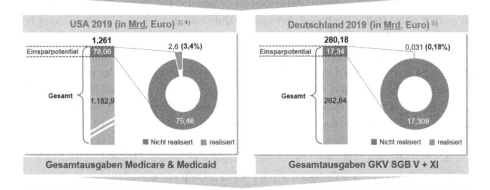

**Abb. 3.2** Vergleich der realisierten Regresse relativ zu den Einsparpotenzialen zwischen USA (Medicare & Medicaid) und Deutschland (GKV) für 2019. (Quellen: Eigene Darstellung unter Nutzung der Daten von 1) Gee & Button, 2015; 2) Pressemitteilung des Bayerischen Innenministeriums; 3) Centers for Medicare & Medicaid Services, 2020; 4) U.S. Department of Health & Human Services, 2020; 5) GKV-Spitzenverband, 2021a, b, c)

(Medicare und Medicaid) relativ zu Deutschland (GKV) erzielt werden konnten. Gemäß Gee und Button (2015) gehen durchschnittlich 6,19 % der Gesundheitsausgaben in den Ländern USA, Großbritannien, Belgien, Niederlande, Australien und Neuseeland durch Betrug und Missbrauch verloren. Bei 1261 Mrd. EUR Gesamtausgaben in Medicare und Medicaid in den USA ergibt sich damit ein Einsparpotenzial von 78,06 Mrd. EUR. Von diesem Einsparpotenzial konnten in den USA 2,6 Mrd. EUR (3,4 %) Einsparungen/Regresse erreicht werden. In Deutschland betrugen in 2019 die Gesamtausgaben für die gesetzliche Kranken- und Pflegeversicherung 280,18 Mrd. EUR. Beim Ansetzen von ebenfalls 6,19 % Einsparpotenzial errechnen sich daraus 17,34 Mrd. EUR. Der GKV-Spitzenverband benennt für die Jahre 2018 und 2019 62 Mio. EUR gesicherte Rückforderungen. Für das Jahr 2019 wurde die Annahme getroffen, dass die Regresse 50 % des Gesamtbetrages aus den beiden Jahren betragen, also 31 Mio. EUR. Diese machen damit lediglich 0,18 % des errechneten Einsparpotenzials aus.

So entsprechen im Beispiel der USA die realisierten Regresse relativ zu den Einsparpotenzialen ungefähr dem Faktor 1:29 und in Deutschland im Bereich der GKV und SPV ungefähr dem Faktor 1:558. Folglich tragen die verbesserten Analysemethoden neben besseren personellen Ressourcen in den Analyse- und Regressabteilungen in den USA maßgeblich dazu bei, dass in Relation zu Deutschland ca. das Zehnfache an Einsparungen/Regressen erzielt werden konnte.

Die stärkere Nutzung der Analysetechniken der oben genannten Länder relativ zum deutschen Gesundheitssystem erklärt auch die – gegeben der aktuellen Berechnungsoptionen – generelle systematische Unterschätzung des „entstandenen Schadens". Durch eine erhöhte technische und personelle Ressourcenausstattung im Leistungsmanagement sollten damit langfristig Regressanstrengungen durch die Kostenträger reduziert und betrügerisches Handeln präventiv unterbunden werden. Kurz- und mittelfristig helfen neue analytische Verfahren, das Ausmaß von Betrug und Missbrauch auch durch eine bessere Bottom-up-Berechnung des verhinderten Schadens monetär umfassender und exakter zu messen. Mit standardisierten, routinemäßigen und mit „ad hoc" (für neue Betrugsmuster) statistischen Kostentreiberanalysen solle das systematische Betrugs- und Missbrauchsverhalten so weitgehend wie möglich erfasst werden. Dies hilft nicht nur, das Ausmaß des „entstandenen Schadens" deutlich umfassender als bisher zu erfassen, sondern verbessert auch die Arbeitsbasis, um „gesicherte Forderungen" in verschiedenen Dimensionen zu erreichen und (Vermögens-)Schäden durch Abschreckung zu verhindern.[2]

---

[2] Die Präventionsmaßnahmen durch das Schadensmanagement der GKV und SPV können sich nachhaltig oder z. T. nur temporär auswirken, oder können als „Kompensation" (Target-Income Hypothese) sogar weiteres betrügerisches und verschwenderisches Verhalten von Leistungserbringern und Versicherten nach sich ziehen. Generell aber zeigt die Erfahrung im Leistungsmanagement in der gesetzlichen und privaten Kranken- und Pflegeversicherung in Deutschland sowie in anderen Ländern, dass unkorrekte und betrügerische „Einkommensoptimierungsoptionen" genutzt werden. Siehe dazu insbesondere Theorie und Empirie zur angebotsinduzierten Nachfrage (vgl. Benstetter, 2002): In der Definition der angebotsinduzierten Nachfrage weichen Leistungserbringer aufgrund einer Informationsasymmetrie zwischen ihnen und ihren Patienten von ihrer Verantwortung, als

### 3.2.3 Die Bedeutung des „Verhinderten Schadens"

Die Einführung der Kategorie des „verhinderten Schadens" in die künftigen Tätigkeitsberichte der Fehlverhaltensbekämpfungsstellen erweist sich nach der Neuregelung des § 197a Abs. 5 Satz 3 SGB V daher als besonders wichtig, um die erforderliche Transparenz der Betrugs- und Missbrauchserkennung und -verhinderung zu generieren. Gleichwohl hat der Gesetzgeber damit ein in Deutschland noch weitgehend unerforschtes Terrain mit einer knappen Gesetzesbegründung betreten. Nach der Gesetzesbegründung soll hier der jeweilige Gesamtschaden für die gesetzliche Kranken- und Pflegeversicherung beziffert werden, „der durch Prüfungen vermieden werden konnte" (BT-Drs. 18/6446, S. 24).

Dies sollte als besondere Herausforderung betrachtet werden, kommt damit letztlich dem Präventionsgedanken der Fehlverhaltensbekämpfung eine besondere Bedeutung zu. Doch eine belastbare Bezifferung des verhinderten Schadens hat sich in Deutschland bislang noch nicht als praktisch umsetzbar erwiesen. Um zukünftig auch im Gesundheitswesen Nutzengewinne (Schadensreduktionen) belastbar quantifizieren zu können, wurde die Durchführung einer Pilotstudie zur systematischen ökonomischen Kosten-Nutzen-Analyse zur Kriminalitätsprävention im Gesundheitswesen vorgeschlagen (Entorf & Schulan, 2018).

Der Nutzen bestimmt sich dabei durch die Schadenshöhe, die durch Prüfung, Aufklärung, Abschreckung und Prävention verhindert werden kann. Für die Nutzenberechnung ist folglich eine Schätzung (Predicitve Modeling) des entstandenen (gesellschaftlichen) Schadens sowie eine relative Gewichtung der unterschiedlichen Fälle und des Dunkelfeldes[3] notwendig. Im Kostenteil der Kosten-Nutzen-Analyse sind insbesondere die Kosten der internen Prüfungen (MD, StBvFG) und der externen Ermittlungen (Polizei, Staatsanwaltschaften und Gerichte) zu betrachten (vgl. Entorf, 2019, S. 9). Entorf hat die These vertreten, dass sich eine solche evidenzbasierte Kosten-Nutzen-Analyse der Betrugs- und Missbrauchsbekämpfung im Gesundheitswesen durch eine stufenweise Abfolge im Evaluationsprozess aufzeigen lässt. Dieser Prozess startet mit der Evaluation des Ursache-Wirkungs-Zusammenhangs der Maßnahmen und mit der Erfolgsmessung von Präventionsmaßnahmen (z. B. durch Rückgang von Fallzahlen), bewertet dann die durch die Maßnahmen vermiedenen Verstöße und stellt schließlich die ermittelten Kosten und Nut-

---

„Agent" im Sinne des Patienten zu handeln, ab, um finanzielle Eigeninteressen zu verfolgen. In anderen Worten sind Ärzte prinzipiell in der Lage, Methode und Intensität der Behandlung zu wählen, die ein Patient nicht wählen würde, wenn er den gleichen Informationsstand wie der Arzt hätte. Aus dieser im Gesundheitswesen prinzipiellen Informationsasymmetrie zwischen Leistungserbringer und Patient sowie der Informationsasymmetrie zwischen Leistungserbringer und Versicherer bzgl. der korrekten Leistungsabrechnung leitet sich somit die Notwendigkeit von (staatlichen) Interventionen ab.

[3] In der Kriminologie bezeichnet das Dunkelfeld die Differenz zwischen den amtlich registrierten Straftaten – dem Hellfeld – und der vermutlich begangenen Kriminalität. Die Dunkelziffer quantifiziert die Größe des Dunkelfelds. Für einen Überblick zur Dunkelfeldforschung in Deutschland siehe z. B. Haverkamp, 2019.

zen der Maßnahmen gegenüber.[4] Entorf hat darauf hingewiesen, dass in einer solchen evidenzbasierten Kosten-Nutzen-Analyse – wie in Tab. 3.3 dargestellt – eine Differenzierung nach direkten, indirekten und immateriellen Kosten nötig sei (vgl. Entorf, 2019, S. 11).

**Tab. 3.3** Direkte, indirekte und immaterielle Kosten nach Entorf. (Quelle: Eigene Darstellung nach Entorf, 2019, S. 11–16)

| Evidenzbasierte Kosten-Nutzen-Analyse der Verstoßbekämpfung im Gesundheitswesen | | |
|---|---|---|
| Direkte Kosten | Indirekte Kosten | Immaterielle Kosten |
| … stehen in unmittelbarem Bezug zum Ereignis | … stehen indirekt im Zusammenhang mit der Straftat und können auch erst nach Entdeckung auftreten („Erwartungswert") | „Intangibles" |
| Medizinische Unterversorgung (z. B. mindere Pflegequalität) | Geschäftsaufgabe/ Reputationsverlust: Zukünftige Einkommensausfälle, -einbußen für Beschäftigte von überführten Unternehmen/Freiberuflern (Apotheken, Ärzte) | Vertrauensverlust Edwin Sutherland (1949): „… these secondary costs are far more significant than mere dollar losses […], because they go to the very heart of the issue of integrity of our society." |
| Fälschlich in Rechnung gestellte Leistungen Klar: Luftleistungen Fraglich: Vermögensschäden | Neuorientierung von Familienmitgliedern geschädigter Pflegepatienten (eigenständige Pflege, Suchkosten) | Reputationsverlust für Gesundheitssektor |
| Verschwendung von Steuergeldern (Opportunitätskosten, da keine produktive Verwendung) | Forderungsausfälle von Lieferanten | Nichtinanspruchnahme medizinischer Leistungen, Volksgesundheit ↓ |
| Kosten bei GKV, MD, Polizei, Justiz | Präventionskosten, z. B. Ausgaben für die Entwicklung neuer Abrechnungssysteme | Investoren nehmen Abstand, Einbußen bei medizinischem Fortschritt |
| | Installation von §§ 299a, b StGB? | Einbußen bei volkswirtschaftlichem Wachstum (Fehlallokation knapper Ressourcen) |

---

[4] Dabei ist zu klären, ob die Maßnahmen zur Vermeidung von Betrug und Verschwendung die gemessene Verhaltensänderung in kausaler Weise bewirkt haben, oder ob Sektionseffekte, zeitlich bedingte Verzerrungen wie z. B. eine simultane Veränderung der Verhaltensweisen, z. B. im kriminogenen Umfeld, wesentlich dazu beigetragen haben. Adäquate Evaluierungstechniken zur Messung der Kausalität sind randomisierte Kontrollstudien oder ökonometrische Verfahren wie die Differenzen-in-Differenzen-Methode. Siehe dazu auch Entorf & Schulan, 2018 und Thompson, 2015.

**Die direkten Kosten** des Abrechnungsbetrugs beinhalten inkorrekte und betrügerische Abrechnungen wie z. B. Luftleistungen, Falschabrechnungen (z. B. „Upcoding" oder die Abrechnung anderer Leistungen bzw. die Abrechnung von Leistungen, die bei einigen Pflegediensten nicht durch qualifiziertes Personal adäquat erbracht wurden). Zu den direkten Kosten gehören neben den medizinischen und operativen Kosten der GKV sowie der pflegerischen und operativen Kosten der gesetzlichen Pflegeversicherung auch die operativen Kosten des MDs, der Polizei, der Justiz etc. Darüber hinaus sind auch die Opportunitätskosten des Einsatzes der Versicherten- und Steuermittel den direkten Kosten von Betrug und Verschwendung zuzuordnen. Die Opportunitätskosten definieren dabei die Kosten, die entstehen, wenn die Ressourcen im Gesundheitssystem oder auch außerhalb des Gesundheitssystems nicht der Verwendung mit dem höchstmöglichen Wert (First Best) zugeführt werden. Sie bestimmen damit die entgangenen Erträge oder Nutzen im Vergleich zur besten, nicht realisierten Handlungsalternative. Für die direkten Kosten gibt es in der Regel Markt- oder staatliche Verrechnungspreise, so dass diese relativ gut berechnet werden können.

Die **indirekten Kosten** stehen indirekt im Zusammenhang mit Betrug- und Missbrauch und können dabei auch erst nach deren Entdeckung auftreten. Zu diesen gehören beispielsweise zukünftige Einkommensausfälle und -einbußen für Beschäftigte von überführten Unternehmern und Freiberuflern wie Apotheken und niedergelassenen Ärzten sowie Effizienz- und Friktionsverluste von Unternehmen. Diese indirekten Kosten beinhalten zusätzlich Kosten z. B. in der Neuorientierung von Familienmitgliedern bei geschädigten Pflegepatientinnen und -patienten. Dazu zählen die Opportunitätskosten bei eigenständiger Pflege des/der Angehörigen oder auch Suchkosten für eine Pflegealternative (vgl. Entorf, 2019).

Nach den Thesen von Entorf sind insbesondere die als **immaterielle Kosten** einhergehenden Vertrauensverluste in das Gesundheitssystem von besonderer Bedeutung, da die „Kosten der Nichtbekämpfung der Betrugsmentalität erst langfristig spürbar seien" (Entorf, 2019, S. 17). Dieser Reputationsverlust kann beispielsweise dazu führen, dass weniger notwendige medizinische Leistungen beansprucht werden. Dies bedeutet eine potenziell reduzierte Volksgesundheit und folglich langfristig höhere medizinische Kosten mit geringerem volkswirtschaftlichem Wachstum. Zusätzliche immaterielle Kosten von Betrug und Missbrauch sind ein reduzierter medizinischer Fortschritt, wenn bisherige und potenzielle Investoren in andere Industrien investieren. Der drohende gesellschaftliche Schaden bei Bagatellisierung des Fehlverhaltens im Gesundheitswesen ist gemäß Entorf enorm. Vice versa kann ein Vertrauensverlust Korruption incentivieren. Er verweist dabei auf die Darstellung von Transparency International (vgl. Abb. 3.3), der zufolge Deutschland im OECD-Vergleich auf 5. Stelle steht, da fast jede zweite Bürgerin und jeder zweite Bürger der Meinung sei, dass der Gesundheitssektor korrupt, bzw. sehr korrupt sei (Entorf, 2019, S. 18 und 30).

Immaterielle Kosten sind intangible Kosten, die auf Grund fehlender Markt- und Verrechnungspreise schwierig zu quantifizieren sind. Dolan et al. (2005) diskutieren drei Methoden, um die immateriellen Kosten von kriminellem Handeln monetär zu bewerten:

Anteil der Bevölkerung, der den Gesundheitssektor korrupt oder sehr
korrupt einschätzt

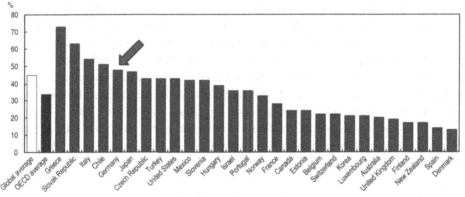

Transparancy International (2013)

**Abb. 3.3** Bevölkerungsmeinung zur Korruption im Gesundheitssektor. (Quelle: Abbildung nach
Entorf, 2019, S. 18)

Eine Methode ist die Bestimmung der Präferenzen von Individuen anhand von Befragungen oder Verhaltensbeobachtungen, z. B. anhand von finanziellen Entscheidungen
für Präventionsmaßnahmen. Eine zweite Option ist die Bewertung von Gesundheit und
persönlicher Unversehrtheit durch Referenz aus einem anderen Kontext (z. B. aus Un-
fällen im Straßenverkehr), wenn beispielsweise Pflegeleistungen mit entsprechendem
Schaden für den zu Pflegenden/die zu Pflegende nicht erbracht wurden. Als dritte Methode, um physische und psychologische Beeinträchtigungen der Gesundheit als Folge
von Kriminalität in Geldeinheiten zu bewerten, referieren sie „Qualilty-Adjusted-Life-Ye-
ars" (QUALYs).

Im Vergleich zu Konsumgütern ist die Gesundheit ein besonders grundlegendes „trans-
zendentales" Gut. Individuelle Gesundheit und Volksgesundheit sind unabdingbare
Voraussetzung, um Ziele und Pläne produktiv zu verwirklichen. QUALYs können die Auswirkungen von Betrug und Verschwendung im Gesundheitssystem bewerten, indem sie zu
erwartende entgangene oder eingeschränkte Lebensqualität berücksichtigen. Die Inter-
vallskala eines QUALYs zwischen 0 (im Todesfall) bis zu 1 (=perfekte Gesundheit) wird
somit genutzt, um eine Aggregation einzelner QUALYs und somit eine Lebensqualitäts-
bewertung über mehrere Jahre durchzuführen.[5] Durch die Ermittlung der Zahlungsbereit-
schaft für eine Einheit QUALY, wie z. B. in den angelsächsischen Ländern Großbritannien
und den USA üblich, können die immateriellen Kosten von Verschwendung durch
rationierungsbedingt vorenthaltene medizinische Leistungen der Bevölkerung monetär
bewertet werden. ICER (Incremental Cost-Effectiveness Ratio) ist dabei als Referenz ein

---

[5] Dabei muss ein für die Diskontierung adäquater Zinssatz ermittelt werden, siehe dazu auch Whitehead & Ali, 2010.

Schwellenwert, der in der Implementierung bei knappen Ressourcen medizinischer Maßnahmen in vielen Gesundheitssystemen eine bedeutende Rolle zukommt.

Die Thematik soll an dieser Stelle nicht weiter vertieft werden. Nach einem Gutachten
für die EU-Kommission sind bislang noch keine solchen Kosten-Nutzen-Analysen praxis-
relevant und erfolgreich durchgeführt worden (vgl. van Soomeren & Wever, 2005). Stattdessen sollte eine möglichst einfache, praktikable und vergleichbare Bezifferungsgrund-
lage des verhinderten Schadens gefunden werden. Nachfolgend wird daher untersucht,
welche Ansätze dazu in Großbritannien zu finden sind.

## 3.3  Ansätze zur Bezifferung des verhinderten Schadens in Großbritannien

In Großbritannien wurde im Juni 2020 der erweiterte Funktionsstandard „Counter Fraud
Functional Standard"[6] als vorläufiger Höhepunkt der Kennzahlenentwicklung in der Be-
trugs- und Betrugsverhinderungsdokumentation der Regierung veröffentlicht, um die Erwartungen und Zielsetzungen für das Management des Betrugs-, Bestechungs- und
Korruptionsrisikos in Regierungsorganisationen festzulegen. Diese im Oktober 2018 zum
ersten Mal veröffentlichte Norm enthält Anweisungen und Anleitungen für Führungs-
kräfte in der öffentlichen Verwaltung. Diese sollen eine Strategie zur Bekämpfung und
Vermeidung von Bestechung und Korruption verfolgen. Die Strategie kann je nach Struktur der Organisation aus einer einzigen übergreifenden Strategie oder aus separaten Strategien (Betrugsbekämpfung als eine Strategie und Bestechung und Korruption als eine
separate Strategie) bestehen. Die Strategie schließt dabei die Richtung und die gewünschten Ergebnisse der Betrugs-, Bestechungs- und Korruptionsbekämpfung mit ein.
Dabei spielt auch der verhinderte Schaden eine zentrale Rolle in Messung und Strategie.

## 3.3.1  Definition und Handlungsfelder von Betrug und Missbrauch im öffentlichen Sektor von Großbritannien

Um Betrug und Missbrauch aufzudecken und entgegenzuwirken, sind einheitliche Definitionen der Begrifflichkeiten unerlässlich. Anhand der Berichterstattung des öffentlichen
Sektors Großbritanniens wie insbesondere durch das Cabinet Office[7] oder durch das National Audit Office (NAO) geht hervor, dass 2014 eine einheitliche Definition von „fraud"
(im Sinne des deutschen Fachbegriffs „Betrug") für den öffentlichen Sektor eingeführt
wurde. Hierbei wurde auf die allgemeine gesetzliche Definition des im Jahr 2006 ein-

[6]Vgl. https://cfa.nhs.uk/about-nhscfa/latest-news/publication-of-the-new-Counter-fraud-functional-standard.

[7]Das „Cabinet Office" in Großbritannien ist eine zentrale Behörde der britischen Regierung, die in etwa mit dem Bundeskanzleramt in Deutschland vergleichbar ist.

geführten Betrugsgesetzes zurückgegriffen, womit die offizielle Formulierung der Regierung folgendermaßen lautet:

„The making of a false representation or failing to disclose relevant information, or the abuse of position, in order to make a financial gain or misappropriate assets" (Cabinet Office, 2014, S. 6.)

Sinngemäß kann demnach Betrug durch die falsche Darstellung von Tatsachen, die Vorenthaltung relevanter Informationen und / oder durch Amtsmissbrauch begangen werden, um unangemessen einen finanziellen Gewinn oder Vermögen zu erzielen. Damit die in der Definition genannten Tatbestände jedoch als „Betrug" klassifiziert werden können, muss eine Betrugsabsicht bestehen. Dies bedeutet, dass die betroffene Behörde wissentlich und mit Absicht betrogen wurde. Jedoch muss für die Betrugsberichterstattung von der öffentlichen Verwaltung nicht bewiesen werden, dass ein Tatbestand tatsächlich einen Betrug darstellt. Hier genügt nach dem sogenannten Prinzip „balance of probabilities" eine Wahrscheinlichkeitsabschätzung, ob die Tat mit Absicht oder aus Versehen begangen worden ist (vgl. dazu Cabinet Office, 2014, S. 6, 2020, S. 17 und NAO, 2016, S. 8). Falls durch Abwägungen keine Betrugsabsicht festgestellt werden konnte, wird dies nicht als Betrug gewertet und nicht weiter strafrechtlich verfolgt.[8]

Prinzipiell können alle Einrichtungen des öffentlichen Sektors von Betrug tangiert sein. Besonders betroffen sind die staatlichen Ausgabebereiche wie das Steuer- und Sozialhilfesystem, aber auch die Ausgaben im Rahmen des öffentlichen Auftragswesens und der staatlichen Zuschüsse. Im öffentlichen Sektor kann Betrug extern durch Lieferanten, Auftragnehmer und Bürgerinnen und Bürger (externer Betrug) oder aber auch intern durch eigene Arbeitskräfte des öffentlichen Dienstes erfolgen (interner Betrug) (vgl. dazu Cabinet Office, 2014, S. 6, 2020, S. 17 und NAO, 2016, S. 8). Die zur Differenzierung von „internem Betrug" und „externem Betrug" notwendige Typologisierung sowie die entsprechende Schadensbezifferung für die Berichtszeiträume 2018–19 und 2019–20 in der öffentlichen Verwaltung in Großbritannien kann nachfolgender Tab. 3.4 aus dem „Cross-Government Fraud Landscape Bulletin 2019–20" entnommen werden. „Externer Betrug" macht dabei einen Anteil von 84 % im Berichtszeitraum 2018–19 und einen Anteil von 89 % im Berichtszeitraum 2019–20 am „Gesamtbetrug" aus. Der „Interne Betrug" beläuft sich respektive auf 16 % (2018–19) und 11 % (2019–20) (vgl. Cabinet Office, 2021, S. 4) (Abb. 3.4 und 3.5).

---

[8]Als Fehler werden dabei alle unbeabsichtigten Ereignisse, Verarbeitungsfehler oder offizielle Regierungsfehler eingestuft, hier steht keine betrügerische Absicht dahinter. Als Beispiel wäre hier die nicht beabsichtigte Abrechnung einer nicht erbrachten Leistung aufzuführen. vgl. dazu beispielsweise Cabinet Office, 2020, S. 17 oder NAO, 2016, S. 8. Eine Unterscheidung von „Betrug" und „Fehler" in der öffentlichen Verwaltung in Großbritannien wird auch im Cross Government Landscape Report 2017 („What is Fraud?") anhand verschiedener Merkmale dargestellt: vgl. Cabinet Office, 2017, S. 9.

**Tab. 3.4** Klassifizierung der aufgedeckten Betrugsfälle (intern vs. extern). (Quelle: Eigene Darstellung nach Cabinet Office, 2021; Cross-Government Fraud Landscape Bulletin 2019–20, S. 4)

|  | 2018/19 | 2019/20 |
|---|---|---|
| **Internal Fraud** | 16,3m GBP | 24,7m GBP |
| **External Fraud** | 82,8m GBP | 202,6m GBP |
| **Total** | 99,1m GBP | 227,3m GBP |
| **Internal Fraud** | 16 % | 11 % |
| **External Fraud** | 84 % | 89 % |

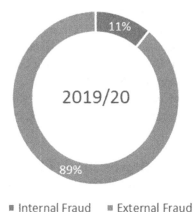

**Abb. 3.4** Klassifizierung der aufgedeckten Betrugsfälle (2018/2019). (Quelle: Eigene Darstellung nach Cabinet Office, 2021; Cross-Government Fraud Landscape Bulletin 2019–20, S. 4)

**Abb. 3.5** Klassifizierung der aufgedeckten Betrugsfälle (2019/2020). (Quelle: Eigene Darstellung nach Cabinet Office, 2021; Cross-Government Fraud Landscape Bulletin 2019–20, S. 4)

Es existieren zahlreiche und vielfältige Formen der Betrugstatbestände in den jeweiligen staatlichen Bereichen. Im Bereich des öffentlichen Auftragswesens können diese exemplarisch das Bestellen von Gütern durch Beamtinnen und Beamte für deren eigene Nutzung oder die Vorlage gefälschter Qualitätssicherungszertifikate durch potenzielle Auftragnehmer sein. Im Sozialhilfesystem und im Bereich der staatlichen Zuschüsse sind typische Betrugstatbestände die Angabe falscher Umstände zur Erlangung finanzieller Mittel oder die wissentlich falsche Verwendung von Zuschüssen (vgl. Cabinet Office, 2021, S. 4).

Vergleich der Definition des verhinderten Schadens zwischen
Großbritannien und Deutschland:

**Deutschland:** Definition in der Kranken- & Pflegeversicherung (2015):

       **Verhinderter Schaden** = der jeweilige Gesamtschaden,
„der durch Prüfungen vermieden werden konnte".

**Großbritannien:** Definition in der öffentlichen Verwaltung (2014):

       **Verhinderter Schaden** = Schätzung, die der Leistungsmessung
der Betrugspräventionsmaßnahmen der jeweiligen öffentlichen
Verwaltung dienen soll.

**Abb. 3.6** Definition des „verhinderten Schadens" in Deutschland und Großbritannien. (Quelle: BT-Drs. 18/6446, S. 24 f. und Cabinet Office: Common Areas of Spend – Fraud, Error & Debt, 2014, S 15)

Zur Analyse der Schlüsselkennzahlen zur Bezifferung des verhinderten Schadens in Großbritannien bedarf es eines Vergleichs der jeweils zugrunde liegenden Definition „Verhinderungsschaden". Wie in der Abb. 3.6 dargestellt wird, geht die Definition des „prevented fraud" im Sinne eines verhinderten Schadens in der öffentlichen Verwaltung in Großbritannien über die relativ knapp gehaltene Definition in der gesetzlichen Kranken- und Pflegeversicherung in Deutschland („… der jeweilige Gesamtschaden, der durch Prüfung vermieden werden konnte.") hinaus, indem die Bezifferung des verhinderten Schadens explizit durch eine Schätzung erfolgen soll, die die Leistung der Betrugspräventionsmaßnahmen der jeweiligen öffentlichen Verwaltung misst (vgl. BT-DRs. 18/6446, 2015, S. 24 f. für Deutschland und Cabinet Office, 2014, S. 15 für den öffentlichen Sektor in Großbritannien). Nachfolgend wird in Abschn. 3.3.7 beschrieben, welche Faktoren die öffentlichen Verwaltungen in Großbritannien bei der Erfassung des verhinderten Schadens einbeziehen (vgl. Cabinet Office, 2014, S. 7 und 15 f.).

### 3.3.2  Organisation und Strategien zur Betrugsbekämpfung im öffentlichen Sektor in Großbritannien

Im öffentlichen Sektor in Großbritannien wird Betrug und Missbrauch als erhebliches Risiko definiert, da betrügerische Verhaltensweisen weitreichende finanzielle, versorgungsverzerrende und somit reputatorische Schäden für die öffentliche Verwaltung nach sich ziehen. Daher erhält die Organisation der staatlichen Maßnahmen für die Vermeidung und Eindämmung von Betrug im öffentlichen Sektor einen hohen Stellenwert.

Dabei verfolgt die britische Regierung diverse Strategien in der Betrugsbekämpfung, wie beispielsweise die Einführung von Betrugsbekämpfungsstandards sowie der Aufbau von Expertenwissen zur Betrugsaufdeckung und -eindämmung.

Im Jahr 2010 wurde im Cabinet Office eine „Betrugs-, Fehler- und Schulden-Taskforce" („Fraud, Error and Debt (FED) Taskforce") implementiert, die anfänglich vor allem mit der Steuer- und Sozialhilfeverwaltung zusammengearbeitet und hier Initiativen zur Betrugsbekämpfung eingeführt hatte. Zunächst fokussierte sich die Arbeit der „FED-Taskforce" auch auf die Zusammenarbeit und Vernetzung der Abteilungen, um einen besseren Austausch zu ermöglichen. Das Cabinet Office bildet somit die politische Leitung bei Betrug und Missbrauch gegen den öffentlichen Sektor. Seit 2013 hat das Cabinet Office und dessen Taskforce den Fokus auf weitere Ausgabenbereiche der öffentlichen Verwaltung ausgeweitet, um schließlich das Betrugsgeschehen im gesamten Verwaltungsbereich der öffentlichen Hand untersuchen und bekämpfen zu können.

Im Jahr 2015 wurde die bisherige Taskforce schließlich in das neugegründete „Counter Fraud Centre of Expertise" des Cabinet Office überführt, welches seit dem für das Betrugsgeschehen in der kompletten öffentlichen Verwaltung Verantwortung zeichnet. Das „Counter Fraud Centre of Expertise" des „Cabinet Office" arbeitet dabei mit den einzelnen öffentlichen Verwaltungen und Organisationen zusammen, um Betrug und Missbrauch so effektiv und effizient wie möglich eindämmen zu können. Somit hat das Cabinet Office mit seinem „Counter Fraud Centre of Expertise" als Think Tank die politische Führung der Betrugsbekämpfung innerhalb des öffentlichen Sektors inne. Die einzelnen Verwaltungen wiederum sind selbstverantwortlich für das Management ihrer spezifischen Betrugsrisiken (NAO, 2016, S. 23 und Cabinet Office, 2017, S. 8). Die Hauptziele des „Counter Fraud Centre of Expertise" des „Cabinet Office" wurden dabei folgendermaßen zusammengefasst:

> „The main goal of the Centre of Expertise in the Cabinet Office is to work with central government departments and experts from across sectors to identify and reduce financial losses due to fraud and error. This focus is on four core activities:
> Setting and supporting the adoption of standards;
> Building and providing access to capability in government;
> Developing and providing access to products and services; and
> Agreeing to and monitoring reductions in FED across government where there is identified systematic loss." (Cabinet Office, 2017, S. 8)

Im Jahr 2018 wurde die sogenannte „Counter Fraud Function" eingeführt, die durch das „Counter Fraud Centre of Expertise" des Cabinet Office, geleitet wird. Die „Counter Fraud Function" stellt eine von 14 Funktionen der Regierung dar und umfasst ca. 15.000 öffentliche Mitarbeitende, die sich mit der Bekämpfung von Betrug im öffentlichen Sektor beschäftigen. Zu den strategischen Zielen der „Counter Fraud Function" zählen unter anderem die Steigerung der Leistungsfähigkeit und die Unterstützung der Weiterentwicklung der einzelnen Verwaltungen, die Implementierung von Innovationen in der gemeinsamen Datennutzung sowie die Reduzierung von Betrugsschäden in den neuralgischen Gebieten.[9]

Neben der Leitung der Counter Fraud Function überwacht das „Counter Fraud Centre of Expertise" des Cabinet Office den im Jahre 2018 eingeführten und weltweit ersten Berufsstand des Betrugsbekämpfers im öffentlichen Sektor, die sogenannte „Government Counter Fraud Profession". Dieser Berufsstand soll sich zukünftig aus einem Expertenkreis zusammensetzen, der unter anderem Standards zur Betrugsbekämpfung für den gesamten öffentlichen Sektor entwirft. Darüber hinaus unterstützt der Expertenkreis die Spezialisten der Betrugsbekämpfung im Aufbau einer adäquaten Arbeitsumgebung in der Betrugsaufdeckung (vgl. Government Counter Fraud Profession, 2017, S. 4.).

Eine weitere Aufgabe des „Counter Fraud Centre of Expertise" des Cabinet Office ist die Sicherstellung und Umsetzung der ebenfalls im Jahr 2018 eingeführten Richtlinie für Betrugsbekämpfung im gesamten öffentlichen Sektor „GovS 013: Counter Fraud". Dieser Richtlinie ging die Implementierung der „Functional Standards for Counter Fraud" im Jahr 2017 voraus: Die funktionellen Standards zur Betrugsbekämpfung beschreiben elf Grundkomponenten, die die öffentlichen Verwaltungen mit jährlichen Ausgaben von 100 Millionen GBP in ihrer Organisation einrichten müssen, um effektiv gegen Betrug vorgehen zu können (vgl. Cabinet Office, 2017, S. 24 f.).

Die Richtlinie „GovS 013: Counter Fraud" baut also auf den bereits im Jahr 2017 eingeführten funktionellen Standard auf und gibt den öffentlichen Verwaltungen die Prämissen für eine wirkungsvolle Betrugsbekämpfung vor. Dabei soll sowohl eine Betrugsbekämpfungsstrategie auf Regierungsebene als auch auf Ebene der einzelnen Verwaltungen erstellt werden. Die Strategie der öffentlichen Verwaltung soll neben einer Bewertung der Hauptrisiken für die einzelnen Verwaltungen auch die Ziele und Prognosen zu Betrug und Aufdeckung für die nächsten 2–5 Jahre sowie die strategischen Umsetzungswege der Organisationen beinhalten. Darüber hinaus sollen die Verwaltungen jährlich einen „Aktions-Plan" erstellen, in dem beschrieben wird, wie sie die entworfene Strategie operativ umsetzen wollen (vgl. Cabinet Office, 2018, S. 28 und Cabinet Office, 2017, S. 3 ff.). In der Betrugsbekämpfung soll dabei, wie in Tab. 3.5 zu sehen ist, auch international mit anderen Regierungen zusammengearbeitet werden (vgl. Cabinet Office, 2020b, S. 6).

Die neu eingeführte Richtlinie sieht ebenfalls vor, dass öffentliche Verwaltungen mit einem genügend hohen Investment in der Betrugsbekämpfung in neuralgischen Bereichen mit hohen Schäden sowie mit einer Metrik ausgestattet sind, mit der die Erfolge der Betrugsaufdeckung und -vermeidung gemessen werden kann (vgl. Cabinet Office, 2020b, S. 6). Diese Maßzahlen bilden wiederum die Grundlage für die Zielsetzung der öffentlichen Verwaltungen, mehr Betrugsfälle aufzudecken und Schäden durch Betrug zu verhindern (vgl. Cabinet Office, 2017, S. 4. und Cabinet Office, 2020b, S. 6).

---

[9]Vgl. https://www.gov.uk/government/groups/counter-fraud-standards-and-profession#government-counter-fraud-function. Zugegriffen am 07.01.2021.

**Tab. 3.5** HM Government: Government Functional Standard GovS 013: Counter Fraud, 2020. (Quelle: Eigene Darstellung basierend auf Cabinet Office, 2020b, S. 4–12)

| 4.4.2 „Outcome based metrics" | Definiton: „A method of measuring the value of fraud prevented" (p.4 and Glossary, p.12) |
|---|---|
| 4.8.2. „Counter Fraud Centre of Expertise" | Provision of standards, expert and counter fraud services Promotion of leading practice on counter fraud as the UK's Centre of Expertise, operating both domestically and internationally with other governments (p.6) |
| 5.3. „Loss Reporting" | „Organisations should report prevented losses in line with the Agreed Government Definitions" (p.9) |

Gemäß „GovS 013" soll der mithilfe der Metrik bezifferte, aufgedeckte Schaden gemeinsam mit den damit verbundenen Regressen und dem verhinderten Schaden dem „Counter Fraud Centre of Expertise" berichtet werden (vgl. Cabinet Office, 2017, S. 4.).

### 3.3.3  Das „Eisbergmodell des Betrugs" in Großbritannien

Das „Counter Fraud Centre of Expertise" des Cabinet Office stellt das Ausmaß der Herausforderungen in der Betrugsbekämpfung im öffentlichen Sektor mithilfe eines Eisbergs plastisch dar. Der Eisberg symbolisiert dabei die natürliche Eigenschaft der „Verborgenheit" von Betrug und Missbrauch. Selbst bei besonders professionellem und intensivem Schadens- und Betrugsmanagement können nicht alle Betrugstatbestände aufgedeckt werden. Somit wird grundsätzlich und auch in Zukunft eine Lücke zwischen aufgedecktem und dem tatsächlich begangenen Betrug und Missbrauch vorliegen. Wie aus Abb. 3.7 zu entnehmen ist, besteht der „Fraud Iceberg" aus den drei Kennzahlen aufgedeckter, geschätzter und unbekannter „Betrug und Fehler" (vgl. Cabinet Office, 2020, S. 19.).

Die Spitze des Eisbergs bildet dabei den aufgedeckten Betrug und Fehler durch die einzelnen öffentlichen Verwaltungen ab, welcher für den Berichtszeitraum 2017–2018 218 Mio. GBP betrug. Für die Jahre 2019–2020 wurde hier ein Betrag von 310 Mio. GBP verzeichnet.[10]

Direkt unter der Wasseroberfläche befindet sich das geschätzte Ausmaß an Betrug und Fehler. Dieser geschätzte, aber nicht aufgedeckte Anteil von „Betrug und Fehler" wurde auf der Basis von durchgeführten Risikomessungen innerhalb des öffentlichen Sektors berechnet und betrug im Berichtszeitraum 2017–2018 433 Mio. GBP (vgl. Cabinet Office, 2020, S. 19).

Nach wie vor ist der größte Teil des Ausmaßes von Betrug und Fehler unbekannt. Daher stellt die Kennzahl des unbekannten Betruges und Fehlers den größten Teil des Betrugseisbergs dar, der sich übertragen tief unter der Wasseroberfläche befindet. Der Wert dieser

---

[10]Vgl. Cabinet Office (2021). Weitere aktuellere Zahlen sind unter folgendem Link ersichtlich: https://assets.publishing.service.gov.uk/government/uploads/system/uploads/attachment_data/file/961505/2609-Executive-Summary-Fraud-Landscape-Bulletin-V7.pdf.

**Abb. 3.7** „Eisberg des Betrugs". (Quelle: Cabinet Office: Cross Government Fraud Landscape 2019, 2020, S. 20)

Kennzahl wird mithilfe eines berechneten Anteils von „unbekanntem Betruge und Fehler" an den gesamten öffentlichen Ausgaben dargestellt. Dieser Anteil umfasste im Berichtszeitraum 2017–2018 eine Spanne von 0,5 bis 5,0 % und wurde mit einem Betragsumfang zwischen 2,2 und 21,9 Milliarden GBP beziffert. Auf dieser Basis erstellte das Cabinet Office in ihrer „Cross Government Fraud Landscape" (2020) für den Berichtszeitraum 2017–18 eine Gesamtschätzung für „Betrugs- und Fehlerverluste" (Total estimated fraud & error loss per year) mit einem Ausmaß zwischen 2,8 und 22,6 Milliarden GBP (vgl. Cabinet Office, 2020, S. 20).

### 3.3.4 Chronologische Entwicklung der Betrugsstatistik in Großbritannien

Um den Anteil von aufgedecktem und verhindertem Betrug zu erhöhen und somit den zuvor thematisierten „Eisberg des Betruges" ein deutliches Stück mehr „aus dem Wasser zu heben", müssen Betrug und Missbrauch aktiv aufgedeckt und Präventionsmaßnahmen durchgeführt werden. Zur Darstellung von Betrug und Missbrauch sowie der Aufdeckungs- und Verhinderungspotenziale übermitteln die öffentlichen Verwaltungen bereits seit mehreren Jahren standardisierte Betrugsstatistiken an das Cabinet Office. Anhand der drei Fraud Landscape Reports 2017–2019 (Cabinet Office, 2017, 2018, 2020a) kann die Entwicklung der Betrugsstatistik im öffentlichen Bereich Großbritanniens inklusive der Ausgangsstatistik zu den Kategorien: **detected fraud, recoveries und prevented fraud** veranschaulicht werden.

Im Juli 2011 forderte die Regierung die öffentlichen Verwaltungen auf, Daten zu „aufgedeckten und verhinderten Schäden durch Betrug und Fehler" aufzuzeichnen. Die öffentlichen Verwaltungen übermittelten daraufhin die angefragten Daten im Folgejahr anhand des sogenannten „Quarterly Data Summary" (QDS) an das Cabinet Office (vgl. NAO, 2016, S. 16). Diese vierteljährliche Datenerfassung erfolgte mit Hilfe eines Datenübermittlungssystems, das ebenfalls 2012 eingeführt wurde. Seitdem werden damit Informationen zu „aufgedecktem Betrug und zum verhinderten Betrug" gesammelt und zusammengefasst. Die vierteljährlichen Daten werden seitdem jährlich an das Cabinet Office übermittelt.

Im Folgejahr, in 2013, arbeitete das Cabinet Office mit den öffentlichen Verwaltungen zusammen, um nun einheitliche Definitionen und Typen von Betrug für die Berichterstattung festzulegen. In 2013 wurde der Fokus auch auf zusätzliche Analysen und auf eine Kapazitätsüberprüfung gesetzt, um einen besseren Gesamtüberblick über die Betrugssituation und über die damit verbundenen Verluste zu erlangen.

Die QDS wurde in den darauffolgenden Jahren vom Consolidated Data Return (CDR) abgelöst. Mit diesem System wurden die Daten von den öffentlichen Verwaltungen ebenfalls quartalsweise erfasst. Im Gegensatz zum QDS wurden beim CDR diese aber auch quartalsweise dem Cabinet Office übermittelt. Insbesondere alle öffentlichen Verwaltungen mit jährlichen Ausgaben von über 100 Millionen GBP übermittelten nun ihre Betrugsstatistiken mithilfe des CDR. Im Zeitraum von 2015 bis 2016 wurde schließlich der QDS durch das CDR vollständig ersetzt. Hierbei müssen die staatlichen Stellen anhand der 2013 festgelegten Fehlerdefinition und Betrugstypologie detaillierte Angaben abgeben. Über die CDR werden die folgenden fünf Hauptkategorien gemeldet (vgl. NAO, 2016, S. 17 und Cabinet Office, 2017, S. 15.):

- **Detected fraud**, im Sinne von „**durch Betrug entstandenen Schäden**";
- **Detected error**, im Sinne von „**durch Fehler entstandenen Schäden**"
- **Total detected fraud and error**, im Sinne von „**insgesamt entstandenen Schäden**"
- **Prevented fraud**, im Sinne des deutschen Begriffs „**verhinderter Schaden**"
- **Recoveries**, im Sinne des deutschen Begriffs „**gesicherte Forderungen**"

Die Zahlen werden dabei absolut betrachtet, es wurden keine Hochrechnungen oder Schätzungen vorgenommen. Die zurückerstatteten Werte wurden nicht von den tatsächlichen Zahlen abgezogen.

### 3.3.5 Herausforderungen in der Datengenerierung, -konsistenz und -übermittlung

Die Fragestellung, ob mithilfe des aktuellen Datenerfassungs- und Datenübermittlungs-Systems CDR die Daten in den einzelnen Betrugsstatistiken der öffentlichen Verwaltungen bereits einheitlich und untereinander vergleichbar erfasst sind, kann nach aktueller Einschätzung noch nicht uneingeschränkt mit ja beantwortet werden. So berichtet auch der englische Rechnungshof „National Audit Office" (NAO) in seinem „Fraud Landscape Review" für den Zeitraum 2015–2016, dass das Cabinet Office erhebliche Limitationen in der übermittelten Datenkonsistenz erkenne. Nach dem neuen CDR-Standard wurde von den öffentlichen Verwaltungen mehr als das Doppelte an aufgedeckten Schäden berichtet, obwohl dieser Schadensbetrag bei der konsequenten Anwendung beider Standards gleich hoch ausfallen sollte.

Der uneinheitliche Erfassungsprozess der Daten in den einzelnen Verwaltungen stellt somit einen Verbesserungsbedarf dar, um die Aussagekraft der Betrugsstatistik des Cabinet Office deutlich zu erhöhen. Beispielsweise beziehen einige der öffentlichen Verwaltungen bei der Betrugsdatenübermittlung ihre dazugehörigen Einrichtungen mit ein. Andere Verwaltungen berichten über diese Einheiten separat oder nur zum Teil. So ist auch die Reaktionsquote zwischen den Verwaltungen sehr heterogen, da einige öffentliche Verwaltungen selbst bekannte Betrugsfälle nicht melden.

Ein zentrales Problem der Datenqualität ist insbesondere die subjektive Wahrnehmung der Bedeutung und die daraus folgende unterschiedliche Interpretation der Verwaltungen von „Betrug", obwohl für diesen Tatbestand im öffentlichen Sektor eine einheitliche Definition in 2014 festgelegt wurde (siehe dazu bereits Abschn. 3.3.1). Vor allem bereitet die Anwendung der bereits in Abschn. 3.3.1 aufgezeigten Unterscheidungsmethodik mithilfe der *„balance of probabilities"* Schwierigkeiten, zwischen Betrug und Fehler zu differenzieren. Somit ist davon auszugehen, dass erhebliche subjektive Unterschiede zwischen den öffentlichen Verwaltungen in den Wahrscheinlichkeitsabwägungen bestehen, ob die jeweiligen Tatbestände mit oder ohne Absicht begangen worden sind (vgl. NAO, 2016, S. 20).

Da die beschriebenen Herausforderungen zur Sicherstellung konsistenter Daten in der Betrugsstatistik bereits seit längerem benannt und diskutiert werden, ist es wahrscheinlich, dass sich der Erfassungsprozess der Betrugsdaten in einzelnen Verwaltungen bis dato weiter verbessert hat. Dies gilt umso mehr, als der Zeitraum 2014–2015 die erste Berichtsperiode darstellt, in welcher umfassendere Daten von den Verwaltungen gesammelt worden sind (vgl. NAO, 2016, S. 17). Zudem wurde im Jahresübergang von 2015 auf 2016 das Datenerfassungssystem QDS durch CDR vollständig ersetzt (vgl. Abschn. 3.3.4), sodass der Prozess zur Übermittlung und Erfassung der Daten für die Verwaltungen vereinfacht wurde.

Darüber hinaus wurde ein „Prevention Panel" eingerichtet, der die Berechnungsmethodik des verhinderten Schadens kontinuierlich überprüfen und anpassen und somit die Datenqualität dieser Kennzahl erhöhen soll (vgl. NAO, 2016, S. 20). Auch die neue Richtlinie „GovS 013" mit den darin enthaltenen funktionellen Standards wird den Erfassungsprozess der Daten in einigen Verwaltungen weiter verbessert haben (vgl. bereits Abschn. 3.3.2).

### 3.3.6 Die Kennzahlen der Betrugsstatistiken von 2014–2019 in der öffentlichen Verwaltung in Großbritannien

Im sogenannten „Cross-Government Fraud Landscape Bulletin" des Cabinet Office für 2019–2020 wurde die Entwicklung der Kennzahlen der zusammengefassten Betrugsstatistiken der Verwaltungen des öffentlichen Sektors, exklusive dem Steuer- und Sozialhilfesystem, von den Berichtszeiträumen 2015–16 bis zu den Zeiträumen 2019–20 zusammengestellt und veröffentlicht (s. Tab. 3.6 und 3.7).

Wie man in den Abb. 3.8 und 3.9 erkennen kann, wurden die Kennzahlen sowohl exklusive Anomalien (Tab. 3.6), als auch inklusive Anomalien (Tab. 3.7) präsentiert:

Exklusive der Anomalien wurden – wie in Tab. 3.6 in der rechten Spalte („Total") und in Abb. 3.8 in grafischer Darstellung ersichtlich – innerhalb von fünf Jahren Betrugsfälle im Wert von 670 Mio. GBP in der öffentlichen Verwaltung Großbritanniens aufgedeckt. Dabei wurde ein Schaden von 552 Mio. GBP verhindert und insgesamt 310 Mio. GBP wieder zurückgewonnen. Abgesehen vom Berichtszeitraum 2018–19 stieg vor allem der aufgedeckte Schaden im Laufe der berichteten Jahre stark an. So ist auch der Trend der Höhe des verhinderten Schadens tendenziell steigend. Im Berichtszeitraum 2019–20 stieg dieser überdies auf mehr als das 7-fache des vorherigen Berichtszeitraumes an, wohingegen der in den vergangenen Jahren ebenfalls steigende Trend der Rückgewinnungen im Berichtszeitraum 2019–20 erstmals leicht zurückging. Auch in Deutschland haben, wie in Abschn. 3.2.2 berichtet, einzelne Krankenkassen die gleichen Beträge für die entstandenen Schäden und für die gesicherten Forderungen angegeben. Hier liegt daher auch analog zu

**Tab. 3.6** Kennzahlenentwicklung exklusive Anomalien. (Quelle: Eigene Darstellung nach Cabinet Office, 2021, S. 4)

|  | 2015/16 | 2016/17 | 2017/18 | 2018/19 | 2019/20 | Total |
|---|---|---|---|---|---|---|
| **Detected Fraud** | 74m GBP | 119m GBP | 151m GBP | 99m GBP | 227m GBP | 670m GBP |
| **Detected Error** | 31m GBP | 72m GBP | 67m GBP | 106m GBP | 82m GBP | 385m GBP |
| **Total detected fraud and error** | 105m GBP | 191m GBP | 218m GBP | 205m GBP | 310m GBP | 1029m GBP |
| **Prevented** | 33m GBP | 45m GBP | 36m GBP | 50m GBP | 388m GBP | 552m GBP |
| **Recoveries** | 20m GBP | 52m GBP | 47m GBP | 99m GBP | 92m GBP | 310m GBP |

**Tab. 3.7** Kennzahlenentwicklung inklusive Anomalien. (Quelle: Eigene Darstellung nach Cabinet Office, 2021, S. 4)

|  | 2015/16 | 2016/17 | 2017/18 | 2018/19 | 2019/20 | Total |
|---|---|---|---|---|---|---|
| **Detected Fraud** | 74m GBP | 119m GBP | 151m GBP | 99m GBP | 227m GBP | 670m GBP |
| **Detected Error** | 31m GBP | 182m GBP | 67m GBP | 142m GBP | 167m GBP | 589m GBP |
| **Total detected fraud and error** | 105m GBP | 301m GBP | 218m GBP | 241m GBP | 395m GBP | 1260m GBP |
| **Prevented** | 33m GBP | 45m GBP | 755m GBP | 234m GBP | 478m GBP | 1545m GBP |
| **Recoveries** | 20m GBP | 162m GBP | 47m GBP | 99m GBP | 166m GBP | 494m GBP |

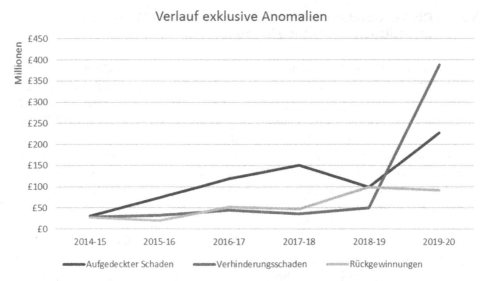

**Abb. 3.8** Grafische Darstellung der Kennzahlenentwicklung von 2014 bis 2020 exklusive Anomalien. (Quelle: Eigene Darstellung in Anlehnung an Cabinet Office, 2021, S. 4)

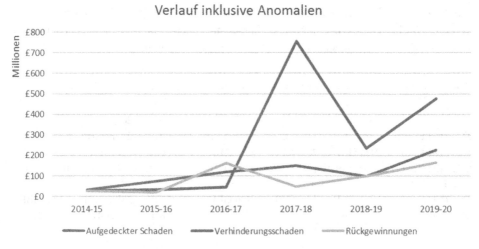

**Abb. 3.9** Grafische Darstellung der Kennzahlenentwicklung von 2014 bis 2019 inklusive Anomalien. (Quelle: Eigene Darstellung in Anlehnung an Cabinet Office, 2021, S. 4)

den Erfahrungen in Deutschland die Vermutung nahe, dass die Schadensdefinitionen „subjektiv" wahrnehmbar sind und somit die Vergleichbarkeit der erzeugten Statistiken erschweren. Dies wird ebenfalls im Bericht des englischen Rechnungshofes 2015–16 erwähnt (vgl. NAO, 2015).

Das Cabinet Office begründet die tendenziell steigenden Kennzahlen in den letzten Jahren mit der Verbesserung des Managements von Betrug und Fehlern in den öffentlichen

Verwaltungen, wie etwa die Verbesserung der Berichtswege, um eine umfassendere Schadensberichterstattung zu ermöglichen. Außerdem wurde in den Verwaltungen eine Kultur verankert, in der das Personal angehalten ist, Betrug aufdecken und anschließend berichten zu können. Darüber hinaus wurde die Aufmerksamkeit auf das Erkennen und Erfassen von Betrug und Missbrauch erhöht und signifikant in Betrugserkennungsmittel investiert. Außerdem wurden sowohl existierende als auch neue Methoden zur Prävention entwickelt und getestet, um Einsparungen Präventionsarbeiten zuweisen zu können (vgl. Cabinet Office, 2019, S. 22).

### 3.3.7 Die Kalkulation des „Prevented Fraud" in der öffentlichen Verwaltung in Großbritannien

Seit 2017 veröffentlicht das „Counter Fraud Centre of Expertise" des Cabinet Office jährlich den sogenannten „Cross-Government Fraud Landscape Annual Report", in dem insbesondere über die Betrugsstatistik der öffentlichen Verwaltungen exklusive dem Steuer- und Sozialhilfesystem informiert wird (vgl. Cabinet Office, 2017, S. 5). Somit enthalten diese Berichte und die darin veröffentlichten Betrugsdaten stets auch die Bezifferung des „prevented fraud" im Sinne des deutschen Begriffs des verhinderten Schadens. Allerdings werden in diesen und auch in anderen amtlichen Publikationen keine Angaben zur Berechnungsmethodik dieser Kennzahl veröffentlicht.

Das ist einerseits ein ungenügendes Artefakt in der öffentlichen Diskussion, da bereits seit der Einführung des QDS in 2012 der verhinderte Schaden der öffentlichen Verwaltungen beziffert und dem Cabinet Office für die Zusammenstellung der Betrugsstatistik übermittelt wird (vgl. NAO, 2016, S. 17). Andererseits wäre der bewusst fehlende öffentliche Einblick in die Bestimmungsmethodik des verhinderten Schadens insoweit nachvollziehbar, wenn möglichen Betrugsoptionen, die sich aus dem Methodeneinblick ergeben könnten, vorgebeugt werden soll.[11] Nichtsdestotrotz bildet das vom Cabinet Office im Jahr 2014 veröffentlichte Dokument „Common Areas of Spend – Fraud, Error & Debt" eine amtliche Definition und damit ersten Einblick in die Zusammensetzung des „prevented fraud" im Sinne des deutschen Begriffs des verhinderten Schadens im öffentlichen Sektor Großbritanniens. Allerdings ist zu beachten, dass in dieser Publikation noch der zu dieser Zeit geltende QDS-Standard zur Berichterstattung der Betrugsdaten zugrunde gelegt wurde (vgl. Cabinet Office, 2014, S. 3 f.).

Laut einer Definition des Cabinet Office ist der verhinderte Schaden durch Betrug eine Schätzung, die die Leistung der Betrugspräventionsmaßnahmen der jeweiligen öffentlichen Verwaltung messen soll (vgl. Cabinet Office, 2014, S. 7 sowie S. 15 f.). Dabei wurden auch Faktoren beschrieben, welche die Verwaltungen bei der Erfassung des verhinderten Schadens miteinbeziehen und welche sie ausschließen sollen.

---

[11] Gem. Antwort CEO der NHS Conter Fraud Authority im Rahmen eines „Public Advisory Boards" am 18. Januar 2021.

In der amtlichen Definition des „Prevented Fraud" sollen alle Betrugsfälle ein-
geschlossen werden, die in der betreffenden Periode durch konkrete Betrugspräventions-
prozesse verhindert worden sindund als Betrugsschaden beziffert werden. Darüber hinaus
sollen auch Transaktionen, die vor der potenziellen Auszahlung bereits als Betrug identifiziert worden sind, in den verhinderten Schaden miteinbezogen werden. Falls eine laufende Serie ungerechtfertigter Zahlungen gestoppt werden konnte, sollte der gesamte Wert
dieser Zahlungen in der Berechnung des verhinderten Schadens für die jeweilige Zeit-
periode miteingehen.

Demgegenüber sind von der Berechnung des verhinderten Schadens nach der amtlichen Definition Zahlungstransfers ausgeschlossen, die erst in der nachfolgenden Daten-
erfassungsperiode getätigt worden wären. Ebenfalls sollen keine Schätzungen des verhinderten Schadens vorgenommen und in der Betrugsdokumentation berücksichtigt
werden, die auf öffentlicher Abschreckung („Public Deterrence") und auf Warnungen
gegenüber potenziellen Betrügern beruhen (vgl. Cabinet Office, 2014, S. 7 und S. 15 f.).

Die Berechnung eines verhinderten Schadens kann auch auf einem aufgedeckten Betrugsfall basieren, bei dem Anhaltspunkte vorliegen, dass der Betrug in den nachfolgenden
Perioden ohne dessen Aufdecken mit entsprechendem Schaden fortgeführt worden wäre.
Allerdings sollte der verhinderte Schaden nur für den Zeitraum (z. B. Berichtsquartal) berechnet und gemeldet werden, in dem der Betrugsfall aufgedeckt und damit angehalten
wurde. Die Einsparungen durch den verhinderten Schaden sollten dann anteilig dem Berichtsquartal angerechnet werden.

Bei einem aufgedeckten und beendeten Betrugsfall, der ein Jahr andauerte, wird der Betrugsschaden auf die vier Quartale aufgeteilt und dieser Wert soll dann einmalig im jeweiligen
Berichtsquartal erfasst und gemeldet werden (vgl. Cabinet Office, 2014, S. 16).

### 3.3.8 Betrugsbekämpfung im öffentlichen Gesundheitssektor in Großbritannien durch die „NHS Counter Fraud Authority"

#### 3.3.8.1 Betrugsbekämpfung im öffentlichen Gesundheitssektor in Großbritannien durch die „NHS Counter Fraud Authority"

Die NHS Counter Fraud Authority (NHSCFA) ist die im November 2017 neu gegründete
Gesundheitsbehörde, die ausschließlich mit der Identifizierung, Untersuchung und Prävention von Betrug innerhalb des NHS (National Health Service), des staatlichen Gesundheitsdienstes von Großbritannien, beauftragt ist. In ihrer Arbeit ist diese Behörde unabhängig von anderen NHS-Einrichtungen und unterliegt direkt dem Department of
Health and Social Care (DHSC). Diese Zusammenhänge sind in Tab. 3.8 ersichtlich.

In den Veröffentlichungen der NHSCFA bezieht sich die Behörde bei der Definition
von „Betrug" auf jegliche illegalen Handlungen durch eine oder mehrere Personen, um
entweder finanziell und/oder in beruflichen Angelegenheiten zu profitieren (vgl. u. a.
NHSCFA, 2018, S. 6, 2019, S. 4).

Zur Vermeidung der negativen Auswirkungen durch Betrug und Missbrauch auf die
Gesundheitsversorgung in Großbritannien erarbeitete und veröffentlichte die NHSCFA

**Tab. 3.8** NHS Counter Fraud Authority. (Quelle: Eigene Darstellung)

| NHSCFA | = National Health Service Counter Fraud Authority<br>Spezielle Gesundheitsbehörde seit 2017 |
|---|---|
| Aufgabe | Bekämpfung von Betrug, Bestechung und Korruption im NHS |
| Wie? | Legen Betrugsbekämpfungsstandards fest<br>Bewerten anhand dieser Standards<br>Enge Zusammenarbeit mit anderen NHS-Einrichtungen<br>Erstmalig Messung des Verhinderungsschadens |

**Tab. 3.9** Leitprinzipien der Betrugsbekämpfung des DHSC und der NHSCFA. (Quelle: Eigene Darstellung nach DHSC Anti-Fraud Unit, 2018, S. 4)

| Inform & involve | Alle Stakeholder des NHS sollen im Rahmen der Betrugsbekämpfung kontinuierlich informiert und involviert werden, um das Bewusstsein für Betrug und dessen Risiken für den NHS zu steigern. |
|---|---|
| Prevent & deter | Für bestehende Betrugsrisiken sollen Lösungen entwickelt, die Möglichkeiten zu Betrug minimiert und Menschen abgeschreckt werden, die dazu neigen, den NHS zu betrügen. |
| Investigate & sanction | Betrugstatbestände sollen ermittelt, die Betrügenden sanktioniert und die daraus resultierenden Schäden vom Betrügenden wieder zurückgefordert werden. |
| Continuously review & hold to account | Die Methoden zur Betrugsbekämpfung sollen kontinuierlich beurteilt und verbessert werden, um gegen die stetige Entwicklung von Betrug bestehen zu können. Herrscht in Organisationen Unwille zur Umsetzung der Leitprinzipien, sollen diese zur Verantwortung gezogen worden. |

für den Zeitraum 2017 bis 2020 folglich eine Strategie zur Betrugsbekämpfung (vgl. NHSCFA, 2019, S. 4).

In ihrer Mission beschreibt die NHSCFA ihre Führungsrolle in der Betrugsbekämpfung im NHS und allgemein im Gesundheitswesen in Großbritannien, um wichtige Ressourcen zur Patientenversorgung zu beschützen. In ihrer Vision wird der NHS als eine Organisation gekennzeichnet, die in der Lage ist, ihre wertvollen Ressourcen vor Betrug und Missbrauch abzusichern (vgl. NHSCFA, 2017, S. 2.). Um dies zu erreichen, wurden durch die NHSCFA fünf Hauptziele festgelegt:

- die Erfüllung und Verfolgung der Strategie des DHSC,
- das Bereitstellen zentraler Ermittlungskapazitäten zur Aufklärung komplexer Kriminalitätsfälle,
- das Leiten und Beeinflussen von Standards zur Betrugsbekämpfung,
- die Verbesserung der Betrugsmeldungen und
- die dazu nötige Investition in ihre Mitarbeitenden (vgl. NHSCFA, 2017, S. 17).

Im Strategiebericht der NHSCFA wird außerdem erwähnt, dass ihre Arbeit nach vier Leitprinzipien erfolgen soll, welche aus dem Strategieplan des DHSC zur Betrugsbekämpfung direkt übernommen worden sind (s. Tab. 3.9).

Die NHSCFA legt also die Betrugsbekämpfungsstandards fest und bewertet die Leistung der NHS-Einrichtungen anhand dieser Standards. In der operativen Umsetzung arbeitet sie eng mit den NHS-Einrichtungen und lokalen Betrugsbekämpfungsdienstleistern, Spezialisten und anderen Interessengruppen zusammen und treibt damit die Betrugsbekämpfung im gesamten NHS voran (NHS Counter Fraud Authority, 2019). Hierfür stehen allein in England und Wales etwa 300 professionell ausgebildete und akkreditierte lokale Betrugsbekämpfungsspezialisten zur Verfügung. Auf der Grundlage ihrer in den Jahren 2017–2018 gesammelten und ausgewerteten Daten schätzt die NHSCFA, dass die Betrugsverluste innerhalb des NHS jährlich 1,27 Mrd. GBP ($\triangleq$ 1,5 Mrd. EUR) betrugen. Diese Datenanalyse bildet die Grundlage für ihre vier vorrangigen aktuellen Aktionsbereiche im Jahr 2020:

- Betrug bei pharmazeutischen Vertragspartnern – Es sollen „Schlüsselbereiche für den Verlust durch Betrug" identifiziert und potenzielle Betrugsfälle durch Vertragspartner, die kommunale Apothekendienste anbieten, ermittelt werden.
- Betrug bei der Beschaffung und Auftragsvergabe – Es sollen die „Indikatoren für Betrugsrisiko-Schwachstellen" im Bereich Beschaffungsbetrug gemessen und aktualisierte Präventionsrichtlinien entwickelt werden, um eine messbare Reduzierung von Beschaffungsbetrug zu erreichen.
- Betrug in Bezug auf Vertragspartner in der Allgemeinmedizin – Dieser Schwerpunktbereich wird sich auf die Kosten für die Allgemeinmedizin konzentrieren. Es soll eine Bewertung der Betrugsverluste vorgenommen werden, um eine Grundlage für Betrugspräventionsaktivitäten zu schaffen.
- Verbesserung der Ergebnisse der Betrugsbekämpfung im NHS – Hier soll die Zusammenarbeit insb. mit den lokalen Betrugsbekämpfungsexpertinnen und -experten im NHS evaluiert und hinsichtlich einer besseren Wirksamkeit weiterentwickelt werden. Zudem soll die Anzahl der Sanktionen erhöht werden, die als Ergebnis der lokalen Betrugsbekämpfungsarbeit verhängt werden, und die Qualität der Hinweise verbessert werden, die es ermöglichen, Durchsetzungsmaßnahmen zu ergreifen.

### 3.3.8.2 Die Betrugsstatistik und der Verhinderungsschaden im NHS

Der NHSCFA Business-Plan 2019–20 sieht die Messung des verhinderten Schadens im NHS durch die Erstellung statistisch zuverlässiger Metriken nach der sog. NHSCFA-Richtlinie „**Bekämpfung des NHS-Betrugs: ein Matrixmodell zur Identifizierung, Messung und Bewertung der Betrugsprävention**" vor. Die NHSCFA beabsichtigt dabei, eine klare Methodik für die Erfassung des präventiven Werts von Untersuchungen und disruptiven Interventionen zu verwenden, um sicherzustellen, dass diese Informationen im gesamten NHS effektiv erfasst und aufgezeichnet werden. Diese Methode soll einen getesteten Branchenansatz wiederholen. Um die Integrität des Ansatzes aufrechtzuerhalten, wird die NHSCFA seine Methodik mit dem Fraud Prevention Panel des Cabinet Office teilen und vereinbaren. Siehe dazu auch die Tab. 3.10.

**Tab. 3.10** NHSCFA: Business-Plan 2019–2020. (Quelle: Eigene Darstellung nach NHSCFA, 2020b, S. 15–16)

| 1. „Evaluation: Performance measures" | „Measurement will be achieved by the production of statistically reliable metrics (in accordance with the NHSCFA policy 'Tackling NHS Fraud: a matrix model to identify, measure and evaluate fraud prevention'), …" (p.15) |
|---|---|
| | „The NHSCFA will use a clear methodology for the recording of the preventative value of investigations and disruptive interventions to ensure that there is an effective capture and recording of that information across the NHS." (p.16) |
| | „This methodology will replicate a tested industry approach. To maintain the integrity of the approach the NHSCFA will share and agree its methodology with the Cabinet Office Fraud Prevention Panel." (p.16) |

Im Business-Plan der NHSCFA 2019–2020 wurden in Zusammenarbeit mit dem DHSC finanzielle Ziele festgelegt, die für den kommenden Berichtszeitraum erreicht werden sollten. Dabei sollte die NHSCFA innerhalb des Jahres 2020 einen Schaden in Höhe von 22 Mio. GBP aufdecken und 5 Mio. GBP von Betrugsschäden wieder erfolgreich zurückfordern. Darüber hinaus wurde angekündigt, dass erstmalig über den verhinderten Schaden, resultierend aus lokaler und nationaler Betrugsbekämpfungsarbeit, berichtet werden soll. Das Ziel für diesen verhinderten Schaden wurde für den Berichtszeitraum 2020 in Höhe von 100 Mio. GBP angegeben (vgl. NHSCFA, 2019, S. 8 f.), vgl. im Einzelnen Abb. 3.10. Bereits an dieser Stelle sei ausdrücklich hervorgehoben, dass der verhinderte Schaden noch nicht für alle Leistungsbereiche des NHS beziffert werden sollte, sondern zunächst nur für ausgewählte Leistungsbereiche, namentlich: „GP capitation" und „procurement and commissioning".

Die erzielten Ergebnisse in Bezug auf den im Business-Plan 2019–2020 genannten finanziellen Zielen wurden schließlich im Dezember 2020 von der NHSCFA im Rahmen einer Betrugsstatistik innerhalb des jährlichen Geschäftsberichts veröffentlicht. Hierbei setzen sich die erzielten Zahlen aus Arbeitsergebnissen der NHSCFA und aus Ergebnissen der NHSCFA in Zusammenarbeit mit der NHS Business Service Authority (NHSBSA) im Bereich Gebührenbetrug bezüglich Rezepte und in der Zahnmedizin. Außerdem wurden auch die erzielten Zahlen von lokalen Betrugsbekämpfungsdiensten der NHSCFA in die entsprechenden Kennzahlen in der Statistik anteilig miteinbezogen (vgl. NHSCFA, 2020b, S. 19).

Wie in Abb. 3.11 zu sehen, konnte dadurch ein Betrugsschaden von 17.271.258,20 GBP im Jahr 2020 im NHS aufgedeckt werden. Das gesetzte Ziel wurde zwar um 21,5 % verfehlt, jedoch wurde der aufgedeckte Schaden des vorangegangenen Berichtszeitraum 2018–2019 um mehr als das Doppelte übertroffen (vgl. ebd., S. 28).

Aus aufgedeckten Betrugsschäden konnten im Jahr 2020 insgesamt 9.599.232 GBP wieder zurückgefordert werden, womit das zuvor festgelegte Ziel von 5 Mio. GBP um

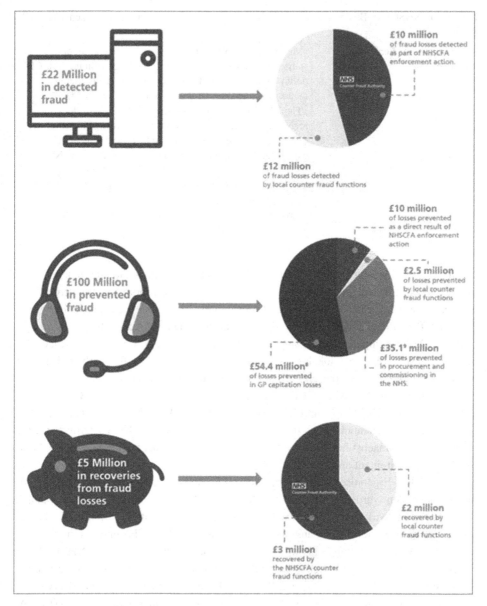

**Abb. 3.10** Ziele und beabsichtigte Maßnahmen im Business Plan der NHSCFA. (Quelle: NHSCFA, 2019)

92 % übertroffen werden konnte (s. Abb. 3.12). Die gesamten Rückgewinnungen aus dem vorangegangenen Berichtszeitraum 2018–2019 konnten sogar um 365 % übertroffen werden (vgl. NHSCFA, 2020b, S. 28 f.).

Im Jahr 2020 wurde im NHS ein verhinderter Schaden in Höhe von 99.171.579 GBP erzielt. Damit sei das in der Business Planung gesetzte Ziel von 102 Mio. GBP um 2,8 %

## Fraud detected target £22m

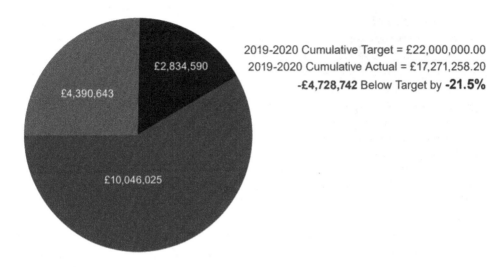

2019-2020 Cumulative Target = £22,000,000.00
2019-2020 Cumulative Actual = £17,271,258.20
**-£4,728,742** Below Target by **-21.5%**

£2,834,590

£4,390,643

£10,046,025

● Fraud detected by local counter fraud services

● Fraud detected by the NHSCFA

● Fraud detected in collaboration with NHS Business Service Authority
relating to prescription and dental charge evasion

**Abb. 3.11** Aufgedeckter Betrugsschaden im NHS 2019–2020. (Quelle: NHSCFA, 2020b, S. 18)

verfehlt worden (s. Abb. 3.13). Wie bereits erwähnt, lautete das eigentliche Ziel für den verhinderten Schaden laut Business-Plan 2019–2020 lediglich 100 Mio. GBP, also 2 Mio. GBP weniger als im abschließenden Geschäftsbericht angegeben. Gründe für diese Abweichung um 2 Mio. GBP werden von der NHSCFA nicht genannt.

Bei einer genaueren Betrachtung der Statistik zum verhinderten Schaden fällt auf, dass nahezu alle verhinderten Schäden von der Zusammenarbeit mit der NHSBSA auf dem Leistungsbereich „prescription an dental charge evasion" basieren (s. Abb. 3.11, 3.12, 3.13).[12]

In den öffentlich zugänglichen Dokumenten (NHSCFA) wird allerdings nicht angeführt, mit welchen Methoden die in der Statistik behandelten Kennzahlen „aufgedeckter Schaden", „Rückgewinnungen" und vor allem „verhinderter Schaden" berechnet werden.

---

[12] Im Business Plan sollte ursprünglich der Schwerpunkt auf andere Bereiche gelegt werden, namentlich: „GP capitation losses" und „procurement and commissioning in the NHS". Diese Abweichung wird nicht näher begründet.

## Fraud losses recovered target £5m

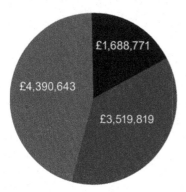

2019-2020 Cumulative Target = £5,000,000
2019-2020 Cumulative Actual = £9,599,232
**+£4,599,233** Above Target by **92.0%**

● Losses recovered by local counter fraud services

● Losses recovered by the NHSCFA

● Fraud losses recovered in collaboration with NHS Business Service
   Authority relating to prescription and dental charge evasion

**Abb. 3.12** Rückgewinnungen im NHS 2019–2020. (Quelle: NHSCFA, 2020b, S. 19)

## Fraud prevented target £102m

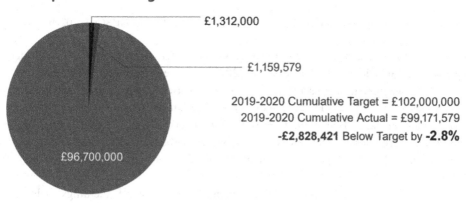

2019-2020 Cumulative Target = £102,000,000
2019-2020 Cumulative Actual = £99,171,579
**-£2,828,421** Below Target by **-2.8%**

● Fraud prevented in other areas including dental treatments

● Fraud prevented by NHSCFA

● Fraud prevented by collaboration with the NHS Business Service Authority relating
   to prescription and dental fraud charge evasion

**Abb. 3.13** Verhinderungsschaden im NHS 2019–2020. (Quelle: NHSCFA, 2020b, S 19)

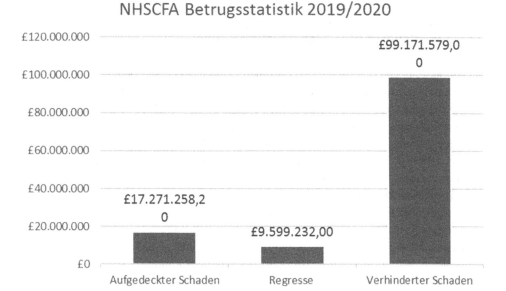

**Abb. 3.14** Wertmäßige Kennzahlenverteilung aus Betrugsstatistik des NHSCFA 2019/2020. (Quelle: Eigene Darstellung)

Im Business Plan 2019–2020 wurde demgegenüber erwähnt, dass im Rahmen der Messung der Reduzierung des finanziellen Ausmaßes von Betrug auf Metriken zurückgegriffen werde, welche in Einklang mit einer internen Richtlinie der NHSCA „Tackling NHS fraud: a matrix to identify, measure and evaluate fraud prevention" stehen sollen.

Darüber hinaus wird erwähnt, dass die Betrugsbekämpfungsbehörde den Wert von Betrugspräventions-interventionen hinsichtlich proaktiver Präventionsmaßnahmen und den Wert des verhinderten Schadens als Ergebnis von Ermittlungtätigkeiten und Störmaßnahmen, beziffern werden können. Für dessen Berechnung soll eine klare Methodik benutzt werden, damit eine effektive Erfassung und Aufzeichnung des verhinderten Schadens über den gesamten NHS gewährleistet sei. Dabei soll ein bereits getesteter methodischer Ansatz aus dem industriellen Sektor nachgebildet werden, welcher schließlich vom „Prevention Panel" des Cabinet Office geprüft und anerkannt werden soll (vgl. NHSCFA, 2019, S. 15 f.).[13]

Die wertmäßige Verteilung zwischen den genannten Kennzahlen aus der Betrugsstatistik 2019–2020 der NHSCFA soll abschließend auch noch einmal grafisch gegenübergestellt werden (s. Abb. 3.14).

Die Gegenüberstellung verdeutlicht besonders in dieser grafischen Aufbereitung, dass die Höhe des verhinderten Schadens im NHS im Jahr 2020 beinahe das Zehnfache der gesicherten Rückforderungen betragen hat. Der verhinderte Schaden stellt in der Betrugsstatistik der NHSCFA damit nicht nur die höchste, sondern die vielleicht wichtigste Kennzahl dar.

---

[13] Allerdings wird an dieser Stelle der entsprechende Ansatz aus der Industrie nicht näher beschrieben.

## 3.4 Eruierung weiterer Ansatzoptionen zur Berechnung des verhinderten Schadens aus der versicherungswirtschaftlichen Praxis

Zur Aufdeckung und Determinierung sowohl des entstandenen Schadens als auch des verhinderten Schadens sind Expertise, Expertensysteme und moderne statistische Verfahren zur Aufdeckung von betrügerischem Verhalten und von Missbrauch unabdingbar. Die Sozialversicherungen und staatlichen Gesundheitssysteme benötigen daher einen weitgehenden Prüfungsansatz, der systematische Fehlverhaltensmuster der Leistungserbringer und Versicherten in den Gesundheitsmärkten aufdeckt. Diese professionalisierte Aufdeckung ungerechtfertigter Abrechnungen und Verhaltensweisen bildet gleichzeitig die Basis, das Ausmaß von Betrug und Missbrauch und nicht nur die „Spitze des Eisbergs" zu erfassen und bei Echtzeitprüfungen Schadenszahlungen zu vermeiden. In Deutschland ist – wie bereits in Abschn. 3.2.2 dieser Arbeit dargestellt – allerdings in der Mehrheit der Krankenkassen die Aufdeckung von Betrug und Missbrauch aktuell auf opportunistische Prüfungen im Rahmen des Schadensmanagementprozesses limitiert. I. d. R. basieren diese Prüfroutinen der Krankenkassen auf den beobachteten und traditionellen Verhaltensmustern von Leistungserbringern oder auf der Analyse von ambulanten und stationären Prozeduren und Diagnosen, die häufig mit verschwenderischem und/oder betrügerischem Verhalten in Verbindung stehen. Komplexere Fehlverhaltensmuster werden ohne systematische fortgeschrittene Analysemethoden i. d. R. nur in Einzelfällen aufgedeckt.

In der Leistungsanalyse ist es von zentraler Bedeutung, die systematische Komponente von Betrug und Missbrauch relativ zu einfach ersichtlichen und erklärbaren Einzelereignissen aufzudecken. Hochkostenfälle als Einzelereignisse werden z. B. im Schadensmanagementprozess der Kostenträger genauer angesehen. Als Standard-Methode der aktuellen Kostentreiberanalyse, soweit im deutschen Gesundheitssystem überhaupt angewandt, werden in der statistischen retrospektiven Datenanalyse (nach Verbuchung und Zahlung der Rechnungen) der Krankenkassen Häufigkeiten, Summen und Durchschnitte jeweils im Vergleich zu Referenzwerten verwendet. Ein Beispiel dafür ist die durchschnittliche Kostensumme bei ausgewählten Diagnosen pro Versicherten pro Jahr. Dabei kann eine Vielzahl von Kennzahlen in Standard-Reports einfließen, die nicht nur ein Schadensmanagement durch Daten ermöglicht, sondern auch eine Basis für weitreichendere Analysen zur Aufdeckung von Betrug und Missbrauch darstellt. In einigen der Krankenkassen sind Standardreports im Schadensmanagement bereits ein ausgetestetes Konzept. Damit wird aber nur ein Teil der Möglichkeiten der Daten („Big Data") genutzt.

Deutlich weiterreichende statistische Methoden, wie Regressionsanalysen oder Clusteranalysen zur Entdeckung von Ähnlichkeitsstrukturen in Datenbeständen, werden insb. in mehr datenbasierten Gesundheitsmärkten, wie z. B. in den USA und in den Niederlanden verwendet. Damit soll der Herausforderung der Aufdeckung von betrügerischem Verhalten mehrdimensional, also durch eine gleichzeitige Betrachtung mehrerer Parameter, und v. a. unter Berücksichtigung der Varianz begegnet werden. Durch die Gesetzgebung im Rahmen von „Obamacare" wurden in den USA die Kostenträger (insb. die Krankenversicherungen) verpflichtet, auf modernen statistischen Verfahren beruhende Expertensysteme zur Aufdeckung und zur Verhinderung von Verschwendung, Betrug und Missbrauch zu implementieren und zu nutzen (vgl. Abschn. 3.2.2 dieses Beitrags).

Gegeben des aktuell anhaltenden Anstiegs von Betrug und Missbrauch sowie der medizinischen Kosten in den Gesundheitsmärkten muss die Schadensentwicklung anhand der Schadenshistorie und weiterer aktueller Faktoren berechnet und damit vorhergesagt werden. Daher sind die verschiedenen Kosten-Vorhersage-Szenarien (Anstieg der gesamten medizinischen Ausgaben und Anstieg der inkorrekten Rechnungen) aufzuzeigen und zu diskutieren. Diese Extrapolationen der Schäden sind auch die Basis für die Berechnung des verhinderten Schadens, da bei entsprechendem Leistungsmanagement der Anstieg unkorrekter und ungerechtfertigter medizinischer, pflegerischer und weiterer Kosten abgebremst werden könnte. Daher beinhaltet der verhinderte Schaden auch den (steigenden) Kostenanstieg, der durch unkorrektes Verhalten entstanden wäre, wenn kein adäquates Schadensmanagement implementiert wäre.

Die bereits unter Abschn. 3.2.3 aufgezeigten Sanierungs- und Reaktionskosten bei Betrug und Missbrauch, die bei den Sozialversicherungen, aber auch bei den beteiligten Leistungserbringern und Versicherten sowie volkswirtschaftlich anfallen, bilden die Opportunitätskosten ab, wenn zu wenig in Betrugsaufdeckung und -prävention investiert wird. Allerdings kann dagegengehalten werden, dass in primären Investitionsjahren diese Sanierungs- und Reaktionskosten gerade durch die höheren Aufdeckungsanstrengungen deutlich steigen werden. Dem sind aber wiederum die bestehenden und zukünftig (stärker) steigenden Betrugsschäden gegenzurechnen. Es gilt daher die Rechnung anhand adäquater und überschaubarer Proxys aufzustellen, wann und gegebenenfalls, dass bereits kurzfristig die Kosten der Betrugsaufdeckung (inkl. volkswirtschaftliche Kosten der Betrugsaufdeckung) über den Zeitablauf (deutlich) geringer sind als der verhinderte Schaden.

## 3.5 Implikationen für Deutschland

Um in Zukunft Versorgungsdefiziten und Ressourcenknappheit im Gesundheitswesen entgegenzuwirken, sind stabilisierende Funktionen der deutschen Sozialversicherung, wie die Versorgungsproduktivität und somit die Transparenz der Leistungserbringung und der Leistungsabrechnung, zu gewährleisten. Insbesondere sind unnötige und auf Betrug und Verschwendung basierte Leistungen zu vermeiden.

Die Analyse der relevanten gesundheitsökonomischen und juristischen Literatur zeigt, dass in internationalen Märkten wie am Beispiel von Großbritannien nicht nur die Maßzahl „entstandener Schaden", sondern auch die Maßzahl „verhinderter Schaden" anhand von Proxys eruiert werden. Durch diese Kennziffern soll nicht nur das Ausmaß von Betrug und Verschwendung in einem ressourcenlimitierten Markt, dem Gesundheitsmarkt, aufgezeigt werden, sondern auch die Potenziale und Erfolge der Schadensaufdeckung und -verhinderung sichtbar werden. Dafür ist eine auf einer standardisierten Definition von Betrug und Missbrauch basierte Datenerhebungen notwendig, um Maßnahmen zur strategischen und operativen Fehlverhaltensbekämpfung im Gesundheitswesen durchzuführen.

Aus den Erfolgsmessungen der eingeführten Aufdeckungstools in internationalen Gesundheitsmärkten leitet sich als eine der wichtigen Implikationen für das deutsche gesetzliche Gesundheitssystem ab, dass das Verhalten der Leistungserbringer, aber auch – wo im System der GKV relevant und möglich – der Versicherten in der Vermeidung von Fehlverhalten gesteuert werden kann. Damit die Anreize wirken, sind daher regelmäßige, umfangreiche und öffentlich zugängliche Berichterstattungen über das Ausmaß von Abrechnungssummen durch Betrug und Missbrauch auf- und umzusetzen. Erste Schritte mit der Berichterstattung des „entstandenen Schadens" und weiterer Kennzahlen der gesetzlichen Kranken- und Pflegeversicherung wie die Höhe der gesicherten Forderungen, die Anzahl der eingegangenen Hinweise, die Anzahl der verfolgten und abgeschlossenen Fälle oder die Anzahl der beteiligten Leistungserbringer wurden bereits implementiert. Die bereits vorgesehene Berechnung und Ausweisung der Höhe des verhinderten Schadens in der GKV und SPV soll mit einem gut durchdachten und erprobten Konzept folgen. Dies beinhaltet eine einheitliche, standardisierte Vorgehensweise der einzelnen Kranken- und Pflegekassen.

Deshalb ist es zielführend, anhand von Beispielen in Großbritannien im öffentlichen Sektor und insbesondere im Nationalen Gesundheitssystem (NHS) Möglichkeiten aufzuzeigen, wie in Deutschland in der gesetzlichen Kranken- und Pflegeversicherung Betrug und Missbrauch besser erfasst, bekämpft und folglich vermieden werden können. Die Expertinnen und Experten der Betrugsbekämpfung der (Gesundheits-)Behörden in Großbritannien unterstreichen aufgrund ihrer Entwicklungs- und Implementierungserfahrungen dieses schrittweise Vorgehen in der Entwicklung der Kennzahl „verhinderter Schaden". Mithilfe internationaler Erfahrungen sind erste pragmatische Berechnungsansätze für Deutschland erkennbar und zeigen die Notwendigkeit auf, sowohl tiefer in die Berechnung des verhinderten Schadens als auch in moderne statistische Methoden zur Aufdeckung von systematischem Betrug und Missbrauch einzusteigen.[14]

Allein die Unterschiede der einzelnen Krankenkassen in der Berechnung des „entstandenen Schadens" zeigen deutlich auf, dass eine standardisierte Fallerfassung und Hochrechnung noch weiter zu präzisieren und zu vereinheitlichen ist. Zusätzlich sind die aktuell begrenzten gesetzlichen und ressourcenbasierten Möglichkeiten der Schadensprüfung und folglich Missbrauchsaufdeckung deutlich auszubauen, um das Ausmaß von Betrug- und Missbrauch erfassen und zukünftig eindämmen bzw. verhindern zu können.

Schließlich verdeutlichen die Fallbeispiele in Großbritannien, dass die Bekämpfung von Fehlverhalten im Gesundheitswesen und in anderen Märkten eine zentrale Koordination erfordert. Mit dieser lässt sich auch die Zusammenarbeit unterschiedlicher und

---

[14] Die internationalen Erfahrungen beziehen sich beispielsweise auf weiterführende statistische Methoden zur Aufdeckung von Betrug und Missbrauch im Bereich Medicare in den USA oder auf einzelne Dokumente zur Betrugsmessungs- und Betrugsaufdeckungsstrategie, die vom NHS zur Verfügung gestellt wurden.

regionaler Beteiligter wirkungsvoll steuern und auf der Basis von Zielen und Maßnahmen planen und umsetzen. Gleichzeitig unterstreichen die Beispiele, dass das Aufdecken von Fehlverhalten im Gesundheitswesen fachlich hochqualifizierte Mitarbeitende benötigt. Diesen wiederum muss nicht nur moderne Informationstechnik zur Verfügung stehen, sondern auch die entsprechenden Methoden und Instrumente für eine umfassende Informationsanalytik.

## 3.6    Fazit

Die Bezifferung des verhinderten Schadens muss theoretisch auch in Deutschland möglich und operativ praktisch umsetzbar sein. Die dafür notwendigen Kennzahlen sollten im ersten Schritt zunächst analog der bereits gewachsenen internationalen Erfahrungen systematisch analysiert und weiterentwickelt, ggf. angepasst und schließlich implementiert werden. Die vom Gesetzgeber geforderte Bezifferung sollte sich mit dieser Maßgabe mittelfristig nicht nur als belastbar, sondern auch als notwendig erweisen, um das Potenzial und die Bedeutung der Fehlverhaltensprävention im Gesundheitswesen in Deutschland aufzuzeigen.

## Literatur

AOK-Bundesverband e. V. (2020). Zahlen und Fakten, Berlin – https://www.aok-bv.de/imperia/md/aokbv/aok/zahlen/zuf_2020_web.pdf. Zugegriffen am 26.12.2020.

Benstetter, F. (2002). *Health care economics. The market for physician services.* Lang.

Benstetter, F., & Schirmer, D. (2020). Inkorrekte Abrechnungen und Betrug und Missbrauch in internationalen Kranken- und Pflegeversicherungsmärkten: Ausmaß, Lösungsansätze und Implikationen für Deutschland. In C. Frenzel (Hrsg.), *Betrugserkennung in der Krankenversicherung: Inputgeber für die Praxis Verlag Versicherungswirtschaft* (S. 59–76) Verlag Versicherungswirtschaft.

Cabinet Office. (2014). Common Areas of Spend – Fraud, Error & Debt, o.O. 2014. https://assets. publishing.service.gov.uk/government/uploads/system/uploads/attachment_data/file/340578/ CAS-FED-Guidance-version-2.1-July-2014_P1.pdf. Zugegriffen am 31.12.2020.

Cabinet Office. (2017). Cross Government Fraud Landscape Annual Report, London. https://assets. publishing.service.gov.uk/government/uploads/system/uploads/attachment_data/ file/642784/2017-09-06_Cross_Government_Fraud_Landscape_Annual_Report_final.pdf. Zugegriffen am 02.01.2021.

Cabinet Office. (2018). *Cross Government Fraud Landscape Annual Report 2018*, London. https://as-sets.publishing.service.gov.uk/government/uploads/system/uploads/attachment_data/file/764832/ Cross-GovernmentFraudLandscapeAnnualReport2018.pdf. Zugegriffen am 05.04.2022.

Cabinet Office. (2020a). Cross Government Fraud Landscape Annual Report 2019, London 2020. https://assets.publishing.service.gov.uk/government/uploads/system/uploads/attachment_data/ file/864268/Cross-Government_Fraud_Landscape_Annual_Report_2019_WA__1_.pdf. Zugegriffen am 02.01.2021.

Cabinet Office. (2020b). Government Functional Standard GovS 013: Counter Fraud – Counter Fraud, bibery and corruption, o. O. 2020. https://assets.publishing.service.gov.uk/government/uploads/system/uploads/attachment_data/file/894811/Counter_Fraud_Functional_Standard.pdf. Zugegriffen am 02.01.2021.

Cabinet Office. (2021). Cross-Government Fraud Landscape Bulletin 2019-20, London 2021. https://assets.publishing.service.gov.uk/government/uploads/system/uploads/attachment_data/file/961505/2609-Executive-Summary-Fraud-Landscape-Bulletin-V7.pdf. Zugegriffen am 26.08.2021.

DHSC Anti Fraud-Unit. (2018). DHSC Counter-Fraud Strategic Plan 2017 to 2020, London. https://assets.publishing.service.gov.uk/government/uploads/system/uploads/attachment_data/file/732493/dhsc-counter-fraud-strategic-plan-2017-to-2020.pdf. Zugegriffen am 04.01.2021.

Dolan, P., Loomes, G., Peasgood, T., & Tsuchiya, A. (2005). Estimating the Intangible victim costs of violent crime. *British Journal of Criminology, 45*(6), 958–976.

Entorf, H. (2019). Kosten-Nutzen-Analyse zur Kriminalprävention im Gesundheitswesen: Ist der „Verhinderte Schaden" gem.§197a Abs. 5 SGBV bezifferbar? – unveröffentlichter Vortrag anlässlich des Erfahrungsaustausches zur Fehlverhaltensbekämpfung im Gesundheitswesen beim GKV-Spitzenverband am 10.5.2019, Berlin

Entorf, H., & Schulan, A. (2018). Kosten-Nutzen-Analyse in der Kriminalprävention. In M. Walsh et al. (Hrsg.), *Evidenzorientierte Kriminalprävention in Deutschland* (S. 369–383) Wiesbaden.

Gee, J., & Button, M. (2015). *The financial cost of healthcare fraud – What data from around the world shows*. PKF Littlejohn LLP.

GKV-Spitzenverband. (2018). Arbeit und Ergebnisse der Stelle zur Bekämpfung v on Fehlverhalten im Gesundheitswesen – Bericht des Vorstandes an den Verwaltungsrat, Berlin. https://www.gkv-spitzenverband.de/media/dokumente/presse/presse_themen/fehlverhalten/Bericht_Fehlverhalten_2016-17_barrierefrei.pdf. Zugegriffen am 02.01.2021.

GKV-Spitzenverband. (2020). Nähere Bestimmungen über Organisation, Arbeit und Ergebnisse der Stellen zur Bekämpfung von Fehlverhalten im Gesundheitswesen nach §§197a Abs. 6 SGBV, 47a SGBXI, Berlin.

GKV-Spitzenverband. (2021a). Kennzahlen der gesetzlichen Krankenversicherung. https://www.gkv-spitzenverband.de/media/grafiken/gkv_kennzahlen/kennzahlen_gkv_2021_q1/20210706_GKV_Kennzahlen_Booklet_Q1-2021_300dpi_barrierefrei.pdf. Zugegriffen am 26.08.2021.

GKV-Spitzenverband. (2021b). Kennzahlen der sozialen Pflegeversicherung. https://www.gkv-spitzenverband.de/media/grafiken/pflege_kennzahlen/spv_kennzahlen_06_2021/SPV_Kennzahlen_Booklet_06-2021_300dpi_2021-06-10_BF.pdf. Zugegriffen am 26.08.2021.

GKV-Spitzenverband. (2021c). Bericht des Vorstands an den Verwaltungsrat gem. §§197a Abs. 6 SGBV, 47a SGBXI Arbeit und Ergebnisse der Stellen zur Bekämpfung von Fehlverhalten im Gesundheitswesen, Berlin.

Government Counter Fraud Profession. (2017). The Government Counter Fraud Profession – Protecting public services and fighting economic crime, o.O. 2017. https://assets.publishing.service.gov.uk/government/uploads/system/uploads/attachment_data/file/730050/Annex_B_-_GCFP_Brochure.pdf. Zugegriffen am 09.12.2020.

Haverkamp, R. (2019). Ein Überblick zur Dunkelfeldforschung in Deutschland. Begriff, Methoden und Entwicklung. SIAK-Journal – Zeitschrift für Polizeiwissenschaft und polizeiliche Praxis, (2), 15–30. https://doi.org/10.7396/2019_2_B. Zugegriffen am 18.12.2020.

Meseke, S. (2015). Zehn Jahre Bekämpfung von Fehlverhalten im Gesundheitswesen – Bestandsaufnahme und Perspektiven. KrV Kranken- und Pflegeversicherung – Rechtspraxis im Gesundheitswesen, 4, 133–139.

National Audit Office (NAO). (2015). Understanding fraud and error in benefits and tax credits: A primer. https://www.nao.org.uk/wp-content/uploads/2015/09/Understanding-fraud-and-error-a-primer.pdf. Zugegriffen am 02.01.2021.

National Audit Office (NAO). (2016). Fraud landscape review, London. https://www.nao.org.uk/wp-content/uploads/2016/02/Fraud-landscape-review.pdf. Zugegriffen am 29.12.2020.

NHS Counter Fraud Authority. (2017). *Leading the fight against NHS fraud – Organisational strategy 2017–2020.*

NHS Counter Fraud Authority. (2018). Tackling NHS fraud: A matrix model to identify, measure and evaluate fraud prevention, February 2018, Version 1.0 (internal paper – official-sensitive).

NHS Counter Fraud Authority. (2019). Business plan 2019-20, London https://cfa.nhs.uk/resources/downloads/documents/corporate-publications/NHSCFA_business_plan_2019-20_v1.0.pdf. Zugegriffen am 30.12.2020.

NHS Counter Fraud Authority (NHSCFA). (2020a). NHSCFA 2020 – Strategic Intelligence Assessment, o.O. https://cfa.nhs.uk/resources/downloads/documents/corporate-publications/NHSCFA_2020_Strategic_Intelligence_Assessment.pdf. Zugegriffen am 08.01.2021.

NHS Counter Fraud Authority. (2020b). NHS Counter Fraud Authority Annual Report and Accounts 2019-20, Coventry 2020. https://assets.publishing.service.gov.uk/government/uploads/system/uploads/attachment_data/file/946530/Annual_Report_2020__latest_.pdf. Zugegriffen am 31.12.2020.

Schmidt, H. C. (2017). Strafrechtliche Aspekte der Schadenshochrechnung in Fällen des vertragsärztlichen Abrechnungsbetrugs. *Medstra, 3*(2), 79–85.

Schneider, H. (2020). Abrechnungsbetrug im stationären Sektor: Szenarien gegenwärtiger Ermittlungsverfahren – unveröffentlichter Vortrag im Rahmen des 7. Fachsymposiums „Betrug und Fehlverhalten im Gesundheitswesen" der Gesundheitsforen Leipzig am 20.10.2020 in Leipzig.

Statistisches Bundesamt. (2020). Pressemitteilung Nr. 167 vom 06.04.2021. https://www.destatis.de/DE/Presse/Pressemitteilungen/2021/04/PD21_167_236.html. Zugegriffen am 26.08.2021.

Steinhilper, G. (2017). Stellen zur Bekämpfung von Fehlverhalten im Gesundheitswesen – Reformen nach dem Antikorruptionsgesetz. In C. Katzenmeier & R. Ratzel (Hrsg.), Festschrift für Franz-Josef Dahm. Springer.

Thomsen, S. L. (2015). Kosten und Nutzen von Prävention in der ökonomischen Analyse, Gutachten für den 20. Deutschen Präventionstag. In E. Marks & W. Steffen (Hrsg.), Prävention rechnet sich. Zur Ökonomie der Kriminalprävention (S. 51–124). Forum Bad Godesberg_.

Van Soomeren, P., & Wever, P. (2005). Review of costs and benefits analysis in crime prevention – Report to the European Commission, Directorate-General for Justice, Free-dom and Security, Amsterdam 2005. https://www.researchgate.net/publication/341110676_Review_of_Costs_and_Benefits_Analysis_in_Crime_Prevention_Report_to_the_European_Commission_Directorate-General_for_Justice_Freedom_and_Security_Contract_JAIB1200305a. Zugegriffen am 06.12.2020.

Whitehead, S. J, & Ali, S. (2010). Health outcomes in economic evaluation: The QALY and utilities. British Medical Bulletin, 96, 5–21. https://pubmed.ncbi.nlm.nih.gov/21037243/. Zugegriffen am 19.12.2020.

U.S. Department of Health and Human Services. (2020). *Health care fraud and abuse control program annual report for fiscal year 2019.*

# Mehr Kooperation im Gesundheitswesen wagen!

## Krankenhäuser als Akteure regionaler Versorgungsnetzwerke

4

### Gerald Gass und Maike Visarius

## Inhaltsverzeichnis

**Zusammenfassung**

Regionale Versorgungsnetzwerke, in denen Krankenhäuser über Versorgungsstufen hinweg partnerschaftlich zusammenarbeiten und digital vernetzt sind, können qualitativ hochwertig und wohnortnah die Patientenbehandlung sichern. Krankenhäuser werden

G. Gass (✉) · M. Visarius
Berlin, Deutschland
E-Mail: g.gass@dkgev.de; M.Vvisarius@dkgev.de

dabei regelhaft zu Standorten akutstationärer und stationsersetzender Leistungserbringung, die auch komplexe ambulante Behandlungen umfasst. Insbesondere im ländlichen Raum müssen ambulante und stationäre Versorgung zusammengeführt werden.
Dort wo es Versorgungslücken gibt, sollten Krankenhäuser auch ambulante Eingriffe
anbieten und übernehmen. Gleichwertige Lebensverhältnisse sind unter den aktuellen
Bedingungen nicht zu schaffen. Dieses Ziel zu erreichen erfordert den Mut, tradierte
Versorgungsstrukturen zu verlassen. Die vernetzte Zusammenarbeit in der Pandemie
kann als Grundlage für die zukünftige Neuausrichtung der Versorgungsstrukturen dienen. Steuerung über Versorgungsstufen hinweg bedingt einen ebenso grundlegenden
wie notwendigen Wandel.

In der Pandemie der Jahre 2020 und 2021 haben das deutsche Gesundheitswesen und insbesondere die leistungsfähigen Strukturen unserer Krankenhauslandschaft dafür gesorgt,
dass es nicht nur gelungen ist die Gesundheit der Bürger bestmöglich zu schützen, sondern
auch volkswirtschaftlich den Schutz unserer Wirtschaft garantiert. Lediglich im zweiten
Quartal 2020 musste die Politik in Deutschland einen radikalen Lockdown der Wirtschaft
insgesamt herbeiführen und dies auch nur wegen der gebotenen Vorsicht angesichts einer
völlig unbekannten Bedrohung. Ist deshalb nun alles gut und wir brauchen keine Weiterentwicklung unserer Versorgungsstrukturen? Nein, es gibt bedeutende Baustellen im System, für die wir bisher keine konsentierten Arbeitsaufträge haben.

Das deutsche Gesundheitssystem ist einzigartig und damit auch die Voraussetzungen
für deutsche Krankenhäuser. Die Kompetenzen und Zuständigkeiten sind auf verschiedene
Ebenen und Akteure[1] verteilt und nur ausgewiesene Kenner des Systems wissen en detail,
wer wo zuständig oder wozu ermächtigt ist. Und selbst diese Experten stoßen nicht selten
an ihre Grenzen.

## 4.1    Das deutsche Gesundheitssystem – Pluralität der Zuständigkeiten

Anders als bei staatlich organisierten Gesundheitssystemen wie es sie z. B. in Großbritannien, Irland, Griechenland oder Portugal gibt, werden in Deutschland Planung,
Trägerschaft und Vergütung nicht staatlich zentral gesteuert (vgl. Schölkopf & Grimmeisen, 2020). Der **Bund** legt gesetzliche Rahmenbedingungen fest, der Sicherstellungsauftrag für die vertragsärztliche Versorgung ist bei den **Kassenärztlichen Vereinigungen** als
Körperschaften öffentlichen Rechts verortet, die Planung der Krankenhausversorgung ob-

---

[1]Aufgrund der besseren Lesbarkeit wird im Text das generische Maskulinum verwendet. Gemeint
sind jedoch immer alle Geschlechter.

liegt den **Bundesländern. Kommunen** sind u. a. in der Gesundheitsförderung und Primärprävention wichtige Aufgaben zugedacht. Und auf praktisch allen Ebenen tritt die gemeinsame Selbstverwaltung auf den Plan, um den gesetzlichen Rahmen durch konkrete Vereinbarungen auszufüllen. Wahrscheinlich nirgendwo auf der Welt sind die Zuständigkeiten so komplex und breit verteilt.

Es existieren einige weitere Besonderheiten im deutschen Gesundheitssystem: eine davon stellt die im Krankenhausfinanzierungsgesetz festgeschriebene **Trägervielfalt** deutscher Krankenhäuser dar, der zufolge neben öffentlichen Häusern insbesondere die wirtschaftliche Sicherung freigemeinnütziger und privater Krankenhäuser nach Maßgabe des Landesrechtes zu gewährleisten ist. Die Finanzierung ist trägerübergreifend für alle Plankrankenhäuser dual ausgerichtet: die Betriebskosten werden in Form eines Fallpauschalensystems durch **Krankenkassen** in Form von Sozialbeiträgen finanziert, die Investitionen dagegen sollen durch **Bundesländer** aus Steuergeldern getragen werden. Der Selbstzahleranteil ist für die große Gruppe der gesetzlich Versicherten im internationalen Vergleich äußerst gering (OECD, 2019).

Die **Krankenhausfinanzierung** wurde mit Einführung des G-DRG-Systems (German-Diagnosis Related Groups) Anfang der 2000er-Jahre grundsätzlich neu ausgerichtet. Kern dieses Systems ist der Fallpauschalenkatalog, der Transparenz über das Behandlungsgeschehen schaffen und Anreize zum ökonomischen Wirtschaften für die Kliniken setzen soll. DRG sind auf nationaler Ebene einheitlich ausgestaltet, die Entgelthöhe für Fallpauschalen richtet sich jedoch nach dem auf Landesebene vereinbarten Landesbasisfallwert. Dieser schwankt seit einigen Jahren aber nur noch geringfügig um den bundesdeutschen Mittelwert. Ausnahmen bilden die Pflegepersonalkosten und der Bereich der Psychiatrie und Psychosomatik. Für Letzteren gilt seit Inkrafttreten des Psych-Entgeltgesetzes mit dem PEPP-System (pauschalierendes Entgeltsystem für psychiatrische und psychosomatische Einrichtungen) ein eigenes Abrechnungssystem. Die Kosten des Pflegepersonals werden seit 2020 in der unmittelbaren Patientenversorgung nicht mehr über Fallpauschalen, sondern über ein hausindividuelles Pflegebudget vergütet.

Maßnahmen der Qualitätssicherung und der Katalog für medizinische Leistungen der Krankenkassen bedürfen in Deutschland der Abstimmung der **Gemeinsamen Selbstverwaltung**.

Weitere Besonderheiten des deutschen Gesundheitssystems mit Rückwirkungen auf die Krankenhausstruktur sind die strikte **Trennung der Versorgungsschienen** und die **doppelte Facharztschiene**. Während in anderen Systemen die für Patienten spürbare Grenze eher zwischen haus- und fachärztlicher Versorgung verläuft, ist in Deutschland die Grenze zwischen ambulanter und stationärer Versorgung besonders wahrnehmbar.

**Ambulante Krankenhausleistungen** sind wegen der strikten Sektorentrennung im SGB (Sozialgesetzbuch) V durch ein ausgesprochen vielfältiges Regelungsinstrumentarium abgebildet, das von der Ermächtigung einzelner Ärzte über ambulante Operationen des Krankenhauses bis hin zur Leistungserbringung durch Hochschulambulanzen oder psychiatrische Institutsambulanzen reicht. Nicht jeder Fall ambulanter Leistungen im Krankenhaus stellt jedoch eine ambulante Tätigkeit von Krankenhäusern dar. Es handelt sich auch beispielsweise um Tätigkeiten niedergelassener Ärzte im Krankenhaus oder um Kooperationsformen des Krankenhauses mit vertragsärztlichen Leistungserbringern.

Eine weitere Besonderheit stellt die **freie Wahl des Behandlungsortes** dar. Die Koordination der individuellen Patientenversorgung ist in Deutschland nicht auf niedergelassene Allgemeinmediziner beschränkt, der Patient selbst trifft die Entscheidung, wer ihn wann behandelt und auch welches Krankenhaus er im Fall einer akutstationären Behandlung in Anspruch nimmt. Die OECD (Organisation for Economic Co-operation and Development) lobt Deutschland regelmäßig wegen des breiten und unbeschränkten Zugangs zu den Behandlungsangeboten, während an anderer Stelle Überversorgung und Parallelstrukturen moniert werden (OECD/European Observatory on Health Systems an Policies, 2019).

## 4.2 Vom Problem zur Perspektive: Personal, Digitalisierung, Finanzierung, Strukturierung

Diese Vielzahl an Steuerungsebenen, Akteuren und Interessen im Gesundheitswesen hat ihre Auswirkungen: gesetzliche Änderungen nehmen oftmals nur kleinteilige Probleme in den Blick und schaffen mit der Problemlösung gleich das nächste Problem. Die Zeit ist längst reif für ein gemeinsam entwickeltes Zielbild, auf das die Politik ihre Reformvorhaben ausrichten kann und an dem sich sowohl Kostenträger als auch niedergelassene Ärzte und Krankenhäuser mittel- und langfristig orientieren können.

### 4.2.1 Die heutige Ausgangslage

Die Krankenhauslandschaft in Deutschland hat sich seit der Einführung des DRG-Systems im Jahr 2004 erheblich verändert.

Seitdem geht der Trend zur Vergrößerung von Allgemeinversorgern und Spezialisierung kleinerer Häuser. Die Zahl der Krankenhäuser reduzierte sich um rund 11,6 Prozent. Der damit verbundene Abbau von Krankenhausbetten belief sich auf rund 7 Prozent (s. Abb. 4.1, Quelle: Statistisches Bundesamt (Hrsg.), Fachserie 12 Gesundheitswesen, Reihe 6.1.1 Grunddaten der Krankenhäuser, Jg. 2004–2019.).

Getragen wurde diese Entwicklung in erster Linie von der Schließung mittelgroßer Krankenhäuser (s. Tab. 4.1). So sank allein die Zahl der Krankenhäuser der Größenklasse 200 bis 299 Betten von 318 in 2004 auf 248 im Jahr 2019. Mit 426 in 2009 gegenüber 422 in 2019 fiel der Rückgang bei den kleinen Krankenhäusern (weniger als 49 Betten) hingegen deutlich geringer aus.

Das erklärt sich durch die Einrichtungsart. Bei über 90 % der Kliniken unter 50 Betten handelt es sich um Tages- und Fachkliniken.

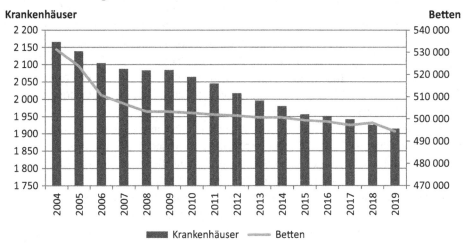

Entwicklung der Anzahl der Krankenhäuser und Krankenhausbetten

**Abb. 4.1** Entwicklung der Zahl der Krankenhäuser und der Betten. (Quelle: Statistisches Bundesamt (Hrsg.), Fachserie 12 Gesundheitswesen, Reihe 6.1.1 Grunddaten der Krankenhäuser, Jg. 2004–2019)

**Tab. 4.1** Krankenhäuser, Betten und Fallzahlen nach Krankenhausgrößenklassen, 2009/2019. (Quelle: Statistisches Bundesamt (Hrsg.), Fachserie 12 Gesundheitswesen, Reihe 6.1.1 Grunddaten der Krankenhäuser, Jg. 1999/2019)

| Bettengrößen-Klasse | Krankenhäuser | | Betten | |
|---|---|---|---|---|
| | 2009 | 2019 | 2009 | 2019 |
| < 49 | 426 | 422 | 7599 | 7396 |
| 50–99 | 278 | 230 | 20.317 | 16.672 |
| 100–149 | 285 | 243 | 34.936 | 29.504 |
| 150–199 | 199 | 186 | 34.356 | 32.266 |
| 200–299 | 318 | 248 | 77.992 | 61.816 |
| 300–399 | 199 | 172 | 67.987 | 58.901 |
| 400–499 | 137 | 136 | 61.337 | 60.238 |
| 500–599 | 89 | 95 | 48.584 | 51.879 |
| 600–799 | 65 | 86 | 43.905 | 59.166 |
| > 800 | 88 | 96 | 106.328 | 116.488 |
| **Summe** | **2084** | **1914** | **503.341** | **494.326** |

Von 372 kleinen Krankenhäusern finden sich im Krankenhausverzeichnis des Statistischen Bundesamtes gerade 17 Kliniken mit Innerer Medizin und allgemeiner Chirurgie.[2] Dabei handelt es sich größtenteils um reine Privatkliniken ohne Versorgungsvertrag und wenige Fachkliniken und Grundversorger in dünn besiedelten Gebieten und auf Inseln.

Einen Zuwachs zu verzeichnen hatten die Krankenhäuser der Größenklasse von über 500 Betten. Ihre Zahl stieg im betrachteten Zeitraum von 254 auf 277 (+9 Prozent). Die Zahl der in den großen Krankenhäusern aufgestellten Betten stieg damit einhergehend von rund 204.000 auf über 227.000 Betten.

Qualitätsverbesserungen durch konzentriertere Erfahrung und ökonomische Vorteile einer höheren Auslastung von Hightech und Expertenwissen in den Fachkrankenhäusern stehen Versorgungslücken und lange Anfahrtswege durch Schließung unrentabler Abteilungen, Standorte oder ganzer Krankenhäuser entgegen. Wirtschaftlich betrachtet bestehen außerdem Unwuchten im Anreizsystem: Leistungssteigerungen von Krankenhäusern werden durch Spezialisierung und Zentrenbildung forciert, Leistungszuwächse aber durch Abschläge sanktioniert. Infolge dieser und weiterer Entwicklungen sank der Anteil der GKV-Ausgaben für die Krankenhausbehandlung im Verhältnis zu den gesamten Leistungsausgaben der GKV (Gesetzliche Krankenversicherung) von 36,0 Prozent in 2004 auf 32,8 Prozent in 2020.

### 4.2.2 Zur Anreizproblematik eines stark leistungsbezogenen Systems

Die Konzentrationsentwicklung der Krankenhäuser als Folge der stärkeren Wettbewerbsorientierung durch die Einführung der DRG trifft die Krankenhäuser in öffentlicher, freigemeinnütziger und privater Trägerschaft unterschiedlich stark. Bezogen auf die Zahl der Krankenhäuser sank der Anteil öffentlicher Häuser im betrachteten Zeitraum um 7,5 Prozent. Deutlich geringer fiel der Rückgang bei den freigemeinnützigen Kliniken mit 4,7 Prozent aus. Einen Zuwachs verzeichneten hingegen die Krankenhäuser in privater Trägerschaft. Ihr Anteil stieg innerhalb des 15-jährigen Betrachtungszeitraumes um 12,2 Prozent (Abb. 4.2).

Grundsätzlich stellt **Trägervielfalt** verschiedene Angebotsmöglichkeiten sowohl für Patienten und Mitarbeiter als auch für die Wirtschaft sicher. Durch Einseitigkeiten bedingte Ergebnisse, wie beispielsweise die durch fehlenden Wettbewerb geprägte Sparpolitik des rein staatlich geprägten Systems in Großbritannien oder der ökonomische Druck auf das Personal ohne Ausrichtung am konkreten regionalen Bedarf im zentral geplanten Dänemark, können so vermieden werden (Schmiester, 2019). Wie in der Sektoruntersuchung Krankenhaus des Kartellamtes umfassend dargestellt, sorgt der Wettbewerb verschiedener Träger in einer Region für das Werben der Krankenhäuser um Patienten durch bessere Qualität. Eine einheitliche Trägerschaft dagegen begünstigt ökonomische Fokussierung, da eine Abwanderung zur Konkurrenz aufgrund von Qualitätsaspekten nicht gefürchtet

---

[2]Nach den Zahlen des Krankenhausverzeichnisses 2019 des Statistischen Bundesamtes, bereinigt um geschlossene und vergrößerte Kliniken.

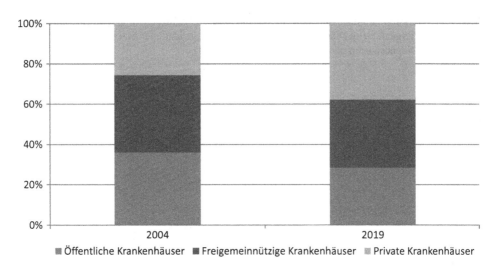

**Abb. 4.2** Entwicklung der Trägerschaften nach Krankenhäusern. (Quelle: Statistisches Bundesamt (2004/2019), Fachserie 12 Gesundheitswesen, Reihe 6.1.1 Grunddaten der Krankenhäuser)

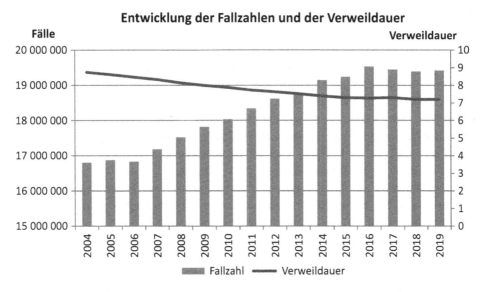

**Abb. 4.3** Entwicklung der Zahl stationärer Krankenhausfälle und der Verweildauer. (Quelle: Statistisches Bundesamt)

werden muss (Bundeskartellamt, 2021). Die Trägervielfalt genießt größte Wertschätzung in der Bevölkerung. Jüngst ergab eine Forsa-Umfrage (Forsa, 2020), dass die Deutschen die Trägervielfalt sowohl für eine wohnortnahe Versorgung (93 Prozent) als auch für eine gelungene Pandemiebewältigung (74 Prozent) für unabdingbar halten.

Die Zunahme stationärer Krankenhausfälle (+15,6 Prozent) ist im Gegensatz zur gleichzeitigen Reduktion der Krankenhäuser und der Verweildauer (Abb. 4.3) nahezu voll-

**Tab. 4.2** Altersstruktur der Patienten in Krankenhäusern (Quelle: Statistisches Bundesamt (2004/2019): Tiefgegliederte Diagnosedaten der Krankenhauspatientinnen und -patienten, Fachserie 12, Reihe 6.2 Diagnosedaten der Krankenhauspatienten 2004)

| | Patienten in % | |
| --- | --- | --- |
| Alter von … bis unter … | 2004 | 2019 |
| 0–unter 1 | 1,9 % | 4,9 % |
| 1–4 | 2,4 % | 1,7 % |
| 5–14 | 3,8 % | 2,5 % |
| 15–24 | 6,8 % | 5,1 % |
| 25–34 | 9,1 % | 8,3 % |
| 35–44 | 10,9 % | 7,3 % |
| 45–54 | 11,5 % | 10,2 % |
| 55–64 | 15,0 % | 15,0 % |
| 65–74 | 18,3 % | 15,6 % |
| 75 u. mehr | 20,2 % | 29,3 % |
| **Gesamt** | **100 %** | **100 %** |

ständig durch die Morbidität, die Alterung der Gesellschaft und den medizinischen Fortschritt zu erklären (Schreyögg et al., 2014). Diesem steigenden Bedarf durch rein ökonomisch ausgerichtete Schließung nicht profitabler Krankenhäuser zu begegnen, birgt enormes Problempotenzial im Hinblick auf eine bedarfsgerechte Versorgung ohne rationierende Wartelisten (Tab. 4.2).

Die Größe des Krankenhaussektors, sowohl hinsichtlich der Anzahl an Kliniken und Betten je Einwohner als auch bezüglich der Anzahl der Behandlungen, lässt ihn als Ganzes überdimensioniert und teuer wirken. Schaut man dagegen auf den einzelnen Fall, ergibt sich ein anderes Bild. Die durchschnittlichen Fallkosten in Deutschland sind im internationalen Vergleich niedrig (Kleibrink et al., 2019). Das System der Fallpauschalen ist darauf zugeschnitten, die Effizienz innerhalb des Krankenhaussystems zu verbessern. Die Organisation eines ganzheitlichen Ansatzes der Versorgung und einer sinnvollen Patientensteuerung durch die verstärkte Verzahnung stationärer und ambulanter Versorgung wird hingegen erschwert, da ambulante Leistungen nicht in das Abrechnungssystem einbezogen sind (Augurzky et al., 2018). Die medizinisch gebotene und im Interesse der Patienten liegende Option einer klinischen ambulanten Versorgung ist so nicht vorgesehen und führt deshalb zu einer tendenziellen Überversorgung an der Schnittstelle zwischen ambulanter und akutstationärer Leistungserbringung. Das wird auch deutlich in dem guten und wichtigen Ansatz, Krankenhäusern und niedergelassenen Ärzten die Möglichkeit zu geben, in der ambulanten Erbringung hoch spezialisierter Leistungen zusammenzuarbeiten (§ 116b SGB V). Die Umsetzung wird derzeit jedoch in der Praxis meist gegen die Stimmen der Krankenhäuser durch enorme bürokratische Hürden der gemeinsamen Selbstverwaltung verhindert.

Geringere Kosten gehen oftmals zu Lasten des Zugangs medizinischer Leistungen. Unter anderem von Seiten der OECD wird der gute Zugang im deutschen Gesundheitssystem hervorgehoben. Neben einem umfangreichen Leistungsangebot ist die freie Wahl des Behandlungsortes ohne Zugangsbeschränkung durch einen *Gatekeeper*[3] Ausdruck von Patientensouveränität und elementar für das angestrebte Arzt-Patienten-Verhältnis auf Augenhöhe.

### 4.2.3  Die Personalsituation

Dass die Zahl der Krankenhäuser sinkt, führt bisher – entgegen der Prognosen der Befürworter einer massiven Schließung von Krankenhäusern – nicht zu grundlegenden Verbesserungen in der allgemeinen Personalsituation. Vier von fünf Krankenhäusern haben Schwierigkeiten offene Pflegestellen zu besetzen (Blum et al., 2019).

Obwohl es in den letzten zehn Jahren gelungen ist, das Verhältnis von Belegungstagen und Vollkräften in der Pflege mit dem Blick auf mehr Personal zu verbessern, ist die Situation nach wie vor unbefriedigend und belastend. Immer wieder ergeben Umfragen, dass eine ausreichende Personalausstattung ganz oben auf der Wunschliste des Pflegepersonals steht – noch vor besseren Gehältern. Genügend Kollegen sind der zentrale Punkt, um Pflegende im Beruf zu halten und Auszubildende für den Beruf zu gewinnen. Nur mit genügend Zeit kann das Pflegepersonal seiner Berufung entsprechen, sich um Menschen zu kümmern. Die Arbeit der Beschäftigten muss außerdem spürbar entbürokratisiert werden. Starre Vorgaben wie die Pflegepersonaluntergrenzen erschweren den flexiblen und situationsbedingt sinnvollen Einsatz und führen so zu unnötigen Unterbesetzungen an anderer Stelle.

Überbordende Dokumentationsverpflichtungen binden derart viel Arbeitszeit, dass der Bedarf an Pflegepersonal dadurch weiter erhöht wird. Pfleger, die am Schreibtisch sitzen, können nicht pflegen – das sorgt für Frustration bei Pflegenden und Patienten gleichermaßen und verschärft künstlich den Personalmangel.

DKG, Deutscher Pflegerat und ver.di haben deshalb einen Vorschlag erarbeitet, die Pflegepersonaluntergrenzen durch ein Pflegepersonalbedarfsbemessungsinstrument (PPR 2.0) zu ersetzen. Aber nicht nur die Frage, wie viele Kollegen Pflegekräfte konkret vor Ort haben ist zu klären, auch die Vergütung muss wettbewerbsfähig sein. Die Herausnahme der Pflegekräfte aus dem DRG-System war dafür ein sinnvoller Schritt, der aber überhastet umgesetzt wurde und jetzt immer wieder nachgesteuert werden muss.

Der Fachkräftemangel im Gesundheitswesen droht der entscheidende limitierende Faktor in der Versorgung zu werden. Dies hat uns zuletzt die Corona-Krise aufgezeigt. Denn die verfügbaren Intensivkapazitäten waren nicht selten abhängig von der Verfügbarkeit des Personals.

---

[3] Die systematische Übersicht zur Thematik von Busse et al. zeigt die zweifelhafte internationale Evidenz zu Effekten des Gatekeeping auf und lässt letztlich offen, ob die Reduktion der Gesundheitsausgaben auf Kosten einer bedarfsgerechten Versorgung geschieht. Die Prozessqualität, Zufriedenheit von Patienten oder Leistungserbringern wird in den betrachteten Studien widersprüchlich bewertet (vgl. Busse et al., 2010).

### 4.2.4 Digitalisierung

Vorhandene Probleme sind durch die Corona-Krise noch deutlicher geworden. Das gilt nicht nur für den Mangel an Pflegepersonal, sondern auch für die unbestreitbar vorhandenen **Digitalisierungsdefizite**, auch im internationalen Vergleich. IT-Sicherheit, der Einsatz der elektronischen Patientenakte, telemedizinische Leistungen, IT-gestützter geschlossener Medikationskreislauf, umfassende technische Interoperabilität und teilweise noch immer Breitbandausbau – die Herausforderungen sind klar (Stephani, 2019). Das im September 2020 mit dem Krankenhauszukunftsfonds auf den Weg gebrachte Sonderprogramm für IT-Investitionen und die zahlreichen Initiativen zur Festlegung einheitlicher Standards sind wichtige Maßnahmen, reichen aber bei Weitem noch nicht aus. Krankenhäusern fehlt es keinesfalls an Motivation, sondern schlicht an den Mitteln um das vorhandene Potenzial ausschöpfen zu können. Sie benötigen rares Fachpersonal, Hardware, Lizenzen usw. Diese Investitionen in die digitale Infrastruktur und deren dauerhaften Betrieb müssen in die Betriebs- wie in die Investitionskostenkostenfinanzierung und in die Berufsausbildungen einbezogen werden. Ohne Zweifel liegen aber in der Digitalisierung große Potenziale u. a. für eine hoch qualifizierte flächendeckende Versorgung.

### 4.2.5 Wandel der medizinischen Versorgung – Wandel der Finanzierung

Ungeachtet dieser bereits stattgefundenen Entwicklungen sind sich Experten aus Wissenschaft und Politik einig: Das deutsche Gesundheitswesen und insbesondere die Krankenhausversorgung stehen vor einem tiefgreifenden Wandel. Die Gründe dafür reichen von medizinisch-technischem Fortschritt, über auch heute noch kaum abzuschätzende Möglichkeiten der Digitalisierung, bis hin zur demografischen Entwicklung.

Eine weitere Triebfeder des Wandels ist die Frage nach der dauerhaften Finanzierbarkeit der Versorgung. Der medizinisch-technische Fortschritt eröffnet Behandlungsoptionen für Erkrankungen, die bis vor einigen Jahren noch als nicht behandelbar galten. Die damit verbundenen zusätzlichen Behandlungskosten können die an anderer Stelle entstehenden Einsparungen deutlich übersteigen. Infolge des Gesellschaftskonsenses, dass allen Bürgern, unabhängig von ihrer wirtschaftlichen Leistungsfähigkeit, der Zugang zu einer qualitativ hochwertigen, flächendeckenden medizinischen Versorgung offen stehen soll, werden also auch in Zukunft zusätzliche Mittel in die Gesundheitsversorgung fließen müssen. Angesichts einer gesamtwirtschaftlichen Abgabenquote von über 41 Prozent und einer staatlichen Schuldenquote von 70 Prozent (Stand jeweils 2020) ist aber absehbar, dass das Ausschöpfen von Wirtschaftlichkeitsreserven und die Erschließung neuer Finanzierungsquellen wichtige Ziele der anstehenden Reformen sein werden.

Befeuert wird diese Entwicklung noch durch die geschmolzenen Rücklagen der Krankenkassen durch die Corona-Pandemie. Die Krankenkassen veröffentlichen zurzeit zahlreiche Vorschläge zu wirtschaftlich orientierten Reformen des Krankenhauswesens.

## 4.2.6   Abgestimmte Strukturen statt kaltem Strukturwandel

Obwohl der mit der Einführung des DRG-Systems auf den Weg gebrachte Wandel der Krankenhauslandschaft bereits in vollem Gange ist, geht er aus Sicht von Teilen der gesundheitspolitischen Entscheidungsträger auf Bundesebene und insbesondere von Vertretern der gesetzlichen Krankenversicherung bei Weitem noch nicht schnell genug voran. Da die Verantwortung für die Krankenhausplanung jedoch weder beim Bund noch bei der GKV, sondern grundgesetzlich verankert bei den Ländern liegt, haben die Bundespolitik und die Kostenträger in den vergangenen Jahren mit zahlreichen Maßnahmen versucht, den von ihnen gewünschten Strukturwandel auf anderem Wege, außerhalb der Krankenhausplanung, herbeizuregulieren. Der Abbau von Krankenhauskapazitäten bis hin zur Schließung ganzer Krankenhäuser stand dabei im Vordergrund. Diese „kalte Strukturbereinigung" zielt darauf ab, unter dem Deckmantel der Qualitätssicherung mittels überzogener bürokratischer Vorgaben und Anforderungen an das von den Kliniken vorzuhaltende Personal, an deren bauliche und apparative Ausstattung und für ausgewählte Leistungen an die jährlich mindestens zu erbringenden Mengen, Krankenhäuser zum Abbau von Kapazitäten oder besser noch zum vollständigen Austritt aus der Versorgung zu bewegen. Flankiert von einer unzureichenden Bereitstellung von Investitionsfördermitteln durch die Länder[4] und einer äußerst knapp bemessenen Betriebskostenfinanzierung führte dieses Vorgehen zu einer drastischen Verschlechterung der wirtschaftlichen Situation. Gemäß einer Umfrage des Deutschen Krankenhausinstitutes (DKI, 2020) wiesen im Jahr 2019 rund 44 Prozent der Krankenhäuser einen Fehlbetrag aus (s. Abb. 4.4). Zu nicht minder besorgniserregenden Ergebnissen kommt auch der Krankenhaus Rating Report 2021 des RWI-Leibniz-Institut für Wirtschaftsforschung (RWI, 2021). Für das Jahr 2019 kam der Krankenhaus-Report zum Ergebnis, dass rund 40 Prozent der Krankenhäuser in Deutschland von einer Insolvenz gefährdet waren, 13 Prozent sogar im „roten Bereich" erhöhter Insolvenzgefahr.

Der „kalte Strukturwandel" und die damit verbundenen Insolvenzen lassen spürbar werden, dass die aktuelle Vergütung der Krankenhäuser zur Sicherung der flächendeckenden Versorgung nicht mehr geeignet ist.

Krankenhäuser dürfen nicht unter dem Druck arbeiten, ihr Leistungsspektrum nach Finanzierungsvorgaben statt am Bedarf der Bevölkerung auszurichten um ihre Existenz zu sichern. Ein zukunftsorientiertes Vergütungssystem muss die Vorhaltung von bedarfsnotwendigen Versorgungsangeboten stärker als bisher berücksichtigen. Da es sich bei dieser Entwicklung zunächst um eine Umverteilung innerhalb des vorhandenen Finanzvolumens

---

[4]Im Jahr 2019 stellten die Länder den Krankenhäusern Investitionsfördermittel in einem Volumen von rund 3,3 Mrd. Euro zur Verfügung. Nach gemeinsamen Berechnungen der Deutschen Krankenhausgesellschaft (DKG), des GKV-Spitzenverbandes (GKV-SV) und des Institutes für das Entgeltsystem im Krankenhaus (InEK) beläuft sich der jährliche Investitionsbedarf der Krankenhäuser jedoch auf rund 7 Mrd. Euro. Die jährliche Investitionslücke lässt sich somit auf rund 3,7 Mrd. Euro beziffern.

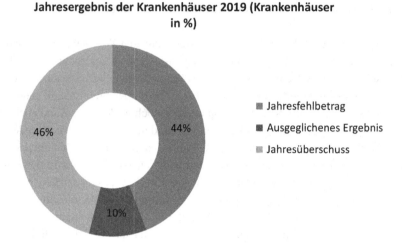

**Abb. 4.4** Wirtschaftliche Situation der Krankenhäuser. (Quelle: DKI Krankenhausbarometer, 2020)

geht, wird dies auch zu schmerzhaften Veränderungen für einen Teil der Kliniken führen. Dennoch hat sich die Deutsche Krankenhausgesellschaft für diesen Schritt ausgesprochen, um die wirtschaftlichen Anreize des Finanzierungssystems stärker am Versorgungsbedarf auszurichten. Eine auskömmliche Investitionsfinanzierung ist Grundvoraussetzung, denn bröckelt eine Säule der dualen Finanzierung, kann das System nicht solide ausgestaltet sein. Deshalb müssen die Länder ihrer Verantwortung gerecht werden und dazu ggf. auch durch den Bund unterstützt werden. Hier wird es ohne eine deutliche Aufstockung der steuerfinanzierten Investitionsmittel keine bedarfsgerechte Lösung geben.

Statt den Wandel der Krankenhauslandschaft weitgehend an einem Ranking wirtschaftlicher Effektivität auszurichten, sollte sie am tatsächlichen Versorgungsbedarf der Patienten geplant werden. Dies kann nur gelingen, wenn die Politik im Bund und in den Ländern gemeinsam mit den Krankenhäusern und den Kostenträgern Konzepte entwickelt, wie regionale Über- und Unterversorgungssituationen in einem gesteuerten Prozess nachhaltig abgebaut und dauerhaft verhindert werden können.

## 4.3 Bedeutung der Krankenhäuser für die Regionen

Durch das stationäre und teilweise auch ambulante Angebot bieten Krankenhäuser die medizinische Versorgung, die für die Situation der Bevölkerung und den Zuzug in dünn besiedelte Regionen ein entscheidendes Kriterium darstellt. Besonders hervorzuheben ist in diesem Zusammenhang die Rolle der Krankenhäuser als in den Regionen verankerte Ausbildungsinstitutionen. In ihren 993 Ausbildungsstätten bilden die Kliniken nicht nur für sich selbst jährlich rund 85.000 Pflegekräfte, 5000 Physiotherapeuten, 3000 Hebammen und weitere 10.000 junge Menschen in zahlreichen anderen Gesundheitsfach- und

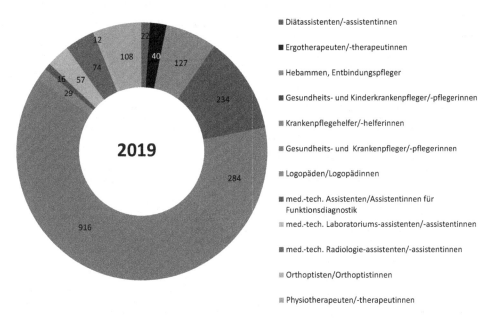

**Abb. 4.5** Krankenhäuser mit Ausbildungsstätten. (Quelle: Statistisches Bundesamt, 2019)

sonstigen Berufen aus (s. Abb. 4.5). Sie tun dies vielmehr für das gesamte Gesundheitswesen (Alten- und Pflegeeinrichtungen, Rehakliniken, Arztpraxen, Öffentlicher Gesundheitsdienst etc.), direkt vor Ort in den Regionen. Für die Erreichung des im Grundgesetz verankerten Ziels der Herstellung gleichwertiger Lebensverhältnisse ist dieser Aspekt von größter Bedeutung. Insbesondere junge Menschen, die ihren Heimatort zu Ausbildungszwecken verlassen und in eine größere Stadt ziehen, kehren nach Abschluss ihrer Ausbildung nur selten wieder in ihre Heimat zurück.

Besonders drastisch sind die Auswirkungen dieses Phänomens schon heute im Bereich der Ärzte zu verspüren. Dass die ärztliche Ausbildung zu einem überwiegenden Teil an den in den Großstädten angesiedelten Universitätskliniken stattfindet, kann als eine der Hauptursachen dafür angesehen werden, dass es niedergelassenen Haus- und Fachärzten in dünn besiedelten Regionen zunehmend schwer fällt, einen Nachfolger für ihre Praxis zu finden (s. Abb. 4.6).

Der medizinische Nachwuchs allgemein und insbesondere der wachsende Anteil an Medizinerinnen legt nach einer Umfrage der Universität Trier für die Kassenärztliche Bundesvereinigung außerdem großen Wert auf kollegialen Austausch, geregelte und flexible Arbeitszeiten und Vereinbarkeit von Familie und Beruf (Jacob et al., 2019). Diese Entwicklung verstärkt den Trend weg von der Einzelpraxis. Die Politik sah sich in den vergangenen Jahren bereits dazu veranlasst, Maßnahmen zu ergreifen, um das Arbeiten auf dem Land für den ärztlichen Nachwuchs attraktiver zu machen (Landarztquote, Stipendien usw.; vgl. Görgen, 2019).

Stadt-Land-Disparitäten nach Fachrichtungen - Unterversorgung aus Sicht der Versicherten.
(Angaben in Prozent)

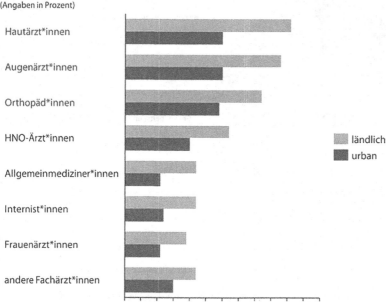

Quelle: Berechnung Schang et al. 2016 - Gesundheitsmonitor 2016; je nach Fachrichtung n = 1.445 bis 1.525

© Deutsches Krankenhausinstitut

**Abb. 4.6** Schwierigkeiten bei der Nachbesetzung von Arztpraxen. (Quelle: DKI)

Eine ähnliche Tendenz ist schon heute auch für die Krankenhäuser, Pflegeeinrichtungen, Rehakliniken, Heilmittelerbringer und die ambulanten Pflegedienste im ländlichen Raum zu beobachten. Auch ihnen fällt es deutlich schwerer freie Stellen zu besetzen, als denjenigen, die sich in einer Großstadt befinden. Gelingt es nicht, diesen Trend wieder umzukehren, werden annähernd gleichwertige Lebensverhältnisse auf dem Land und in der Stadt kaum zu gewährleisten sein. Die Fortsetzung einer Schließung von Krankenhausstandorten ausschließlich nach Rentabilität hätte somit nicht nur für die medizinische und pflegerische Versorgung der Bevölkerung fatale Folgen.

Aber es wäre fahrlässig, die Diskussion über die zukünftige Ausgestaltung der ambulanten, stationären und sektorenübergreifenden Versorgung auf die Sicherstellung der haus- und fachärztlichen Versorgung sowie Krankenhaus- und Notfallversorgung zu verkürzen: Insbesondere Krankenhäuser übernehmen in den Regionen und für das gesamte Gesundheitswesen zahlreiche Aufgaben, die weit über medizinische Versorgung hinausreichen und von großer gesamtgesellschaftlicher Bedeutung sind. Mit ihren über 1,3 Millionen Beschäftigten und einem Gesamtumsatzvolumen von 97 Milliarden Euro sind

Krankenhäuser in vielen Regionen nicht nur größter Arbeitgeber für zahlreiche Berufs-gruppen. Auch für die vor Ort ansässigen Gewerbetreibenden (Handwerksbetriebe, Lebensmittelzulieferer usw.) sind Kliniken ein wichtiger und zuverlässiger Nachfrager von Produkten und Dienstleistungen. Auch und gerade in Krisenzeiten wirkt sich dies stabilisierend auf die örtliche Wirtschaft aus. Wie die Bundesregierung in ihrem Bericht zu gleichwertigen Lebensverhältnissen zusammenfasst, steht die Wirtschaftskraft auf regio-naler Ebene in engem Zusammenhang mit Einkommensmöglichkeiten der Bürger, dem Angebot an Arbeits- und Ausbildungsplätzen, aber auch Steuereinnahmen der Kommunen und damit verbundenen Angeboten der Daseinsvorsorge. Der Stärkung strukturschwacher Regionen muss deshalb ein zentraler Stellenwert im Rahmen regionaler Strukturförderung zukommen.

## 4.4 Flächendeckende wohnortnahe Versorgung

Krankenhäuser sind schon heute das Rückgrat der medizinischen Versorgung und werden in Zukunft, insbesondere im ländlichen Raum, eine noch bedeutendere Rolle einnehmen. Bei sinkenden Patientenzahlen fallen Fixkosten stark ins Gewicht, Mindestmengen wer-den schwieriger erreicht und Investitionen in den Bestand und moderne Medizintechnik sind nur schwer zu stemmen.

Insbesondere in ländlichen Gebieten müssten ambulante und stationäre Versorgung zu-sammen gedacht, geplant und koordiniert werden. Krankenhäuser könnten als integrierte Gesundheitsdienstleister Ausgangspunkte für diese Netzwerke sein.

Einerseits gilt es besonders anspruchsvolle medizinische Leistungen zu zentralisieren und andererseits ausreichende wohnortnahe Strukturen zu erhalten.

Für kleinere Krankenhausstandorte mit dünner besiedelten Einzugsgebieten und daraus resultierenden Fallzahlen ist fehlende Finanzierung der Vorhaltekosten für die Infra-struktur problematisch. Hier gilt es die Finanzierung für eine flächendeckende Grundver-sorgung im Interesse aller zu sichern und die Infrastruktur im Gegenzug sektorenüber-greifend nutzbar zu machen. Wenn die Entscheidung fällt, dass Klinikstandorte geschlossen werden sollen, muss zuvor geklärt werden, ob es genügend ambulante Anbieter gibt, die in der Lage wären, Patienten weiterzuversorgen.

**Ambulante Öffnung der Krankenhäuser** und die Verzahnung der Sektoren sind von allen Parteien avisierte Ziele. Dennoch schreitet sie nur langsam voran. In unterversorgten Gebieten sollte der erste mutige Schritt gegangen werden um die klare Trennung der Sek-toren zu überwinden und mehr Kooperation zu schaffen, indem Kliniken die Möglichkeit erhalten, Lücken in der vertragsärztlichen Versorgung bürokratiearm und bedarfsgerecht zu schließen. Hier muss die Kompetenz für die Zulassung der Kliniken zur ambulanten Ver-sorgung in die Verantwortung einer sektorübergreifenden Landesplanung gelegt werden.

## 4.5    Kooperation und Vernetzung

Tradierte Versorgungsformen mit starrer Trennung zwischen ambulanter ärztlicher Versorgung und der stationären Krankenhausversorgung erfüllen weder wirtschaftliche Anforderungen noch Anforderungen an eine agile, patientenorientierte und fortschrittliche Patientenversorgung.

Es bedarf neuer Organisationsformen und einer sektorenübergreifenden Zusammenarbeit, um die unterschiedlichen regionsspezifischen Herausforderungen zu meistern (Bundesregierung, 2021).

Patienten, die eine zeitnahe und optimale Versorgung erwarten, ist schwer zu vermitteln, warum sie für eine Leistung, die sofort vor Ort erbracht werden könnte, wochenlang warten und viele Kilometer fahren sollen – weil gesetzliche Vorgaben die ambulante Erbringung durch Krankenhäuser in den meisten Fällen nicht vorsehen.

Gleiches gilt für fehlende Zusammenarbeit unter Ärzten und Budgetkämpfe aufgrund falsch gesetzter ökonomischer Anreize. Natürlich darf im Gesundheitswesen der wirtschaftliche Einsatz von Ressourcen nicht vernachlässigt werden. Das darf aber nicht dazu führen, dass Menschen ihre dringend notwendigen Behandlungen nicht erhalten, Leistungserbringer nicht miteinander kommunizieren und Arbeitsplätze derart unattraktiv werden, dass sich kein Nachwuchs finden lässt. Die Gesundheit der Menschen zu verbessern und die Versorgung am Patienten auszurichten, müssen die zentralen Anliegen aller im Gesundheitswesen sein.

Wie sind diese Ziele zu erreichen? In der Antwort sind sich Politik, Leistungserbringer und Kostenträger inzwischen einig: Es bedarf mehr Kooperation und Vernetzung.

## 4.6    Kriterien einer Gesundheitsreform mit Blick auf zukünftige Versorgungsstrukturen

Die Ausgangslage ist klar: Der Prozess hin zu neuen Versorgungsstrukturen darf nicht dem Zufall überlassen bleiben, sondern muss einem zuvor definierten Zielbild folgen. Dies gilt insbesondere für den Abbau regionaler Über- und Unterversorgung. Zentraler Maßstab für die Weiterentwicklung und zukünftige Ausgestaltung der medizinischen Versorgung müssen der regionale Versorgungsbedarf und die berechtigten Erwartungen der Patienten sein. Auf den Punkt gebracht müssen sich die Reformvorschläge an den folgenden Kriterien messen lassen:

**1. Qualitativ hochwertige und sichere Versorgung**
Eine qualitativ hochwertige, sichere Versorgung hat für die Patienten höchste Priorität. Jeder Patient muss sich auch in Zukunft darauf verlassen können, im Rahmen eines Krankenhausaufenthaltes die bestmögliche Behandlung zu erhalten. Sollte das Kranken-

haus nicht über die dafür notwendige Ausstattung oder Expertise verfügen, so erwarten Patienten, dass sie in ein geeigneteres Krankenhaus verlegt werden oder das Krankenhaus die notwendige Ausstattung bzw. Expertise über eine enge Kooperation mit einem weiteren Krankenhaus, beispielsweise im Rahmen eines regionalen Versorgungsnetzwerkes, sicherstellt.

## 2. Flächendeckende, sektorenübergreifende Versorgung

Eine gesicherte Gesundheitsversorgung ist zentraler Maßstab für die Attraktivität von Regionen und das gesellschaftspolitische Ziel gleichwertiger Lebensverhältnisse. Die Patienten möchten in aller Regel wohnortnah behandelt werden. Dies gilt in besonderem Maße, aber nicht nur, für ältere Menschen. Sie selbst und ihre Angehörigen sind häufig in ihrer Mobilität eingeschränkt. Viele Patienten haben daher Angst, längere Krankenhausaufenthalte oder gar ihr Lebensende weitgehend isoliert von ihrer Familie und fernab ihrer gewohnten Umgebung verbringen zu müssen. Eine derartige Situation kann ganze Familien stark belasten. Auch für den Behandlungserfolg kann dieser Aspekt eine wichtige Rolle spielen. Eine flächendeckende, wohnortnahe Krankenhausversorgung ist für die Patienten darüber hinaus selbstverständlich auch in Notfallsituationen von elementarer Bedeutung. Eine zeitnahe Erstversorgung und eine schnelle Anschlussbehandlung im Krankenhaus können über Leben und Tod entscheiden und für das Ausmaß dauerhafter Folgeschäden ausschlaggebend sein.

Neben einer flächendeckenden, wohnortnahen Versorgung erwarten die Patienten, dass das Zusammenspiel von stationärer und ambulanter Versorgung, Rehabilitation und Pflege reibungslos funktioniert. Angesichts der Möglichkeiten, die sich aus der Digitalisierung ergeben, haben die Patienten für Brüche in der Versorgung, für einen unzureichenden Informationsfluss zwischen den beteiligten Leistungserbringern und für überflüssige Doppeluntersuchungen schon lange kein Verständnis mehr. Der sektorenübergreifende Blick auf die Versorgung ist daher eine weitere Grundvoraussetzung für den Erfolg zukünftiger Reformvorhaben.

## 3. Effiziente Versorgung

Mit einem Anteil der Gesundheitsausgaben am Bruttoinlandsprodukt in Höhe von 11,7 Prozent und jährlichen Gesundheitsausgaben von etwas mehr als 6500 US-Dollar je Einwohner leistet sich Deutschland eines der teuersten, aber auch besten Gesundheitswesen der Welt. In Deutschland erhält jeder Patient unabhängig von seiner individuellen Zahlungsfähigkeit die Versorgung, die er benötigt. Dies wird von der Bevölkerung wertgeschätzt und muss auch für die Zukunft gelten.

Gleichwohl sind die für die medizinische Versorgung der Bevölkerung zur Verfügung stehenden Mittel auch in Deutschland begrenzt. Die Menschen erwarten daher einen wirtschaftlichen Einsatz der Mittel und Vermeidung von Ressourcenverschwendung gerade auch mit Blick auf das drängende Problem knapper Fachkräfte.

## 4.7    Regionale krankenhauszentrierte Versorgungsnetzwerke als Zielbild zukünftiger Reformen

Fachkräftemangel, demografische Entwicklung, medizinisch-technischer Fortschritt und nur in begrenztem Umfang zur Verfügung stehende finanzielle Mittel stellen alle an der Patientenversorgung Beteiligten vor große Herausforderungen. Regionale krankenhauszentrierte Versorgungsnetzwerke können eine flächendeckend wohnortnahe, qualitativ hochwertige und zugleich effiziente medizinische Versorgung garantieren. Sie müssen das Ziel der anstehenden Reformen zur Weiterentwicklung medizinischer Versorgung sein. Die Menschen erwarten gleichermaßen möglichst qualitativ hochwertige Versorgung auf neuestem medizinisch-technischen Stand, wohnortnah und das zu wirtschaftlichen Preisen. Dieser Spagat gelingt jedoch nur, wenn wir bereit sind, den Wettbewerb der Kliniken zugunsten kooperativer Leistungserbringung zu begrenzen und den Wettstreit um die ambulante Versorgung im Konfliktfall zugunsten von Kooperation und Vernetzung vertragsärztlicher und klinischer Versorgung hinten anzustellen.

Um die zuvor genannten Ziele zu erreichen, sollten **regionale krankenhauszentrierte Versorgungsnetzwerke** in Zukunft gezielter gefördert bzw. dort, wo sie noch nicht existieren, etabliert werden. Regionale versorgungsstufenübergreifende Netzwerke und Kooperationen, zum Beispiel zur Versorgung von Krebs-, Herzinfarkt-, Schlaganfall- und Traumapatienten, sind schon heute ein wichtiger Bestandteil des Versorgungsalltags in Deutschland. Sie ermöglichen es, Vorteile der Spezialisierung auch in dünn besiedelte Regionen zu tragen und leisten damit einen wichtigen Beitrag zur Gewährleistung flächendeckender medizinischer Behandlungen nach aktuellem Stand der Wissenschaft.

Im Zielbild der regionalen krankenhauszentrierten Versorgungsnetzwerke übernehmen Krankenhäuser die Sicherstellung der voll- und teilstationären Versorgung. Darüber hinaus erbringen sie vielfältige ambulante Leistungen. Als **integrierte Gesundheitsdienstleister** können Krankenhäuser selbst oder in Kooperation und Koordination mit anderen Leistungsanbietern eine am Versorgungsbedarf der Patienten ausgerichtete Steuerung der Behandlungsabläufe vornehmen.

Um Patienten in ihren Versorgungsentscheidungen bestmöglich zu unterstützen, ist eine umfassende Übersicht über verschiedenste Berufsgruppen und medizinische Bereiche von Nöten. Hierfür scheinen Krankenhäuser als integrierte Gesundheitsdienstleister mit einem weiten Spektrum medizinischer Fachrichtungen und Berufsgruppen sowie umfassender Kenntnis sowohl stationärer als auch ambulanter Versorgung wie geschaffen. Die Behandlungsexpertise und -bandbreite der Krankenhäuser ermöglicht eine am Versorgungsbedarf der Patienten bestmöglich ausgerichtete Steuerung.

Die Einbindung der Krankenhäuser in regionale Netzwerkstrukturen und die Zuordnung von Versorgungszuständigkeiten sollten in erster Linie über das eigenverantwortliche Zusammenwirken der Krankenhäuser in den Regionen erfolgen.

Soweit erforderlich, müssen die Definition von Versorgungsregionen und Aufgabenzuordnungen der Krankenhausplanung der Länder obliegen. Denn sie sind im Konfliktfall letztverantwortlich und stehen in der Pflicht, bestehende Versorgungsnetzwerke zu stärken und die Bildung neuer regionaler Netzwerke durch bedarfsgerechte Versorgungsaufträge und die Zielvorgabe einer versorgungsstufenübergreifenden partnerschaftlichen Zusammenarbeit aktiv zu befördern.

In der **Corona-Pandemie** erwiesen sich fundierte Kenntnis der regionalen Versorgungsgegebenheiten und das Prinzip der freiwilligen Kooperation der Krankenhäuser in regionalen auch digital verbundenen Netzwerken als die zentralen Faktoren für die bestmögliche Versorgung der Patienten. Die Länder sind als Koordinatoren mit den regionalen Akteuren in den Dialog getreten und haben die Krankenhäuser in ihren Kooperationsbestrebungen unterstützt. Dieses Vorgehen ermöglichte es den Akteuren, pragmatisch, flexibel und schnell auf kurzfristig in den Regionen eintretende Kapazitätsengpässe zu reagieren. Niedergelassene Ärzte behandelten in der Regel Fälle mit leichter Symptomatik, Krankenhäuser Fälle mit mittleren und schweren Verläufen – eine Versorgung ausgerichtet an Vorhaltung, Kompetenzen und der aktuellen Lage.

Eine sinnvolle Aufteilung auf die verschiedenen Versorgungsebenen ist machbar. Während eine stationäre Aufnahme z. B. eines Covid-19 Patienten mit leichten Symptomen und keinerlei Vorerkrankungen in ambulant gut versorgten Regionen nur unnötige Kosten verursachen und Kapazitäten binden würde, kann eine optimale Versorgung schwerer Verläufe nur stationär erfolgen. Qualitätsvorteile durch Hightech, den neuesten Stand medizinischer Forschung, Methodik und interdisziplinärer Diagnostik wie Behandlung sind allgemein unbestritten. Handelt es sich um schwere oder komplizierte Fälle, überweisen Vertragsärzte ihre Patienten in die Krankenhäuser. Oftmals wäre aber eine ambulante Behandlung z. T. mit häufigen intermittierenden stationären Aufenthalten sinnvoller und wirtschaftlicher.

Um die beste Entscheidung im Einzelfall schnell, unbürokratisch und im Sinne der Patienten treffen zu können, ist deshalb eine Verankerung **ambulant klinischer Versorgung in der Krankenhausfinanzierung** und eine Neuordnung der gemeinsamen Bereiche mit der vertragsärztlichen Versorgung sinnvoll.

Mit interprofessionellen Behandlungsteams, die der Komplexität der Patientenbehandlung Rechnung tragen, kann eine qualitativ hochwertige medizinische Versorgung sichergestellt werden, in der sich alle Berufsgruppen mit ihrer Qualifikation einbringen. Hier müssen niedergelassene Ärzte wie Krankenhäuser ihre interne Kommunikation prüfen. Arbeiten auf Augenhöhe spielt für die Attraktivität vieler Gesundheitsberufe eine ebenso wesentliche Rolle wie Gehalt und Arbeitsbedingungen.

## 4.8   Ausblick: einheitlich planen – vernetzt umsetzen

Um eine an der gesamten Versorgungssituation orientiert gewachsene Versorgungsstruktur zu optimieren, darf man aber nicht nur auf die Kliniken schauen. Ambulante und stationäre Versorgung müssen zusammen gedacht, geplant und aus einer Hand entschieden werden. Dazu bedarf es einer Erweiterung des gemeinsamen Katalogs ambulanter Operationen, ambulant fachärztlicher Versorgung durch die Krankenhäuser in unterversorgten Gebieten und einer ambulant klinischen Versorgung im Krankenhaus.

Regionale Versorgungsnetzwerke, in denen Krankenhäuser über Versorgungsstufen hinweg partnerschaftlich zusammenarbeiten und digital vernetzt sind, können qualitativ hochwertig und wohnortnah die Patientenbehandlung sichern. Krankenhäuser werden dabei regelhaft zu Standorten akutstationärer und stationsersetzender Leistungserbringung, die auch komplexe ambulante Behandlungen umfasst. Insbesondere im ländlichen Raum müssen ambulante und stationäre Versorgung zusammengeführt werden. Dort wo es Versorgungslücken gibt, sollten Krankenhäuser auch ambulante Eingriffe anbieten und übernehmen. Gleichwertige Lebensverhältnisse sind unter den aktuellen Bedingungen nicht zu schaffen. Dieses Ziel zu erreichen erfordert den Mut, tradierte Versorgungsstrukturen zu verlassen.

Die vernetzte Zusammenarbeit in der Pandemie kann als Grundlage für die zukünftige Neuausrichtung der Versorgungsstrukturen dienen. Steuerung über Versorgungsstufen hinweg bedingt einen ebenso grundlegenden wie notwendigen Wandel. Dafür ist eine sektorenübergreifende Bedarfsplanung ebenso Voraussetzung, wie eine sachgerechte Finanzierung der eingebundenen Standorte, regional ausgerichtete Strukturvorgaben und eine konsequente Nutzung der Digitalisierung.

Die Pandemie hat uns gezeigt, wie wichtig eine leistungsfähige und flächendeckende Krankenhausstruktur ist. Sogar Einschränkungen der Grundrechte wurden von stationären Versorgungskapazitäten abhängig gemacht. Diese Kapazitäten übereifrig zu gefährden, kann nicht das Konzept der Zukunft sein. Wir brauchen Finanzierungsmodelle, die den unterschiedlichen Aufgabenstellungen unserer Krankenhausstrukturen gerecht werden. Angesichts dessen sollte eine Neuorganisation durch regionale Gesundheitsnetzwerke behutsam aber konsequent und unter Berücksichtigung aller Gegebenheiten stattfinden.

## Literatur

Augurzky, B., et al. (2018). *Krankenhäuser in privater Trägerschaft*. RWI.
Blum, et al. (2019). *DKI-Krankenhausbarometer 2019*. DKI.
Blum, et al. (2020). *DKI-Krankenhausbarometer 2020*. DKI.
Bundeskartellamt. (2021). *Sektoruntersuchung Krankenhäuser – Bericht gem. § 32e Abs. 3 GWB, Az. B 3-29/15 September 2021*.
Bundesregierung. (2021). *Bericht der Bundesregierung zur Zwischenbilanz zur Umsetzung der Maßnahmen der Politik für gleichwertige Lebensverhältnisse in der 19. Legislaturperiode*. orca affairs.
Busse, R., et al. (2010). Macht der Hausarzt als Lotse die Gesundheitsversorgung wirklich besser und billiger? Ein systematischer Review zum Konzept Gatekeeping. *Das Gesundheitswesen*, 72(8/09), e38–e44, Stuttgart/New York: Georg Thieme Verlag KG.
Forsa-Institut. (2020). *Krankenhausversorgung in der Corona-Pandemie – Eine forsa-Umfrage im Auftrag des Katholischen Krankenhausverbands Deutschlands e. V. (kkvd)*.

Görgen, J. (2019). *Landarzt gesucht. Förderprogramme für den medizinischen Nachwuchs.* https://www.praktischarzt.de/magazin/medizinstudium/landarzt-gesucht-foerderprogramme. Zugegriffen am 19.01.2022.

Jacob, R., Kopp, J., & Fellinger, P. (2019). *Berufsmonitoring Medizinstudierende 2018.*

Kleibrink, J., et al. (2019). *Die Zukunft der medizinischen Versorgung. Eine Studie im Rahmen des MASTERPLAN 2030.* Fachmedien Otto Schmidt KG.

OECD. (2019). *Health at a glance 2019: OECD indicators.* OECD Publishing.

OECD/European Observatory on Health Systems and Policies. (2019). *Deutschland: Länderprofil Gesundheit.* OECD Publishing.

RWI/hcb. (2021). *Krankenhaus Rating Report 2021.* medhochzwei.

Schmiester, C. (2019). *Gesundheitsversorgung – Ist Dänemarks Krankenhauspolitik ein Vorbild? Gesundheitsversorgung – Ist Dänemarks Krankenhauspolitik ein Vorbild?* deutschlandfunk-kultur.de. Zugegriffen am 19.01.2022.

Schölkopf, M., & Grimmeisen, S. (2020). *Das Gesundheitswesen im internationalen Vergleich.* MWV Medizinisch Wissenschaftliche Verlagsgemeinschaft.

Schreyögg, J., Busse, R., et al. (2014). *Forschungsauftrag zur Mengenentwicklung nach § 17b Abs. 9 KHG – Endbericht 2014.* Hamburg Center for Health Economics.

Statistisches Bundesamt. (2019). (Destatis). Fachserie 12 Gesundheitswesen, Reihe 6.1.1 Grunddaten der Krankenhäuser.

Stephani, et al. (2019). *Krankenhausreport 2019.* Springer.

# Digitale Gesundheitstechnologien in der gesetzlichen Kranken- und Pflegeversicherung: Evidenz und Preisfindung aus rechtlicher und ökonomischer Perspektive

**5**

Roman Grinblat und Enes-Batuhan Baskal

> *„Fortschritt in eine Richtung kommt nicht ohne Aufhebung der Möglichkeit zum Fortschritt in andere Richtung zustande."*
>
> *Paul Feyerabend*

## Inhaltsverzeichnis

R. Grinblat (✉)
Duale Hochschule Baden-Württemberg Heidenheim, Heidenheim, Deutschland
E-Mail: Roman.Grinblat@dhbw-heidenheim.de

E.-B. Baskal
EY-Parthenon, Eschborn, Deutschland
E-Mail: Enes-Batuhan.Baskal@parthenon.ey.com

**Zusammenfassung**

Der Stellenwert von Medizinprodukten wurde besonders seit Ausbruch der weltweiten Corona-Pandemie unbestritten deutlich. Zudem bilden sie einen stark wachsenden und innovationsfreundlichen Markt mit hoher medizinischer und gesundheitspolitischer Relevanz. Trotz dieses Stellenwertes ist es um so verwunderlicher, dass in der gesetzlichen Krankenversicherung nach wie vor keine Kosten-Nutzen-Bewertung von Medizinprodukten verankert wurde. Dieses Manko gilt konsequenterweise auch für digitale Gesundheitsanwendungen (sog. DiGA). Dieser Beitrag beschäftigt sich mit genau dieser Herausforderung – Evidenz und Preisfindung von Gesundheits-Apps. Dabei werden Hürden und potenzielle Lösungsmöglichkeiten aus einer normativen und ökonomischen Perspektive beleuchtet. Die Autoren sind überzeugt, dass beide Dimensionen eng verzahnt und daher gemeinsam zu analysieren sind. Der Beitrag geht über DiGA hinaus und wirft einen Blick auf die 2021 eingeführten digitalen Pflegeanwendungen (DiPA).

## 5.1 Einleitung

Der Stellenwert von Medizinprodukten und In-Vitro-Diagnostika (IVD) wurde besonders seit Ausbruch der weltweiten Corona-Pandemie unbestritten deutlich, seien es die ausreichende Anzahl an Beatmungsgeräten, die Sicherstellung der Sauerstoffversorgung, Beschaffung von Schutzmasken oder die Verfügbarkeit von Point of Care (POC), Antigen oder anderer Tests. Kein Tag verging, ohne dass darüber berichtet wurde. Neben der Entwicklung eines wirksamen Corona-Impfstoffes (= Arzneimittel), rückten damit Medizinprodukte und IVD in den Fokus. Dabei bildeten Medizinprodukte und IVD bereits vor der Corona-Pandemie einen stark wachsenden und besonders innovationsfreundlichen Markt mit hoher medizinischer und gesundheitspolitischer Relevanz. Nahezu jede Art von Operation erfordert ein Medizinprodukt. Hierbei kann es sich um komplexe Produkte wie

Labordiagnostik, minimalinvasive und endoskopische Geräte, bildgebende Systeme (Ultraschall, MRT), implantierbare Geräte und Materialien (Prothesen, Schrittmacher, Zahnfüllungen) oder Bestrahlungsgeräte, aber auch um alltägliche Gegenstände wie Verbände (Pflaster, Kompressen, chirurgisches Nahtmaterial) und medizinische Hilfsmittel (Rollator, Orthesen) handeln. Auch Software gilt als Medizinprodukt. Insgesamt sind mehr als 400.000 verschiedene Medizinprodukte auf dem Markt (BVmed). Darüber hinaus sind Medizinprodukte nicht nur für viele Patienten lebenswichtig, sondern haben auch eine außerordentliche Bedeutung für die Wirtschaft. Der Weltmarkt für Medizinprodukte hat einen Wert von ca. 200 Mrd. € und ist mit diesem riesigen Volumen nach dem Arzneimittelmarkt (ca. 351 Mrd. €) einer der wichtigsten Märkte in Europa. Mit rund 170.000 Beschäftigten und einem Gesamtumsatz von 17,3 Mrd. € im Jahr 2007 ist der deutsche Medizinproduktemarkt der drittgrößte der Welt (nach den USA und Japan) (Zum Begriff des Medizinproduktes siehe Art. 2 Nr. 1 Verordnung (EU) 2017/745 (MDR/MP-VO)). Der Medizinproduktemarkt ist zudem einer der innovativsten weltweit, denn mehr als 50 % des Umsatzes der Medizinprodukteunternehmen entfallen auf Geräte, die weniger als drei Jahre alt sind. Schlüsseltechnologien wie die Mikrosystemtechnik, die optische Technologie, das Tissue Engineering sowie die Nano- und Biotechnologie spielen bei der Herstellung von Medizinprodukten eine große Rolle und bringen den Unternehmen hohe Gewinnspannen. Im Gegensatz zu den Arzneimittelherstellern sind die Medizinproduktehersteller in der Regel kleine und mittelständische Unternehmen, von denen die Hälfte weniger als 20 Mitarbeiter hat. Dies macht die Medizinproduktefirmen flexibel und dynamisch, so dass zwar eine geringe Menge, aber dafür qualitativ hochwertige Geräte produziert werden.

Trotz der enormen Relevanz ist es um so verwunderlicher, dass in der gesetzlichen Krankenversicherung nach wie vor keine Kosten-Nutzen-Bewertung von Medizinprodukten oder IVD implementiert wurde. Dieses Manko gilt konsequenterweise auch für digitale Medizinprodukte. Der Beitrag beschäftigt sich mit genau diesem Problem – einer fehlenden Kosten- und Nutzenbewertung von digitalen Gesundheitsanwendungen. Dabei werden die Herausforderungen und potenziellen Lösungsmöglichkeit aus einer normativen und ökonomischen Perspektive beleuchtet. Die Autoren sind nämlich überzeugt, dass beide Dimensionen eng verzahnt sind und daher gemeinsam zu analysieren sind.

## 5.2 Problemstellung

Bereits seit vielen Jahren sind Gesundheits-Apps in den einschlägigen App Stores erhältlich (Gensorowsky et al., 2020). Mit dem Inkrafttreten des Digitale-Versorgung-Gesetzes (DVG) am 19. Dezember 2019 wurden Digitale Gesundheitsanwendungen (DiGA) für Patienten in den ersten Gesundheitsmarkt eingeführt. Am 20. April 2020 folgte die DiGA-Verordnung (DiGAV), die insbesondere weiterführende Erläuterungen zum Verfahren beinhaltete.

Erstmals können seit Inkrafttreten des Gesetzes Ärzte, Psychotherapeuten und gesetzliche Krankenkassen (Kostenträger) die sogenannten „Apps auf Rezept" verordnen und durch die gesetzlichen Krankenkassen erstatten lassen. Damit haben etwa 73 Millionen Versicherte in der gesetzlichen Krankenversicherung (GKV) einen Anspruch auf eine Versorgung mit den DiGA. Der ehemalige Bundesgesundheitsminister Jens Spahn bezeichnete die DiGA als „Weltneuheit". Ziel sei es unter anderem, die Versorgung durch bessere Information und Kommunikation zu verbessern.

Das Zulassungsverfahren ist als sogenannter „Fast-Track" konzipiert: Binnen drei Monaten nach Eingang des Zulassungsantrags hat das Bundesinstitut für Arzneimittel und Medizinprodukte (BfArM) die Anträge zu prüfen. Kern des Verfahrens ist die Prüfung der Herstellerangaben zu den geforderten Produkteigenschaften. Neben dem Datenschutz und der Benutzerfreundlichkeit wird ein, durch den Hersteller beizubringender, positiver Versorgungseffekt (pVE) gefordert.

Dies sei laut Gesetzgeber ein Effekt, durch den sich „der gesundheitliche Zustand eines Patienten oder die Möglichkeiten zum Umgang mit seiner Erkrankung durch die Benutzung der DiGA verbessern lassen kann". Gemäß § 139e Abs. 2 SGB V muss der Hersteller mindestens einen pVE nachweisen. Dieser bezieht sich entweder:

- auf den medizinischen Nutzen (mN)
- oder auf eine patientenrelevante Struktur- und Verfahrensverbesserung (pSVV). (Bundesinstitut für Arzneimittel und Medizinprodukte, 2021b)

Hersteller, die mit ihrer DiGA bereits eine vergleichende Studie durchgeführt haben, die zur Nachweisführung eines positiven Versorgungseffektes geeignet ist, können eine endgültige Aufnahme beantragen und bei positivem Ausgang spätestens drei Monate nach dem Vorliegen des vollständigen Antrags und positiver Bescheidung des BfArM in das DiGA-Verzeichnis aufgenommen werden.

Falls für die DiGA noch keine ausreichenden Nachweise für positive Versorgungseffekte vorliegen, kann der Hersteller auch einen Antrag auf vorläufige Aufnahme in das Verzeichnis stellen und die notwendige vergleichende Studie innerhalb einer Erprobungsphase von bis zu einem Jahr, in Ausnahmefällen bis zu zwei Jahren, durchführen. Im Vorfeld muss der Hersteller eine systematische Literaturrecherche und eine Auswertung eigener systematisch ausgewerteter Daten vorlegen. Im maßgebenden DiGA-Leitfaden wird allerdings nicht näher erläutert, welche Evidenzquellen für die Literaturrecherche herangezogen werden müssen. Bei der Datenauswertung sollen gemäß Leitfaden erste Anhaltspunkte über das Studiendesign und die vorgesehenen Interventionseffekte erkennbar werden. Hierfür können auch im Vorfeld gesammelte Real-World-Daten (RWD) verwendet werden (Bundesinstitut für Arzneimittel und Medizinprodukte, 2020). Allerdings ist anzumerken, dass die Eignung von RWD für die Bestimmung des Nutzens in Fachkreisen umstritten ist (Penske & Stegmaier, 2019).

Über ein Jahr nach der Verabschiedung des Gesetzes zeigt sich, dass zum November 2021 von 24 zugelassenen Herstellern 18 vorläufig im DiGA-Verzeichnis aufgenommen sind. Fortführend haben insgesamt 50 von 73 Antragsstellern die vorläufige Aufnahme beantragt (Bundesinstitut für Arzneimittel und Medizinprodukte, 2021a). Trotz der anscheinend nicht konsequent umgesetzten Evidenzanforderungen kann der Hersteller den Quartalspreis – in der ambulanten Versorgung erfolgt die Erstattung regelhaft quartalsweise – innerhalb der Erprobungsphase frei festlegen und mit allen gesetzlichen Krankenkassen (Kostenträger) in gleicher Höhe abrechnen. Infolgedessen befürchteten die Kostenträger bereits bei der Einführung der DiGA den Abruf von „Mondpreisen" und eine „Goldgräberstimmung" auf Seiten der Hersteller. Nach der Einführung der ersten DiGA seien die Preise mit der Aufnahme in das Verzeichnis um 400 bis 500 Prozent gestiegen (Ärztezeitung, 2020). Dieser Sachverhalt decke sich nicht mit den gesetzlichen Anforderungen der Wirtschaftlichkeit, Qualität und Wirksamkeit gemäß §§ 2 i. V. m. 12 SGB V:

> „Die Krankenkassen stellen den Versicherten die im Dritten Kapitel genannten Leistungen unter Beachtung des Wirtschaftlichkeitsgebots (§ 12) zur Verfügung […] Qualität und Wirksamkeit der Leistungen haben dem allgemein anerkannten Stand der medizinischen Erkenntnisse zu entsprechen und den medizinischen Fortschritt zu berücksichtigen."

## 5.2.1 Finanzielle Belastung der GKV

Im Rahmen der Problembetrachtung ist zu beachten, dass die GKV-Ausgaben seit dem Jahr 2019 die Einnahmen übersteigen (Berechnungen auf Grundlage der KF21BUND 2021). Aufgrund der Corona-Pandemie und der verabschiedeten Gesetze der zurückliegenden Jahre sei laut dem Spitzenverband der Gesetzlichen Krankenversicherung (GKV-SV) ein Finanzierungsdefizit für das Jahr 2022 in Höhe von bis zu 19 Mrd. Euro zu erwarten, dies entspräche einer Beitragssatzerhöhung um über einen Prozentpunkt, womit die „Sozialgarantie" der Bundesregierung, die eine Deckelung der Sozialversicherungsabgaben bei 40 Prozent vorsieht, nicht mehr einzuhalten wäre (Berechnungen auf Grundlage der KF21BUND 2021).

Der Einzug der Digitalisierung im Gesundheitswesen wird indes noch nicht mit Einsparungen, sondern mit zusätzlichem Investitionsbedarf in Verbindung gebracht, der bereits heute zu einem Großteil aus Mitteln der GKV finanziert wird (Ärzteblatt, 2021). Die aktuelle Diskussion zwischen den Kostenträgern und Leistungserbringern auf der einen Seite und den Herstellerverbänden auf der anderen Seite stellt sich wie folgt dar.

Die Kostenträger und Leistungserbringer führen die folgende Kritik an (Ärztezeitung, 2020).

1. Die gesetzlich vorgesehene patientenrelevante Struktur- und Verfahrensverbesserung dürfe kein hinreichendes Kriterium für die Erstattung sein. Zentral müsse der „medizinische Nutzen für den Versicherten sein".
2. Eine DiGA müsse ihren Nutzen gegenüber bestehenden Versorgungsangeboten und nicht gegenüber einer „Nichtanwendung" nachweisen.
3. Das Wirtschaftlichkeitsgebot müsse bewahrt werden. Infolgedessen brauche es ein „Höchstpreis-Modell", welches ab dem ersten Tag der Zulassung gelte.

Die Herstellerverbände haben die Kritikpunkte aufgegriffen und sind in einer Stellungnahme des Spitzenverbands für Digitale Gesundheit darauf eingegangen. So sei sowohl der medizinische Nutzen für die Patienten als auch die pSVV entscheidend. Beide Punkte seien mittels entsprechender patientenrelevanter Endpunkte (prE) nachzuweisen. Letzteres sei mit Blick auf Stärkung der Patientensicherheit und Gesundheitskompetenz eine „zukunftsweisende Perspektive" (Spitzenverband Digitale Gesundheitsversorgung, 2021). Darüber hinaus bestehe eine mangelnde Adhärenz insbesondere bei chronisch kranken Patienten, die zu höheren Kosten im Gesundheitswesen führen würden und mit Hilfe einer DiGA geschlossen werden könnten (Spitzenverband Digitale Gesundheitsversorgung, 2021).

Mit Blick auf den evidenzbasierten Nutzennachweis hätten alle beim BfArM gelisteten Hersteller bereits eine randomisierte klinische Studie (RCT) abgeschlossen oder begonnen. Diese Studien würden dabei auch in Therapiefeldern durchgeführt, in denen bislang nur wenig RCT-basierte Evidenz vorliege. Diese Daten würden perspektivisch einen Mehrwert für die gesamte Versorgung darstellen. Insbesondere die Möglichkeit, die Studie im ersten Jahr nach der Zulassung durchzuführen, sei entscheidend, da die „Investitionshürde" sonst zu groß sei. Auch bei einer vorläufigen Auflistung sei eine systematische Literaturrecherche und Datenanalyse Voraussetzung für die Aufnahme in das Verzeichnis durch das BfArM (Spitzenverband Digitale Gesundheitsversorgung, 2021).

Die Gründe für die hohen Kosten seien die hohen regulatorischen Anforderungen, wie beispielsweise die „Durchführung von Evidenzstudien" sowie „Datenschutz- und Datensicherheitsexperten" und „IT-Support sowie ein umfassender 24h-Kundendienst", welche zu hohen Fixkosten führen würden. Die mangelnde Datengrundlage führe zudem dazu, dass die Preise und deren Legitimation nur anhand unzureichender Pauschalisierung getroffen werden könne (Spitzenverband Digitale Gesundheitsversorgung, 2021).

Aus den beiden Stellungnahmen lassen sich drei Problemstellungen identifizieren.

• Die erste Problemstellung ergibt sich aus dem Umstand, dass sich der medizinische Nutzen bei vielen bestehenden Anwendungen nicht ausschließlich über die etablierten patientenrelevanten Endpunkte (prE) wie die *Mortalität, Morbidität, Nebenwirkungen* oder die *Gesundheitsbezogene Lebensqualität* bewerten lässt (Institut für Qualität und Wirtschaftlichkeit im Gesundheitswesen (IQWiG)). Allerdings sind diese prE ein wesentlicher und etablierter Bestandteil der Bewertung innovativer Untersuchungs- und Behandlungsmethoden und Arzneimittel durch den Gemeinsamen Bundesausschuss (G-BA)(Gemeinsamer Bundesausschuss, 2021). Beispielsweise wird der medizinische

Nutzen bei der Einführung eines neuen Arzneimittels mit einer zweckmäßigen Vergleichstherapie verglichen und auf einen Zusatznutzen geprüft. Dieser Zusatznutzen wird quantifiziert und auf den Erstattungspreis der zweckmäßigen Vergleichstherapie aufgeschlagen (Näher dazu Witte & Greiner, 2017).

- Entgegen der Stellungnahme des Spitzenverbands Digitale Gesundheit konzentrieren sich die auf dem Markt befindlichen DiGA auf die pSVV (Bertelsmann Stiftung, 2019). Daraus ergibt sich die Problemstellung, dass weder im SGB V noch in einschlägigen Leitlinien die Effekte der pSVV näher definiert sind und in der Messgröße eines zusätzlichen Nutzens quantifiziert werden können (Brönneke et al., 2020).
- Daraus ableitend ergibt sich die dritte Problemstellung. Aktuell werden DiGA regelhaft nach dem Download der App für ein Quartal (90 Tage), aber nicht nach der Nutzungsdauer bzw. Nutzungsanzahl der App (Pay-per-use) vergütet (Ärztezeitung, 2020). Qualitätsorientierte Vergütungsmodelle (Pay-for-performance) können zwar vereinbart werden, jedoch bestehen keine Vereinbarungen bei den gelisteten DiGA. Darüber hinaus sind hierzu keine Vorschläge seitens der Kostenträger oder der Herstellerverbände bekannt (Spitzenverband Digitale Gesundheitsversorgung, 2021).

### 5.2.2 Zielformulierung

Vor dem Hintergrund des beschriebenen Sachverhalts stellt sich die Leitfrage, ob DiGA hochwertig oder nur hochpreisig sind. Daraus ableitend lassen sich folgende Teilfragen zur Beantwortung der Leitfrage formulieren:

1. Sind niedrige Evidenzanforderungen für DiGA gerechtfertigt?
2. Kann der Nachweis des pVE (mN und pSVV) bei den DiGA evidenzbasiert bestimmt werden?
3. Erfüllen die DiGA die Anforderungen der evidenzbasierten Medizin?
4. Sind die Herstellerpreise gemessen an der erbrachten Evidenz gerechtfertigt?
5. Hat die Anbieterstruktur einen Einfluss auf den Herstellerpreis?
6. Steht die evidenzbasierte Medizin der Einführung und dem Bestehen der DiGA auf dem ersten Gesundheitsmarkt entgegen?
7. Gibt es national oder international etablierte Kosten-Nutzen-Verfahren, die auf die DiGA angewendet werden können?
8. Wie kann ein Kosten-Nutzen-Verfahren aussehen, damit die Interessen der Kostenträger und Hersteller gleichermaßen berücksichtig werden?

Anhand der folgenden Kategorien sollen die Problemstellungen und die Zielsetzung eruiert werden:

- Nutzen
- Evidenz

- Wirtschaftlichkeit
- Preisfindung und Erstattung

Das Ziel dieses Beitrages ist, ein potenzielles, wirtschaftliches und nutzenorientiertes Preisfindungs- und Erstattungsmodells für die DiGA in Folge einer multiperspektivischen Analyse zu entwickeln. Eine solch differenzierte Betrachtungsweise ist in den bisherigen veröffentlichten Publikationen nicht zu finden.

## 5.3 Einführung in die DiGA

### 5.3.1 Begriffsdefinition

Der Begriff „Digitale Gesundheitsanwendungen" beschreibt die Nutzung aller Informations- und Kommunikationstechnologien (IKT) im Gesundheitswesen (Vollmar et al., 2017). Diese Definition nach Vollmar et al. ist umfassend und sehr generisch gehalten. Betrachtet man Anwendungen in Form von Apps, die gesundheitsbezogen sind, so werden diese in der Literatur mit dem Begriff „mobile Health" (mHealth) umschrieben (https://www.hcm-magazin.de/gesundheits-app/150/31919/389994). Bereits über 100.000 Gesundheits-Apps sind in den Google und Apple Stores überwiegend kostenlos für Privatnutzer erhältlich (Evers-Wölk et al., 2018). Um sich der Definition der DiGA anzunähern, ist zunächst mHealth als Überbegriff zu betrachten. So definieren *Rossmann und Karnowski* mHealth als den: „Einsatz mobiler Informations- und Kommunikationstechnologie in der Gesundheitsversorgung oder Förderung." (Hurrelmann & Baumann, 2014) Diese allgemeine Definition unterstreicht die Bedeutung der IKT, die auch die Grundlage für die Hauptfunktion der DiGA darstellt. Allerdings geht dieser Ansatz nicht näher auf den Bezug zur Gesundheitsversorgung ein. Nacinovich ergänzt dies und bezeichnet mHealth als: „the use of mobile communications for health information and services". Demnach ist die IKT das Instrument zur Bereitstellung von Gesundheitsinformationen und digitalen Dienstleistungen (Nacinovich, 2011). Diese Funktion hebe insbesondere Effizienzpotenziale und werde im Kontext von mHealth als besonders hilfreich erachtet (**Dalkou et al.,** 2014).

Hierbei wird eine erste definitorische Abgrenzung erkennbar, da es sich bei DiGA nicht um reine digitale Dokumentations- und Informationssysteme oder telemedizinische Konsile handelt. Die WHO hingegen ergänzt in ihrer Definition explizit den medizinischen Aspekt und den Begriff des Patienten durch und mit Hilfe von mHealth und spricht von: „a medical and public health practice supported by mobile devices, such as mobile phones, patient monitoring devices, personal digital assistants (PDAs), and other wireless devices" (World Health Organization, 2011). Insofern können unter mHealth auch medizinische Apps bzw. „medical Apps" summiert werden, die sich stärker auf die Diagnostik und Therapie konzentrieren (Strotbaum & Reiß, 2017). Die unterschiedlichen Definitionsansätze zeigen, dass sich eine einheitliche Kategorisierung nach der Funktionalität und den

Nutzergruppen im Bereich mHealth nicht durchsetzen konnte (Nouri et al., 2018). Diese Kategorisierung fehlt bislang auch bei den DiGA. Der Gesetzgeber hat vielmehr einen Rahmen geschaffen, der die Transition von einer Gesundheits-App hin zu einer Medizin-App regelt (Evers-Wölk et al., 2018). So sind die DiGA dazu bestimmt, Erkrankungen zu lindern und bei der Diagnosestellung zu unterstützen (https://diga.bfarm.de/de/diga-nutzer). Im Detail definiert der Gesetzgeber die Zweckbestimmung einer DiGA wie folgt: „Digitale Gesundheitsanwendungen sind digitale Medizinprodukte, die die Versicherte oder den Versicherten etwa bei der Behandlung von Erkrankungen oder dem Ausgleich von Beeinträchtigungen unterstützen können" (§ 33a SGB V). Zur Konkretisierung hat der Gesetzgeber verschiedene Kriterien zugrunde gelegt, die kumulativ erfüllt werden müssen, um als DiGA zugelassen werden zu können.

- Erstens ist eine DiGA ein Medizinprodukt der niedrigen Risikoklasse I oder IIa, welche sich nach den Vorgaben der europäischen Medizinprodukteverordnung (MDR/MP-VO) richtet.
- Als Medizinprodukte werden wiederum Instrumente, Apparate, eine Vorrichtung oder eine Software bezeichnet, welche für diagnostische oder therapeutische Zwecke bestimmt sind.
- Die Klassifizierung richtet sich nach der Medical Device Regulation (MDR/MP-VO) und ist hierbei maßgeblich durch den Hersteller zu verantworten.

Allerdings ist festzustellen, dass die Risikoklassifizierung durch das BfArM und die damit verbundene Entscheidung der Refundierung systemfremd ist, da Leistungs- und Vergütungsentscheidungen bislang im Rahmen der gemeinsamen Selbstverwaltung zwischen der GKV und den Leistungserbringern getroffen werden (Verordnung (EU) 2017/745 des Europäischen Parlamentes und des Rates v. 5.4.2017 über Medizinprodukte, zur Änderung der Richtlinie 2001/83/EG, der Verordnung (EG) Nr. 178/2002 und der Verordnung (EG) Nr. 1223/2009 und zur Aufhebung der Richtlinien 90/385/EWG und 93/42/EWG des Rates). Die Abb. 5.1 zeigt die Klassifizierung von Medizinprodukten, die auch für die Anwendung von Software zur Lieferung von Informationen für diagnostische und therapeutische Zwecke oder für die Kontrolle physiologischer Prozesse gilt (EU Regel 11. Verordnung 2017/745 (MDR/MP-VO)).

Es wird deutlich, dass sich die Dauer der Verwendung, gemäß Klassifikationsregeln in der MDR/MP-VO, von den Angaben der DiGA-Hersteller unterscheidet. Der Hersteller Mawendo gibt beispielsweise eine Anwendungsdauer von 16 Wochen an. Alle weiteren Hersteller eine Anwendungsdauer von erstmals 90 Tagen. Hinzu kommen unterschiedliche Empfehlungen für eine Anschlussverwendung (BfArM, 2019).

Zweitens muss eine DiGA die Zweckbestimmung erfüllen, die die Erkennung, Überwachung, Behandlung oder Linderung von Krankheiten vorsieht und die Lebensqualität steigern soll (vgl. Brönneke et al., 2020). Diese Zweckbestimmung deckt sich, mit Ausnahme unterschiedlicher Wortwahl, mit denjenigen zur Einordnung eines Medizinproduktes. Anders als in der MDR/MP-VO ist eine DiGA nicht zur Verhütung

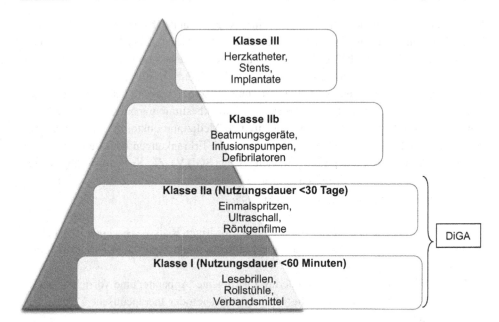

**Abb. 5.1** Klassifizierung Medizinprodukte. (Quelle: Eigene Darstellung gemäß MDR-Richtlinie Anhang VIII)

und Vorhersage von Krankheiten bestimmt. Somit fällt die Primärprävention nicht in die DiGA-Definition. Fraglich ist allerdings, inwiefern eine Abgrenzung zur Sekundärprävention erfolgt, da diese auf die frühzeitige Erkennung einer Krankheit und das Verhindern eines schlimmeren Verlaufs abzielt (Definition der Präventionsmedizin/ DGNP e. V.).

Drittens muss die Hauptfunktion der DiGA den medizinischen Zweck erfüllen und auf einer digitalen Technologie beruhen. Der Einsatz und die Interaktion mit einer unterstützenden Hardware oder einem Leistungserbringer ist demnach gestattet. Dies ist insofern unkritisch, als dass Leistungserbringer nach eigenen Kriterien und Mechanismen vergütet werden. Kritischer ist die Einbindung von nicht approbierten Psychologen oder anderen Service- und Beratungsleistungen, welche außerhalb des regulatorischen Rahmens angeboten werden und zur Entfaltung des pVE beitragen. Hierbei ist festzuhalten, dass der pVE ohne die Einbeziehung dieser Dienstleistungen nachgewiesen werden muss (Brönneke, 2020, 85 f.; Brönneke et al., 2020). Die Herstellerverbände begründen die Höhe der Vergütung jedoch unter anderem mit den vorgehaltenen Dienstleistungen. Fraglich ist, inwiefern Service- und Beratungsleistungen in der Preisbildung berücksichtigt werden sollten, wenn sie keine Hauptfunktion darstellen.

Viertens ist hervorzuheben, dass eine DiGA hauptsächlich durch den Patienten zu nutzen ist. Neben der Nutzung über das Smartphone können diese auch über browserbasierte Webanwendungen oder Software zur Verwendung auf klassischen Desktop-Rechnern abgerufen werden. Leistungserbringer können eine unterstützende Funktion einnehmen.

| DiGA-Kriterien | |
|---|---|
| Medizinprodukt Klasse I oder IIa | Zweckbestimmung |
| Digitale Hauptfunktion | Zielgruppe Patienten |

**Abb. 5.2** DiGA-Kriterien auf einen Blick. (Quelle: Eigene Darstellung in Anlehnung an Brönneke, Debatin et al. (2020), S. 82)

Demnach fallen reine unterstützende Systeme zur Entscheidungsfindung des Arztes nicht in die Definition einer DiGA. Bereits im Kontext des Einsatzes von künstlicher Intelligenz wird die künftige Rolle des Leistungserbringers diskutiert. Allerdings handelt es sich hierbei noch überwiegend um Anwendungen, die eine Interpretation und die Einleitung einer Therapie durch ihn erfordern (Pfannstiel et al., 2020). Die DiGA hingegen ist hauptsächlich durch den Patienten zu nutzen. Diese Regelung stellt im Gesundheitswesen ein Novum dar, da digitale Angebote bislang primär als „ärztliche Versorgungskonzepte" betrachtet worden sind (Bundesärztekammer, 2015). Die Abb. 5.2 zeigt die Kriterien einer DiGA.

Zusammenfassend kann konstatiert werden, dass eine DiGA Eigenschaften aufweisen muss, um unter dem Begriff mHealth eingeordnet werden zu können. Trotz zahlreicher Parallelen unterscheidet sich eine DiGA jedoch durch die verpflichtende Einstufung als Medizinprodukt und den Fokus auf den Patienten. Ziel dieser Rahmensetzung sei es laut Gesetzgeber, Transparenz und Sicherheit zu schaffen und die Versorgung mit „guten" DiGA zu gewährleisten(vgl. Bundesregierung, 2019).

Im nächsten Schritt soll der Aufnahmeprozess in das DiGA-Verzeichnis skizziert und dabei insbesondere die grundlegenden Anforderungen sowie der Nachweis des positiven Versorgungseffekts eruiert werden und eine erste kritische Auseinandersetzung erfolgen.

## 5.3.2   DiGA Fast-Track-Verfahren

Der Begriff „Fast-Track" ist im Gesundheitswesen nicht neu. Er bezeichnet im medizinischen Kontext die im Rahmen postoperativer Rehabilitation angewendete systematische Behandlung zur schnelleren Genesung und wird auch mit dem Begriff „Überholspur" gleichgesetzt (Schwenk, 2008). Dies impliziert, dass der Fast-Track im Vergleich zu bisherigen Zulassungsverfahren einen schnelleren Zugang in die Erstattungsfähigkeit ermöglicht. Auf den ersten Blick lässt sich dies aus der Beschreibung des Gesetzgebers nicht erschließen. Demnach solle das Fast-Track-Verfahren zur Aufnahme in das DiGA-Verzeichnis das: *„Innovationspotenzial der DiGA für die Gesundheitsversorgung systematisch erschließen und Akzente im Leistungsgeschehen der GKV setzen."* (Bundesinstitut für Arzneimittel und Medizinprodukte, 2021b). Gleichzeitig definiert der Gesetzgeber mit dem Verfahren erstmals ein umfassendes Anforderungsprofil für die DiGA. Dadurch sollen den Patienten, Leistungserbringern und Krankenkassen umfassende Informationen zu den Eigenschaften und Leistungen zur Verfügung gestellt werden. Ziel sei es, auf dieser

Grundlage eine „*informierte Entscheidung*" und „*vertrauensvolle Nutzung*" zu ermöglichen (Bundesinstitut für Arzneimittel und Medizinprodukte, 2021b). Auf den zweiten Blick könnte mit dem Begriff Fast-Track die Bearbeitungsfrist des BfArM binnen drei Monaten nach Eingang des elektronischen Antrags gemeint sein. Flankierend könnte auch die Erstattungsfähigkeit und freie Preissetzung des Herstellers innerhalb der ersten 12 Monate ohne vorherigen Evidenznachweis den Begriff Fast-Track legitimieren. Zusammenfassend scheint es, als sei der schnelle Zugang der Innovation in den ersten Gesundheitsmarkt das wesentliche Ziel des Fast-Tracks. Den Herstellern stehen zwei verschiedene Zugangswege zur Verfügung.

### 5.3.3   Mögliche Zugangswege im Fast-Track-Verfahren

Im ersten Fall sind die Produktanforderungen erfüllt und der Nachweis positiver Versorgungseffekte durch eine abgeschlossene vergleichende Studie erbracht. In diesem Fall erfolgt nach § 139 SGB V eine endgültige Aufnahme in das DiGA-Verzeichnis. Zwischen Monat drei und 12 gilt der Herstellerpreis. Anschließend folgt die Preisverhandlung mit dem GKV-SV. Dieser Preis gilt dann ab dem Monat 13. Diese Variante trifft auf drei von 24 DiGA zu (Stand November 2021). Die endgültige Aufnahme wird in Abb. 5.3 grafisch aufgezeigt.

Im zweiten Fall liegen noch keine ausreichenden Studiennachweise für positive Versorgungseffekte vor, jedoch sind alle weiteren Produktanforderungen erfüllt. Der Hersteller erhält die Möglichkeit, innerhalb von 12 Monaten einen pVE nachzuweisen und unter Vorlage eines geeigneten Evaluationskonzeptes plausibel gegenüber dem BfArM zu begründen. Wenn in diesem Zeitraum mindestens ein pVE nachgewiesen werden kann,

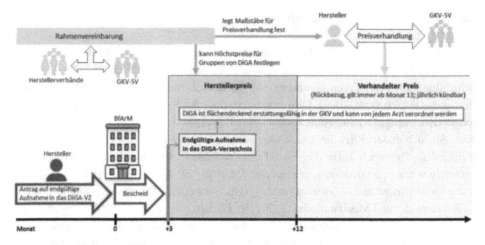

**Abb. 5.3**  Variante 1 – Endgültige Aufnahme in das DiGA-Verzeichnis. (Quelle: Bundesinstitut für Arzneimittel und Medizinprodukte, (2020a, 9) S. 30)

erfolgt eine endgültige Aufnahme in das DiGA-Verzeichnis innerhalb von 3 Monaten nach Einreichung der Studienergebnisse per Bescheid des BfArM. Ist der Nachweis positiver Versorgungseffekte nicht möglich, kann der DiGA-Hersteller drei Monate vor Ablauf der Erprobungsphase eine Verlängerung um weitere 12 Monate unter Einreichung einer plausiblen Begründung beantragen, sonst führt der ausbleibende Nachweis zu einer endgültigen Ablehnung der Aufnahme in das DiGA-Verzeichnis seitens des BfArM. 18 von 24 DiGA sind vorläufig gelistet (Stand November 2021).

Schließlich können weder die Produktanforderungen erfüllt noch positive Versorgungseffekte nachweisbar sein, sodass der Medizinprodukthersteller vom BfArM einen direkten Ablehnungsbescheid erhält. Im Falle eines ablehnenden Bescheides ist ein erneuter Antrag zur Aufnahme frühestens nach 12 Monaten möglich. Gemäß § 134 SGB V bestimmt der Hersteller nach dem BfArM-Bescheid den Preis in den ersten 12 Monaten. Anschließend können in einer Rahmenvereinbarung zwischen dem GKV-SV und den Herstellerverbänden Höchstpreise für Gruppen vergleichbarer DiGA festgelegt werden. Die Frage, nach welchen Kriterien ein Höchstpreis bestimmt werden kann, ist ebenfalls gesetzlich nicht festgelegt. Nach der Aufnahme in das DiGA-Verzeichnis erfolgt eine Preisverhandlung zwischen dem Hersteller und dem GKV-SV, aus der sich ein verhandelter Preis ergibt. Dieser kann auch erfolgsabhängige Vergütungselemente vorsehen und löst den Herstellerpreis ab. Darüber hinaus führt der verhandelte Preis zu einer Anpassung des Einheitlichen Bewertungsmaßstabes (EBM) und ermöglicht somit die ambulante Abrechnungsmöglichkeit zulasten der gesetzlichen Krankenversicherungen. Kommt es in den 12 Monaten nach der Aufnahme der DiGA in das Verzeichnis nicht zu einer Einigung zwischen dem DiGA-Hersteller und dem GKV-SV, entscheidet eine Schiedsstelle innerhalb von 3 Monaten über den festzusetzenden Preis. Da sich die Verhandlungsparteien nicht einigen konnten, musste nach § 134 Abs. 3 SGB V die Schiedsstelle eingeschaltet werden.

Die Abb. 5.4 zeigt das Fast-Track-Verfahren nach § 139a SGB V.

Nachstehend sollen die im Antrag vorzulegenden Unterlagen beleuchtet werden. Der erste Teil besteht aus den „allgemeinen Anforderungen", die nachzuweisen sind. Dieser beinhaltet Angaben zu der DiGA, die sich wie folgt zusammensetzen.

**Sicherheit und Funktionstauglichkeit** Diese richtet sich nach den Vorschriften der MDR, die eine CE-Kennzeichnung fordert. Mit der Kennzeichnung wird die Sicherheit und Funktionstauglichkeit durch ein Konformitätsbewertungsverfahren nachgewiesen, welches für alle Medizinprodukte gilt. Hervorzuheben ist, dass bei der Qualifikation eines Medizinprodukts gemäß Medical Device Regulation (MDR/MP-VO)(Verordnung (EU) 2017/745 des Europäischen Parlamentes und des Rates v. 5.4.2017 über Medizinprodukte, zur Änderung der Richtlinie 2001/83/EG, der Verordnung (EG) Nr. 178/2002 und der Verordnung (EG) Nr. 1223/2009 und zur Aufhebung der Richtlinien 90/385/EWG und 93/42/EWG des Rates), neben der Angabe der Zweckbestimmung als Medizinprodukt, Angaben zum medizinischen Nutzen inklusive der Indikation, Kontraindikation, Patienten- und Anwenderpopulation und Nutzungskontext im Zusammenspiel mit anderen Apps und

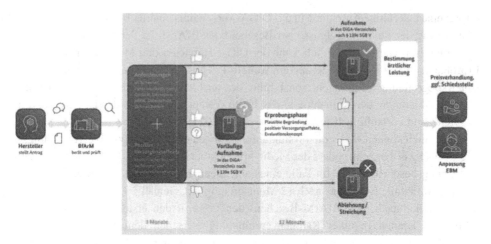

**Abb. 5.4** Fast-Track-Verfahren. (Quelle: Bundesinstitut für Arzneimittel und Medizinprodukte)

Medizinprodukten zu machen sind. Der Hersteller muss im Rahmen klinischer Studien das Nutzen-Risiko-Verhältnis, also den Nutzen und den Schaden bei einer Anwendung bzw. Nichtanwendung nachweisen. Darüber hinaus sollte das Produkt mit einem gleichwertigen Produkt verglichen werden. Dieser Nutzennachweis deckt sich mit den allgemeinen Anforderungen des DiGA-Leitfadens zum Nachweis des pVE (vgl. Bundesinstitut für Arzneimittel und Medizinprodukte, 2020, S. 91). Insofern entsteht dem Hersteller im Rahmen des Fast-Track-Verfahrens kein zusätzlicher Aufwand.

**Qualität** Auch die qualitativen Anforderungen richten sich maßgeblich nach den Vorgaben der europäischen Verordnung für Medizinprodukte. Für Produkte der Klasse I muss keine benannte Stelle einbezogen werden. Die vorzulegende technische Dokumentation (TD) umfasst eine Produktbeschreibung und -spezifikation sowie eine Risikoanalyse, Prüfungsergebnisse und klinische Bewertung sowie eine Gebrauchsanweisung (Berensmann & Gratzfeld, 2018). Ab der Klasse IIa muss von der Fertigung bis zur Endkontrolle des Produkts ein vollständiges Qualitäts- und Qualitätssicherungsmanagement unter Einbeziehung einer benannten Prüfstelle (sog. Notified Body) vorliegen.

**Datenschutz und Datensicherheit** DiGA-Hersteller müssen gemäß der Datenschutzgrundverordnung (DSGVO) vom Patienten eine ausdrückliche Einwilligungserklärung für die Verarbeitung von besonders sensiblen personenbezogenen Gesundheitsdaten einholen (Brönneke et al., 2020). Wichtig ist hierbei, dass der Patient keine Nachteile erleidet, wenn er die Zustimmung verweigert. Darüber hinaus hat der Gesetzgeber detaillierte Anforderungen in der Verordnungsermächtigung vom 21.04.2020 formuliert. Demnach dürfen Daten nur bestimmungsgemäß und zum Nachweis positiver Versorgungseffekte im Rahmen einer Erprobung verwendet werden. Die Daten dürfen auch für die Weiterentwicklung der Nutzerfreundlichkeit der DiGA verwendet werden. Gleichzeitig sind Werbezwecke ausgeschlossen.

Es lässt sich zusammenfassen, dass sich die grundlegenden Anforderungen nach den europäischen und den nationalen Vorgaben für Medizinprodukte anlehnen. Ein höherer Aufwand kann für die Hersteller einer DiGA nicht konstatiert werden. Neben den allgemeinen Anforderungen sind die Fragen nach der Evidenz sowie die Preisfindung und Erstattung der pVE entscheidend.

### 5.3.4 Positive Versorgungseffekte

Laut der DiGA-Verordnung kann der positive Versorgungseffekt durch den Nachweis eines mN und/oder einer pSVV erbracht werden. Grundsätzlich ist zu berücksichtigen, dass der Nachweis für eine bestimmte Patientengruppe unter Angabe einer oder mehrerer Indikationen erfolgen muss. Die Methodik, mit der der Nachweis erbracht werden muss, wird nur allgemein definiert. So sei diese „adäquat zum gewählten Untersuchungsgegenstand" zu wählen (Bundesinstitut für Arzneimittel und Medizinprodukte, 2021b).

Nach den Bewertungsmethoden des Instituts für Qualität und Wirtschaftlichkeit im Gesundheitswesen (IQWiG) werden mit dem Begriff mN „kausal begründete positive Effekte […] einer medizinischen Intervention auf die prE bezeichnet" (vgl. Institut für Qualität und Wirtschaftlichkeit im Gesundheitswesen (IQWiG)). Wichtig sei, dass die zu beobachtenden Effekte allein auf die betrachtete Intervention zurückgeführt werden können. Fraglich ist, wie der kausal begründete Effekt trennscharf der Software zugeordnet werden kann. So gibt es DiGA, die ihren Effekt erst im Zusammenwirken mehrerer Komponenten, wie beispielsweise eine integrierte Telefon-, Chat- und Videofunktion, entfalten können. So gibt der Hersteller der App Vivira® im DiGA-Verzeichnis an, dass das Programm: „bei Rücken-, Knie- und Hüftschmerzen in Ergänzung zu einer medikamentösen, physiotherapeutischen oder physikalischen Therapie vor während oder nach Beendigung der Physiotherapie eingesetzt werden kann." (Bundesinstitut für Arzneimittel und Medizinprodukte, 2021b) Vor diesem Hintergrund scheint eine adäquate evidenzbasierte Datengrundlage notwendig zu sein.

Der Gesetzgeber setzt dennoch im Vergleich mit anderen Bewertungsverfahren im Gesundheitswesen niedrigere Standards und begründet dies damit, dass:

> „niedrige Evidenzanforderungen durch den praktischen Mehrwert durch die Gewinnung und Auswertung gesundheitsbezogener Daten, das geringe Risikopotenzial und die vergleichsweise niedrigen Kosten digitaler Gesundheitsanwendungen rechtfertigen, für den Nachweis positiver Versorgungseffekte keine vergleichbar hohen Evidenzanforderungen zu stellen, wie sie beispielsweise für den Nachweis des Zusatznutzens von Arzneimitteln mit neuen Wirkstoffen, die regelmäßig nur im Rahmen klinischer Studien höherer Evidenzstufe erbracht werden können." (vgl. Bundesregierung, 2019)

In bisher etablierten Bewertungsverfahren zur Aufnahme neuer Untersuchungs- und Behandlungsmethoden sind RCT-Studien im Rahmen des SGB V der Goldstandard (Matthias, 2010). Dieser Standard gilt generell für alle medizinischen Methoden, die neu in den Leistungskatalog der GKV aufgenommen werden. Als medizinische Methode bewertet die Rechtsprechung eine medizinische Vorgehensweise, der ein eigenes theoretisch-wissenschaftliches Konzept zugrunde liegt, welches sie von anderen Verfahren unterscheidet und das ihre systematische Anwendung in der Untersuchung und Behandlung bestimmter Krankheiten rechtfertigen soll (Matthias, 2010). Daraus ableitend stuft der G-BA eine Methode als neu ein, wenn diese nicht als ärztliche Leistung abrechenbar ist oder bereits als Leistung aufgeführt, aber deren Indikation oder Art der Einbringung wesentliche Änderungen oder Erweiterungen erfahren haben (Gemeinsamer Bundesausschuss, 2021). In der Begründung sind indikationsbezogen Angaben zum Nutzen, zur medizinischen Notwendigkeit und zur Wirtschaftlichkeit der zu beratenden Methode jeweils auch im Vergleich zu bereits erbrachten Methoden zu machen und zu belegen. Mit den DiGA wurden auch neue Abrechnungsziffern für die Verschreibung der DiGA geschaffen (Matthias, 2010). Insofern könnte argumentiert werden, dass derselbe Evidenzstandard analog der Einstufung des G-BA für neue Methoden auch für die DiGA gelten muss. Der Gesetzgeber schließt eine wirtschaftliche Bewertung explizit aus. So seien ökonomische Betrachtungen nur für die Preisverhandlung relevant, nicht aber für die Aufnahme in das Verzeichnis. „Die Arbeitslast von medizinischem Personal oder ökonomische Kennzahlen der Versorgung sind keine patientenrelevanten Endpunkte, die zum Nachweis von medizinischem Nutzen oder patientenrelevante Struktur und Verfahrensverbesserungen genutzt werden können." (Bundesinstitut für Arzneimittel und Medizinprodukte, 2020) Konträr hierzu ist nachstehend zu erkennen, dass sich der G-BA eng an das Wirtschaftlichkeitsgebot und den geforderten medizinischen Nutzen gemäß § 1 SGB V richtet. Das Methodenbewertungsverfahren ist innerhalb von zwei Jahren abzuschließen (§ 135 Abs. 2 SGB V). Die Bewertungsgrundlage wird vom Institut für Qualität und Wirtschaftlichkeit im Gesundheitswesen (IQWiG) basierend auf den Kriterien der evidenzbasierten Medizin (EbM) erbracht und wird wie in Tab. 5.1 dargestellt festgelegt (Schubert & Vogelmann, 2019).

Auffällig ist, dass sich die Bewertung der DiGA auf die prE beschränkt, während die G-BA-Kriterien zur Bewertung des Nutzens differenzierter sind. Darüber hinaus werden im Kontext des Nutzens und der medizinischen Notwendigkeit auch Wirtschaftlichkeitsaspekte explizit definiert, die bei der Betrachtung der DiGA ausbleiben. Wie ausgeführt unterscheidet sich auch die Methodik der Evidenzerbringung. Im Falle der DiGA setzt der Gesetzgeber mit quantitativ retrospektiv vergleichenden Studien und retrospektiven Studien mit intraindividuellem Vergleich niedrigere Standards. Huckvale et al. (2015) zeigen in ihrer Analyse diabetischer Gesundheits-Apps jedoch, dass Anwendungen bereits bei einfachen Berechnungen der Insulindosen eklatante Fehler aufweisen und zu Patientenschäden führen können (Huckvale et al., 2015). Eine vom Bundesgesundheitsministerium geförderte Studie konstatiert zudem, dass Fehldiagnostik und Fehlbehandlung durch Gesundheits-Apps ein nicht unerhebliches Schadenspotenzial für die Gesundheit

**Tab. 5.1** Bewertungskriterien bei neuen Untersuchungs- und Behandlungsmethoden des G-BA

| Nutzen | Medizinische Notwendigkeit | Wirtschaftlichkeit |
|---|---|---|
| Morbidität (= prE) | Relevanz der medizinischen Problematik für die Patienten | Kostenschätzung zur Anwendung beim einzelnen Patienten |
| Mortalität | Spontanverlauf der Erkrankung | Kosten-Nutzen-Abwägung in Bezug auf den einzelnen Patienten und in Bezug auf die Gesamtheit der Versicherten (auch Folgekosten-Abschätzung) |
| Gesundheitsbezogene Lebensqualität* | Diagnostische und therapeutische Alternativen | Kosten-Nutzen-Abwägung im Vergleich zu anderen Methoden |
| Abwägung zwischen den intendierten Effekten der PEP und den Nebenwirkungen und Risiken | | |
| Therapeutische Konsequenz einer diagnostischen Methode | | |
| Abwägung des Nutzens gegenüber den Risiken | | |
| Bewertung erwünschter und unerwünschter Folgen | | |
| Vergleich der aufgeführten Aspekte zu anderen Methoden gleicher Zielsetzung | | |

der Anwender bergen (Studie CHARISMHA, 2016). Auch das Institut für Qualität und Wirtschaftlichkeit im Gesundheitswesen weist in einer Stellungnahme zu den DiGA darauf hin, dass: „Apps, die risikoarme Therapieansätze verwenden (z. B. modifizierte Musik zur Behandlung von Tinnitus, spezielle Übungen bei psychischen Erkrankungen, etc.), […] im Falle der Wirkungslosigkeit gesundheitliche Nachteile, unnötige Kosten und durch den Verzicht auf effektive Therapieansätze auch medizinische Risiken mit sich bringen können." (Institut für Qualität und Wirtschaftlichkeit im Gesundheitswesen, 2019b) Da sich der mN sowohl auf die Verbesserung des Zustands des Patienten als auch auf die Abwesenheit eines Schadens bezieht, kann die Annahme eines geringen Risikopotenzials als Begründung für geringere Evidenzstandards, auch mit Blick auf die etablierte multidimensionale Betrachtung neuer medizinischen Methoden, nicht ohne Weiteres stehen gelassen werden.

Neben dem Begriff mN kann sich der Hersteller auch auf die pSVV berufen, welcher in Leitlinien oder den Vorgaben des G-BA nicht definiert ist (Brönneke et al., 2020). Hierfür finden sich in der Literatur unterschiedliche Ansätze, die in Tab. 5.2 zusammengefasst dargestellt werden.

**Tab. 5.2** Konzepte der Patientenrelevanz

| Autor | Verwendeter Begriff | Definition | Komponenten |
|---|---|---|---|
| IQWiG | Patienten-relevant | „[…] wie eine Patientin oder ein Patient fühlt, ihre oder seine Funktionen und Aktivitäten wahrnehmen kann oder ob sie oder er überlebt. Dabei werden sowohl die beabsichtigten als auch die unbeabsichtigten Effekte der Interventionen berücksichtigt" | - Mortalität, <br> - Morbidität (Beschwerden und Komplikationen) gesundheitsbezogene Lebensqualität |
| Schweizerische Gesellschaft für Allgemeine Innere Medizin (Langewitz (2012)) | Patienten-zentrierte Medizin | Erwartungen, Gefühle und Krankheitsvorstellungen des Patienten berücksichtigen | - Patient als Stakeholder Partizipation an Entscheidungen |
| Scholl et al. (2014) | Patienten-zentrierte Versorgung | Ganzheitliche Wahrnehmung des Patienten, weg von der Reduzierung auf die Krankheit | - Persönlich angepasste Information, <br> - Gleichberechtigte Zusammenarbeit und Beteiligung bei <br> - Entscheidungen, <br> - Beteiligung von Familie und Freunden, <br> - Aktivierung der Patientinnen und Patienten, <br> - Unterstützung des körperlichen Wohlbefindens sowie Unterstützung des psychischen Wohlbefindens |
| Håkansson et al. (2019) | Personen-zentriert Patienten-zentriert | Sinnvolles Leben für PatientInnen Funktionales Leben für PatientInnen | - Ganzheitliche Ausrichtung <br> - Individualisiertes Vorgehen <br> - Koordinierte Versorgung <br> - Empathie <br> - Respekt <br> - Engagement <br> - Beziehung zw. Leistungserbringer und Patienten <br> - Kommunikation <br> - Partizipative Entscheidungsfindung |

(Fortsetzung)

**Tab. 5.2** (Fortsetzung)

| Autor | Verwendeter Begriff | Definition | Komponenten |
|---|---|---|---|
| pSVV nach DiGA-Leitfaden (2020), Bundesinstitut für Arzneimittel und Medizinprodukte (2020) | Patienten-relevant | Unterstützung des Gesundheitshandelns oder eine Integration der Abläufe zwischen Patienten und Leistungserbringern | - Koordination der Behandlungsabläufe<br>- Ausrichtung der Behandlung an Leitlinien und anerkannten Standards<br>- Adhärenz<br>- Erleichterter Zugang zur Versorgung<br>- Patientensicherheit<br>- Gesundheitskompetenz<br>- Patientensouveränität<br>- Bewältigung krankheitsbedingter Schwierigkeiten im Alltag<br>- Reduzierung der therapiebedingten Aufwände und Belastungen und ihrer Angehörigen |

Die dazugehörige Verordnung des Gesetzgebers konkretisiert den Umfang, der nachstehend mit den im Leitfaden angegebenen Ergänzungen zusammengefasst dargestellt wird:

1. Koordination der Behandlungsabläufe
   - besser organisierter Therapieablauf
   - niedrigschwellige anlassbezogene Kommunikationsmöglichkeit.
2. Ausrichtung der Behandlung an Leitlinien und anerkannten Standards
   - Operationalisierung von Leitlinien
   - Erinnerungsfunktionen an Arztbesuche,
   - häusliche Übungen, Motivation zur Durchführung dieser sowie die Unterstützung einer nachhaltigen Lebensstilveränderung.
3. Adhärenz
   - Umsetzung aller verabredeten Therapieanteile
   - bessere Integration von Gesundheitshandeln und Alltagsaktivitäten
4. Erleichterung des Zugangs zur Versorgung
   - Analogie zur Telemedizin
   - ortsunabhängiger Zugang von Patientinnen und Patienten zur Versorgung
5. Patientensicherheit
   - vorrangiges Ziel der gesundheitlichen Versorgung
   - Erkennung erhöhter Risiken in einer Behandlung, Fehler in der Anwendung einer Therapie oder unerwünschte individuelle Effekte (z. B. Arzneimitteltherapiesicherheit)

6. Gesundheitskompetenz
   • Bereitstellen von Gesundheitsinformationen
   • Unterstützung beim Verständnis der Therapie durch anlassbezogene, zielgruppen-
     gerecht aufbereitete und individualisierte Darbietung von Informationen
7. Patientensouveränität
   • Unterstützung autonomes Gesundheitshandeln des Patienten
   • Unterstützung der Entscheidungsprozesse, die ihre Gesundheit betreffen
8. Bewältigung krankheitsbedingter Schwierigkeiten im Alltag
   • frühzeitige Erkennung und Warnung von Symptomen und deren Verstärkung mittels
     Sensorik und Datenauswertung
   • Überwachung durch Angehörige
   • Entwicklung individueller Strategien für den Umgang mit Erkrankung
9. Reduzierung der therapiebedingten Aufwände und Belastungen der Patienten und ihrer
   Angehörigen
   • effektivere Organisation der Behandlungsabläufe durch Vereinfachung von Messun-
     gen und Aufzeichnungen
   • Optimierung des zeitlichen Aufwands mittels Datenauswertungen vor ärztlicher
     Therapie

Es wird deutlich, dass es unterschiedliche Ansätze für die Definition der Patientenrelevanz
gibt. Damit kann man besser nachvollziehen, weshalb bislang Goldstandards für die
evidenzbasierte Evaluation nur unzureichend definiert sind

## 5.3.5  Zwischenergebnis

Zusammengefasst lassen sich zwei Bereiche abgrenzen, zum einen die medizinische
Komponente und zum anderen die Strukturen und Verfahren rund um die Patienten. Das
Wort Verbesserung im Begriff pSVV impliziert eine Überkompensation einer Verschlechterung ausgehend von mindestens gleichen gesundheitlichen Effekten (FG Management im Gesundheitswesen, 2020). Infolgedessen kann davon ausgegangen werden,
dass mindestens gleiche gesundheitliche Effekte gemessen am bisherigen Versorgungs-
standard zu belegen sind. Für den Evidenznachweis würde dies für einen Vorher-Nachher-
Vergleich mit einer Kontrollgruppe sprechen. Zudem wird erkennbar, dass die pSVV
beide Komponenten beinhaltet. So seien die bessere Inanspruchnahme ärztlicher und anderer Leistungserbringer, eine bessere Koordinierung der Versorgungsabläufe, die Förderung der Patienteninformation und Patientensouveränität und die Bewältigung krankheitsbedingter praktischer Schwierigkeiten einer der beiden zu erbringenden Komponenten
mN/pSVV zuzuordnen. Aufgrund der Implikationen zwischen medizinischer und struktureller Verbesserung ist kritisch zu bewerten, dass sich DiGA-Hersteller, trotz der medizinischen Zweckbestimmung, ausschließlich auf den pSVV festlegen können. Die medizinischen (positiven, neutralen oder negativen) Effekte, die sich aus der Zweckbestimmung

ergeben, wären dem Patienten und dem Arzt eventuell nicht valide bekannt. Ein nicht er-kannter negativer gesundheitlicher Effekt könnte negative Auswirkungen auf die Reputation der DiGA haben. Darüber hinaus ist zu hinterfragen, ob der Evidenznachweis auch durch den Vergleich mit einer Nicht-Anwendung ausreichend ist. Dies scheint ebenfalls systemfremd zu sein. So werden beispielsweise neu eingeführte Arzneimittel mit einer zweckmäßigen Alternativtherapie verglichen. Deshalb wäre denkbar, dass auch DiGA mit zweckmäßigen digitalen Anwendungen in den Kategorien Wirtschaftlichkeit und pVE evidenzbasiert verglichen werden.

### 5.3.6   Evidenz und Evaluierungskonzepte

Um eine nutzenorientierte Weiterentwicklung der DiGA vorzunehmen, welche evidenz-basiert ist, ist zunächst der Begriff Evidenz zu definieren und zu überprüfen, welche Studiendesigns und Konzepte für die Bewertung der Bestandteile des pVE herangezogen werden können. Dabei kann eine Auseinandersetzung mit dem wissenschaftlichen Konzept der Evidenz und evidenzbasierten Medizin nur angerissen werden.

Der Begriff Evidenz beschreibt gemäß Sackett die: *„Einbeziehung individueller klinischer Expertise und bestverfügbarer Evidenz aus systematischer Forschung für den einzelnen Patienten."* (Sackett et al., 1996) Die evidenzbasierte Medizin (ebM) gilt somit als die effizienteste Option, die Lebensqualität und die Lebensdauer durch medizinische Methoden zu maximieren (Feinstein & Horwitz, 1997). Hierbei ist hervorzuheben, dass die Kosten für die medizinische Intervention durchaus steigen können (Feinstein & Horwitz, 1997). Mit Blick auf das zu entwickelnde Preisfindungs- und Erstattungsmodell kann dies implizieren, dass der Preis mit einer höheren Evidenz steigt. Der Grad der Evidenz wird mit der Evidenzstärke oder mit dem Evidenzgrad in absteigender Reihenfolge (Ia-IV) angegeben und richtet sich nach der Aussagekraft der unterschiedlichen Studiendesigns (Krummenauer, 2015). Hierzu Tab. 5.3.

Der DiGA-Leitfaden und die dazugehörige DiGA-Verordnung sehen retrospektiv vergleichende quantitative Studien vor, konkretisierten die Studienkriterien allerdings nicht weiter (Institut für Qualität und Wirtschaftlichkeit im Gesundheitswesen, 2019b). Ledig-

**Tab. 5.3** Übersicht Evidenzgrade nach Mehrholz (2010)

| Evidenzstufe | Beschreibung |
| --- | --- |
| Ia | Ein systematisches Review auf der Basis methodisch kontrollierter randomisierter Studien (Randomized Controlled Trials; RCTs) |
| Ib | Eine ausreichend große, methodisch hochwertige RCT |
| IIa | Eine hochwertige Studie ohne Randomisierung, z. B. Kohortenstudies |
| IIb | Eine hochwertige Studie eines anderen Typs quasi-experimenteller Studie |
| III | methodisch hochwertige nicht-experimentelle Studie |
| IV | Meinungen und Überzeugungen von Experten (aus klinischer Erfahrung), Expertenkommissionen, beschreibende Studien |

lich die grundsätzliche „Vergleichbarkeit der Population" sowie die „Vergleichbarkeit in der Versorgungsrealität in Deutschland" werden erwähnt. Darüber hinaus besteht auch ein Vorbehalt des BfArM, prospektive Studien nachzufordern (Bundesinstitut für Arzneimittel und Medizinprodukte, 2020). Betrachtet man diese Vorgaben, so impliziert dies die Anwendung unterschiedlicher Studiendesigns mit unterschiedlicher Evidenzstufe, die nicht weiter definiert sind. Unter Anwendung der oben beschriebenen Erwähnungen kommen folgende Studiendesigns in Frage.

Zunächst sind mit retrospektiven vergleichenden quantitativen Studien Fall-Kontroll-Studien gemeint, die erkrankte Menschen mit anderen Personen vergleichen, die die Erkrankung nicht haben, ihnen aber in Merkmalen wie Geschlecht und Alter möglichst ähnlich sein sollen. Beide Personengruppen werden dann befragt, um herauszufinden, ob es Einflüsse gegeben hat, die als Risikofaktoren für die Erkrankung infrage kommen. *Krummenauer* hebt jedoch hervor, dass durch dieses Studiendesign: „Niemals eine kausale Wirkung erkannter Expositionsraster auf die Krankheitsentwicklung abgeleitet werden kann." (Krummenauer, 2015) Damit einhergehend wird die Fall-Kontroll-Studie mit dem Evidenzgrad III bemessen, welcher auch als „schwach bis sehr schwach" definiert wird (Nothacker et al., 2010). Das Studiendesign und der jeweils hierzu gehörende Evidenzgrad zeigt Tab. 5.4.

Kritiker hingegen konstatieren ein Missverhältnis zwischen der Dauer einer RCT und den Innovationszyklen von softwarebasierten Anwendungen (Pietzsch et al., 2009). So könnten sich die Technologien so schnell verändern, dass neue Versionen bereits verfügbar sind, bevor die Bewertung des Vorgängers abgeschlossen ist (Hemkens, 2021). Daran anknüpfend könne man die Studienergebnisse nicht auf die Versorgungsrealität übertragen. Grund hierfür sei auch die Selektion im Vorfeld der Studie, die Patienten mit Begleiterkrankungen und Medikation ausblenden würde. Flankierend würden weitere prE, wie beispielsweise die gesundheitsbezogene Lebensqualität, nicht berücksichtigt werden **(Stang, 2011)**. Untersuchungen von Kohavi et al. zeigen jedoch, dass auch Technologiekonzerne RCT in Form von A/B-Vergleichen, beispielsweise das Testen von zwei sehr unterschiedlichen Webdesignansätzen, als Tool verwenden, um ihre Produkte zu

**Tab. 5.4** Evidenzgrade nach Studiendesign. (Quelle: Eigene Darstellung nach Krummenauer Krummenauer, (2015))

| Design | Evidenzgrad | Aussage bzgl. Versorgungs-Modus und Ergebnis | Durchführung | Erwartbarer Aufwand (Ressourcen/Dauer) |
|---|---|---|---|---|
| Fallkontrollstudie | III | Assoziation | retrospektiv | moderat/moderat |
| Kohortenstudie | retrospektiv: III | Assoziation | retrospektiv | moderat/moderat |
|  | prospektiv: III | Assoziation | prospektiv | mittelgradig/hoch |
| Cluster-RCT | I B | Kausalität | prospektiv | hoch/mittelgradig |
| RCT | I B | Kausalität | prospektiv | hoch/hoch |
| Metaanalyse aus mehreren RCTs | I A | Kausalität |  | hoch/mittelgradig |

verbessern und Einnahmen zu steigern (Kohavi et al., 2020). Auf der anderen Seite können RCT die Vergleichbarkeit der Patientengruppen gewährleisten. Infolgedessen ist die Aussagekraft des zu beobachtenden Unterschieds der zu vergleichenden Therapien hoch. Befürworter der RCT argumentieren zudem, dass im Versorgungsalltag Therapieeffekte tendenziell positiver eingeschätzt werden **(Stang, 2011)**. Hierbei ist hervorzuheben, dass alle Hersteller eine RCT-Studie geplant haben bzw. diese aktuell durchgeführt werden. Zu diskutieren ist jedoch, welcher Vergleich vorgenommen wird. So erhalten in neun von 22 DiGAen die Kontrollgruppen eine Nichtanwendung oder befinden sich in einer Wartegruppe, welche keinen Zugang zur üblichen Versorgung haben und erst nach einer bestimmten Zeit eine DiGA-Therapie erhalten. Mit Blick auf etablierte Verfahren scheint der Vergleich mit einer Nicht-Anwendung systemfremd zu sein. So werden beispielsweise neu eingeführte Arzneimittel mit einem anderen Arzneimittel verglichen, welches als zweckmäßige Alternativtherapie herangezogen wird. Umso wichtiger scheint es, dass die Interventions- und Kontrollgruppe bis auf die Nichtanwendung vergleichbar miteinander sind.

Studien von *Grossarth-Maticek* zeigen auf, dass die Vergleichbarkeit zweier Gruppen in prospektiven Beobachtungsstudien durch eine Matched-Pair-Bildung gewährleistet wird, unabhängig davon, ob diese randomisiert oder nicht-randomisiert sind (Grossarth-Maticek et al., 2001). Nichtrandomisierte Interventions- und die Kontrollgruppe können sich jedoch systematisch bezüglich bekannter und im schlimmeren Fall unbekannter Patientenmerkmale unterscheiden (Kuss et al., 2016). Mögliche Unterschiede, die sich in den Gruppen im Verlauf der Studie ergeben, können daher nicht notwendigerweise auf die unterschiedliche Behandlung zurückgeführt werden. Ein Lösungsansatz ist der von *Rosenbaum und Rubin* entwickelte Propensity Score (PS). Dieser bildet die Grundlage für die Beurteilung der Vergleichbarkeit von behandelten und unbehandelten Patienten (Rosenbaum & Rubin, 1983). Um den PS zu bestimmen, schlagen Kuss et al. vor, die Verteilung der Patientenmerkmale vor dem PS-Matching darzustellen, um deutlich zu machen, inwiefern das PS-Matching ursprünglich vorhandene Unterschiede ausgeglichen hat (Kuss et al., 2016, S. 600). Die PS-Methode kann nach Kuss et al. eine Randomisierung nicht ersetzen, sie stelle aber eine Alternative zur Auswertung von nichtrandomisierten Therapiestudien dar. Dabei ist allerdings zu berücksichtigen, dass dieses Verfahren nur die bekannten und tatsächlich gemessenen Störgrößen adjustieren kann. Die gleichmäßige Verteilung von unbekannten Störgrößen bleibe die Domäne randomisierter kontrollierter Studien (Kuss et al., 2016). Für eine hohe interne und externe Validität empfiehlt *Grossarth-Maticek* eine Kombination beider Studiendesigns (Grossarth-Maticek et al., 2001). Die in Tab. 5.5 dargestellten Merkmale des Patienten sollten aus seiner Sicht im Vorfeld berücksichtigt werden.

Der hier beschriebene Prozess kann als Grundlage für die endgültig aufgenommenen DiGA betrachtet werden kann. Dennoch stellt sich die Frage, auf welcher Datengrundlage insbesondere vorläufig aufgenommene DiGA bepreist werden können. Die Ursache für die fehlende Datengrundlage bezeichnen Guo et al. als: „*no evidence, no implementation – no implementation, no evidence paradox in digital health* (Guo et al., 2020)." Das IQWiG

**Tab. 5.5** Prozessschritte und Merkmal vor Studienbeginn. (Quelle: Eigene Darstellung in Anlehnung an Grossarth-Maticek et al., (2001), S. 60 f.)

| Prozessschritte | Merkmale |
|---|---|
| Erhebung persönlicher Daten | Geschlecht, Alter, Zeitpunkt der Wahrnehmung der Symptome |
| Erhebung Erkrankung | Erkrankungstyp, Erkrankungsphase, Zeitpunkt der Feststellung der Diagnose |
| Zurückliegende Alternativtherapien (inklusive zeitlicher Abstand zur Intervention) | Einfluss anderer Medikamente, operative Eingriffe, therapeutische Verfahren, Nahrungsergänzungsmittel |
| Selbstregulation | Fragen zur Selbstbeobachtung, Selbstbewertung und Selbstreaktion (Gemäß Bandura, 1997) |

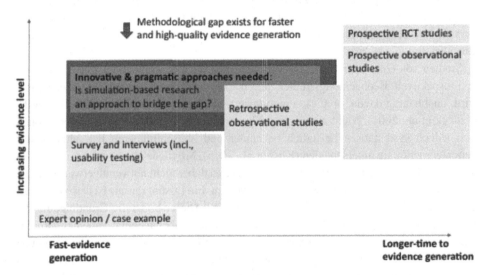

**Abb. 5.5** Datensimulation zur Evidenzgenerierung. (Quelle: Guo et al., (2020), S. 12)

untersuchte bereits in der Vergangenheit Studien, in denen der Nutzen der Antidepressiva getestet wurde. Diese hatten im Durchschnitt nur eine Laufzeit von acht Wochen, was nicht der Erkrankungsdauer und der Versorgungsrealität entspräche (IQWIG (2019a)), S. 24 (Verordnung (EU) 2017/745 des Europäischen Parlamentes und des Rates v. 5.4.2017 über Medizinprodukte, zur Änderung der Richtlinie 2001/83/EG, der Verordnung (EG) Nr. 178/2002 und der Verordnung (EG) Nr. 1223/2009 und zur Aufhebung der Richtlinien 90/385/EWG und 93/42/EWG des Rates). Um die Testung von Innovationen in der Praxis bei gleichzeitiger Ressourcenschonung zu gewährleisten, wurde jüngst eine datensimulierte Evaluation von Guo et al., wie in Abb. 5.5 dargestellt, in die Diskussion eingebracht.

Insbesondere im frühen Stadium der Produktentwicklung könne man in Kombination mit kleineren RCT-Studien und der Kombination mit RWD eine hohe Evidenz generieren. Zu berücksichtigen ist hierbei jedoch, dass im Vorfeld repräsentativ ausgewählte Patienten mit der digitalen Anwendung im Rahmen der Simulation vertraut gemacht werden (Guo et al., 2020). Für die erfolgreiche Umsetzung erscheint notwendig, dass DiGA-Hersteller auf entsprechende Datensätze zurückgreifen können. Denkbar wäre diese Daten beim Forschungsdatenzentrum im BfArM oder bei der für 2022 angesiedelten Datensammelstelle des GKV-SV, bei der ab 2023 auch die Patientendaten der elektronischen Patientenakte (ePA) gespeichert werden, zu verwahren (Brandes, 2019). Flankierend können im Rahmen der Fast-Track-Bewertung auch die Daten hinsichtlich der Nutzung der DiGA im Rahmen des begrenzt zulässigen Trackings verwendet werden. Für das DiGA-Verzeichnis würde dies perspektivisch bedeuten, dass Evidenz durch Simulationen kenntlich gemacht wird. Es ist zu diskutieren, ob Abschläge beim Preis vorgenommen werden sollten, wenn die Evidenz nur zum Teil auf analog durchgeführten RCT-Studien beruht. Hierbei bedarf es weiterer Forschung hinsichtlich der Datenqualität.

### 5.3.7  Evidenzbewertung des medizinischen Nutzens

Bei der Evidenzbewertung der DiGA kann wie angeführt festgehalten werden, dass für den mN in Bezug auf die Mortalität und Morbidität intern und extern valide Evaluationskonzepte vorliegen. Mit Blick auf die Frage, wie der mN in Studien nutzenrelevant gemessen werden sollte, besteht die Diskussion um die Betrachtung von „harten" Endpunkten (Schlaganfall, Lungenkrebs, Herz-Kreislauf-Ereignis) und „weiche" Surrogatparameter (Senkung des Blutdrucks, Blutzucker, subjektive Assessments) als Ersatzgrößen für die Endpunkte. Diese stehen zwar statistisch mit dem Auftreten der harten Endpunkte im Zusammenhang und sind schneller und zugleich kostengünstiger in der Messung, erlauben aber keine garantierte Prognose (Ciani et al., 2013, S. 313). Vielmehr könne die ausschließliche Betrachtung der Parameter einen erhöhten Behandlungseffekt suggerieren und Patientenpräferenzen unberücksichtigt lassen (Haring & Siegmüller, 2018). Zur validen Beurteilung der Wirksamkeit und Sicherheit bilden harte Endpunkte die Grundlage jeglicher Nutzenbewertung (Mangiapane & Velasco Garrido, 2009). Im internationalen Vergleich wird bei der Bewertung von Gesundheitstechnologien kein strengerer Standard beim Umgang mit weichen Endpunkten praktiziert. Um ein Höchstmaß an Sicherheit zu erreichen, muss die Validität eines Surrogatendpunkts bei jeder Technologie bzw. jedem Wirkstoff einzeln geprüft werden. Nach wie vor wird der Einsatz von Surrogatparametern bei der Nutzenbewertung wie bereits ausgeführt sehr kritisch zu betrachten sein (Ciani et al., 2013). Infolgedessen stützt sich keine Institution bei der Evidenzfeststellung neuer Technologien ausschließlich auf die Ergebnisse der weichen Endpunkte (Mangiapane & Velasco Garrido, 2009). Dennoch sollte die Feststellung des medizinischen Nutzens auch stets vor dem Hintergrund der angesetzten Zweckbestimmung der DiGA bewertet werden. So bezieht sich beispielsweise die DiGA ESYSTA® explizit auf die Senkung des Langzeitblutzuckerwerts. Deshalb erscheint eine differenzierte Betrachtung sachgerecht. Aufgrund des niedrigen Risikoprofils der DiGA und des Umstands, dass sich nur die wenigsten DiGA auf die Behandlung akut tödlicher Erkrankungen konzentrieren, wird die Mortalität weitestgehend ausgeblendet.

Im Gegensatz zu den objektiv messbaren Größen Mortalität und Morbidität handelt es sich bei der gesundheitsbezogenen Lebensqualität um: *„das subjektive Befinden und Handlungsvermögen im körperlichen, psychischen und sozialen Bereich"* (Koller et al., 2009). Im Unterschied zu RCT-Studien zur Untersuchung der objektiven Größen seien versorgungsnahe Daten (auch *real world evidence* genannt) zur Evaluierung der Lebensqualität dadurch gekennzeichnet, dass sie möglichst nahe die Routineversorgung abbilden (Klinkhammer-Schalke et al., 2020). Hierbei kann auf etablierte Quellen wie Abrechnungs-, Register- oder klinische Daten zurückgegriffen werden. Zudem wird darauf hingewiesen, dass auch Daten aus Gesundheits-Apps genutzt werden können. Daran knüpft sich der vom Gesetzgeber erwähnten Begriff „Versorgungsrealität" an, welcher die Versorgung unter Alltagsbedingungen, weg von der klinischen Forschung, beschreibt. Ein Instrument, um die Sichtweise der Patienten zu objektivieren, sind „patient reported outcomes (PRO)".

Dieser Begriff umfasst Befragungsmethoden, welche die Patientenzufriedenheit, Patientenpräferenz und die Nutzenbewertung möglicher Gesundheitszustände durch Patientenbefragungen ohne die Interpretation und Beeinflussung eines Leistungserbringers abfragen (Klinkhammer-Schalke et al., 2020). Allerdings sind hierbei Limitationen zur Kenntnis zu nehmen. Etwa, dass die Veränderung des Gesundheitszustands durch eine Intervention (welche im Maße der Morbidität gemessen werden kann) einen erheblichen Einfluss auf die subjektive Beurteilung bei der Feststellung der Lebensqualität haben kann. Dieses Phänomen wird als „response shift" bezeichnet und sei nach Koller et al. „nicht außer Acht zu lassen" (Koller et al., 2009). Um Verzerrungen möglichst zu vermeiden, ist der Zeitpunkt der Messung entscheidend. Eine Empfehlung ist, die Erhebung zum Zeitpunkt nach der Erholung oder Veränderung gemäß den medizinischen Vorgaben durchzuführen (Koller et al., 2009).

Die Tab. 5.6 zeigt, dass die Messung der Lebensqualität mehrdimensional und sehr komplex ist. Dies könnte erklären, weshalb sich nur sieben der 22 untersuchten DiGA explizit auf die Verbesserung der Lebensqualität stützen. Auffällig ist, dass sich nur die

**Tab. 5.6** PRO-Konzepte. (Quelle: Darstellung in Anlehnung an Koller et al., (2009), S. 866 f.)

| PRO-Konzepte | | |
|---|---|---|
| Begriff | Konzept | Komplexitätsgrad |
| Symptom | Wahrnehmung eines körperlich abgrenzbaren Missempfindens | einfach |
| Körperliche Aktivität | psychophysiologische Prozesse zur Bewältigung von Umweltanforderungen oder selbst gesetzter Ziele | mittel |
| Patientenzufriedenheit | Bewertung der Dienstleistung der DiGA | mittel/hoch |
| Patientenpräferenz | Geordnete Gesundheitszustände und -ziele nach Rangfolge | mittel/hoch |
| Lebensqualität | somatische, psychische und soziale Komponenten, welche Krankheit und Gesundheit berücksichtigt | hoch |

DiGA „Mika" ausschließlich auf die Verbesserung der gesundheitsbezogenen Lebensqualität beruft. Alle anderen DiGA kombinieren diese mit der Verbesserung der Morbidität. Dies kann als Bestätigung gesehen werden, dass eine isolierte Betrachtung nur sehr eingeschränkt möglich ist. Das Netzwerk für Versorgungsforschung hat erstmals die Messung der Lebensqualität systematisiert, wie Abb. 5.6 zeigt. Hierbei werden körperliche, psychische und soziale Dimensionen berücksichtigt. Bestandteile sind die vom Arzt getätigte Diagnose und Indikation, in der Bewertung, klinisch relevante Endpunkte und die Lebensqualität vernetzt betrachtet werden.

Die Kalamität zwischen der Notwendigkeit objektiver Werte zur Bestimmung der Veränderung der Lebensqualität und der Beeinflussung durch den *response shift* scheint nicht gänzlich auflösbar zu sein. Ein zentrales Kriterium der DiGA ist die Nutzung durch den Patienten. Infolgedessen sollte die Bewertung trotz möglicher Verzerrungen mindestens denselben Stellenwert erhalten wie die arztbasierten Outcomes oder die klinisch relevanten Endpunkte (Haring, 2019). Eine hervorgehobene Stellung der Patientenbewertung würde zudem auch die Akzeptanz der DiGA erhöhen (Dockweiler, 2016).

Zur Messung der PRO stehen eine Vielzahl sogenannter Patient-Reported Measures (PROMs) zur Verfügung. Diese können generisch auf die Messung des Nutzwerts oder krankheits- und patientengruppenspezifisch sein (Dockweiler, 2016). Der Einsatz ist hierbei beispielsweise davon abhängig, ob Besonderheiten wie das Alter oder kognitive Einschränkungen berücksichtigt werden müssen. Im Vergleich zu den generischen Instrumenten seien diese darüber hinaus besser in der Lage, relevante Unterschiede zwischen Patientengruppen zu differenzieren und Veränderungen im Zeitverlauf abzubilden. Auch

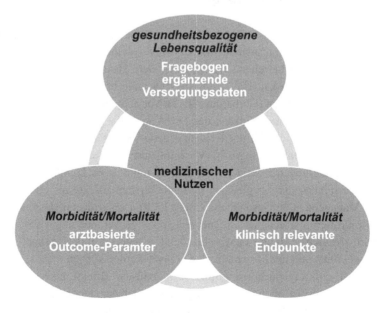

**Abb. 5.6** Strukturierte Einbettung der Lebensqualität. (Quelle: Eigene Darstellung in Anlehnung an Koller et al., (2009), S. 866 f.)

wird bei der Anwendung dieser Instrumente von einer höheren Akzeptanz durch die Befragten ausgegangen. Bezogen auf die DiGA ist dies der Fall, da diese Faktoren die Nutzung erheblich beeinflussen können. Auf der anderen Seite gestaltet es sich als schwierig, mit krankheitsspezifischen Instrumenten den Erfolg von alternativen Therapien zu bewerten oder eine Orientierung für Allokationsentscheidungen zu geben (Graf et al., 1998). Aufgrund des eingeschränkten Platzumfangs ist an dieser Stelle der gesundheitsökonomisch relevante EuroQol-Fragebogen (EQ-5D) zu nennen, welcher das am meisten genutzte generische Instrument zur Erfassung der gesundheitsbezogenen Lebensqualität darstellt (Mielck et al., 2010). Dieser eigne sich nach *Radoschewski* vor allem für gesundheitsökonomische Fragestellungen und Entscheidungen (Moreno & Radovic, 2018). In drei Modulen werden zunächst der eigene Gesundheitszustand, dann die Einschätzung des eigenen Gesundheitszustandes mittels visueller Skala und die Einstufung des Gesundheitszustands durch vorgegebene Zustände ermittelt, wobei nur die beiden ersten Module im Rahmen der klinischen Studie eingesetzt werden (Graf et al., 1998). Um ein holistisches Meinungsbild des Patienten einzuholen, ist eine Kombination aus der generischen, gesundheitsökonomischen und krankheitsspezifischen Messung zu empfehlen, bei der gezielt nach den im DiGA-Verzeichnis aufgeführten Indikationsbereichen spezifischen Symptomen der Erkrankung gefragt wird (Weldring & Smith, 2013). Hinsichtlich der Preisbildung und Erstattung erscheinen Zuschläge je nach Therapieerfolg am besten umsetzbar.

### 5.3.8 Evidenzbewertung der patientenrelevanten Verfahrens- und Strukturverbesserungen

Damit eine Messung der pSVV erfolgen kann, sind diese zu differenzieren. Hierbei gibt es, anders als bei der Messung gesundheitlicher Effekte, keinen Goldstandard. Vor diesem Hintergrund kann nur auf bestehende Ansätze aus dem Health Technology Assessment (HTA) zurückgegriffen werden. Hier sind zuvorderst die organisatorischen und sozial/ethische Kategorien zu nennen (Gerhardus, 2015). Vor dem Hintergrund der gesundheitsökonomischen Bewertung des Nutzens der DiGA sind die ökonomischen Effekte ergänzend zu nennen. Hinsichtlich der Evidenzgenerierung ist zur Kenntnis zu nehmen, dass das Wort Verbesserung im Begriff pSVV impliziert, dass verschiedene Effekte summarisch Verschlechterungen in anderen Bereichen mindestens kompensieren. Infolgedessen müssten mindestens die gleichen gesundheitlichen Effekte als zuvor gemessen werden (FG Management im Gesundheitswesen, 2020). Dies bedeutet, dass ein Vergleich mit einer Kontrollgruppe adäquat ist, um eine positive Veränderung zu messen. Aus Tab. 5.7 wird deutlich, dass die in Abschn. 5.3.4 erläuterten pSVV gemäß den HTA-Domänen zugeordnet und mit Messmethoden ergänzt werden können.

Es zeigt sich, dass organisatorische und sozial/ethische Effekte insbesondere durch quantitative, aber teilweise auch durch qualitative Erhebungsmethoden gemessen werden und als Evidenzgrundlage hinzugezogen werden können. Hierbei zeigen sich Parallelen bei der Befragung hinsichtlich der gesundheitsbezogenen Lebensqualität. Diese haben

**Tab. 5.7** Übersicht Evaluationsmethoden pSVV. (Quelle: Eigene Darstellung in Anlehnung an FG Management im Gesundheitswesen, (2020))

| Sozial/ethisch (patientenrelevant) | Organisatorisch (Verfahren und Struktur) | Ökonomisch (Struktur) |
|---|---|---|
| - Adhärenz<br>- Patientensicherheit<br>- Gesundheitskompetenz<br>- Patientensouveränität<br>- Bewältigung krankheitsbedingter Schwierigkeiten im Alltag<br>- Reduzierung therapiebedingter Aufwände und Belastungen der Patienten und Angehörigen | - Koordination der Behandlungsabläufe<br>- Ausrichtung der Behandlung an Leitlinien und Standards<br>- Erleichterung des Zugangs zu Versorgung<br>- Reduzierung therapiebedingter Aufwände und Belastungen der Patienten und Angehörigen | - Reduzierung der therapiebedingten Aufwände |
| **Messmethode** | | |
| Fragebogen | Fragebogen, Versorgungsdaten | Kontextfragen |
| **Zielgröße** | | |
| - Erreichung der vereinbarten Therapieziele<br>- Zugang zu vulnerablen und schwer erreichbaren Patientengruppen<br>- Verbesserung der persönlichen Gesundheitskompetenz<br>- Frühzeitige Warnung vor Krankheitsverlauf<br>- Zufriedenheit mit Versorgung<br>- Individueller Bewältigungsansatz<br>- Einbezug des Patienten bei Behandlungsentscheidung | - Wartezeiten beim Patienten<br>- Patientenkontakt mit Arzt<br>- Verbesserung Austausch zwischen Patienten und Arzt<br>- Verfügbarkeit von Leistungserbringern in ländlicheren Regionen | - Welche Arten von Ressourcen werden bei der Bereitstellung der DiGA und ihrer Komparatoren verwendet?<br>- Wie viele Einheiten dieser Ressourcen werden bei der Bereitstellung der bewerteten DiGA und ihrer Komparatoren verbraucht und wie werden diese Einheiten monetär bewertet?<br>- Wie verändert die DiGA den Bedarf an anderen Technologien und die Nutzung weiterer Ressourcen? Welche möglichen Budgetauswirkungen haben die zu vergleichenden Technologien?<br>- Was sind die geschätzten Unterschiede des Kosten-/Outcome-Verhältnisses zwischen der DiGA und ihren Komparatoren?<br>- Welche Arten von Ressourcen werden bei der Bereitstellung der DiGA und ihrer Komparatoren verwendet? |

auch erhebliche Auswirkungen auf die Bewertung. So konstatiert Icks beispielsweise, dass die Berücksichtigung von Patientenpräferenzen für die Adhärenz und Lebensqualität wichtig sei (Icks, 2019). Dies spricht für eine gebündelte Erhebung bei der Evaluation und lässt sich auch mit Blick auf das DiGA-Verzeichnis bestätigen. Nur eine der 22 DiGA

(Cankado) beruft sich ausschließlich auf die pSVV „Verbesserung der Gesundheits-kompetenz" zur Unterstützung der Brustkrebsbehandlung. Für die Nutzenbewertung kann festgehalten werden, dass die pSVV nur einen additiven Charakter haben können. Eine reine „oder"-Regelung ohne die Bezugnahme auf den mN hält nicht stand.

### 5.3.9 Patientenpräferenz als zusätzliche Nutzenkomponente

Der mN und pSVV beziehen sich zuvorderst auf eine externe Sicht auf die medizinische und strukturelle, wie auch rund um den Patienten. Eine Evidenz hinsichtlich der Patienten-präferenzen ist im Fast-Track und auch in sonstigen Bewertungsverfahren im deutschen Gesundheitswesen nicht vorgesehen. Präferenzstudien haben jedoch gezeigt, dass eine externe Bewertung nicht immer mit den Bedürfnissen der Patienten übereinstimmen muss (Mühlbacher & Kaczynski, 2013).

Da die DiGA hauptsächlich durch den Patienten zu nutzen ist, sollte diese jedoch in die Nutzenbewertung einfließen. Wie bereits erwähnt wird der volle Preis der DiGA nach Download der App, nicht jedoch nach nutzenbezogenen Parametern bewertet. Für eine nutzenorientierte und zugleich wirtschaftliche Preisbildung und Erstattung sind deshalb Parameter zu bestimmen.

Die diskutierten qualitätsbestimmenden Faktoren zur Messung dieser beziehen sich allen voran auf die User Experience (UX), welche die Nutzererfahrung und das Nutzer-erlebnis beschreibt(Icks, 2019). Zentrale Fragen sind in Anlehnung an *Grindrod* (Grin-drod et al., 2014):

- Kann ich die App nutzen?
- Wie kann mir die App helfen?
- Wie kompliziert ist die Nutzung?
- Was kann ich mit der App erreichen?
- Wie sieht die App aus?

Neben den Leitfragen definieren *Yuan et al.* detaillierte Items für die Bewertung von Gesundheits-Apps, die neben Performanz, hedonistischen Motiven und prospektiven Er-wartungen auch Preisvorstellungen abfragen, die ein wichtiges Kriterium bei der Be-wertung einer Gesundheits-App durch den Patienten darstellen (Yuan et al., 2015). Abb. 5.7 zeigt die Items der Patientenpräferenzen.

In der Vergangenheit kamen Studien zu dem Ergebnis, dass die Nutzungsintensität und die Nutzungsloyalität bei Gesundheits-Apps im Vergleich zu anderen Apps eher schwach ausgeprägt sind (Evers-Wölk et al., 2018). *Biduski et al* haben Probanden über drei Mo-nate bei der Nutzung von Gesundheits-Apps begleitet und die Patientenpräferenzen aus-gewertet (Biduski et al., 2020). Dabei kamen Sie zu dem Ergebnis, dass die meisten Präferenzen nur durch eine häufige Nutzung eruiert werden können. Gleichzeitig mache sich bemerkbar, dass eine Nutzung in der ersten Woche besonders ausgeprägt sei und nach einem Monat abnehme, wenn keine neuen Aufgaben und Module verfügbar sind und die

| PREDICTOR | | ITEM | UNSTANDARDIZED ESTIMATE | SE | STANDARDIZED ESTIMATE |
|---|---|---|---|---|---|
| Performance expectancy | α=0.821 Mean=5.172 SD=1.234 | I find __ useful in my daily life. | 1.00 | 0.00 | 0.75 |
| | | Using __ helps me to accomplish things more quickly. | 1.10 | 0.09 | 0.75 |
| | | Using __ increases my productivity. | 1.13 | 0.09 | 0.84 |
| Hedonic motivations | α=0.898 Mean=4.877 SD=1.193 | Using __ is fun. | 1.00 | 0.00 | 0.94 |
| | | Using __ is enjoyable. | 0.93 | 0.04 | 0.90 |
| | | Using __ is very entertaining. | 0.83 | 0.05 | 0.76 |
| Habit | α=0.825 Mean=3.497 SD=1.277 | The use of __ has become a habit for me. | 1.00 | 0.00 | 0.58 |
| | | I am addicted to using __. | 1.47 | 0.13 | 0.91 |
| | | I must use __. | 1.54 | 0.14 | 0.90 |
| Price value | α=0.875 Mean=5.430 SD=1.183 | __ is reasonably priced. | 1.00 | 0.00 | 0.78 |
| | | __ is a good value for the price. | 1.49 | 0.09 | 0.85 |
| | | At the current price, __ provides a good value. | 1.44 | 0.08 | 0.94 |
| Facilitating conditions | α=0.878 Mean=6.033 SD=0.907 | I have the resources necessary to use __. | 1.00 | 0.00 | 0.86 |
| | | I have the knowledge necessary to use __. | 1.01 | 0.07 | 0.91 |
| Behavioral intention | α=0.945 Mean=6.309 SD=0.936 | I intend to continue using __ in the future. | 1.00 | 0.00 | 0.87 |
| | | I always try to use __ in my daily life. | 1.00 | 0.04 | 0.98 |
| | | I will continue to use __ frequently. | 1.00 | 0.04 | 0.93 |

**Abb. 5.7** Items der Patientenpräferenz. (Quelle: Yuan et al., (2015), S. 738)

App nicht intuitiv bedienbar sei. Dies zeigt, dass eine Messung der Patientenpräferenz wechselseitig interpretiert werden und infolgedessen zu Qualitätsverbesserungen der DiGA führen kann. Darüber hinaus zeigt sich, dass auch folgende quantitative Werte patientenbezogene Werte in die Preisfindung und Erstattung einfließen sollten:

- Anzahl der Downloads
- Auswertungen innerhalb der Nutzung (abgeschlossene Therapiemodule)
- Häufigkeit der Nutzung

Zusammenfassend ist festzuhalten, dass es trotz beschriebener Herausforderungen valide Methoden gibt, um den Nutzen einer DiGA evidenzbasiert zu messen. Der pSVV sollte dabei keine separate Nutzenkategorie bilden, sondern in einen Kontext mit dem mN, insbesondere der gesundheitsbezogenen Lebensqualität, gesetzt werden. Darüber hinaus sind auch Patientenpräferenzen gemäß dem hier beschriebenen Parameter zu berücksichtigen, um die Preisfindung und Erstattung nutzenorientiert zu gestalten. Dies leitet die Frage ein, wie diese Parameter gesundheitsökonomisch bewertet werden können.

### 5.3.10 Zielgrößen für die Kosten-Nutzen-Bewertung

Die Bewertung von Innovationen hinsichtlich der Kosten-Effektivität zu Vergleichstherapien ist in vielen Gesundheitssystemen der Standard (Schwalm et al., 2010). Für die wirtschaftliche Betrachtung werden hierbei immer Kosten und Effekte mehrerer Alternativen zueinander in Beziehung gesetzt (Zechmeister-Koss et al., 2020). Im deutschen Gesundheitswesen ist solch ein Verfahren nicht etabliert. Das IQWiG legte 2009 mit dem Konzept der Effizienzgrenze einen Vorschlag vor, der jedoch nicht weiterverfolgt wurde. Deshalb kann lediglich auf die langjährige Erfahrung der reinen Nutzenbewertung von Arzneimitteln rekurriert werden. Im Rahmen des sogenannten AMNOG-Verfahrens unterziehen sich neu zugelassene Medikamente einer Nutzenbewertung in Form eines Vergleichs mit einer zweckmäßige Vergleichstherapie. Auf dieser Grundlage kann ein möglicher Zusatznutzen in Stufen bestimmt werden, dessen Aussagestärke durch Wahrscheinlichkeitshinweise (Beleg, Hinweis, Anhaltspunkt) validiert wird (IQWiG, 2018).

Kann kein Zusatznutzen attestiert werden, werden Arzneimittel sogenannten Festbetragsgruppen zugeordnet. Diese Systematik weist Ähnlichkeiten zu den im § 134 Abs. 5 S. 3 Nr. 1 SGB V formulierten Schwellenwerten auf, bei der die DiGA bis zum Schwellenwert vollständig von der Krankenkasse erstattet wird (FG Management im Gesundheitswesen, 2020). Eine Übertragung der hier aufgeführten Einstufung auf die DiGA scheint aufgrund der in großen Teilen identischen Nutzenparameter möglich zu sein, wie Tab. 5.8

**Tab. 5.8** Einstufung des Zusatznutzens (Eigene Darstellung in Anlehnung an IQWiG (2018), S. 5)

| Zusatznutzen | Zielgrößen (modifiziert nach DiGA) | | | | |
| --- | --- | --- | --- | --- | --- |
| | Mortalität Überlebenszeit | Morbidität Symptome | Gesundheits-bezogene Lebensqualität | pSVV | Patienten-präferenz |
| Erheblich *große Verbesserung ggü. der DiGA mit identischem medizinischem Zweck und höchster Evidenz* | Erhebliche Verlängerungs-dauer | Langfristige Freiheit von Symptomen und Folge-komplikationen | Erhebliche Verbesserung | Erhebliche Verbesserung mindestens eines sozial/ethischen Parameters u. Folgende | Erheblich höhere: - Downloads -Nutzungs-dauer |
| Beträchtlich *deutliche Verbesserung ggü. der Therapie o. DiGA mit identischem medizinischem Zweck und höchster Evidenz* | Moderate Verlängerungs-dauer | Abschwächung von Sympto-men und Folge-komplikationen | Bedeutsame Verbesserung | Beträchtliche Verbesserung mindestens eines sozial/ethischen Parameters u. Folgende | |
| Gering *nicht nur geringer, aber auch keine moderate* Verbesserung | Jegliche Verlängerungs-dauer | Jegliche Verringerung | Relevante Verbesserung | Jegliche Verbesserung | |

zeigt. Im nächsten Schritt ist zu eruieren, wie der Nutzen in das Kostenverhältnis gesetzt werden kann und welche Herausforderungen die von den DiGA-Herstellern gewählten Komparatoren darstellen.

### 5.3.11 Kostenstruktur digitaler Produkte und Auswirkungen auf Nutzen, Wirtschaftlichkeit, Preis- und Erlösgestaltung

Eine nutzenorientierte und zugleich wirtschaftliche Preisbildung und Erstattung können unterschiedlich interpretiert werden. Der Idealzustand tritt ein, wenn eine DiGA mit erheblichem Zusatznutzen gleichzeitig den geringsten Preis abrufen würde. In den vorherigen Kapiteln wurde deutlich, dass eine adäquate Bewertung einer Innovation jedoch erst mit der Nutzungsdauer festgestellt werden kann. Gleichzeitig sinken bei digitalen Produkten mit der Nutzungsdauer in Verbindung mit mehr Nutzern die Grenzkosten des Herstellers gegen null.

Bei der Betrachtung der Stückkosten fällt auf, dass die Grenzkosten der digitalen Reproduktion und Verbreitung sehr gering sind und nicht selten gegen null tendieren. Abb. 5.8 zeigt die Kostenfunktion digitaler Güter im Vergleich zu physischen Gütern. Ergebnis dieser Kostendegression pro Download einer DiGA ist, dass die Skaleneffekte der DiGA deutlich höher sind als analoge Therapieverfahren, die als Komparator in der Nutzenbewertung dienen. Eine rein (grenz-)kostenbasierte Bewertung des Nutzens würde infolgedessen zu einer niedrigpreisigen oder gar gratis DiGA führen. Denkbar wäre, dass

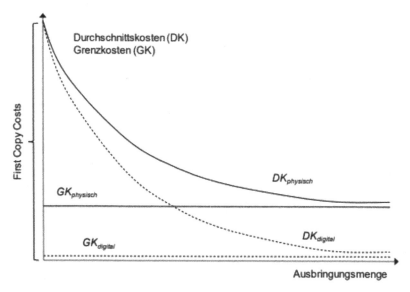

**Abb. 5.8** Kostenfunktion digitaler Güter versus physischer Güter. (Quelle: Clement & Schreiber, 2013, S. 44)

mit zunehmender Penetration Abschläge auf den Preis einer DiGA erfolgen. Diese Systematik ist aus dem sogenannten Fixkostendegressionsabschlag (FDA) in Höhe von 35 Prozent im Rahmen der Krankenhausvergütung bekannt (Reimbursment Institut, 2020). Ausgehend hiervon könnte argumentiert werden, dass ein Abschlag von bis zu 100 Prozent möglich ist. Es ist jedoch Konsens, dass auch die Effektivität und klinische Relevanz sowie die Validität der Evidenz von Bedeutung sind. Dieser Sachverhalt deckt eine Kalamität auf. Einerseits können DiGA durch die Kombination des pVE und der Patientenpräferenz einen hohen Nutzen aufweisen, welche sich preislich durch Incentives auszahlen sollen. Dieser sollte jedoch aufgrund des kurzen Lebenszyklus und der schnellen Weiterentwicklung regelhaft geprüft werden (Porzsolt & Schreyögg, 2009).

Andererseits muss der Hersteller aufgrund der Eigenschaft des digitalen Guts hohe Abschläge in Kauf nehmen, um das Kriterium der Wirtschaftlichkeit zu erfüllen. *Porzsolt und Schreyögg* befassten sich mit dieser Problematik und plädierten dafür, dass bei unterschiedlichem Nutzen und einer geringen Aussagekraft des Nutzens die Entscheidung vom Preis abhängig gemacht werden sollte (Abb. 5.9). Erst wenn der Nutzen und die Validität beider Therapieoptionen ähnlich ist, solle die Entscheidung vom Preis abhängig gemacht werden (Porzsolt & Schreyögg, 2009).

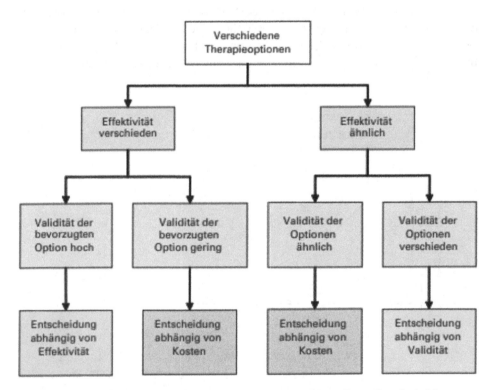

**Abb. 5.9** Entscheidungspfade bei Therapieoptionen. (Quelle: Eigene Darstellung in Anlehnung an Porzsolt & Schreyögg, (2009), S. 627)

An dieser Stelle wird deutlich, weshalb die Ableitung des Preises einer DiGA ausgehend eines Vergleichs mit einer analogen Behandlung zu Verzerrungen führt, da eine DiGA auch bei deutlich geringerem Nutzen aufgrund des Kostenvorteils eine bevorzugte Therapieoption sein kann. Infolgedessen muss der Komparator einer DiGA zumindest perspektivisch stets eine andere DiGA sein, damit dieselben Ausgangsbedingungen für eine Kosten-Nutzen-Bewertung gelten.

Eine preisliche Konsequenz wäre, die Vergütung aus dem Nutzen der pVE zu quantifizieren und zu Beginn eine Fixkostenpauschale zu vergüten, welche mit der Nutzungshäufigkeit degressiv verläuft. Eine reine downloadbezogene Vergütung entspricht nicht der Nutzenorientierung. Je höher der im Vorfeld erwiesene Nutzen ist, desto höher ist der Eingangspreis. Dieser kann mit der Zunahme des Nutzens (Pay-for-Service) und einer damit verbundenen hohen Patientenpräferenz steigen. Dieser Sachverhalt verdeutlicht, dass verschiedene Kosten-Nutzen-Bewertungen eruiert werden müssen, um den Nutzen zu quantifizieren und diesen im Kontext des zu vereinbarenden Preises zu betrachten.

## 5.3.12 Instrumente der Kosten-Nutzen-Bewertung

Es besteht eine Vielzahl von Instrumenten zur Bewertung von HTA. Allerdings herrscht noch kein Konsens darüber, wie verschiedene Nutzwerte (mN, psVV, Patientenpräferenz) als ein Wert künstlich quantifiziert werden können (Fleßa & Greiner, 2020). *Irbarren et al.* haben in ihrer Metaanalyse ausgewertet, welche Instrumente am häufigsten bei der Bewertung von mHealth zur Anwendung kommen. Das Ergebnis fiel auf die Kosten-Effektivitäts-Analyse und die Kosten-Nutzen-Bewertung (Iribarren et al., 2017). Bei der Kosten-Nutzen-Analyse werden alle Outputs und Inputs ausschließlich monetär gemessen. Als Input können im Wesentlichen zwei Arten von Kosten definiert werden. Zum einen sind dies die anwendungsassoziierten Kosten (Herstellungskosten, Distribution und Anwendung), zum anderen die Folgewerte (Einsparungen oder Ausgaben in Folge der Intervention). Die monetären Einheiten werden in qualitätsbereinigte Lebensjahre (auch *quality adjusted lifeyears* oder QUALY genannt) dimensioniert. Allerdings hat sich diese Betrachtung im deutschen Gesundheitswesen aufgrund von Akzeptanz- und methodischen Problemen nicht durchgesetzt. Darüber hinaus wird der vom Gesetzgeber intendierte Nutzen einer DiGA, auch hinsichtlich der niedrigen Risikoklasse, nur sehr schwer mit einer Verlängerung oder Verkürzung der Lebensjahre in Verbindung zu bringen sein (Burchert, 1998). Viel häufiger angewendet wird die Kosten-Effektivitäts-Analyse. Diese eignet sich dann, wenn sich der Nutzen der zu vergleichenden Maßnahmen im gleichen Nutzenmaß ausdrückt. Der gewonnene Nutzen wird hierbei auch in QUALY gewertet. Dies könnte sowohl für DiGA derselben Indikation und medizinischen Zweckbestimmung als auch vergleichend mit dem Standard of Care angewendet werden. Der methodische Vorteil ist, dass natürliche Werte verwendet werden, die auch für die Messung des mN (beispielsweise Blutzuckerwert) gelten (Hazel et al., 2021). Auch die Lebensqualität kann mittels EQ-5D als Nutzwert angegeben werden. Im nächsten Schritt hinaus müssen die Kosten einer DiGA exakt bestimmt werden. Eine Unterteilung kann in direkte (Hard- und Software, laufende Kosten) bzw. indirekte (krankheits- und interventionsbedingte Produktivitätsausfälle) und mittelbare (zeitgleich bei Anwendung der DiGA) bzw. unmittelbare (fallen zeitversetzt an) Kosten erfolgen (Burchert, 1998). Das Ergebnis der Berechnung wird häufig als Incremental Cost Effectiveness Ratios (ICERs) bezeichnet. Hierzu Abb. 5.10

Um einen zusätzlichen Nutzwert zu erzielen, müssten gemäß des Modells 37,20 Euro aufgewendet werden. Das Ergebnis kann, wie Abb. 5.11 aufzeugt, mittels Kosten-Effektivitäts-Fläche dargestellt und interpretiert werden.

Hierbei sind vier verschiedene Alternativen möglich. Im Vergleich zu einer Alternative A (im Zentrum) kann eine Maßnahme entweder teurer und effektiver (Quadrant I), günstiger und effektiver (Quadrant II), günstiger und weniger effektiv (Quadrant III) oder

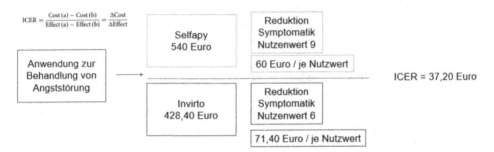

**Abb. 5.10** Modellhafte Berechnung ICER. (Quelle: Eigene Darstellung)

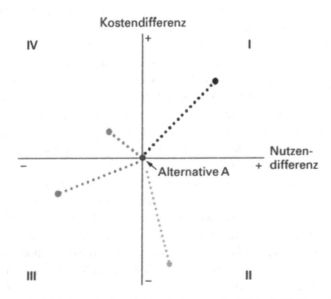

**Abb. 5.11** Kosten-Effektivitäts-Fläche. (Quelle: Schwappach, (2012), S. 94 f.)

teurer und weniger effektiv sein (Quadrant IV) (Schwappach, 2012). Die grundlegende Frage, die Entscheidungsträger beantworten müssen ist, welchen Stellenwert Innovationen und ein zusätzlicher Nutzen vor dem Hintergrund der zusätzlichen Kosten haben. Zu diskutieren ist, ab wann ein zusätzlicher Nutzen als effektiv gilt. Aus der streng ökonomischen Betrachtung heraus wäre die günstigste Alternative mit dem höchsten Output vorzuziehen.

Ausgehend von der Kosten-Effektivitäts-Analyse kann eine Budget-Impact-Analyse in der frühen Phase der Einführung der DiGA vorgenommen werden (Mauskopf et al., 2005). Eine Vielzahl von Parametern werden in Expertenkreisen diskutiert. *Mauskopf* et al. haben diese in einer Metaanalyse untersucht und haben folgende Parameter herausgearbeitet, die sich auf die DiGA übertragen wie folgt darstellen:

- Erwartete Anzahl von DiGA-Nutzern
- Preis pro Download bzw. pro Patient
  - Zusätzlich notwendige Arztbesuche ambulant aufgrund der DiGA
  - Prozentuale Abnahme Hospitalisierung
  - Jährliche Kostenreduktion durch weniger Inanspruchnahme stationär und ambulant (hierzu (Mauskopf et al., 2005))

Dabei ist auch hier zu berücksichtigen, dass sich der Budget-Impact je nach Erkrankungsart, Diffusionsrate, Marktumfeld durch andere DiGA und Versorgungsstrukturen unterscheiden kann. Umso wichtiger erscheint, dass der DiGA-Prozess in Bezug auf die Zulassung, Qualitätssicherung, Evidenz, Preisbildung, Erstattung und der Berücksichtigung der Wirtschaftlichkeit iterativ in einem multidisziplinären Umfeld erfolgt.

Zusammenfassend zeigt sich, dass Kosten-Nutzen-Instrumente zur Bewertung von der DiGA angewendet werden können. Allerdings müssen einige methodische Herausforderungen bewältigt werden. Es bedarf Erfahrungswerte im Einsatz in der Versorgungspraxis, weiterer Forschungsbedarf hinsichtlich der geeigneten Komparatoren, geeigneten Preis- und Erstattungsmodellen sowie den Auswirkungen digitaler Produkteigenschaften auf den weiteren Bewertungsprozess.

Aus den hier dargestellten Erkenntnissen lässt sich folgendes, in Abb. 5.12 dargestelltesModell ableiten, welches nutzenorientiert und zugleich wirtschaftlich ist.

| „Dynamisches Modell" | | | |
| --- | --- | --- | --- |

**Zulassung (durch BfArM) + Erprobungsphase + Bewertung**

| Qualitätsanforderungen an die App | Evidenzgenerierung | Nutzenbewertung | Preisfindung/Erstattung |
| --- | --- | --- | --- |
| • DiGA-Leitfaden<br>• Anpassung durch Expertengremium hinsichtlich Evidenzanforderungen und Evidenz-Generierung<br><br>• Einstufung in DiGA-Gruppen (neuartig, gleichwertig, nicht bestimmbar)<br>• Konsultation Forschungsdaten Zentrum und<br><br>Expertengremium für<br><br>geeigneten Frame<br><br>hinsichtlich der<br><br>klinischen Simulation | • Obligatorisch mN<br>• Sekundär pSVV<br>• RCT oder zumindest RWD in Kombination mit klinischen Simulationen vorlegen<br>• Konzept für RCT vorlegen<br>• Konzept für RWD/PRO Generierung vorlegen | • vorläufige Nutzenbewertung und Empfehlung durch BfArM und IQWiG<br>• Sichtung GKV-SV, KBV, Hersteller<br>• Festlegung Vergeichstherapie | • Festlegung Preiskorridor anhand vergleichbarer DiGA, falls nicht vergleichbar dann Standard of care<br>• Festlegung Zu- und Abschlagsschwellen<br>• Bestimmung des finalen Preises durch den Hersteller<br>• Erstattung erfolgt über Pay-for-Service nutzenbasiert |
| • Iterative Anpassung<br>• Beobachtung der Anbieterstruktur der DiGA durch BfArM | • Erhebung primärer Werte<br>• Zweite Differenzierung nach Patientensubgruppen<br>• Erhebung Patientenpräferenzen | • Regelhaftes Monitoring hinsichtlich des Nutzens<br>• Kontinuierliche Begeitung hinsichtlich Weiterentwicklung der App (Software-Updates etc.) | • Festlegung neuer Schwellenwerte<br>• Festlegung neuer Preiskorridore |

**Abb. 5.12** DiGA – Dynamisches Modell

## 5.4    Digitale Pflegeanwendungen (DiPA)

Mit dem Gesetz zur digitalen Modernisierung von Versorgung und Pflege vom 3. Juni 2021 (DVPMG) hat das Bundesgesundheitsministerium an das Digitale-Versorgung-Gesetz (DVG) und an das Patientendaten-Schutzgesetz (PDSG) angeknüpft. Entsprechend den digitalen Gesundheitsanwendungen in der ambulanten ärztlichen Versorgung (DiGA) wurden auch im Bereich der Pflege digitale Anwendungen (DiPA) eingeführt und diese in die Finanzierung der gesetzlichen Pflegeversicherung überführt. Zentrale Anknüpfungspunkte stellen §§ 39a, 40a, 40b und 78a SGB XI dar. Gemäß § 40a Abs. 1 SGB XI haben Pflegedürftige Anspruch auf „Versorgung mit Anwendungen, die wesentlich auf digitalen Technologien beruhen und von den Pflegebedürftigen oder in der Interaktion von Pflegebedürftigen, Angehörigen und zugelassenen ambulanten Pflegeeinrichtungen genutzt werden, um Beeinträchtigungen der Selbstständigkeit oder der Fähigkeiten des Pflegebedürftigen zu mindern und einer Verschlimmerung der Pflegebedürftigkeit entgegenzuwirken," soweit die Anwendung nicht von der GKV oder anderen zuständigen Leistungsträgern, z. B. der Sozialhilfe, zu leisten ist. Gerade weil der Anspruch auch solche Anwendungen erfasst, die schwerpunktmäßig von pflegenden Angehörigen oder zugelassenen Pflegediensten verwendet werden, ergibt sich ein potenziell sehr großer Kreis Anspruchsberechtigter.

Nach § 40b Abs. 1 SGB XI können Leistungsberechtigte bis zu 50 € pro Monat für DiPAen beanspruchen, wobei dieser Leistungsbetrag für beide Leistungskomponenten zur Verfügung steht. Er beinhaltet daher ergänzende Unterstützung nach § 39a SGB XI und digitale Pflegeanwendung im Sinne des § 40a SGB XI. Nach § 40b Abs. 2 SGB XI wird klargestellt, dass die Aufteilung des Leistungsbetrages nicht von dem Anspruchsberechtigten vorgenommen wird, sondern durch die generelle Vorgabe des Spitzenverbandes Bund der Pflegekassen.

Das Bundesgesundheitsministerium geht in seinen Berechnungen von einer Aufwuchsphase von vier Jahren aus (BT-Drs. 19/27652, S. 7). Sofern ca. 10 Prozent aller ambulant versorgten Pflegebedürftigen digitale Pflegeanwendungen in Anspruch nehmen, ergeben sich schätzungsweise im Jahr 2022 für knapp 90 000 Personen Mehrausgaben in Höhe von gut 30 Millionen Euro, im Jahr 2023 für 180 000 Personen Mehrausgaben in Höhe von 65 Millionen Euro, im Jahr 2024 für gut 270 000 Personen Mehrausgaben in Höhe von knapp 100 Millionen Euro und im Jahr 2025 für 365 000 Personen Mehrausgaben in Höhe von gut 130 Millionen Euro (BT-Drs. 19/27652, S. 7). Dem stellt das BMG Einsparpotenzial durch die Präventionswirkung, die Stärkung der Autonomie der Pflegebedürftigen und eine Vermeidung der stationären Pflege sowie durch modifizierte Einsätze von Pflegediensten und den Wegfall von Fahrten von Pflegediensten entgegen, jedoch ohne die Entlastungen quantifizieren zu können. Ob diese Entlastung wie prognostiziert eintritt oder nur ein Wunschdenken darstellt, wird sich spätestens Anfang 2024 zeigen. Gemäß § 78a Abs. 6 SGB XI wurde der Spitzenverband Bund der Pflegekassen verpflichtet, jährlich,

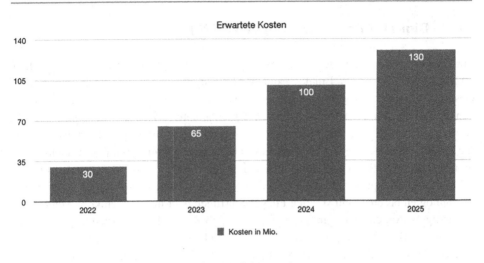

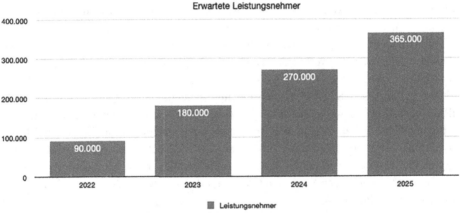

**Abb. 5.13** Potenzielle Leistungsempfänger und Kosten der DiPA

erstmals zum 1. Februar 2024, einen barrierefreien Bericht vorzulegen, welcher unter-
anderem Informationen über die Inanspruchnahme der Leistungen nach den §§ 39a und
40a SGB XI enthält. Hierzu gehört unter anderem, wie viele Pflegebedürftige der jeweiligen Pflegegrade Leistungen in Anspruch genommen und welche Mittel die Pflegekassen
dafür verausgabt haben. Die entsprechenden Prognosen zeigen Abb. 5.13.

## 5.4.1  Aufnahme in das neue DiPA-Verzeichnis und Preisfindung

DiPAen werden vom BfArM zugelassen und in einem noch zu schaffendem Verzeichnis
nach §§ 40a Abs. 2 S. 1 i. V. m. 78a Abs. 3 SGB XI gelistet. Das Prüf- und Zulassungsverfahren bei der BfArM folgt dabei sowohl im Ablauf als auch inhaltlich demjenigen für
DiGAs, sodass auch im Pflegebereich ein Fast-Track-Verfahren etabliert wird. Das BfArM

hat – wie beim DiGA-Verfahren – innerhalb von drei Monaten über die Aufnahme der DiPA in das Register zu entscheiden. Weitere Einzelheiten des Zulassungsverfahrens, zum DiPA-Verzeichnis sowie zu den sonstigen verfahrensrechtlichen, technischen und sonstigen Anforderungen im Zusammenhang mit der Nutzung und Zulassung von DiPAs sind gemäß § 78a Abs. 6 SGB XI durch den BGM in einer DiPA-Verordnung – vergleichbar der DiGA-Verordnung nach § 139e Abs. 9 SGB V – festzulegen. Bis zur Fertigstellung des Manuskriptes lag die Verordnung nicht vor (Stand November 2021). Nach Informationen aus dem Bundesgesundheitsministerium wird die DiPA-Verordnung gegenwärtig vorbereitet und voraussichtlich Anfang 2022 veröffentlicht.

Im Grundsatz ist für die Anerkennung und Vergütung von DiPA ein Regelungsregime geplant, welches dem für DiGA weitestgehend ähnelt. Der Spitzenverband Bund der Pflegekassen trifft im Einvernehmen mit der Bundesarbeitsgemeinschaft der überörtlichen Träger der Sozialhilfe und der Eingliederungshilfe (BAGüS; In Deutschland sind örtliche und überörtliche Träger für Sozialhilfe- und Eingliederungshilfeleistungen zuständig) mit den für die Wahrnehmung der wirtschaftlichen Interessen gebildeten maßgeblichen Spitzenorganisationen der Hersteller von digitalen Pflegeanwendungen auf Bundesebene (In Deutschland existierte bis Januar 2021 keine maßgebliche Spitzenorganisation dieser Art) eine Rahmenvereinbarung über die Maßstäbe für die Vereinbarungen der Vergütungsbeträge. Dafür stehen – anders als bei DiGA – lediglich drei Monate zur Verfügung. Gelingt eine Einigung nicht, hat eine Schiedsstelle zu entscheiden. Drei Monate Zeit haben auch die Vertragspartner der Rahmenvereinbarung nach § 78a Abs. 2 S. 1 SGB XI (ab Erlass der DiPA-Verordnung des BGM); ebenso die Schiedsstelle, die anzurufen ist, sollten die Vertragspartner sich nicht innerhalb der Frist über den Inhalt der Rahmenvereinbarung einigen können (§ 78a Abs. 1 S. 2 SGB XI). Angesichts der kurzen Fristen besteht eine sehr hohe Wahrscheinlichkeit, dass es zu einer Schiedsstellenentscheidung kommt.

So hat die DiGA-Schiedsstelle entschieden, dass die Hersteller in der Festlegung des Abgabepreises und Preismodells seiner digitalen Gesundheitsanwendung grundsätzlich frei sind (§ 1 Abs. 2 Rahmenvereinbarung (§ 1 Abs. 2 Rahmenvereinbarung nach § 134 Abs. 4 und 5 SGB V in der Fassung der Schiedsstelle nach § 134 Abs. 4 SGB V (Aktz. 1 D 24-20))). Dieser Abgabepreis wird als tatsächlicher Preis definiert und um bestimmte Bestandteile, wie gewährte Rabatte, nicht erstattungsfähige Dienstleistungs- und Hardwarekosten reduziert (§ 1 Abs. 3 Rahmenvereinbarung (§ 1 Abs. 2 Rahmenvereinbarung nach § 134 Abs. 4 und 5 SGB V in der Fassung der Schiedsstelle nach § 134 Abs. 4 SGB V (Aktz. 1 D 24-20))). Damit wird unter anderem einem firmenindividuellem Pricing, vielfältigen Indikationen der Anwendungen, der unterschiedlichen Nutzungsdauer und potenziell neuartigen Modellen, wie beispielsweise Pay for Performance, entsprechend Rechnung getragen.

Eine vergleichbare Regelung ist für DiPA jedoch nicht möglich. Anders als bei DiGA, ist ein vom Hersteller festgelegter (Markt-)Preis für das erste Jahr der Aufnahme in das Verzeichnis nicht vorgesehen. Damit gilt der zwischen dem Spitzenverband Bund der Pflegekassen und dem DiPA-Hersteller ausgehandelte Vergütungsbetrag rückwirkend ab der Aufnahme in das DiPA-Verzeichnis (§ 78 Abs. 2 S. 2 SGB XI). Die bisherige Kritik der Kostenträger, mit exzessiven Preisstrategien der Hersteller konfrontiert zu sein, müsste bei DiPA daher ausbleiben, zumal gegenwärtig ein gesetzlicher Erstattungshöchstbetrag i. H. v. 50 Euro monatlich besteht. Insofern darf auch im Pflegebereich gemäß § 29 Abs. 1 SGB XI das Wirtschaftlichkeitsgebot nicht außer Betracht gelassen werden.

### 5.4.2 Pflegerischer Nutzen

Auch wenn viele rechtliche Vorgaben für DiPAen denjenigen für DiGAen entsprechen, weisen Erstgenannte an anderen Stellen doch auch deutliche Abweichungen auf. Dies betrifft die vorerwähnten Fristen ebenso wie die normativ verankerte Preisbremse. Darüber hinaus müssen DiPAen nach dem Wortlaut der Regelungen nicht zwingend Medizinprodukte Klasse I oder IIa sein. In § 40a Abs. 1 S. 1 SGB XI ist vielmehr generell von „Anwendungen" die Rede, so dass grundsätzlich auch Nicht-Medizinprodukte oder Medizinprodukte höherer Risikoklassen in das Verzeichnis aufgenommen werden könnten. Ferner ist die Aufnahme in das DiPA-Verzeichnis nur endgültig möglich. Eine vorläufige Aufnahme für die ersten zwölf bzw. auch 24 Monate ist nicht vorgesehen, sodass die Hersteller von DiPAen von Anfang an den pflegerischen Nutzen voll und ganz nachweisen müssen, ohne dass es hierfür eine Erprobungszeit gibt. Was der Gesetzgeber konkret unter einem pflegerischen Nutzen versteht und anhand welcher Kriterien dieser festgestellt wird, soll zukünftig in der geplanten Verordnung nach § 78a Abs. 6 Nr. 2 SGB XI näher definiert werden.

Ein möglicher (rechtlicher) Anknüpfungspunkt für die Auslegung dieses unbestimmten Rechtsbegriffes könnte der geltende Pflegebedürftigkeitsbegriff nach § 14 SGB XI sein, der das Pflegeverständnis in den relevanten Lebensbereichen sowie Aktivitäten widerspiegelt (Hierzu beispielsweise Stellungnahme des GKV-Spitzenverbandes vom 07.12.2020 zum Referentenentwurf DVPMG). DiPA, welche zu einer Verbesserung in einem oder mehreren dieser Bereiche führt, weist einen entsprechenden pflegerischen Nutzen auf. Bereits heute auf dem Markt befinden sich beispielsweise Pflegeanwendungen, die individuelle Übungen aus den Bereichen motorische und kognitive Mobilität sowie mentales Wohlbefinden anbieten, Online-Pflegeberatungen, digitale Trainer und Pflegeassistenten sowie Online-Bewegungsanalyse im Bereich Betriebliche Gesundheitsförderung für Pflegekräfte.

Medizinischer und pflegeökonomischer Anknüpfungspunkt für die Interpretation des pflegerischen Nutzens muss – analog der Evidenzbasierten Medizin bei DiGA – zwingend das Evidence based Nursing (EBN) (Hierzu beispielsweise Stellungnahme des GKV-Spitzenverbandes vom 07.12.2020 zum Referentenentwurf DVPMG) darstellen und folglich bei der Erstellung der DiPA-Verordnung beachtet werden. Hier sind weitere Forschungsmöglichkeiten gegeben.

## 5.5 Ergebnis und Thesen

Die Überführung digitaler Gesundheits- und Pflegeanwendungen (DiGA/DiPA) aus dem allgemeinen Gesundheits- und Pflegemarkt in den Markt der gesetzlichen Kranken- und Pflegeversicherung stellt einen wichtigen Meilenstein auf dem Weg zur Digitalisierung beider Märkte dar. Gleichwohl gehen damit Herausforderungen einher, wie beispielsweise die Quantifizierung des vom Gesetzgeber geforderten medizinischen/pflegerischen Nutzens bzw. eine patientenrelevante Verfahrens- und Strukturverbesserung. Damit diese Anwendungen mit den Kriterien der Wirtschaftlichkeit, Wirksamkeit und Qualität des SGB V und XI kompatibel sind, müssen Fragen der Datennutzung zur Evidenzgenerierung und Kriterien für geeignete Komparatoren sowie die Auswirkungen auf die Preisfindung und Erstattung geklärt werden. Erschwerend kommt hinzu, dass die gesetzlich genannten Kriterien nicht legaldefiniert werden, sondern vielmehr der Interpretation der Literatur und Gerichte überlassen werden. Um eine breite Akzeptanz der Anwendungen zu erzeugen, sollten neben den bereits genannten Akteuren auch weitere Gesundheits- und Pflegeberufe berücksichtigt werden, um einen ganzheitlichen Patientenpfad abbilden zu können. Langfristig können DiGA/DiPA wichtige Bausteine für ein digitales Ökosystem sein und damit zu einem effizienteren und innovationsfreundlicheren ersten Gesundheits- und Pflegemarkt führen. Gleichzeitig bedarf es einer übergreifenden Strategie mit klaren Qualitätskriterien.

Als Handlungsempfehlungen:

- Strikte Beachtung der evidenzbasierten Medizin und der evidenzbasierten Pflege
- Kriterien zur Einordnung unterschiedlicher Datenquellen hinsichtlich ihrer Evidenz festlegen
- Schaffung eines Datenraums zur Nutzung für Simulationen zur Evidenzgenerierung
- Weiterentwicklung geeigneter Komparatoren
- Bewertungsmaßstäbe hinsichtlich der Frage des Nutzens im Kontext der Wirtschaftlichkeit bestimmen
- Festlegung und perspektivische Weiterentwicklung geeigneter Kosten-Nutzen-Instrumente
- Ein multidisziplinäres Gremium zur Evaluierung und Weiterentwicklung etablieren
- Stärkere Einbeziehung der Selbstverwaltung

## Literatur

§ 1 Abs. 2 Rahmenvereinbarung nach § 134 Abs. 4 und 5 SGB V in der Fassung der Schiedsstelle nach § 134 Abs. 4 SGB V (Aktz. 1 D 24-20). https://schiedsstelle.de/schiedsstellen/134_abs_3_sgv_v/134.jsp. Zugegriffen am 24.10.2021.

Ärzteblatt. (2021). *Spahn will Bundeszuschuss für gesetzliche Krankenversicherung anheben.* www. aerzteblatt.de. Zugegriffen am 24.10.2021.

Ärztezeitung. (2020). *Kassenkritik an DiGA. Zentrale Anforderung ist medizinischer nutzen.* www. aerztezeitung.de. Zugegriffen am 24.10.2021.

Berechnungen auf Grundlage der KF21BUND 2021.

Berensmann, M., & Gratzfeld, M. (2018). Anforderungen für die CE-Kennzeichnung von Apps und Wearables. *Bundesgesundheitsblatt, Gesundheitsforschung, Gesundheitsschutz, 61*(3), 314–320.

Bertelsmann Stiftung. (2019). AppQ. Gütekriterien-Kernset für mehr Qualitätstransparenz bei digitalen Gesundheitsanwendungen. Studienbericht, S. 13.

BfArM. (2019). *DiGA-Verzeichnis.* https://diga.bfarm.de/de/verzeichnis. Zugegriffen am 24.10.2021.

Biduski, D., et al. (2020). Assessing long-term user experience on a mobile health application through an in-app embedded conversation-based questionnaire. *Computers in Human Behavior, 104,* 36.

Brandes, A. (2019). *Im Zentrum der Daten.* https://www.gerechte-gesundheit-magazin.de/ausgabe-56-august-2021/im-zentrum-der-daten/. Zugegriffen am 24.11.2021.

Brönneke, J. B., et al. (2020). *DiGA Vademecum. Was man zu Digitalen Gesundheitsanwendungen wissen muss* (1. Aufl., MWV, S. 108 f.).

BT-Drs. 19/27652, S. 7.

Bundesärztekammer. (2015). *Telemedizinische Methoden in der Patientenversorgung – Begriffliche Verortung* (S. 3).

Bundesinstitut für Arzneimittel und Medizinprodukte. (2020). Das Fast-Track-Verfahren für digitale Gesundheitsanwendungen (DiGA) nach § 139e SGB. Ein Leitfaden für Hersteller, Leistungserbringer und Anwender (Bd. 104, S. 82 ff.).

Bundesinstitut für Arzneimittel und Medizinprodukte. (2020a). S. 82 ff.

Bundesinstitut für Arzneimittel und Medizinprodukte. (2021a). https://www.bfarm.de/DE/Medizinprodukte/DVG/_node.html. Zugegriffen am 24.10.2021.

Bundesinstitut für Arzneimittel und Medizinprodukte. (2021b). https://diga.bfarm.de/de. Zugegriffen am 24.10.2021.

Burchert, H. (1998). Ökonomische Evaluation von Telematik-Anwendungen im Gesundheitswesen und Schlussfolgerungen für ihre Implementierung (S. 11 ff.) http://hdl.handle.net/10419/48943. Zugegriffen am 24.10.2021.

BVmed. *Branchenbericht Medizintechnologien 2020* (Stand 26.4.2021, S. 4). www.bvmed.de/branchenstudien. Zugegriffen am 24.10.2021.

Ciani, O., et al. (2013). Comparison of treatment effect sizes associated with surrogate and final patient relevant outcomes in randomised controlled trials: meta-epidemiological study. *BMJ, 346,* 77.

Clement, R., & Schreiber, D. (2013). *Internet-Ökonomie. Grundlagen und Fallbeispiele der vernetzten Wirtschaft* (S. 44). Springer.

Dalkou, M., et al. (2014). Why mHealth interventions are the new trend in health psychology? Effectiveness, applicability and critical points. *The European Health Psychologist 17* (3), 129–136.

Definition der Präventionsmedizin/DGNP e. V. https://www.dgnp.de. Zugegriffen am 24.10.2021.

Dockweiler, C. (2016). *Akzeptanz der Telemedizin* (S. 257). Springer Vieweg.

EU Regel 11. Verordnung 2017/745 (MDR/MP-VO).

Evers-Wölk, M., Oertel, B., Sonk, N., et al. (2018). *Wie werden Gesundheits-Apps genutzt und bewertet?* (S. 13). Büro für Technikfolgen-Abschätzung beim Deutschen Bundestag (TAB).

Feinstein, A. R., & Horwitz, R. I. (1997). Problems in the „evidence" of „evidence-based medicine". *AJM, 103*(6), 529–535.

FG Management im Gesundheitswesen. (2020). *Wege zu einer besseren Implementierung von digitalen Gesundheitsanwendungen in die Gesundheitsversorgung der GKV* (S. 21 ff.).

Fleßa, S., & Greiner, W. (2020). *Eine Einführung in das wirtschaftliche Denken im Gesundheitswesen* (S. 185). Springer.

Gemäß Bandura, A. (1997). *Self-efficacy. The exercise of control.* W.H. Freeman and Company.

Gemeinsamer Bundesausschuss. (2021). Verfahrensordnung. Bundesanzeiger (84a), S. 1 f.

Gensorowsky, D., et al. (2020). Zugang mobiler Gesundheitstechnologien zur GKV. *Gesundheitsökonomie & Qualitätsmanagement, 25*(02), 105–114.

Gerhardus, A. (2015). *Health Technology Assessment (HTA)/Technikfolgenabschätzung* (S. 28). Bundeszentrale für gesundheitliche Aufklärung (BZGA).

Graf, J. M., et al. (1998). Die deutsche Version des EuroQol-Fragebogens. *Journal of Public Health, 6*(1), 3–20.

Grindrod, K. A., et al. (2014). Evaluating user perceptions of mobile medication management applications with older adults: A usability study. *JMIR mHealth and uHealth, 2*(1), e11. S. 2 f.

Grossarth-Maticek, R., et al. (2001). Use of Iscador, an extract of European mistletoe (Viscum album). Cancer treatment: Prospective nonrandomized and randomized matched-pair studies nested within a cohort study. Altern. Ther Health Med 7 (3), 57–80.

Guo, C., et al. (2020). Challenges for the evaluation of digital health solutions-A call for innovative evidence generation approaches. *NPJ Digital Medicine, 3*, 110.

Håkansson, J. K., Eklund, I. K., et al. (2019). „Same same or different?" A review of reviews of person-centered and patient-centered care. *PEC, 102*(1), 3–11.

Haring, R. (2019). *Gesundheitswissenschaften* (S. 2). Springer.

Haring, R., & Siegmüller, J. (2018). *Evidenzbasierte Praxis in den Gesundheitsberufen* (S. 52 f.). Springer.

Hazel, C. A., et al. (2021). Systematic review of cost-effectiveness analysis of behavior change communication apps: Assessment of key methods. *DIGITAL HEALTH, 7*, 2.

Hemkens, L. G. (2021). Nutzenbewertung digitaler Gesundheitsanwendungen – Herausforderungen und Möglichkeiten. *Bundesgesundheitsblatt, Gesundheitsforschung, Gesundheitsschutz, 64*(10), 1269–1277.

Hierzu beispielsweise Stellungnahme des GKV-Spitzenverbandes vom 07.12.2020 zum Referentenentwurf DVPMG. S. 139. https://www.bundesgesundheitsministerium.de. Zugegriffen am 24.10.2021.

https://diga.bfarm.de/de/diga-nutzer. Zugegriffen am 24.10.2021.

https://www.hcm-magazin.de/gesundheits-app/150/31919/389994. Zugegriffen am 24.10.2021.

Huckvale, K., et al. (2015). Unaddressed privacy risks in accredited health and wellness apps: A cross-sectional systematic assessment. *BMC Medical, 13*, 1 f.

Hurrelmann, K., & Baumann, E. (2014). *Handbuch Gesundheitskommunikation* (S. 272). Hogrefe.

Icks, A. (2019). Gesundheitsökonomie. *Der Diabetologe, 15*(6), 02–503.

In Deutschland existierte bis Januar 2021 keine maßgebliche Spitzenorganisation dieser Art. Daher hat sich im Februar 2021 eine Allianz für Digitale Pflegeanwendungen (SVDiPA) gegründet, die das fachliche und technische Know-how bündelt und Aufgaben eines Spitzenverbandes übernimmt. Medtechzwo online, Spitzenverband für digitale Pflegeanwendungen gegründet. https://medtech-zwo.de/aktuelles/nachrichten. Weiterführende Informationen unter https://svdipa.de. Zugegriffen jeweils am 24.10.2021.

In Deutschland sind örtliche und überörtliche Träger für Sozialhilfe- und Eingliederungshilfeleistungen zuständig. In der Regel sind die kreisfreien Städte und Landkreise örtliche Träger (§ 3 Abs. 2 SGB XII), die Bundesländer und höheren Kommunalverbände sind überörtliche Träger (§ 3 Abs. 3 SGB XII) – Details regelt das jeweilige Landesrecht. https://www.bagues.de. Zugegriffen am 24.10.2021.

Institut für Qualität und Wirtschaftlichkeit im Gesundheitswesen. (2019a). Stellungnahme des IQWiG zum Referentenentwurf des Bundesministeriums für Gesundheit (BMG) eines Gesetzes für eine bessere Versorgung durch Digitalisierung und Innovation, S. 41.

Institut für Qualität und Wirtschaftlichkeit im Gesundheitswesen. (2019b). *Jahresbericht 2019* (S. 1).

Institut für Qualität und Wirtschaftlichkeit im Gesundheitswesen (IQWiG). https://www.iqwig.de/presse/mediathek/grafiken/infografik-patientenrelevante-endpunkte/.

IQWiG. (2018). *Zusatznutzen: Ja oder Nein?* (S. 3).

Iribarren, S. J., et al. (2017). What is the economic evidence for mHealth? A systematic review of economic evaluations of mHealth solutions. *PLoS ONE, 12*(2), 10.

Klinkhammer-Schalke, M., et al. (2020). Manual für Methoden und Nutzung versorgungsnaher Daten zur Wissensgenerierung. *Gesundheitswesen, 82*(8–09), 716–722.

Kohavi, R., et al. (2020). Online randomized controlled experiments at scale: Lessons and extensions to medicine. *Trials, 21*(1), 150.

Koller, M., et al. (2009). Die Erfassung von Lebensqualität in der Versorgungsforschung – konzeptuelle, methodische und strukturelle Voraussetzungen. *Gesundheitswesen, 71*(12), 864–872.

Krummenauer, F. (2015). Berichten RCT-Publikationen zur Versorgung von AMD-Patienten Baseline-Daten zum eingebrachten Patientengut mit Blick auf die Generalisierbarkeit des Studiendesigns? S. 308 f.

Kuss, O., et al. (2016). Propensity score: An alternative method of analyzing treatment effects. *Deutsches Ärzteblatt International, 113*(35–36), 597–603.

Langewitz. (2012). Physician-patient communication in medical education: Can it be learned? *undesgesundheitsblatt – Gesundheitsforschung – Gesundheitsschutz, 55*(9), 1176–1182.

Mangiapane, S., & Velasco Garrido, M. (2009). *Surrogatendpunkte als Parameter der Nutzenbewertung* (S. 56).

Matthias, K. (2010). Bewertung und Bedeutung von Studienendpunkten – Konsequenzen für evidenzbasierte Entscheidungen im Gesundheitswesen. *Evidenz, Fortbildung und Qualität im Gesundheitswesen, 104*(3), 272–278. Zum gesetzlich nicht definierten, aber durch die Rspr. konkretisierten Methodenbegriff u. a. BSG, Urt. v. 11.05.2017 – B 3 KR 6/16 R.

Mauskopf, J. A., et al. (2005). Budget impact analysis: Review of the state of the art. *Expert Review of Pharmacoeconomics & Outcomes Research, 5*(1), 65–79.

Mehrholz, J. (2010). Wissenschaft erklärt: Evidenzstufen – Studien nach ihrer Qualität einordnen. *ergopraxis, 3*(06), 14–14.

Mielck, A., et al. (2010). Gesundheitszustand bei Erwachsenen in Deutschland: Ergebnisse einer repräsentativen Befragung mit dem EuroQol 5D (EQ-5D). *Gesundheitswesen, 72*(8–9), 476–486.

Moreno, M. A., & Radovic, A. (2018). *Technology and adolescent mental health* (S. 181). Springer.

Mühlbacher, A. C., & Kaczynski, A. (2013). Der Analytic Hierarchy Process (AHP): Eine Methode zur Entscheidungsunterstützung im Gesundheitswesen. *PharmacoEconomics German Research Articles, 11*, 119–130.

Nacinovich, M. (2011). Defining mHealth. *Journal of Communication in Healthcare, 4*(1), 1–3.

Näher dazu Witte, J., & Greiner, W. (2017). Frühe Arzneimittelnutzenbewertung – Rückblick und Ausblick. *Public Health Forum, 25*(3), 235–237.

Nothacker, M., et al. (2010). Methodik und Entwicklungsprozess der S3-Leitlinie zum Prostatakarzinom. *Der Urologe Ausgabe A, 49*(2), 173–180.

Nouri, R., et al. (2018). Criteria for assessing the quality of mHealth apps: A systematic review. *JAMIA, 25*(8), 1089–1098.

Penske, M., & Stegmaier, P. (2019). Anwendungsbegleitende Datenerhebungen in der Nutzenbewertung öffnen Methodendiskussion. *Monitor Versorgungsforschung, 12*(03/2019), 18–20.

Pfannstiel, M., et al. (2020). *Market Access im Gesundheitswesen* (S. 405 f.). Springer.

Pietzsch, J. B., et al. (2009). Stage-gate process for the development of medical devices. *Journal of Medical Devices, 3*(2), 6.

Porzsolt, F., & Schreyögg, J. (2009). Die wissenschaftliche Evidenz und der Preis für Innovationen im Gesundheitssystem. *Medizinische Klinik. (Munich, Germany: 1983), 104*(8), 622–630.

Reimbursment Institut. (2020). *Fixkostendegressionsabschlag.* https://reimbursement.institute/blog/fixkostendegressionsabschlag. Zugegriffen am 24.10.2021.

Rosenbaum, P. R., & Rubin, D. B. (1983). The central role of the propensity score in observational studies for causal effects. *Biometrika, 70*(1), 41–55.

Sackett, D. L., et al. (1996). Evidence-based medicine. *BMJ, 312*(7032), 71–72.

Scholl, G., et al. (2014). Peer-to-peer sharing, S. 7 ff.

Schubert, T., & Vogelmann, T. (2019). *Market Access in der Medizintechnik* (S. 137 f.). Springer.

Schwalm, A., et al. (2010). *Effizienzgrenzen-Konzept in Kosten-Nutzen-Bewertungen* (S. 615).

Schwappach, D. (2012). Gesundheitsökonomie, S. 94 f.

Schwenk, W. (2008). *„Fast-track"-Rehabilitation. Chirurgische Onkologie* (S. 69–80). Springer.

Spitzenverband Digitale Gesundheitsversorgung. (2021). S. 1 ff. https://digitalversorgt.de. Zugegriffen am 24.10.2021.

Strotbaum, V., & Reiß, B. (2017). *Apps im Gesundheitswesen – echter medizinischer Nutzen oder der Weg zum gläsernen Patienten?* (S. 362). Springer.

Studie CHARISMHA. (2016). *Chancen und Risiken von Gesundheits-Apps* (S. 26). Braunschweig.

Verordnung (EU) 2017/745 des Europäischen Parlamentes und des Rates v. 5.4.2017 über Medizinprodukte, zur Änderung der Richtlinie 2001/83/EG, der Verordnung (EG) Nr. 178/2002 und der Verordnung (EG) Nr. 1223/2009 und zur Aufhebung der Richtlinien 90/385/EWG und 93/42/EWG des Rates. ABl. L 117 v. 5.5.2017, S. 1–175.

Vgl. Bundesregierung. (2019). *Entwurf eines Gesetzes für eine bessere Versorgung durch Digitalisierung und Innovation* (Digitale-Versorgung-Gesetz – DVG, S. 1 ff.).

Vollmar, H. C., et al. (2017). Digitale Gesundheitsanwendungen – Rahmenbedingungen zur Nutzung in Versorgung, Strukturentwicklung und Wissenschaft – Positionspapier der AG Digital Health des DNVF. *Gesundheitswesen, 79*(12), 1080–1092.

Weldring, T., & Smith, S. (2013). Patient-reported outcomes (PROs) and patient-reported outcome measures (PROMs). *Health Services Insights, 4*(6), 61–68.

World Health Organization. (2011). mHealth. Second Global Survey on eHealth, 6.

Yuan, S., et al. (2015). Keep using my health apps: Discover users' perception of health and fitness apps with the UTAUT2 model. *Telemedicine Journal and E-health: The Official Journal of the American Telemedicine Association, 21*(9), 735–741.

Zechmeister-Koss, I., et al. (2020). Grundlagen und Prinzipien von Health Technology Assessment. *aihta,* 34.

Zum Begriff des Medizinproduktes siehe Art. 2 Nr. 1 Verordnung (EU) 2017/745 (MDR/MP-VO). In-Vitro Diagnostika werden nach Art. 2 Nr. 2 in der eigenständigen Verordnung Verordnung (EU) 2017/746 v. 5. April 2017 über In-vitro-Diagnostika (ABl. L 117/176) geregelt (IVDR/IVD-VO).

# Paradigmenwechsel in der Forschung psychischer Gesundheit – vom Symptom über die Lebensqualität zu Funktionalität und Teilhabe

## Auswirkungen auf die gesundheitsökonomische Bewertung von Evidenz

Michael Huss

## Inhaltsverzeichnis

**Zusammenfassung**

Die klinische Forschung, aber auch die gesundheitsökonomische Bewertung von Therapiemaßnahmen hängt in hohem Maße von dem gewählten Zielparameter ab. Wie in dem vorliegenden Beitrag ausgeführt, wurden in den letzten Dekaden mindestens zwei grundlegende Paradigmenwechsel bezüglich der zugrunde gelegten primären Zielparameter vollzogen, die maßgeblichen Einfluss auf die Bewertung der Wirksamkeit von Therapiemaßnahmen hatten. Zunächst dominierte gemäß des klassischen pathogenetischen Modells in der Medizin die symptomorientierte Sicht (oft in Kombination mit Diagnose-spezifischen Befunden). Ziel der Therapie war es folgerichtig, die Symptome zu lindern oder zu beseitigen. Der damit auf subjektiver Ebene assoziierte Aspekt der Lebensqualität rückte erst später (z. B. mit QALYs) in den Fokus, um

M. Huss (✉)
Rheinhessen-Fachklinik Alzey, Universitätsmedizin Mainz, Wackernheim, Deutschland
E-Mail: m.huss@rfk.landeskrankenhaus.de

© Der/die Autor(en), exklusiv lizenziert durch Springer Fachmedien Wiesbaden GmbH, ein Teil von Springer Nature 2022
M. Ebersoll et al. (Hrsg.), *Das Gesundheitswesen und seine volkswirtschaftliche Bedeutung*, https://doi.org/10.1007/978-3-658-36940-8_6

dann – dies der zweite Paradigmenwechsel – schließlich einer funktionsorientierten Sicht mit Ausrichtung auf die Funktionalität und Teilhabe zu weichen. Beide Paradigmenwechsel werden an Beispielen aus der Forschung über Aufmerksamkeits-Defizit/Hyperaktivitäts-Störungen (ADHS) und anderen Störungsbildern erläutert.

## 6.1   Einleitung

Auf den ersten Blick mag es wie ein unbedeutender Nebensatz erscheinen, der da in den Forschungsrichtlinien der Europäischen Zulassungsbehörde EMA (ehemals EMEA) im Jahr 2008 in dem Dokument mit der Referenznummer EMEA/CHMP/EWP/431734/2008 in Zeile 151 zu finden ist: „Two primary endpoints should be stipulated reflecting the symptomatic and the functional domain."[1]

Für die recht forschungsaktive, internationale Wissenschaftsgemeinschaft, die sich mit der Diagnostik und der Behandlung von Aufmerksamkeits-Defizit-Hyperaktivitätsstörungen (ADHS) in einer Vielzahl von Studien seit vielen Jahren befasst, war dieser Satz hingegen fast eine Art Quantensprung.

Während man über 50 Jahre lang bei der Bewertung von Therapieerfolgen immer nur die Symptome von ADHS im Blick hatte und es mit großer internationaler Anstrengung gelungen war, weltweit einheitliche 18 Symptom-Items zu definieren, soll nun die Wirksamkeit nicht mehr nur an den Symptomen, sondern an der Funktionalität, also der Teilhabe im Alltag gemessen werden. Und dies, obwohl es noch gar keine normierten, störungsspezifischen Skalen für diesen Zielparameter gab.

Möglicherweise irritierte diese Neuausrichtung der klinischen Forschung auch deshalb, weil erst in den 90er-Jahren die Lebensqualität als weiterer Zielparameter eingeführt wurde, den es mit der Therapie neben der Symptomverbesserung zu optimieren galt. Die Lebensqualität, das war in den 90er-Jahren aber die gute Nachricht, musste nicht als primärer Zielparameter in die Studienprotokolle aufgenommen werden, sondern durfte quasi im Nebenschluss (als sekundärer Zielparameter) erfasst werden. Und wenn für die Lebensqualität keine signifikante Verbesserung nachgewiesen werden konnte, so war die Studie nicht gescheitert, so lange sie eine Symptomverbesserung für die Erkrankung nachweisen konnte.

Nun aber soll die Wirksamkeit eines neuen Medikaments sowohl an den Effekten auf die Symptome und gleichzeitig auf die Funktionalität belegt werden. Scheitert ein Nachweis, scheitert die gesamte Studie.

---

[1] EMEA, COMMITTEE FOR MEDICAL PRODUCT FOR HUMAN USE (CHMP), 2008: GUIDELINE ON THE CLINICAL INVESTIGATION OF MEDICINAL PRODUCTS FOR THE TREATMENT OF ATTENTION DEFICIT HYPERACTIVITY DISORDER (ADHD). Kapitel 5.1 Primary Efficacy Endpoints, Seite 6, Zeile 151.

Konkret auf den Alltag übersetzt bedeutet das: Ein Kind, das sich im Rahmen einer ADHS-Erkrankung mit einem neuen Medikament besser konzentrieren kann oder nicht mehr so viel zappelt und weniger impulsiv ist, seine Hausaufgabe aber weiterhin nicht erledigt, in Konflikte gerät und es auch weiterhin nicht schafft, sozial (z. B. bei Kindergeburtstagen oder im Sportverein) integriert zu werden, hat von der Behandlung nicht hinreichend profitiert. Dem Medikament wird folglich die Zulassung nicht mehr erteilt. Anders ausgedrückt: Der Wirknachweis muss bis in das Alltagsgeschehen hinein geführt werden und wird damit aber auch viel komplexer.

Grundsätzlich ist diese Entwicklung zu begrüßen, weil die Symptomkontrolle weder abgekoppelt von dem jeweiligen Lebensbezug noch ohne Berücksichtigung der damit verbundenen Lebensqualität betrachtet werden kann. Der Wirkmechanismus eines Medikaments ist allerdings ein recht biologischer Prozess. Neurotransmitter werden herauf- oder heruntergeregelt und damit einhergehend verändern sich bestimmte neurobiologische Grunddimensionen wie die Aufmerksamkeit oder die Belohnungsempfänglichkeit. Es ist aber auch eine Binsenweisheit, dass die Tablette eigentlich ‚dumm‘ ist. Sie weiß nicht, wie man Beziehungen pflegt, Aufgaben priorisiert oder wie man sich bei drohenden Konflikten deeskalierend verhält. Hierfür müssen Patienten komplexe psychische Prozesse erlernen, die darüber hinaus auch maßgeblich von interpersonellen Vorgängen beeinflusst werden. Hier geht es demnach nicht nur um einen geänderten Transmitterstoffwechsel im Gehirn.

Des Weiteren ist davon auszugehen, dass sich solche komplexen psychischen Prozesse eher langsam und eher verzögert ändern, da es eine ganze Zeit braucht, bis beispielsweise ein Kind mit ADHS aus seiner Rollenzuschreibung als ‚Klassen-Clown‘ wieder herauskommt. Negative Rollenzuschreibungen im Zusammenhang mit ADHS tendieren zu einer von der Realität abgekoppelten Dynamik (Wadian et al., 2019) und sind darüber hinaus auch oft nur sehr langsam oder gar nicht zu beeinflussen (Harpin, 2005).

Die neuen Richtlinien für ADHS-Zulassungsstudien stellen die Bewertung von Therapiemaßnahmen damit vor neue Herausforderungen und werfen auch die Frage auf, wie bisherige Therapiemaßnahmen bewertet werden sollen, die diesem Paradigmenwechsel noch nicht unterzogen wurden. Die aktuelle S3-Leitline für ADHS (Banaschewski, 2017) macht keinerlei Unterschiede in dieser Hinsicht.

Ich möchte diesen Beitrag über wechselnde Bewertungsmaßstäbe von Therapieeffekten prototypisch an dem Störungsbild ADHS erläutern, dabei aber auch Querbezüge zu anderen Störungsbildern und Erkrankungen vornehmen. Von diesem prototypischen Vorgehen erhoffe ich mir jedoch eine bessere exemplarische Durchdringung der These zweier Paradigmenwechsel wie auch eine bessere Lesbarkeit.

Dieses Vorgehen ist aber auch von ganz konkreten Erfahrungen in besagter Materie geleitet. So waren wir meines Wissens international die erste Arbeitsgruppe, die sich im Rahmen der Zulassung von Methylphenidat zur Behandlung von ADHS im Erwachsenenalter den neuen Funktionalitätskriterien stellen mussten (Huss et al., 2017, 2014a, b), während wir wie alle Arbeitsgruppen zuvor die Ära der Symptomfokussierung

(Huss & Lehmkuhl, 2002) wie auch die Ära der Ergänzung von Aspekten der Lebensqualität durchlaufen hatten (Huss, 2008).

In dem Beitrag wird die These aufgestellt, dass die Bewertung von Therapiemaßnahmen im Verlauf der letzten Dekaden drei wesentliche Phasen durchlaufen haben, die medizinisch aber auch in Bezug auf volkswirtschaftliche Aspekte des Gesundheitswesens sehr unterschiedliche Konsequenzen nach sich ziehen:

Verbesserung von

- Symptomen einer Erkrankung
- Lebensqualität, die durch die Erkrankung beeinträchtigt wurde
- Funktionalität und Teilhabe, die durch die Erkrankung beeinträchtig wurde.

Dabei bin ich mir bewusst, dass es sich bei den drei genannten Aspekten um Konstrukte handelt, die in komplexer Wechselwirkung stehen und nicht abgekoppelt von dem Krankheitsbegriff gedacht werden dürfen. Liegen beispielsweise Symptome ohne Krankheitswert vor, so mögen hier vielleicht Aspekte des Life-Styles eine Rolle spielen – ein Geltungsbereich für das Gesundheitswesen wird hier aber klar abzugrenzen sein. Gleiches gilt für Lebensqualität und Funktionalität/Teilhabe. Verbesserte Lebensqualität kann eine legitime gesellschaftliche Zielsetzung sein und auch die Funktionalität und Teilhabe kann von weitreichender Bedeutung sein (z. B. bei der Umsetzung von Barrierefreiheit). Sie werden aber nur dann der Heilbehandlung (und damit der Bewertung von Therapieeffekten) zugeordnet, wenn sie mit einer durch eine Krankheit bedingte Beeinträchtigung einhergehen.

Es sei an dieser Stelle bereits auf die idealtypische Trennung von Symptom, Lebensqualität und Funktionalität hingewiesen, die vorwiegend in den sog. P-Fächern (Psychiatrie, Psychosomatik, Psychologie) konzeptuell voneinander abgegrenzt werden. Im Gegensatz dazu findet sich in der somatischen Medizin eine Vielzahl von Studien, in denen diese drei Konstrukte quasi eindimensional verknüpft und damit in keiner Weise differenziert werden.

So wird beispielsweise in der aktuellen COVID-19 Forschung die sog. Post-COVID-19 Functional Status (PCFS) Scale verwendet, die Symptome und Funktionalität bereits auf Item-Ebene miteinander untrennbar verknüpft. So steht in der PCFS der Wert 0 für „keine Einschränkungen oder Symptome", der Wert 1 für „vernachlässigbare Einschränkungen von Alltagstätigkeiten mit andauernden Symptomen", der Wert 2 für „leichte Einschränkungen mit deutlichen Symptomen" und der Wert 4 für „schwere Einschränkungen aufgrund von Symptomen, die Hilfen für die Versorgung im Alltag erforderlich machen" (IQWiG, 2021).

Gleiches gilt für die Clinical Global Impression Scale (CGI), die in der klinischen Forschung als Goldstandard der globalen (nicht krankheitsspezifischen) Einschätzung zur Schwergradeinschätzung von Erkrankungen wie auch zur Dokumentation von Behandlungseffekten gilt (Guy, 1976).

## 6.2 Die Ära der Symptomkontrolle

Erkrankungen werden grundsätzlich immer über krankheitstypische Symptome bzw. ein charakteristisches Cluster von Symptomen (dies entspräche dann einem Syndrom) oder über bestimmte krankheits-assoziierte Befunde (z. B. Raumforderung in einem MRT; Entladungen in einem EEG etc.) definiert. So geht beispielsweise eine Lungenentzündung in der Regel mit Husten und Fieber, mit einem deutlichen Krankheitsgefühl und einer eingeschränkten Belastbarkeit einher. Auskultation, Blutuntersuchungen und ein Röntgenbild runden die Diagnose ab. Gleiches gilt letztlich auch für psychische Erkrankungen.

Im Falle von ADHS wird die Trias aus Aufmerksamkeitsstörung, Impulsivität und Hyperaktivität gefordert. Diese Trias muss nach der ICD-10 mind. 6 Monate andauern (de facto aber viele Jahre, oft auch lebenslang), darf durch keine andere Ursache besser erklärbar sein und sollte auch nicht nur in einem bestimmten Setting (z. B. Familie/Schule/Freizeit), sondern relativ unabhängig von der jeweiligen Lebenslage auftreten.

Im Kindes- und Jugendalter wird die Diagnose überwiegend auf Basis von Verhaltenseinschätzungen von Bezugspersonen und der klinischen Untersuchung eines entsprechend geschulten Arztes oder Psychologen gestellt. Im Erwachsenenalter basiert die Einschätzung im Wesentlichen aus den Symptombeschreibungen des Patienten sowie deren Bewertung durch den Arzt oder Psychologen.

Bereits in den 60er-Jahren hat Keith Conners eine Skala entwickelt, mit der Lehrer die Wirkung von Stimulanzien bei Kindern änderungssensitiv und valide erfassen konnten (Conners, 1969). Dieses Instrument wurde später weiter optimiert und entwickelte sich zur Conners Rating Scale, die über viele Jahre zum Goldstandard der ADHS-Diagnostik wurde.

Wenn allerdings wie im Falle der Conners-Scale ein Instrument zunächst zur Messung von Stimulanzieneffekten entwickelt und später für die ADHS-Diagnostik verwendet wird, so nimmt es auch nicht Wunder, dass mit genau diesem Instrument die Wirkung von Stimulanzien besonders gut gemessen werden kann. Andere Wirkstoffe für die gleiche Indikation (sog. Nicht-Stimulanzien wie Atomoxetin oder Guanfacin) schneiden da schon aus Gründen der Instrumentensensitivität schlechter ab. Hier würde man sich – auch in den EMEA-Empfehlungen im Rahmen von Zulassungsstudien – eine durchaus methodenkritischere Grundhaltung wünschen.

## 6.3 Der sich entwickelnde Fokus auf die Lebensqualität

Die Weltgesundheitsorganisation (WHO) definiert Lebensqualität als die subjektive Wahrnehmung einer Person über ihre Stellung im Leben in Relation zur Kultur und den Wertsystemen, in denen sie lebt sowie in Bezug auf ihre Ziele, Erwartungen, Standards und Anliegen (WHO, 2021).

Dabei wählt die WHO, was auch in dem von ihr veröffentlichten Fragebogen WHO-QOL deutlich wird, eine sehr breite Definition von Lebensqualität, die weit in den Bereich der Symptomatik (z. B. Depression, Angst) aber auch in die Teilhabe (z. B. eigene Fortbewegung; finanzielle Ressourcen; soziales Netz) hineinreicht.

Dennoch bleibt auch in dieser Definition das zentrale Merkmal von Lebensqualität, dass es sich hierbei primär um eine subjektive Bewertung des betroffenen Menschen über seine Lebenslage handelt. Nicht die objektiv messbare Länge der Wegstrecke wird definiert (wie beispielsweise bei einer Symptombeschreibung einer Claudicatio intermittens, dem zeitweiligen Hinken, das durch schlechte Durchblutung ausgelöst wird), sondern die subjektive Bewertung, wie gut oder schlecht man sich fortbewegen kann.

Auch wird beispielsweise in Hinblick auf die sozioökonomischen Verhältnisse nicht nach dem Einkommen gefragt, sondern ob der Betroffene über genug Geld verfügt, um seine Bedürfnisse erfüllen zu können.

Auch in der Gesundheitsökonomie spielt die Lebensqualität eine maßgebliche Rolle. So geht sie im Rahmen der Kosten-Nutzwert-Analysen in die Berechnung der weithin bekannten Quality Adjusted Life Years (QALYs) ein. Gelingt es beispielsweise durch eine Therapie das Leben um 4 Jahre zu verlängern und dabei die Lebensqualität in einem dafür validierten Messinstrument von 0,5 auf 0,75 anzuheben, so entspräche das einem Zugewinn von $4 \times 0,25 = 1$ QALY.

Auch wenn die später entwickelten Disability Adjusted Life Years (DALYs) sich mehr an der Funktionalität ausrichten (und somit nach unserer Diktion eher im nächsten Abschnitt behandelt werden sollten), so stehen sie doch in der Gesundheitsökonomie auch weiterhin stark in der konzeptuellen Tradition der QALYs und bilden damit partiell ein zum DALY korrespondierenden Nutzwert. Ich werde darauf bei der Erläuterung der Years Lived with Disability (YLD) im Folgeabschnitt näher eingehen.

Bezogen auf die ADHS-Forschung wurde die Ausrichtung an der Lebensqualität weitgehend parallel mit der Zulassung von Atomoxetin, dem ersten Nicht-Stimulanzium, vollzogen. Unter anderem mag ein Grund dafür gewesen sein, dass man für diese Substanz eine geringere Wirkung auf die Symptome, dafür einen größeren Nutzen bezüglich der Lebensqualität erwartet hat (Huss, 2008). Darüber hinaus mag auch ein allgemeiner Trend eine Rolle gespielt haben, bei einer Vielzahl von Erkrankungen – insbesondere bei chronischen Erkrankungen – Disease-Management-Programme aufzusetzen und deren Erfolge u. a. auch an einer verbesserten Lebensqualität auszurichten.

Mit Atomoxetin wurden erstmalig Studien durchgeführt, bei denen nicht mehr die Symptomkontrolle, sondern die Lebensqualität als primärer Zielparameter verwendet wurde. Im Rahmen dieser Forschungsansätze zeigte sich beispielsweise in der sog. ‚sunbeam-study' in England (Prasad et al., 2007) bei einer Stichprobe von 201 Kindern mit ADHS, dass sich die Einschätzung der Lebensqualität gegenüber den bisherigen Behandlungen (definiert als standard care) deutlich verbesserte. Ähnliche Effekte konnten in Schweden im Rahmen einer randomisierten, doppelt verblindeten Studie in Kombination mit Psychoedukation gezeigt werden, bei der ebenfalls eine signifikante Verbesserung der Lebensqualität zu verzeichnen war (Svanborg et al., 2009).

Des Weiteren zeigten sich in einer von Escobar und Mitarbeitern (Escobar et al., 2005) durchgeführten prospektiven Studie für psychische Erkrankungen wie ADHS stärkere Einschränkungen der Lebensqualität als bei chronischen somatischen Erkrankungen wie beispielsweise bei Asthma bronchiale. Verglichen wurden 120 Kinder mit ADHS sowie 93 Kinder mit Asthma bronchiale mit Kindern, die weder psychische noch somatische Erkrankungen hatten.

Allerdings fanden sich in allen genannten Studien deutliche Korrelationen zwischen Lebensqualität und Symptomverlauf, was konzeptionell für die von der WHO gewählten, eher breiten Definition von Lebensqualität spricht.

Interessanterweise erwähnt das Institut für Qualität und Wirtschaftlichkeit im Gesundheitswesen (IQWiG) durchaus die Verbesserung der Lebensqualität als ein mögliches Kriterium der Nutzenbewertung (siehe Methodenpapier IQWiG), geht aber nicht wie das britische National Institut für Health and Care Management (NICE) den Schritt einer Festlegung auf einen Schwellenwert der Kosten-Effektivität auf Basis von QALYs. Nach den Kriterien von NICE wird beispielsweise ein Medikament, das mehr als 30.000 Pfund pro QALY kostet als nicht mehr kosteneffektiv definiert (Meißner, 2010).

## 6.4 Funktionalität und Teilhabe

Mit der von Weye und Mitarbeitern (Weye et al., 2021) in Lancet Psychiatry veröffentlichten Arbeit über sog. Years Lived with Disabilty (YLD) in Bezug auf die zentralen psychiatrischen Erkrankungen auf Basis der dänischen Registerdaten, wurde ein weiterer wichtiger Meilenstein bezüglich des neuen Fokus auf Teilhabe in der gesundheitsökonomischen Bewertung von psychischen Erkrankungen beschritten. Während frühere Arbeiten häufig auf Modellierungen und Schätzwerten beruhten (top-down Prinzip), liegt nun erstmals eine umfassende prospektiv erhobene ‚bottom-up' Analyse vor, anhand derer man auch Krankheits-übergreifend Einschätzungen über den gesundheitsökonomischen Versorgungsbedarf vornehmen kann. Interessanterweise taucht in dieser Arbeit das Konzept der QALYs nicht mehr auf und auch der Aspekt der Lebensqualität findet keine zentrale Anwendung mehr. In diesem Zuge wird daher auch nicht mehr nach DALYs bewertet. Es steht nur noch die Funktionalität im Mittelpunkt.

Des Weiteren geht es auch nicht mehr um den Aspekt einer eventuell verkürzten Lebensdauer (die ja noch bei der QALYs wie auch bei DALYs berücksichtigt werden), sondern nur noch um die Dauer und das Ausmaß, in dem ein Patient im Rahmen einer bestimmten psychischen Erkrankung mit Einschränkungen seiner Funktionalität und Teilhabe lebt (Years Lived with Disabilty, YLD). Hinzu kommt ein neuer Kennwert, der sog. Health Loss Proportion (HeLP), der YLD mit dem Anteil der Bevölkerung in Bezug setzt, die unter dem entsprechenden Risiko einschließlich der damit assoziierten Suchterkrankungen und anderen psychiatrischen Komorbiditäten leben (people under risk). Damit unterscheidet sich dieser Ansatz von sog. Global Burden of Disease (GBD) Studien, die sich immer an der Mortalität ausrichten und damit die Lebenszeit unter Belastung nicht differenziert genug abbilden, zumal nahezu alle psychischen Erkrankungen mit einer erhöhten Mortalität einhergehen.

Üblicherweise stehen die Depressionen und die Angsterkrankungen bei GBD-Studien immer an erster Stelle. Bei Analysen nach YLD stellt sich interessanterweise ein anderes Bild dar. Wie bereits in den GBD-Studien machen auch in der Arbeit von Weye und Mitarbeitern (Weye et al., 2021) erwartungsgemäß die Depressionen und Angsterkrankungen hinsichtlich ihrer Häufigkeit – gemessen als Prävalenz – den größten Anteil der psychischen Erkrankungen aus. Sie gehörten aber nicht zu den Erkrankungen mit den höchsten Anteilen der YLDs. Hier liegen die Erkrankungen des schizophrenen Formkreises mit durchschnittlich 273,3 YLD pro 100.000 Personenjahren deutlich an erster Stelle, gefolgt von den Persönlichkeitsstörungen mit 124,7 YLD pro 100.000 Personenjahren. Die Depressionen schlagen mit 56,3 YLD und die Angsterkrankungen mit 91,4 YLD zu Buche. Die in dieser Arbeit in den Fokus gestellte psychische Erkrankung ADHS fällt mit 1,6 YLD pro 100.000 Personenjahren dagegen als Primärerkrankung nur wenig ist Gewicht. ADHS wirkt sich allerdings auch in dieser Arbeit über einen hohen Anteil an Komorbiditäten auf die Einschränkungen der Funktionalität im Rahmen psychiatrischer Erkrankungen aus.

Wie eingangs erwähnt, ist es gerade in Hinblick auf die YLD ausdrücklich zu begrüßen, dass die europäische Zulassungsbehörde EMA nun auch bei der Prüfung neuer Medikamente einen Nachweis der verbesserten Funktionalität und nicht nur der Symptomkontrolle fordert. Denn was nützt es, wenn ein Kind mit ADHS sich durch Medikamente wieder konzentrieren kann, weniger zappelt und sich weniger impulsiv verhält aber trotzdem keinen sozialen Anschluss findet und weiterhin nicht in übliche Freizeitangebote (z. B. Sportvereine) integriert werden kann?

Doch nicht nur die EMA greift diesen Aspekt in ihren Methodenvorgaben auf. Auch das schon erwähnte IQWIG geht auf interne versus externe Aspekte der Validität ein. Mit anderen Worten: Was sich unter kontrollierten ‚Laborbedingungen' als wirksam erweist, muss nicht zwangsläufig auch im Alltag hilfreich sein. Am Ende des Tages ist es die externe Validität, die zählt.

Daher empfiehlt das IQWiG, die randomisierte, kontrollierte Studie als Goldstandard des Kausalitätsnachweises beizubehalten, diesen aber durch entsprechende Erweiterung der Ein- und Ausschlusskriterien eher extern valide zu gestalten (IQWiG, 2021).

Wie eingangs schon erwähnt, wurde in der von uns durchgeführten internationalen Zulassungsstudie (67 Zentren in 9 Ländern mit n = 725 Patienten) für retardiertes Methylphenidat im Erwachsenenalter (Huss et al., 2017, 2014a, b) nach unserer Kenntnis erstmals der EMA-Standard angewendet. Neben der Verwendung einer klassischen ADHS-Symptomskala wurde als ko-primärer Zielparameter die Sheehan-Disability Scale als Maß für die Beeinträchtigung der Funktionalität eingesetzt. Diese erfasst die Funktionalität in drei Lebensbereichen: a) Arbeit/Ausbildung, b) Soziales Netz/Freizeit und c) Familie.

Sowohl für die Symptomkontrolle (gemessen über die international definierten 18 Items der ADHS-Skala) wie auch für die Funktionalität (gemessen über die Sheehan-Skala) konnten unter Methylphenidat signifikante Verbesserungen bei erwachsenen Patienten nachgewiesen werden. Folglich wurde auch gemäß der EMA-Vorgaben ein positives Prüfvotum mit entsprechender Zulassung erteilt. Wie schon aus anderen Studien bekannt, konnte auch in dieser Untersuchung gezeigt werden, dass es keine lineare Dosis-Wirkungsbeziehung bei der Behandlung von ADHS mit Methylhpenidat gibt. Diese Beziehung folgt eher einer umgekehrten U-Kurve, bei der es ein individuelles Optimum an Wirkung und Nebenwirkung für jeden Patienten gibt. Liegt man unter dieser Dosis, so stellt sich das Wirkungs-Nebenwirkungs-Verhältnis ebenso ungünstig dar, wie wenn man über den optimalen Scheitelpunkt hinaus dosiert. Interessanterweise zeigt sich diese umgekehrte U-Kurve sowohl für die ADHS-Symptomatik wie auch für die Funktionalität (Huss et al., 2017).

## 6.5   Fazit

Wie in den vorausgegangenen Abschnitten exemplarisch dargestellt, lassen sich in Hinblick auf die Entwicklung von Konstrukten, nach denen man Therapie-Effekte bewertet, drei Phasen unterscheiden: a) Symptomkontrolle b) Verbesserung der Lebensqualität c) Verbesserung der Funktionalität und Teilhabe. Die genannten Konstrukte und ihre Merkmale sowie ihre gesundheitsökonomischen Kenngrößen sind in Abb. 6.1 noch einmal übersichtsartig zusammengestellt.

Da die drei genannten Konstrukte in vielerlei Hinsicht miteinander in Beziehung stehen und sich in machen Fachdisziplinen und Untersuchungsinstrumenten auch konzeptionell nicht hinreichend voneinander abgrenzen lassen, mag diese Dreiteilung in mancher Hin-

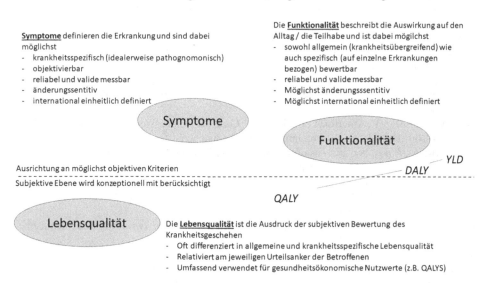

**Abb. 6.1**   Übersicht zu den drei Paradigmen ‚Symptome,‘ ‚Lebensqualität‘ und ‚Funktionalität‘ im Rahmen der Evidenzbewertung von Therapien

sicht etwas idealtypisch erscheinen. Wie allerdings am Beispiel von ADHS auch mit Verweis auf die jeweiligen institutionellen Forschungs-Vorgaben gezeigt werden konnte, ist diese Abfolge zumindest für die P-Fächer, die ja qua Aufgabenfeld in besonderer Weise um reliable und valide Konzepte und Methoden ringen müssen, in der gesamten Breite der klinischen Forschung und deren Bewertung deutlich erkennbar.

Daher sollten diese drei Konstrukte auch bei gesundheitsökonomischen Analysen mit in Betracht gezogen werden, wenn es beispielsweise um Empfehlungen zur Priorisierung von Maßnahmen oder um größer angelegte Interventionsprogramme und die davon zu erwartenden Effekte geht.

## Literatur

Banaschewski, T. (2017). *S3-Leitlinie: ADHS bei Kindern, Jugendlichen und Erwachsenen*. https://www.awmf.org/leitlinien/detail/ll/028-045.html. Zugegriffen am 30.11.2021.

Conners, C. (1969). A teacher rating scale for use in drug studies with children. *The American Journal of Psychiatry, 126*(6), 884–888.

Escobar, R., Soutullo, C., Hervas, A., Gastaminza, X., Polavieja, P., & Gilaberte, I. (2005). Worse quality of life for children with newly diagnosed attention-deficit/hyperactivity disorder, compared with asthmatic and healthy children. *Pediatrics, 116*(3), 364–369.

Guy, W. (1976). *ECDEU assessment manual for psychopharmacology*, Revised. U.S. Dept. of Health, Education, and Welfare, Public Health Service, Alcohol, Drug Abuse, and Mental Health Administration, National Institute of Mental Health, Psychopharmacology Research Branch, Division of Extramural Research Programs. Digitalized by Boston Library Consortium Member Libraries

Harpin, V. (2005). The effect of ADHD on the life of an individual, their family, and community from preschool to adult life. *Archives of Disease in Childhood, 90*(Suppl 1), 2–7.

Huss, M. (2008). ADHS bei Kindern – Lebensqualität und Schutzfaktoren. *Bundesgesundheitsblatt, 51*, 602–610.

Huss, M., & Lehmkuhl, U. (2002). Methylphenidate and substance abuse: A review of pharmacology, animal, and clinical studies. *Journal of Attention Disorders,6*(1), S53–S60.

Huss, M., Ginsberg, Y., Tvedten, T., Arngrim, T., Philipsen, A., Carter, K., Chien-Wei, C., & Kumar, V. (2014a). Methylphenidate hydrochloride modified-release in adults with attention deficit hyperactivity disorder: A randomized double-blind placebo-controlled trial. *Advances in Therapy, 31*, 44–65.

Huss, M., Ginsberg, Y., Arngrim, T., Philipsen, A., Carter, K., Chien-Wei, C., Ghandi, P., & Kumar, V. (2014b). Open-label dose optimization of methylphenidate modified release long acting (MPH-LA): A post hoc analysis of real-life titration from a 40-week randomized trial. *Clinical Drug Investigation, 34*(9), 639–649.

Huss, M., Duhan, P., Gandhi, P., Chen, C., Spannhuth, C., & Kumar, V. (2017). Methylphenidate dose optimization for ADHD treatment: Review of safety, efficacy, and clinical necessity. *Neuropsychiatric Disease and Treatment, 13*, 1741–1751.

IQWiG. (2021). *Allgemeine Methoden (S. 9–12)*. Seiten 9–12. https://www.iqwig.de/ueber-uns/methoden/methodenpapier/. Zugegriffen am 30.11.2021.

Meißner, M. (2010). Was ist ein QALY? *Deutsches Ärzteblatt, 107*(12), A-546/B-476/C-468.

Prasad, S., Harpin, V., Poole, L., Zeitlin, H., Jamdar, S., & Puvanendran, K. (2007). A multi-centre, randomized, open-label study of atomoxetine compared with standard current therapy in UK children and adolescents with attention deficit/hyperactivity disorder (ADHD). *Current Medical Research and Opinion, 23*(2), 379–394.

Svanborg, P., Thernlund, G., Gustafsson, P., Hägglöf, B., Schacht, A., & Kadesjö, B. (2009). Atomoxetine improves patient and family coping in attention deficit/hyperactivity disorder: A randomized, double-blind, placebo-controlled study in Swedish children and adolescents. *European Child & Adolescent Psychiatry, 18*, 725–753.

Wadian, T., Sonnentag, T., Jones, T., & Barnett, M. (2019). Role of fault attributions and other factors in adults' attitudes toward hypothetical children with an undesirable characteristic. *Psychological Reports, 122*(1), 61–78.

Weye, N., Santomauro, D., Agerbo, E., Christensen, M., Iburg, K., Momen, N., Mortensen, P. B., Pedersen, C. B., Whiteford, H. A., McGrath, J., & Plana-Ripoll, O. (2021). Register-based metrics of years lived with disability associated with mental and substance use disorders: A register-based cohort study in Denmark. *Lancet Psychiatry, 8*, 310–319.

WHO. (2021). *WHOQOL.* https://www.who.int/tools/whoqol. Zugegriffen am 30.11.2021.

# IMPAKT© als Treiber effizienter Behandlung chronischer Krankheiten

## Gesundheitsstatusbezogene Therapie-Anpassung durch intelligente Interaktion zwischen Kostenträgern, Therapeuten und Patienten

Rainer B. Pelka

## Inhaltsverzeichnis

R. B. Pelka (✉)
Institut für Angewandte Statistik, Unterföhring, Deutschland
E-Mail: pelka@Ias-muenchen.de

© Der/die Autor(en), exklusiv lizenziert durch Springer Fachmedien Wiesbaden GmbH, ein Teil von Springer Nature 2022
M. Ebersoll et al. (Hrsg.), *Das Gesundheitswesen und seine volkswirtschaftliche Bedeutung*, https://doi.org/10.1007/978-3-658-36940-8_7

**Zusammenfassung**

Behandlungen chronischer Krankheiten nach dem Status quo benötigen ca. 90 % der heute aufgewandten Gesamtkosten im Gesundheitsbereich. Zugleich ist das damit erreichbare Ziel bestenfalls die Verzögerung einer progredient verlaufenden Verschlechterung des gesamten Gesundheitsstatus.

Im vorliegenden Beitrag wird analysiert, ob ein Paradigmenwechsel vom newtonschen Kausalmodell zu einem Systemmodell das Potenzial zu einer effizienteren, d. h. wirksameren und/oder sparsameren Behandlung besitzen könnte.

Mit dem kybernetischen IMPAKT©, dessen Name als Akronym für eine Interaktions-Modifikation Patient – Kostenträger – Therapeut gewählt wurde, wird ein solches Systemmodell vorgestellt. Seine entscheidenden Strukturneuerungen sind wiederholte Assessments als Feedback der therapeutisch bedingten Änderungen des Gesundheitsstatus ('Gradient') und eine Gradienten-abhängige Therapieanpassung. Wichtig ist auch die stärkere Einbindung des Patienten in den therapeutischen Gesamtprozess.

Am Beispiel AHB (Anschlussheilbehandlung) wird gezeigt, welches Potenzial an Wirksamkeit und zugleich Ökonomie in IMPAKT© steckt. Darüber hinaus werden Perspektiven für einen umfassenderen Einsatz bei vielen chronischen Entwicklungen aufgezeigt.

Was bedeutet das Akronym **IMPAKT**© (Interaktions-Modifikation Patient – Kostenträger – Therapeut)? Ist das wieder eine neue und für das Gesundheitssystem kostspielige Therapie? Oder ist es das, was seine Entwickler behaupten:

- ein realistischer Weg zu einem praxistauglichen Therapiekonzept,
- speziell bei chronischen Krankheiten in vielen Fällen leistungsfähiger und gleichzeitig kostengünstiger als die gegenwärtig praktizierten Ansätze?

Sind chronische Krankheiten überhaupt therapierbar? Oder müssen wir zufrieden sein, bei ihnen eine Versorgung nach dem State of the Art zu gewährleisten? State of the Art -Versorgung bedeutet bei chronischen Krankheiten, in der Regel bestenfalls die Progredienz der Krankheitsentwicklung zu verzögern oder ihre unangenehmen Begleiterscheinungen zu mildern. Dies soll grundlegend verbesserungsfähig sein und dazu noch kostengünstiger?

## 7.1    Problemstellung

Die Behandlung chronischer Krankheiten gehört zu den schwierigsten und mit rd. 90 % der aktuell 338 Mrd. € (Stand: 2020) teuren Krankheitskosten (vgl. Güthlin et al., 2020; Kücking, 2013; Wirtz, 2020) zu den mit Abstand kostspieligsten Aufgaben der Medizin und

Gesundheitsversorgung. Die technologischen Entwicklungen im Bereich Diagnose und Operativmedizin sowie zahlreiche neue Erkenntnisse, besonders auffällig im Bereich der Mikrobiologie, erlauben es uns heute deutlich besser als früher, vielen Menschen bei bestehenden Krankheiten das Leben zu erleichtern und es zu verlängern.

Vor allem bei akuten Krisen, z. B. im Bereich Herz-Kreislauf, kann die Medizin heute so weit helfen, dass Betroffene mit für sie akzeptablen Einschränkungen bis zwanzig Jahre länger als noch vor hundert Jahren am gesellschaftlichen Leben teilhaben können. Dies ist als großer Erfolg einzustufen.

Allgemeiner Konsens ist jedoch, dass dies seinen Preis hat. Heute beanspruchen Gesundheitsaufwendungen einen mehrfach höheren Anteil an den Lebenshaltungskosten verglichen mit der Situation vor 50 Jahren.

## 7.1.1 Kausale Methodik

Dieser global naheliegend erscheinende Zusammenhang sollte uns aber nicht daran hindern, ihn zumindest in Teilbereichen immer wieder in Frage zu stellen. Doch hat nicht alles seinen Preis?

Natürlich hat alles seinen Preis. Auch Fehler haben ihren Preis. Liegt da nicht ein Widerspruch? Die Medizin wird gelobt wegen ihrer unglaublichen Erfolge und gleichzeitig kritisiert, weil sie – vielleicht auch fehlerbedingt – unnötig teuer sei. Natürlich gibt es weder eine fehlerfreie Wissenschaft noch eine fehlerfreie Umsetzung wissenschaftlicher Ergebnisse. Fehler sind geradezu ein notwendiges Kriterium wissenschaftlicher Weiterentwicklung.

Ungünstig für wissenschaftlichen Fortschritt sind aber Sackgassenentwicklungen, bei denen erkennbar die Freiräume des Weitersuchenden immer enger werden. In der Wissenschaft heißt das, die Erklärung neuer empirischer Befunde im Rahmen bestehender Theorien oder gar Theoriengebäuden wird immer komplizierter und aufwändiger und der relative Zusatzerfolg immer geringer. Gemacht für die Behandlung akuter Krankheiten, wird das gegenwärtige medizinische Paradigma de facto ganz überwiegend für die akuten Symptome chronischer Entwicklungen, eingesetzt, leider mit abnehmendem Wirkungsgrad. Warum ist das der Gesellschaft und speziell der Medizin nicht früher aufgefallen?

Früher waren die inzwischen immer sichtbareren Schwächen nicht so relevant. Viele Menschen starben so relevant. Viele Menschen starben relativ jung an einem akuten Ereignis und zu einer Zeit, wo sie der Gesellschaft und ihrem Überleben am meisten hätten nützen können. Inzwischen ist es uns – dank der höheren Hygiene und immer besserer medizinischer Behandlungstechniken – gelungen, das Risiko, jung und an akuten Ereignissen zu sterben, auf ein vertretbares Maß zu reduzieren.

Doch andererseits wird dadurch die Schwäche immer deutlicher sichtbar, dass wir den Älteren immer weniger gut helfen können. Die Hilfe ist zwar oft so, dass sie noch einige Zeit (über)leben, aber nicht mehr so, dass sie in Vitalität für sich, ihr engeres Umfeld und

die Gesellschaft als Ganzes wertvoll sein können, wie sie es sich wünschten und wie es
vielleicht doch möglich sein könnte.

Gesucht ist daher ein Verfahren, das uns erlaubt, insbesondere chronische Entwicklungen effizienter zu behandeln. **Effizienter** meint, mindestens den gleichen Effekt
bei geringeren Kosten oder einen größeren Effekt bei höchstens gleichen Kosten zu
erzielen.

## 7.1.2  Systemorientierte Methodik

Ein optimales Konzept für die Behandlung aller chronischen Krankheiten vorlegen zu
wollen, würde nicht nur anmaßend erscheinen, es wäre wohl auch unmöglich.

Möglich und nützlich hingegen ist es aber, die grundlegenden Aspekte einer erweiterten
Methodik zu skizzieren, die – verglichen mit dem Status quo – einen effizienteren Umgang
mit chronischen Krankheiten erlaubt. Dies gilt speziell im therapeutischen Bereich. Sie sei
im Folgenden als **Kybernetische Methodik** bezeichnet. Genauer wird sie in Kap. 3 erklärt.

Einst verhalf das von Sir Isaac Newton zur Blüte gebrachte Kausalprinzip in der Physik, dort, aber auch in der Technik das früher nicht entwirrbare Geflecht von Beziehungen
zu vereinfachen und – mit hohem praktischem Nutzen – Abhängigkeiten zu präzisieren.

Deutlich später, aber dann mit großem Erfolg gelang es auch in der Medizin, die schier
unübersehbare Komplexität der Krankheiten und ihrer zweckmäßigen Behandlung auf ein
überschaubares Maß wesentlicher Abhängigkeiten zu reduzieren.

Dieser auf das Kausalprinzip zurückzuführende Ansatz hat sich über 150 Jahre bewährt
und der Medizin zu ihren bisher größten Erfolgen verholfen. Im Bereich der Infektionskrankheiten und in der operativen Medizin wurde er als Segen für die Menschheit erlebt.
Er sei im Folgenden als „kausale Methodik" bezeichnet. Seine zentralen Vor- und Nachteile werden in Kap. 2 kurz skizziert.

## 7.2  Schwachstellen des Status quo (Kausale Methodik)

Exemplarisch wird hier ein Spezialfall ausführlicher diskutiert, an dem sich die Vorteile
der kybernetischen Methodik besonders gut demonstrieren lassen, nämlich die Anschlussheilbehandlung (**AHB**) nach komplizierten Operationen oder aufwändigen Krankenhaus-
aufenthalten. Grundsätzlich gelten die Ausführungen aber für fast alle chronischen Krankheiten und deren therapeutische Behandlung.

### 7.2.1  Methodik bei AHB-Maßnahmen

**AHB-Maßnahmen** sind bei chronisch kranken Patienten vor allem dann indiziert, wenn
die Krankheitsentwicklung durch ein besonderes Ereignis (z. B. Unfall) ausgelöst wurde
oder eine akute Verschlechterung (z. B. Herzinfarkt) erfährt.

Dieses Vorgehen erscheint gerechtfertigt. Technologische Neuerungen wie z. B. der Einsatz eines oder mehrerer Stents retten so Manchen, auch den schon chronisch kranken Herzpatienten, vor dem früher fast unvermeidlich frühzeitigen Tod. Sie erlauben ihm oft auch noch für viele Jahre eine aktive Teilhabe am gesellschaftlichen Leben.

Um einerseits den Übergang von der akuten Krankenhausbehandlung in den Alltag physiologisch wie psychologisch zu erleichtern, andererseits die meist hohen Krankenhauskosten kontrolliert zu halten, erweist sich die Anschlussheilbehandlung (AHB) oft als Mittel der Wahl. Die *zumindest kurzfristigen Erfolge* dieses Ansatzes gelten als Bestätigung für dieses Konzept.

Längerfristige Beobachtungen dämpfen indes die Begeisterung. Die Erfolge der AHB verflüchtigen sich häufig schon nach einigen Monaten. Vereinzelte Kontrolluntersuchungen nach einem oder mehreren Jahren belegen immer wieder deprimierende Statusverschlechterungen.

Dieses gesundheitspolitisch zu oft beobachtete Phänomen gilt allgemein der auch unter Ärzten verbreiteten Ansicht geschuldet, dass man chronische Krankheiten nicht wirklich therapieren könne. Die Hauptschuld daran wird nicht selten den Patienten gegeben, die sich nicht konsequent genug an die therapeutischen Vorgaben halten würden.

Für eine bewusstere Thematisierung des dadurch entstehenden Schadens fehlen weitgehend geeignete Tools, nämlich solche, die den längerfristigen gesundheitsökonomischen Effekt erfassen, so dass über den Einzelfall hinaus eine Überprüfung dieser Vermutung schwierig erscheint.

Man könnte fragen, warum dies so ist. Dabei besteht die Gefahr, sich schnell im Bereich von Spekulationen zu bewegen. Eine Beschränkung auf allseits bekannte Fakten ist nach Ansicht des Autors zielführender.

## 7.2.2 Newton und das Kausalmodell in der Medizin

Im Zuge der Aufklärung begann die Suche nach einer Quantifizierung der bis dahin erfahrungsbasiert oder intuitiv erkannten Zusammenhänge im Rahmen eines Kausalmodells.

Isaac Newton (1642–1726) gilt als einer der Leuchttürme dieser Entwicklung, die – von der Physik ausgehend – sich auf viele andere Bereiche erweitern ließ. Auch in der Medizin wurde dieser Ansatz schrittweise handlungsleitender. Pointiert findet er sich in dem seit dem 19. Jahrhundert weitgehend akzeptierten Paradigma wieder: *„Ohne Diagnose keine Therapie"*.

Was hat dies mit dem Kausalmodell zu tun? Wenn bei einer bestimmten Krankheitsdiagnose D1 und dem dieser Diagnose D1 zugeordneten Therapieeinsatz T1, etwa nach den Regeln der *Evidenced based Medicine* (= **EbM**), einerseits und einem bestimmten, erwünschten Outcome O1 (Gesundheitsstatus nach einer definierten Einwirkdauer der Therapie) andererseits, ein bekannter, kausaler Zusammenhang besteht, dann muss man bei Kenntnis dieser und aller anderen Therapie- Outcome-Beziehungen nur noch die richtige Diagnose D1 herausfinden, um den Patienten mit T1 erfolgreich behandeln zu können.

| Regel gemäß GCP (Theorie) | Praxis (auch); Falls … |
|---|---|
| D1 | **D1** |
| T1 → O1 (Soll) | T1 → O1 (Ist)          mit \|O1(Ist) – O1(Soll)\| > ε (kritisch größer 0) |

**1)** Vermutung D1, dann aber

T1* → O1* (Ist)          mit Erwartung \|O1*(Ist) – O1(Soll)\| < ε

…

**2)** Vermutung D2, folglich

T2 → O2 (Ist)          mit Erwartung \|O2(Ist) – O1(Soll)\| < ε

**Abb.1:** Legende: D1 = Diagnose 1, T1 = Therapie 1, → O1 (Soll) = erwarteter Outcome O1 aufgrund T1, → O1(Ist) = tatsächlicher Outcome aufgrund T1; > ε meint: Abweichung IST vom SOLL ist kritisch größer als akzeptabel. Akzeptabel wäre eine Abweichung von höchstens ε.
 1)  T1* Einsatz alternativer Therapie bei Festhalten an Diagnose D1 mit dem tatsächlichen Outcome O1*(IST).
 2)  D2 andere, vermutete Diagnose und dazu gemäß GCP /eigener Erfahrung am besten passende Therapie T2

**Abb. 7.1** Therapie-Outcome-Beziehung bei bekannter Diagnose nach dem Kausalmodell

Dies ist dann die Anwendung des Kausalmodells auf die Kausalbeziehung: $T1 \rightarrow O1$ bei gegebener Diagnose D1 (Abb. 7.1 mit Beispiel)

Hat also der Arzt die richtige Diagnose D1 gestellt, sagt ihm seine Diagnose-Therapie – „*Tabelle*", welche Therapie er bei dem Patienten einsetzen muss, um diesem erfolgreich helfen zu können.

*Klingt einfach* In der Praxis allseits bekannt ist aber, dass nicht immer die bei der Diagnose D1 zugeordnete Therapie T1 erfolgreich ist. „*Nicht erfolgreich*" bedeutet hier: Das tatsächliche Outcome O1(Ist) weicht von dem nach der Tabelle erwarteten Outcome O1(Soll) in ungünstiger Richtung so erheblich ab, dass Patient oder Arzt oder beide „enttäuscht" sind.

Typische Konsequenzen im medizinischen Praxisbetrieb sind dann in folgender Priorität:

1. **Fehldiagnose:** Der Arzt prüft, ob die Diagnose D1 stimmt oder vielleicht doch eine Diagnose D2 wahrscheinlicher ist. Falls weitere Untersuchungen ihn in der Annahme D2 bestärken, wendet er den ihm bekannten für D2 als gültig erwarteten Kausalzusammenhang an:

$$\left(unter\ Bedingung\right)T2 \rightarrow O2$$

2. **Fehltherapie:** Der Arzt findet (in Einschätzung patientenspezifischer Besonderheiten), ohne Diagnose D1 in Frage zu stellen, in „Tabelle/Datenbank/Erfahrungsschatz" eine andere Therapie T1*, die ihn zumindest ein besseres O1* erwarten lässt, und probiert diese aus. In diesem Fall wendet er den ihm *bekannten* Kausalzusammenhang an:

$$\left(unter\ Bedingung\right)T1^{*} \rightarrow O1^{*}$$

Wenn Diagnose D1 richtig ist, dann führt die Therapie T1 zum (bestmöglichen) Outcome O1, d.h., **wenn Therapie T1 nicht zu O1 geführt hat, dann …**
- **wurde entweder Therapie T1 nicht richtig umgesetzt /angepasst**
- **oder Diagnose D1 war falsch.**

**Abb. 7.2**  Kausalitätsparadigma in der medizinischen Praxis

Dieses Vorgehen lässt sich so lange wiederholen, bis entweder den Beteiligten das Ergebnis zufriedenstellend erscheint oder die Therapieversuche abgebrochen werden.

Die Tatsache, dass der Abbruch weiterer Therapieversuche eher selten erfolgt, und die meisten diagnosebezogenen Therapieansätze – nicht zuletzt dank immer weiterer Fortschritte im pharmakologisch-therapeutischen Bereich zumindest passable Ergebnisse (Outcomes) zeitigen, gilt den meisten Ärzten als Bestätigung der Zweckmäßigkeit einer solchen Vorgehensweise. Mangels anderer Erkenntnisse wird sie daher in der Regel von der Gesellschaft als akzeptable Strategie angesehen (Abb. 7.2).

## 7.2.3  Schwachstellen der Kausalen Methodik

Die Schwachstelle dieses Ansatzes, vor allem bei chronischen Krankheiten, erst recht bei multiplen Krankheitsbildern, wird an mindestens drei Stellen sichtbar (Abb. 7.3):

1. Bei bestimmten Diagnosen ist der therapeutische Erfolg unbefriedigend bis fehlend.
2. Ein kurzfristiger (Teil)Erfolg ist zwar erkennbar, aber er hält nicht an, oder er lässt im Sinne von Fading immer mehr nach.
3. Der Erfolg in einer Dimension (Bsp. Blutdruck) ist verknüpft mit Misserfolg (oder sogar Verschlechterung ~ Nebenwirkung) in einer anderen Dimension des Krankheitsgeschehens (Bsp. Blutzucker).
4. Die suboptimalen Ergebnisse 1. bis 3. bedeuten nicht nur zusätzliche Risiken für den Patienten, sondern fast immer deutlich höhere Kosten. Diese wären zu verringern, gelänge eine schnellere Anpassung an die bestmögliche Therapie.

*Schwachstelle 1 („mangelnde Wirksamkeit")* versucht man überwiegend dadurch zu lösen, dass man nach neuen Medikamenten sucht und oft auch findet. Es bleibt aber eine nicht zu vernachlässigende Lücke, die mit fortschreitender Alterung der Gesellschaft immer größer wird.

*Schwachstelle 2 („Fading")* wird vom größten Teil der Gesellschaft und auch der Mediziner hingenommen als der Tribut, den man dem Älterwerden zollen müsse. Schmerzlich ist, dass eine solche therapeutische Strategie mit der Zeit sehr teuer wird und dabei alles andere als effizient bleibt. Dabei meint Effizienz den gesundheitlichen Effekt im Verhältnis zum erbrachten Aufwand.

**Hauptprobleme beim Status Quo:**

1) **Vollständige Patientenabhängigkeit**, v.a. in Anfangsphase → geringer Patienten-Lernprozess → Unsicherheit und Verharren in bisheriger *Komfortzone*.

2) **Fehlende Rückkontrolle** für die Beteiligten, v.a. im Follow-Up. Dadurch entfällt mögliche Therapie-Optimierung.

3) **Unabgestimmte Therapie(n)** verschiedener Therapeuten, zunehmend im Follow Up. Dadurch **unkontrollierter Therapien-Mix**, der Zuordnung zu Outcome erschwert.

**Abb. 7.3** Schwachstellen der Kausalen Methodik bei der Therapie chronischer Krankheiten

*Schwachstelle 3* („*Nebenwirkungen*") versuchen Ärzte und Pharmaindustrie gemeinsam zu lösen, indem sie durch Präparate-Tausch oder -wechsel die Nebenwirkungen verringern. Wenn es nicht anders möglich erscheint, kommt es zu einer Kosten – Nutzenabschätzung. Leider werden die Nebenwirkungen aufgrund unzulänglicher Rückkopplung später als möglich entdeckt. Interaktive Effekte werden gar nicht berücksichtigt.

*Schwachstelle 4* („*Kostenexplosion*") belastet unser Gesundheitssystem. Die Folge: Entweder kann nicht allen gut genug geholfen werden, oder für andere, nicht dem Gesundheitsbereich im engeren Sinne zuzuordnende Aufgaben stehen Mittel nicht mehr in ausreichendem Umfang zur Verfügung.

Zu kurz kommen insbesondere Präventions-, aber auch sogar Rehabilitationsmaßnahmen. Da Gesundheit, selbst noch die eingeschränkt erlebte Gesundheit vor allem für die Älteren als zentrales Gut der Persönlichkeitsentfaltung eingestuft wird, wird dies heute überwiegend als unvermeidbar hingenommen.

Bei Schwachstelle 4 hofft man auf weitere Innovationen und technologische Durchbrüche. Zu Recht? Alle gängigen Lösungsstrategien zu den Schwachstellen 1–3 sind zwar nicht ohne Teilerfolge, vermögen aber, v. a. bei chronischen Krankheiten, wichtige Aspekte des Geschehens im Krankheitsverlauf nicht oder nur mangelhaft zu lösen. Schwachstelle 4 kann hier nur plakativ angesprochen werden.

Interessant ist aber die Frage nach den möglichen Gründen für diese Schwachstellen. Diese gelten, wenn auch mit unterschiedlichem Gewicht, für alle vier Schwachstellen:

1. **Systemmodell:** *Die Abhängigkeit des Kriteriums* (Zielvariable) von den Einflussfaktoren unterliegt bei chronischen Krankheiten auch nicht mehr annähernd dem Kausalmodel im engeren Sinne. Mithin, das Systemgeschehen (zum Beispiel Rückkopplungsprozesse) und dessen aktuelle Erfassung werden zu Unrecht vernachlässigt.
2. **Patientenbeitrag:** *Der notwendige und mögliche Beitrag des Patienten* zur Schwachstellenbehebung bleibt trotz seiner Relevanz für den Krankheitsverlauf im therapeutischen Geschehen weitgehend unberücksichtigt.
3. **Kostensteuerung:** *Die Kostenexplosion* würde sich relevant bremsen lassen, wenn bei wenig wirksamen Therapien rascher eine Therapieanpassung an einen wirksameren Ansatz erfolgen würde.

Die genannten Schwachstellen treten vor allem bei chronischen, multiplen Krankheitsbildern auf und dort in zunehmendem Umfang und mit steigender Belastung für die Gesellschaft als Ganzes.

Dies ist eine Entwicklung, die uns als Gesellschaft nicht unbeeindruckt lassen kann. Denn neben erheblichen Einschränkungen an Lebensqualität und damit auch der Produktivität schlägt sich das auch in ständig steigenden Kosten im Gesundheitssystem nieder. Diese Finanzressource fehlt uns an anderer Stelle, z. B. in der Forschung, der Bildung, der Infrastruktur wie der Kultur und im übrigen Sozialsystem.

Wenn es unabänderlich wäre, müssten wir es hinnehmen, denn Älterwerden ist für Menschen vor allem dann attraktiv, wenn dies mit einer Verlängerung der vitalen Aktivität verbunden ist.

Sollte es aber möglich sein, diese Vitalität ohne Mehrkosten, womöglich sogar mit Minderkosten zu erreichen, dann wäre es gerechtfertigt, sich einen solchen Ansatz genauer anzusehen und weiterzuverfolgen.

## 7.3    Systemorientierte Methodik

Was hat es mit dem kybernetischen Konzept auf sich? Und warum sollte es sich besser als das Kausalmodell eignen, um o. g. Probleme anzugehen?

### 7.3.1    Kybernetisches Konzept

Das **kybernetische Konzept** besteht in der Erweiterung des Kausalmodells zum Systemmodell.

Beim Systemmodell prüft man mit geeigneten *Messfühlern* in hinreichend engen Takten,[1] ob mit dem eingesetzten **Treatment** (= Therapie plus systematische Begleitfaktoren) auch der gewünschte **Outcome** (hinreichend gut und schnell) erreicht wird.

*Doch dabei bleibt es nicht. Mit Hilfe eines sog. Reglers (= hier: Baukasten von Therapie- und Betreuungsleistungen) wird so lange nachgesteuert, bis das Therapieziel hinreichend gut erreicht ist* (Abb. 7.4).

**Wärme-Thermostat**   Ein anschauliches Beispiel für ein kybernetisches Konzept aus dem Bereich der Technik ist der Thermostat, genauer ein thermostat-gesteuertes Heizsystem (Abb. 7.4). Bei einem technischen System erscheint es uns selbstverständlich, dass wir uns nicht auf den Erfolg der ausreichenden Heizung verlassen, da wir wissen, dass trotz der von niemandem in Frage gestellten Kausalität zwischen Heizung und Temperatur wegen vieler möglicher Störfaktoren die optimale Temperatur, bei der wir uns wohlfühlen, allein durch einen bestimmte Energieeinsatz nicht zuverlässig erreicht wird.

---

[1] Im Einzelnen hängt die Kontrolldichte von den ablaufenden Prozessen ab. Während beim Thermostaten eine Kontrolldichte von wenigen Minuten Zwischenzeit wichtig erscheint, können bei der Arzt-Patienten-Kontrolle je nach Problem zwischen einem Tag und fünf Jahren ausreichend sein.

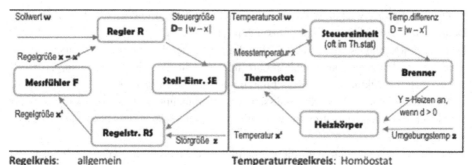

Regelkreis:    allgemein                        **Temperaturregelkreis:** Homöostat

**Abb. 7.4**   Kybernetisches Modell beim Thermostaten

• Das Heizergebnis die End-Temperatur, kann zu niedrig sein, weil plötzlich draußen ein Kälteeinbruch erfolgt, den wir nicht genau vorhergesehen haben. Es kann auch sein, dass unsere Kinder die Türe länger aufgelassen haben, so dass viel Wärme unkontrolliert entweichen konnte.
• Umgekehrt kann – weil Kinder in der Schule oder in Ferien sind oder durch einen plötzlichen Föhn – die zugeführte Wärme zu einer Temperatur führen, die wir als zu warm empfinden.

Obwohl das Temperaturproblem viel einfacher und viel besser verstanden ist, finden wir es selbstverständlich, dass wir hier statt des einfachen Kausalmodells ein kybernetisches Modell akzeptieren und umsetzen.

Dies gilt im Übrigen auch dann, wenn wir keinen Thermostaten haben. In diesem Fall übernehmen wir selbst die Aufgabe des Thermostaten. Wenn wir – dank unsrer Wärme-Kälte-Sensoren merken, dass es zu kalt ist/bleibt, versuchen wir dafür zu sorgen, dass es uns wärmer wird. Wir heizen oder – wenn das nicht geht – suchen wir nach Möglichkeiten, Wärmeverluste zu vermeiden.

• Ist es uns zu warm, behelfen wir uns mit dem in uns liegenden kybernetischen Modell. Wenn es uns zu warm wird, öffnen wir die Türe, um frische Luft hereinzulassen. Ist das nicht erfolgreich, ziehen wir Kleidung aus, stellen einen Ventilator an oder nehmen uns kalte Getränke und – notfalls schwitzen wir zur Kühlung.
• Ist es zu kalt, stellen wir die Heizung höher. Falls das nicht geht, ziehen wir einen Pullover oder eine Jacke an etc. und – notfalls zittern wir (Bewegung).

**Kybernetik in der Medizin vergangener Jahrhunderte**   Warum verwenden wir diesen kybernetischen Ansatz nicht in der Medizin, obwohl wir alle wissen, dass der menschliche Organismus viel komplexer ist als das Problem einer angenehmen Temperatur in der Wohnung?

Möglicherweise liegt genau darin der Grund. Der menschliche Organismus und die bio-mechanischen und bio-chemischen Abläufe sind zu komplex und noch nicht genügend erforscht, als dass wir, also vor allem unsere Ärzte, sich zutrauen, dafür seriöse Modelle zu entwickeln und aus diesen Modellen therapeutische Konsequenzen abzuleiten.

Tatsächlich sind Mediziner schon sehr früh dahintergekommen, dass der menschliche Organismus ein vielschichtiges Interaktionsmodell ist (s. z. B. TCM, Hildegard von Bingen, Maimonides, Paracelsus).[2] Wäre dieses Modell völlig erfolglos gewesen, hätte es sich sicher nicht über Jahrtausende als therapeutisches Konzept erhalten.

Insbesondere die TCM blieb an vielen Stellen zu unbestimmt. Es fehlte ein klares Kriterium, wann eine Therapie als erfolgreich einzustufen war und – wichtiger noch – worauf der jeweilige Effekt zurückzuführen war. Das Bessere ist der Feind des Guten: Tatsächlich hat sich der Kausalansatz mit Beginn der Neuzeit in Europa und inzwischen auch weitgehend in Asien durchgesetzt, weil die mit dem Kausaldenken verbundene Präzisierung und Quantifizierung genau dazu Antworten lieferte.

Das wirkte sich vor allem segensreich bei den Infektionserkrankungen und bei Verletzungen aus. Darüber hinaus förderte die „*Kausal-Medizin*" die Entwicklung von diagnostischen Instrumenten und von speziellen Medikamenten, die vor allem viele bisher oft tödlich verlaufende Akutkrankheiten „in den Griff" bekamen.

Erst in den vergangenen 50 Jahren wurde das Problem langwierig und kostspielig verlaufender chronischer Krankheiten zum gesellschaftlichen Problem, weil erst seit dieser Zeit deren Gewicht bei Häufigkeit, Schwere und Kosten so bedeutsam wurde. Und jetzt brauchen wir auch für Letzteres Lösungen.

**Kybernetik in der heutigen Medizin** Wichtig ist die Erkenntnis, dass der moderne kybernetische Ansatz die Erfolge der klassischen Medizin nicht überflüssig macht, sondern sinnvoll ergänzt. Denn dieser Ansatz berücksichtigt die in biologischen Systemen bestehende Situation, dass alle von außen kommenden Treatments (systematischen Einflüsse) fast nie eine unmittelbare Auswirkung auf die dem Arzt wichtigen Zielgrößen (wie etwa den Blutdruck) haben, sondern erst in Interaktion mit den internen *Regel-Systemen des Organismus* wirken.

---

[2] Die frühe chinesische Medizin (**TCM** [=Traditionelle chinesische Medizin] seit 300 v.C. besitzt ein eigenes Diagnosesystem, das sich an Körperfunktionen orientiert. **Hildegard v Bingen** (1098–1179) verknüpfte Heilkräuter-Erfahrung und System-Denken; Vier-Säfte-Lehre [Blut, Schleim, gelbe Galle, schwarze Galle], 5-Säulen-Medizin [Nähren der Seele, gesunde Ernährung, Entgiftung des Körpers, Stärkung der Abwehrkräfte [psychisch u physisch], regelmäßige Lebensführung]. Die **Heilkunde nach Paracelsus** (1493–1541) betont die Immunstärke und ggfls. dessen lokal bezogene Wiederherstellung: *„die Dosis macht das Gift' ,ubi malum, ibi remedium'* →Entgiftung, Immunstimulation, Einsatz von Phytotherapeutika). Auch bei Moses **Maimonides** [~1135–1204] wurde dieses System-Modell schon sehr detailliert entwickelt, und umfassende Heilpläne daraus abgeleitet. M betonte den rationalen Charakter der Medizin und wandte sich gegen den Gebrauch von Beschwörungen und Amuletten. Die Medizin klassifizierte er in drei Bereiche: *Präventivmedizin, Heilung der Kranken und Pflege der Rekonvaleszenten* (Wikipedia, 30.09.2021).

Der Organismus ist – was grundsätzlich schon die früheren Generationen wussten – per se ein Regelsystem, welches bei nicht zu starken externen oder internen Belastungssituationen und in intaktem Zustand (= gesunder Organismus) ex- oder auch intern bedingte kritische Ist-Soll-Abweichungen misst (z. B. Blutzuckerkontrolle) und, wenn nötig, korrigiert (z. B. die Insulinproduktion).

Was muss und was kann in der künftigen kybernetisch beeinflussten Medizin anders sein als in den früheren Ansätzen, die sich gegenüber der naturwissenschaftlich geprägten heute klassischen Medizin nicht durchsetzen konnten?

**Cyber-Paradigma** Neu bei einem künftigen Einsatz der Kybernetik in der Medizin ist, dass sie die bestehenden (und die hoffentlich noch weiter zu entwickelnden Tools der Diagnostik und der Therapie der klassischen Medizin) zwar genauso nutzt wie jene, aber – entsprechend dem kybernetischen Modell – gezielter und insgesamt eher häufiger einsetzt. Für chronische Krankheiten ist dann die Diagnose D0 nur ein Anfangswert, der durch die Kontrolle D1 des Gesundheitszustands Z1 nach dem ersten therapeutischen Eingriffen T1 modifiziert, nach weiteren Ein-griffen T2, T2, … schließlich dann, aber auch nur dann ersetzt wird, falls T1, T2, … nicht zu dem gewünschten/erwarteten Ergebnis führt (Abb. 7.5).

Zunächst klingt das nach hohen Kosten, noch höheren Kosten als bisher, denn das scheint ja zu bedeuten, dass noch mehr Diagnosen erstellt, noch mehr verschiedene Therapien versucht werden müssen als heute. Wie soll eine solche paradigmatische Änderung, selbst wenn dies zu besseren Ergebnissen führen würde, möglich sein, ohne das gegen-

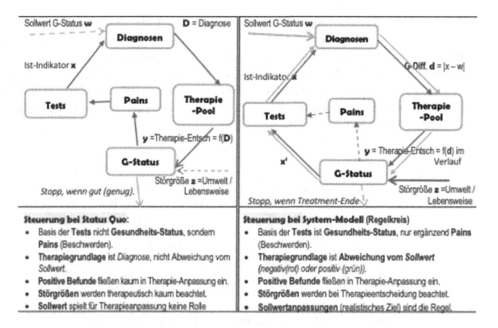

**Abb. 7.5** Kybernetisches Modell der Treatment-Outcome-Beziehung

wärtige, schon sehr hohe Budget noch weiter zu steigern? Ehe es hier konstruktiv nach-gewiesen wird, das unter dem Cyber-Paradigma weniger Kosten und zugleich ein besserer Outcome erzielt wird, sei auf ein Beispiel verwiesen.

**Lawinen- und Flutopfer** Wir alle wissen, wie furchtbar und kostspielig die Aus-wirkungen von Lawinen sein können, wenn sie auf Ortschaften niedergehen. Die präven-tive Leistung durch Pflanzung von Bäumen, Wällen und ähnlichen Hindernissen kostet ein Bruchteil davon, verhindert aber mit hoher Wahrscheinlichkeit schwerere Schäden.

**Flutschäden** Und wer angesichts der aktuell sichtbaren klimatischen Veränderungen ein solches Szenario nicht mehr für realistisch hält, sei an die aktuellen Überflutungen (Juli 2021) erinnert, wie sie in der Eifel und im Ahrtal unlängst stattgefunden haben. Zusätzlich zu den vielen, über 140 zu beklagenden Menschenleben werden die Kosten dieser Flut auf rd. 15 Mrd. € geschätzt, davon ein Drittel ohne Erstattungsanspruch der Betroffenen (s. z. B. Tagesschau vom 30.07.21). Das Ausweisen geeigneter Überlaufbereiche [in ganz Deutschland] würde weniger als 10 % allein der in diesem Sommer zu leistenden Repara-turen kosten/gekostet haben.

Was lassen sich daraus für Konsequenzen zum Thema Diagnose und Therapie ziehen? Zunächst keine außer der, dass man auch hier sorgfältig prüfen muss, ob nicht präventive, rehabilitative und vor allem rückkoppelnde Methoden leistungsfähiger sein können, ohne teurer zu sein. Den berühmtesten Arzt des ausgehenden Mittelalters, Maimonides, zu zitie-ren, der schon frühzeitig den präventiven und rehabilitativen als gleichwertig neben dem kurativen Ansatz gesehen hat, mag manchem rückständig erscheinen, aber die auch von ihm beeinflussten Ansätze, die alle den kybernetischen Charakter implizit besitzen, nicht wenigstens zu prüfen, wäre zumindest unklug.

## 7.3.2 Das Methodik-Modell IMPAKT

**IMPAKT©** (= Interaktions-Modifikation zwischen Patienten, Kostenträger und Therapeu-ten) berücksichtigt die Tatsache, dass ein externer Input, sofern er nicht unmittelbar Zel-len/Organe zerstört, nie direkt das Gleichgewicht (Gesundheit) beeinflusst, sondern in-direkt über die bestehenden Regelsysteme des Organismus. Aus diesem Grund erweitert IMPAKT© das natürliche Regelsystem um die notwendigen/sinnvollen Ergänzungen, die bei einem kranken oder anderweitig geschwächten Organismus nicht mehr ausreichend funktionieren.

Um zu verdeutlichen, dass IMPAKT© nur eine, wenn möglich behutsame Ergänzung der biologisch angelegten Selbststeuerung des Organismus leistet, sei dies im Folgenden als kybernetisches Nachsteuern oder, wenn unstrittig, nur als Nachsteuern bezeichnet. Was macht IMPAKT©? Und was macht es anders als das am klassischen Kausalmodell orien-tierte therapeutische Vorgehen (Treatment)?

**IMPAKT**© unterstützt den Steuerungsprozess des/der Therapeuten durch drei neue Strategien (= *drei Stufen* in Abb. 7.6),

I.  ein Zeit-getaktetes **Assessment** (= Mess- oder Schätzkontrolle),
II.  eine zeitnahe **Treatment Anpassung** (= Therapie- und Betreuungsanpassung), wobei die Patientenbegleitung gemeinsam, d. h. durch Kooperation von Therapeuten (= Ärzte und andere Therapeuten), Kostenträger und Patienten erfolgt,
III.  ein *wissenschaftlich begründetes* **Systemmodell** in Interaktion von Methodik und Praxis, welches so erfolgt, dass – gemessen am Aufwand – ein bestmöglicher Outcome der Patientengesundheit erreicht wird.

Dazu bedarf es zwar auch ergänzender Mess-/Schätzverfahren der Patientengesundheit, aber in der Regel keiner neuen therapeutischen Tools. Neu hingegen sind die Tools der Interaktion, insbesondere die vier Tools (s. vier Säulen in Abb. 7.6):

a.  **Motivieren**, d. h. den Patienten durch Erfolgserlebnisse dazu bringen, dass er gesundheitsförderliche Verhaltensweisen umsetzen will, und zwar in dem Sinne, dass er dazu sogar ein Bedürfnis entwickelt (Bedürfnis, die richtigen Dinge zu tun);
b.  **Befähigen**, d. h. durch ausreichendes Training den Patienten in die Lage zu versetzen, die erfolgversprechenden Verhaltensweisen zu können (Fähigkeit, die Dinge richtig zu tun);
c.  **Lehren zu übertragen**, d. h. das Gelernte unter variierenden Alltagsbedingungen umzusetzen, ohne dabei zentrale Lernelemente aufzugeben (richtiges Verhalten bei ähnlichen Situationen beibehalten);
d.  **Lehren zu sichern**, d. h. die gelernten Änderungsverhalten auch nachhaltig umzusetzen, so dass sie zum selbstverständlichen Bestandteil des Alltagslebens werden (richtiges Verhalten automatisieren).

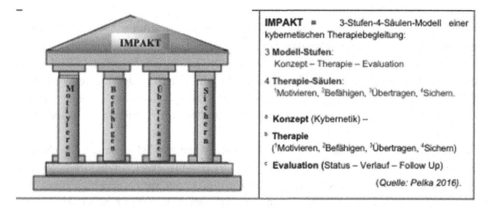

**Abb. 7.6** IMPAKT als 3-Stufen-4-Säulen-Modell einer kybernetischen Therapiebegleitung

**IMPAKT**© erlaubt auf diese Weise, dass sich das Treatment der Patienten bei chronischen Krankheiten in dreifacher Hinsicht verbessern lässt,

- erstens in einer **Verstärkung der Therapieeffekte** im Sinne des Erfolgs,
- zweitens der Verringerung der **unerwünschten Nebenwirkungen** und
- drittens in der Verringerung der dazu nötigen Aufwendungen, insbesondere der **Kosten**.

Also ist IMPAKT© die eierlegende Wollmilchsau? Das ist nicht der Fall, aber schlüssige Belege für alle drei Effekte werden nachfolgend schrittweise gegeben.

### 7.3.3 Änderungen für die Akteure im Gesundheitswesen durch IMPAKT©

Für Ärzte klingen vor allem die Säulen (neue Tools der Interaktion) kaum noch nach medizinischer Therapie, eher nach Psychologie. Und diese Aufgabe möchten sie in der Regel auch lieber den Psychologen überlassen.

Tatsächlich aber scheitern im Bereich chronischer Krankheiten die meisten Therapien nicht an einem Mangel an therapeutischen Elementen (Medikamente, chirurgische Eingriffe, physiotherapeutische und osteopathische Techniken, Bestrahlung, Chemotherapeutika, Phytotherapeutika, Hydrotherapeutika, Diäten), sondern an fehlenden Techniken, deren sachgerechte und dauerhafte Umsetzung sicherzustellen, vor allem seitens der Patienten oder deren Betreuer.

Da aber das Ziel ärztlichen Handelns die Heilung der Patienten und nur bei dessen offenkundiger Nichterreichbarkeit die gesundheitliche Stabilisierung des bestehenden Status ist, müssen alle praktikablen Wege zu diesem Ziel versucht werden. Dies schließt im Zweifelsfall nicht nur

- alle potenziellen Therapeuten, z. B. die Kooperation mit anderen Berufsgruppen wie z. B. den Psychologen ein,

sondern auch

- die Kostenträger als wesentlicher Mitentscheider über auszuwählende Therapiestränge.

Am allerwichtigsten aber ist

- die aktive, systematische Einbeziehung des Patienten in den gesamten Treatment-Prozess unter Einschluss der therapeutischen Leistungen.

Nun ist es nicht so, dass die Patienten nie in das therapeutische Geschehen einbezogen gewesen wären. Jede medikamentöse Dauertherapie erforderte und erfordert vom Patienten

die sorgfältige Einhaltung der Medikamenteneinnahme als Voraussetzung einer Therapie-
zielerreichung. Dort, wo dies nicht möglich ist, etwa, weil der Patient dazu physisch oder
psychisch nicht mehr in der Lage ist, übernehmen diese Aufgabe die Angehörigen, ersatz-
weise die professionellen Pflegedienste.

*IST-Status* Allerdings sehen wir schon bei der vergleichsweise einfachen Patienten-
anforderung einer zuverlässigen Medikamenteneinnahme, dass diese auch von Patienten,
von denen wir dies erwarten, keineswegs immer auch nur annähernd eingehalten wird.
So gehen nach empirischen Untersuchungen von entsprechenden Marktforschungs-
institutionen diese davon aus, dass über 50 % der verschriebenen Medikamente nicht oder
nicht verschreibungsgerecht eingenommen wurden (Faust, 1995; Thomas, 2020). Wie soll
IMPAKT© an diesem Sachverhalt etwas grundlegend verbessern, wenn schon so einfache
Umsetzungen seitens der Patienten nicht befriedigend funktionieren?

Tatsächlich lässt sich aber schon an diesem Beispiel zeigen, wo und wie IMPAKT©
einsetzt und wie es mit IMPAKT© möglich wird, das Patientenverhalten zielbezogen zu
verbessern. Analysen des Patientenverhaltens zeigen als Hauptgründe der nicht sach-
gerechten oder gar der Nichteinnahme (Faust, 1995; Thomas, 2020)

- Unverträglichkeiten (manchmal nur temporär, aber vom Patienten nicht so erwartet),
- nicht spürbare Therapie-Erfolge bezogen auf das ärztliche Versprechen, oder einfach
- Vergessen/Nachlässigkeit, weil die Folgen der Nichteinnahme nicht akut spürbar waren.

Ein solcher Befund liefert noch keinen Grund zur Resignation. Zwar gibt es einige
therapieresistente Patienten, aber die meisten wollen, wenn sie zum Arzt gehen, dass dieser ihnen hilft, Beschwerden zu lindern, insbesondere Schmerzen zu verringern (Vermeiden Bestrafung/Misserfolg) oder eingeschränkte Funktionen zu verbessern (Suche
nach Belohnung/Erfolg).

Dazu nehmen die Patienten auch einen gewissen Aufwand in Kauf. Warum dennoch
viele ärztliche Ratschläge missachtet oder nicht ausreichend befolgt werden, hängt damit
zusammen, dass eine Diskrepanz zwischen Erwartung und Erfolg und/oder zwischen er-
wartetem und tatsächlichem Aufwand entsteht, die das erwartete Ziel im Verhältnis zum
erlebten Aufwand unattraktiver machen. Nicht selten sinkt auch das Vertrauen auf null,
dass der Patient mit den verordneten Mitteln das Ziel überhaupt erreichen kann. Und
schließlich fehlen oft auch aktuelle Verstärker, solches konsequent in das Alltagsgeschehen
einzubauen.

Schon an diesem Beispiel wird die Notwendigkeit einer stärkeren Interaktion sichtbar.
Tatsächlich muss aber nicht nur die Interaktion zwischen Arzt und Patient, sondern auch
die zwischen Kostenträger und Patient sowie die zwischen Kostenträger und Arzt verbessert werden (Abb. 7.7).

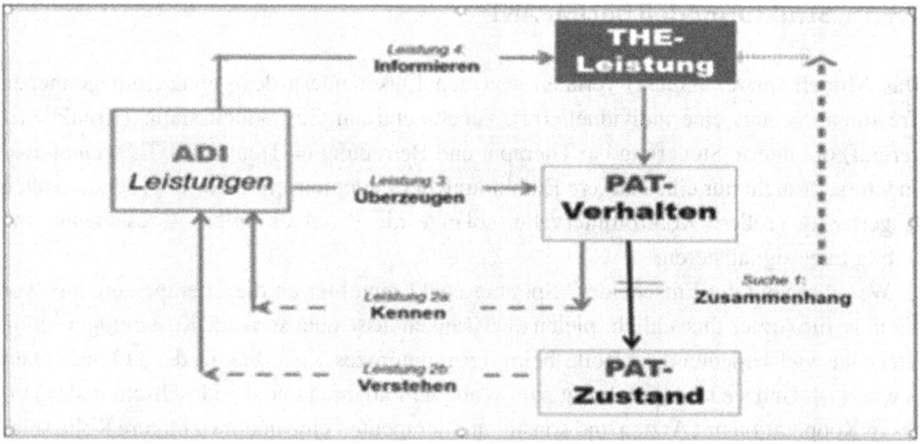

Legende: **Nutzen v IMPAKT©** - Grafik u Verbalisierung: Die Rückkopplung zwischen Außendienst **ADI** des Kostenträgers **KT**, der Therapeuten (Arzt etc.) **THE** und des Patienten **PAT** stellt sicher, dass das therapeutische Geschehen dem aktuellen Gesundheitsstatus angepasst wird (*Quelle: Pelka 2017*). Leistungen 2 bis 4 gibt's nicht beim **Status Quo**. Erst Leistung 2 = 2a + 2b ermöglicht Leistung 3+ 4. Dies verbessert auch die Suche 1 für **THE** nach einer Gesundheitsstatus orientierten Therapieanpassung.

**Abb. 7.7** Interaktionen zwischen Arzt, Patient und Kostenträger (Status quo und bei IMPAKT©)

Wie Kap. 5 zeigen wird, ist diese Interaktion nicht nur sinnvoll, sie ist auch wirtschaftlich möglich. Zentraler Aspekt dieser Neuorientierung ist eine veränderte Behandlungs- und Betreuungsstrategie, die sich

- nur bei Therapie-/Betreuungsbeginn wie beim Status quo an der *Diagnose*,
- später dann aber überwiegend am Krankheitsverlauf (jeweils aktueller Gesundheitsstatus) und am individuellen Befinden des Patienten

orientiert.

Entscheidend aber – wie Kap. 5 näher ausgeführt wird – ist die starke Einbindung des Kostenträgers (z. B. über seinen Außendienst ADI) in den Rückkopplungsprozess zwischen Therapeuten und Patienten (PAT) (Abb. 7.7).

Denn der Kostenträger kann über die Finanzierung und/oder weitere Belohnungsmöglichkeiten auf den Patienten (über das leichter zu sichernde Feedback) und damit auf das Patienten-Handeln einen klärenden und – nach entsprechender gesetzlicher Absicherung – ausschließlich positiven Einfluss nehmen.

## 7.4    Modell, Assessment und Treatment bei IMPAKT©

Drei Aspekte müssen und können bei einem solch neuen Ansatz wie IMPAKT© neu durchdacht und umgesetzt werden, das Modell (Bsp. ADIPAT), das Assessment (Bsple. MPS-35, GAS-T, CriCC) und vor allem natürlich das Treatment (Bsp. AIRTEAM).

### 7.4.1 Strukturmodell bei IMPAKT©

**Das Modell** (*erster Aspekt*) verlangt von den Entscheidern des geplanten/begonnenen Treatment-Strangs eine individuelle(re), zunehmend am Gesundheitsstatus (Krankheitsverlauf) orientierte Steuerung bei Therapie und Betreuung (= Treatment). Es erlaubt aber andererseits nicht nur eine stärkere Einbindung der Patientenverantwortung, sondern auch längerfristig größere Kontrollintervalle, solange die Patienten-Selbst-Assessments eine stabile Lage signalisieren.

Wer aber sind die Entscheider? Spontan denkt man hier an die Therapeuten, also vor allem an die Ärzte. Tatsächlich spielen die Krankenkasse oder sonstige Kostenträger schon jetzt eine viel bedeutendere Rolle beim Therapieprozess, als dies in der Öffentlichkeit bewusst ist. Und sie können künftig zum Wohl der Patienten und der Gesellschaft als Ganzes in Kooperation mit Ärzten und sonstigen Therapeuten eine noch wichtigere Rolle spielen, weil sie im Zweifel über die aktuellen Daten des Krankheitsverlaufs verfügen (können). Ihre mögliche größere Bedeutung wird bei der Präsentation des neuen Strukturmodells sehr schnell sichtbar.

Dies sei hier daher – so weit anschaulicher, am Beispiel der **AHB** (Anschluss-Heil-Behandlung) – in seinen Grundstrukturen skizziert. Bei AHB wurde IMPAKT© auch schon einmal erfolgreich umgesetzt, damals noch unter dem Namen ADIPAT (s. Pelka, 2017, 2020). Bei ADIPAT, einem Akronym für eine bestimmte Interaktionsbeziehung zwischen Außendienst des Kostenträgers (ADI) und Patient (PAT), bindet der Außendienst die Therapeuten (=THE) in das Kontroll- und Korrekturgeschehen des Behandlungs- und des Krankheitsverlaufs ein. Dies erfolgt so, dass Fehlentwicklungen frühzeitig entdeckt und mit geringerem Gesamtaufwand korrigiert werden können.

**IMPAKT©** erfordert am Anfang des therapeutischen Treatments in der Regel eine engere Kontrolle des Krankheitsgeschehens (Tage bis Wochen) und damit auch etwas mehr Aufwand, führt aber längerfristig zu einem geringeren Gesamtaufwand, weil nach Erreichen einer stabilen Phase die Kontrollen verringert werden können. Denn der Patient ist genau informiert, wann ein Feedback zum Außendienst des Kostenträgers oder der Therapeuten erforderlich ist (s. a. Assessment). Gibt der Patient im vereinbarten Zeitintervall kein Feedback, wird der Außendienst des Kostenträgers aktiv, weil bzw. falls dies von beiden Seiten vorab vereinbart wurde.

Sowohl theoretisch konzeptionell als auch empirisch belegt führt dies zu einer insgesamt geringeren Belastung des Gesundheitssystems. Denn in der nachakuten Phase des Krankheitsverlaufs lässt sich die Kontrolldichte in stabileren Phasen des Krankheitsverlaufs von PAT ohne Effektivitätsverlust zuverlässig verringern (Pelka, 2017).

### 7.4.2 Assessments bei IMPAKT©

**Das Assessment** (*zweiter Aspekt von IMPAKT©*) beruht auf einer statusbezogenen (Krankheits-) Verlaufsbewertung. Es basiert größtenteils auf den heute geläufigen bewährten Tools wie bildgebenden Verfahren, Messungen, Tests und Fragebogen.

Speziell für AHBs, aber natürlich ebenso für eine stabile längerfristige oder dauerhafte Behandlung chronischer Krankheiten, haben sich aus Gründen, die später noch genauer erörtert werden, Mess- und *Schätz-Verfahren der Alltagsbewältigung* bewährt.

**MPS-35** Besonders nützlich dürfte der von Pelka (2016, 2018) entwickelte Assessment-Bogen

- MPS-35 (Schätzverfahren der medizinisch-psychologisch-sozialen Fertigkeiten der Alltagsbewältigung)

sein. Denn er vermag mit einer je nach Anforderung unterschiedlichen Differenzierung ein oder mehrerer intervallskalierter und hoch änderungssensitiver Informationen über den aktuellen Gesundheitsstatus als Ganzes und zusätzlich in bestimmten, krankheitsspezifischen Teilaspekten abzubilden. Ohne damit irgendeines der problem- oder fachspezifisch relevanten Diagnose-Tools überflüssig zu machen, bildet der **MPS-35** die Auswirkungen auf das Alltagsgeschehen des Patienten ab, d. h. die temporären oder längerfristigen Auswirkungen bestimmter, krankheitsbedingter Einschränkungen auf das Alltagshandeln des Patienten. Dies ist nicht zuletzt ein zentral wichtiger Indikator gleichermaßen

- für den Bedarf des Patienten an professioneller oder privater Hilfe, welche durch das Gesundheits- oder das Wirtschaftssystem bereitgestellt werden muss, wie auch
- für das aktuell verfügbare Leistungspotenzial, welches für die gesellschaftliche Teilhabe und ggfls. berufliche Integration des Patienten Voraussetzung ist.

Daher sollte dieses Assessment, welches gleichermaßen von Therapeuten, Pflegenden oder den Patienten selbst ermittelt werden kann, stärker bei der Beurteilung der Entwicklung des Gesundheitsstatus genutzt werden. Lediglich beim Ersteinsatz bedarf es eines gewissen Lern- und Gewöhnungsaufwands. Der **MPS-35** enthält insgesamt 35 Items aus 7 Bereichen dreier Aspekte:

A. Medizinisch funktionale Aspekte (15 Items)
- Sensorische (5),
- Motorische (5)
- sensumotorische (5) Fertigkeiten.
B. Psychologische Aspekte (10 Items)
- kognitive (5) und
- motivationale (5) Fähigkeiten
C. Psychosoziale Aspekte (10 Items)
- elementare (5) und
- höhere Leistungen (5) des Sozialverhaltens.

Zu Einzelheiten der Handhabung und der diagnostischen Verlaufsbewertung s. Pelka (2018).

**GAS-T** GAS-T ist die transformierte und standardisierte Form der international renommierten GAS-Skala, eines seit 1968 bewährten Assessment-Instruments. Zur Diagnose der aktuellen, patienten- und krankheitsspezifisch bedingten Alltagsbewältigung ist es dafür fast so wertvoll wie MPS-35, zusätzlich durch die von Pelka vorgenommene Modifikation und Standardisierung besonders geeignet für gesundheitsökonomische Evaluationen.

- GAS-T (Goal-Achievement Scale – transformed) (s. Pelka, 2019)

Ergänzend vermag auch das von Pelka aufgrund der Studienerfahrungen insbesondere bei WinTEAM von ihm entwickelte

- CriCC (= Critical Change while Control)

gesundheitsökonomische Evaluationen zu verbessern (s. Pelka, 2020).

Alle drei Schätzsysteme haben sich aufgrund ihrer Relevanz für die Alltagsbewältigung und da-mit dem erforderlichen Betreuungsbedarf (z. B. Pflegebedarf) bis hin zum noch verfügbaren Leistungspotenzial (z. B. bei beruflicher Rehabilitation) im Rahmen mehrerer Studien bewährt.

Aufgrund ihrer guten Differenzierung und ihrer Skalenqualität sind alle drei Assessments besonders gut geeignet, Entwicklungsfortschritte bzw. kritische Abbauprozesse abzubilden und sichtbar zu machen. Zusätzlich bieten sie eine gute Grundlage für passgenaue therapeutische oder pflegerische Leistungen (Pelka, 2016, 2021).

**Testtheoretische Evaluation von MPS-35, GAS-T, CriCC** Auch besitzen alle drei Schätzverfahren nicht nur eine hohe Reliabilität und Validität, sondern eignen sich auch hervorragend zum wiederholten Einsatz, um Änderungsprozesse des Gesundheitszustands sensitiv und zuverlässig sichtbar zu machen.

Sie sind damit nicht nur ein Motivator für Patienten, Betreuer und Therapeuten, sondern liefern im kybernetischen Sinne die erforderliche Messfühlerinformation, um die Regler (Therapie, sonstiges Treatment) optimal anzusetzen.

### 7.4.3 IMPAKT© Treatments

**Das Treatment** (*dritter Aspekt von IMPAKT©*) mit Regler nutzt ebenfalls die heute bekannten und geeigneten Therapie-Tools. Regler sind dabei diejenigen Therapie- und/oder Betreuungs-Tools, die Gleichgewichtsstörungen beim Patienten kurzfristig verringern helfen. Dies kann erfolgen als ärztlicher oder sonstiger therapeutischer Eingriff. Oft aber genügen kleine Änderungen in der Alltagssteuerung seitens der Pateinten selbst oder gegebenenfalls ihrer Betreuenden.

**AIRTEAM als IMPAKT©-Treatment** Als ein attraktives Treatment mit Regler-Potenzial hat sich im Bereich AHB das Treatment AIRTEAM erwiesen. AIRTEAM ist die Verknüpfung zweier bereits in mehreren Studien erfolgreicher therapeutischer Ansätze: TEAM und AIR.

- TEAM: Mit TEAM (= Teilhabe orientierte ambulante Maßnahme, s. Bender et al., 2016) werden Patienten sensibilisiert und reaktiviert. Verloren gegangene oder mangelhaft genutzte sensorische, motorische, sensumotorische Fähigkeiten und ihre Verknüpfung mit psychischen oder sozialen Leistungen werden durch ein an Piaget orientierten entwicklungspsychologischen Ansatz des Reinforcement in vielen Fällen geradezu unglaublich verbessert (s. Praxisbeispiele in Abschn. 7.5.3; Bender et al., 2016; Pelka, 2016).
- AIR: Mit AIR (= Aktivierend integrative rehabilitative Maßnahme) werden Patienten so begleitet, dass ihre Fähigkeit und Motivation zur Selbstverantwortung für die erforderliche sekundär-präventive Selbststeuerung ausreichen (Pelka, 1997, 2016).

Während **TEAM** vor allem Basisfähigkeiten stärkt, die entweder verloren gegangen oder verschüttet scheinen, hilft **AIR** vor allem beim Transfer in den Alltag bei einer Umgebung, die ja in vielen Fällen für die Stabilität neuer Verhaltensstrategien des Patienten nicht förderlich ist.

**AIRTEAM**, d. h. die kombinierte Anwendung von AIR und TEAM ist bisher zwar vor allem bei AHB und ähnlichen Rehabilitationssituationen erfolgreich eingesetzt worden, könnte aber nach Einschätzung des Autors ähnlich wirksam bei der ärztlichen oder pflegerischen Begleitung vieler chronischer Krankheiten sein.

## 7.5 Kybernetik als Treiber effizienten Treatments

### 7.5.1 IMPAKT© als Effizienztreiber an zwei zentralen Stellen

Der Vorteil des Einsatzes von IMPAKT© gegenüber dem Status quo ist der, dass es genau dann aktiv wird, wenn sich sensorgestützt (s. a. Assessment) ein Ungleichgewicht in einer der Assessment-Dimensionen relevant vergrößert.

Anders ist dies beim Status quo. Der Arzt kann oft erst dann wieder aktiv werden, wenn der Patient wegen Schmerzen oder einem unerwarteten Krankheitsverlauf zur Rückfrage bei ihm erscheint.

Dies hat nicht nur Nachteile bei sich progredient verschlechternden Krankheitsverläufen, sondern selbst bei Verbesserungsprozessen, weil dann aus Sicht des Patienten (und oft auch des Therapeuten) kein dringender Handlungsbedarf vorliegt. Tatsächlich lässt sich aber in vielen Fällen auch ein positiver Krankheitsverlauf noch signifikant verbessern, nicht zuletzt deshalb, weil zum Beispiel Fading-Effekte vermieden werden können.[3] Darüber hinaus ist die Rückmeldung für den Arzt/Therapeuten wichtig, um sein diagnosebezogenes therapeutisches Konzept weiter zu verbessern.

Tatsächlich ist mit Hilfe des kybernetisch konzipierten IMPAKT© ein patienten- und situationsspezifisches Nachsteuern möglich. Durch eine differenzierte Messfühlertechnik prüft IMPAKT©, ob sich der körpereigene oder der schon therapiegestützte Regelprozess den kriterienbezogenen Zielfeldern plangemäß annähert bzw. diese sogar schon erreicht hat.

Ist dies der Fall, dann kann der therapeutische Schwerpunkt auf andere Dimensionen des Krankheitsgeschehens verlegt werden. Und ist dies nicht der Fall, greift das nach ggw. Kenntnisstand bestmögliche Treatment im Sinne einer Nachsteuerung, bis das realistisch erreichbare Ziel auch tatsächlich erreicht ist, notfalls als (mit den verfügbaren Tools) nicht erreichbar aufgegeben wird.

### IMPAKT©-Nutzen

Wie Abb. 7.7 zeigt, ermöglicht das definierte, in sensiblen Phasen auch engmaschige Feedback eine ganz wesentliche Verbesserung des Steuerungsablaufs bei bestehenden Einschränkungen des Gesundheitsstatus, für den Kostenträger als Basis besserer Steuerungsleistungen:

### Feedback Patient – Therapeuten (Ärzte)

- *Analysieren* des Zusammenhangs Patientenverhalten unter Therapie und nachfolgender Patientenzustand (über dreifach gestütztes Feedback seitens des Kostenträgers).

Dadurch kann der Therapeut schneller und zuverlässiger als beim Status quo therapeutische Anpassungen vornehmen, um das Risiko unerwünschter Krankheitsverläufe zu verringern.

### Feedback Kostenträger – Therapeuten (Ärzte)

- *Informieren* (über Möglichkeiten, die sich unter Aspekten der Kostenverträglichkeit ergeben),

---

[3] *Fading* bedeutet in der Psychologie, speziell der Verhaltenstherapie das langsame Verschwinden von erlernten Verhaltensänderungen, wenn diese nicht mehr durch Belohnungen verstärkt werden. Erstmals sichtbar und systematisch untersucht wurde dies von PAWLOW (1849–1936, Nobelpreis 1904) bei Hunden.

Hiermit kann – wenn auch nicht immer, so doch essenziell häufiger – die Lücke zwischen ärztlicher Therapie und tatsächlichem Gesundheitsstatus reduziert werden, vor allem dann, wenn der Patient dadurch zeitgerechter zum Arzt/Therapeuten zur Kontrolle des Therapieergebnisses kommt.

**Feedback Kostenträger – Patient**
* *Überzeugen* (zu Änderungen des Patientenverhaltens unter Bezug auf mögliche Verbesserungen des Patientenzustands)

Hier liegt der Schwerpunkt auf den erweiterten Möglichkeiten, die dem Patienten seitens des Kostenträgers angeboten werden. Die kann der Kostenträger erst mit IMPAKT© aufgrund der beiden nachfolgend beschriebenen Feedback-Mechanismen leisten.

**Feedback Patient – Kostenträger**
* *Kennen* (von Gesundheitsstatus relevanten Patientenverhalten),
* *Verstehen* (von Änderungen des Patientenzustands)

Mancher wird der Ansicht sein, dass hiermit dem Kostenträger ein bedenklicher Eingriff in die Privatsphäre des Patienten und das Vertrauensverhältnis zwischen Arzt und Patient eintreten könnte. Dieser Einwand wäre gerechtfertigt, wenn der Kostenträger vom Patienten Informationen einfordern dürfte, zu denen er nach der gegenwärtigen Gesetzeslage keinen Anspruch hat. Dies ist bei IMPAKT© aber definitiv nicht der Fall. Informationen werden nur mit Einwilligung des Patienten weitergegeben und dürfen nur zum Vorteil der Patienten genutzt werden (keine Sanktionsoption).

Auch ist mit der elektronischen Patientenakte (**ePA**) bereits das Rahmen-Tool vorhanden und gesetzlich verankert, welches bei IMPAKT© benötigt wird. Was bisher noch fehlt, ist das zugehörige kybernetische Modell, das den Nutzen dieses Tools optimiert.

Auch jetzt schon entscheidet der Kostenträger über die Akzeptanz von bestimmten kostenpflichtigen Therapien. Aufgrund der fehlenden Kenntnisse des Kostenträgers über den bisherigen Verlauf der Therapiefolgen werden dessen Entscheidung zwangsläufig nach formalen Kriterien getroffen, die der besonderen Situation kaum oder gar nicht Rechnung tragen kann.

Mit diesen neuen Leistungen durch IMPAKT© ist nicht nur eine enge Soll-Ist-Kontrolle, sondern auch ein elegantes und zugleich sparsames Nachsteuern möglich, so dass in der Regel eine Outcome-Verbesserung erreicht wird.

Wegen des systemorientierten Ansatzes und der o. g. Assessment-Tools wird diese Verbesserung nicht nur in den Dimensionen erfolgen, die Grundlage der ärztlichen Konsultation war, sondern auch in anderen, das Alltagsleben der Patienten beeinflussenden Faktoren.

**Unterstützende Begleitung bei Rehabilitationsprozessen oder in der Pflege**

Dies ist der zweite Vorteil des kybernetischen Ansatzes. Ohne dass es zusätzlicher Ressourcen bedürfte, wird parallel zur therapeutischen Verbesserung eine umfassende, positive Treatment-Adjustierung möglich.

Denn durch die interaktive Steuerung werden alle organisatorischen und selbst pflegerischen Leistungen im Sinne der Patientengesundheit und Alltagsbewältigung parallel verbessert. Aus der Psychologie wissen wir, dass die frühzeitigen Unterstützungen der Patienten über zeitnahe Belohnungsmechanismen wirksamer sind als Sanktionen oder gar das unzuverlässigere Feedback einer mitgeteilten schlechteren Befindlichkeit.

## 7.5.2   Vergleichende Analyse IMPAKT© versus Status quo

Beim Status quo hat der Arzt vergleichsweise wenig Gestaltungsmöglichkeiten. Hauptaufgabe ist die Bestimmung der richtigen, d. h. eigentlich, der am wahrscheinlichsten zutreffenden Diagnose. Danach hat er – vorausgesetzt finanzielle Einschränkungen verhindern dies nicht noch – nur noch zwei Wahlmöglichkeiten mit unterschiedlichen Konsequenzen:

- Gemäß **EbM** sucht er zu der gefundenen/vermuteten Diagnose die nach dem ‚State of the Art‘ beste Therapie, auf das dort beschriebene erwartete Ergebnis hoffend.
- Er traut der **EbM**-empfohlenen therapeutischen Vorgehensweise nicht, sei es, weil er sie schon erfolglos ausprobiert hat, sei es, weil er aufgrund von Intuition und Erfahrung andere Lösungen für besser hält, sei es, weil er von der Diagnose noch nicht ganz überzeugt ist oder sei es schließlich, weil die vorgeschlagene Therapie sein Budget kritisch belasten würde, und wählt eine andere Therapie, die er für besser oder unter den gegebenen Rahmenbedingungen für vertretbar hält.

Anders bei IMPAKT©: Orientiert am individuellen Befinden und Krankheitsverlauf des Patienten wird dessen Treatment mittels Feedback-gestützter Steuerungsverfahren an seine jeweilige Situation angepasst (= sog. kybernetische Steuerung).

Damit wird die **Anfangsdiagnose** nicht weniger wichtig. Denn ihre sorgfältige Abklärung erspart nicht nur Kosten, sondern auch wertvolle Zeit, die nicht immer zur Verfügung steht. Aber in der Gesamtbetrachtung des Treatments (Therapie, Empfehlungen, Betreuung oder Pflege) verliert die Anfangsdiagnose an Bedeutung zugunsten Erhebungen des aktuellen Gesundheitszustandes (**aktueller Gesundheitsstatus**). Letzteres ist vor allem bei längerer Behandlungsdauer wichtig, d. h. vorzugsweise bei chronischen Krankheiten.

Der schrittweise größere Vorteil des IMPAKT©-Ansatzes gegenüber dem STATUS QUO-Vorgehen lässt sich besonders gut demonstrieren bei der AHB. Er gilt aber grundsätzlich für die meisten chronischen Krankheitsverläufe, vor allem wenn es sich um mul-

**Tab. 7.1** Zentrale Unterschiede zwischen IMPAKT© und dem Status quo bei der Krankheitsbewältigung am Beispiel AHB (Anschluss-Heil-Behandlung): P = Patient, T = Arzt u sonstiger Therapeut, K = Kostenträger

| Step | Phase ↓ | Status quo (typischer Fall) | IMPAKT©-Modell (typischer Fall) |
|---|---|---|---|
| S 0 | Vor Ereignis | P unabhängig, sozial eingebunden, Prävention keine oder heterogen | |
| S 1 | Ereignis | Rapide Verschlechterung des Gesundheitsstatus von P. | Wegen frühzeitiger Interaktion T – P – K gelingt Stabilisierung des Gesundheitsstatus von P etwas besser. |
| S 2 | Diagnose | P stark fremdbestimmt, maximal abhängig. | P fremdbestimmt, abhängig, Aktiv-Training teilweise gemeinsam von T+P+K geplant. |
| S 3 | Akut-Therapie | Situation für P bleibt wie bei S2. | Abhängig von Gesundheitsstatus: Aktiv-Training für P und mit P beginnt. |
| S 4 | Entlassung Akut-Therapie | Übergang f P m Brüchen, Transfer, AHB-Koordination & Therapieabstimmung suboptimal. | P weniger fremdbestimmt, reduzierte Abhängigkeit, Aktiv-Training v T+P + K gemeinsam geplant oder modifiziert. |
| S 5 | AHB | Situation ähnlich S4. | T – P – K – AHB-Abstimmung: P wird noch immer motiviert und befähigt. |
| S 6 | Entlassung AHB | Situation ähnlich S4. | Aktiv-Training Follow-Up mit P gemeinsam geplant + Rückkontrolle d. K |
| S7 | Follow Up (1.–3. Monat) | Überwiegend geringe Alltagsumsetzung, *Fading* bei Umsetzung durch P. | Stabile Alltagsumsetzung durch P gelingt wegen *Feedback* und Therapie-Korrektur durch T+K. |
| S 8 | Follow Up (4.–12. Mon) | G-Status: Chronisch-progrediente oder sogar schubweise Verschlechterung. | Korrektur P -Verhalten durch T, Belohnung für Präventionsverhalten von P durch K. |
| S 9 | Follow Up (13.–36. Mon) | Komplikationsrisiko bei P steigt schneller als prognostiziert. | Stabilisierung Gesundheitsstatus P durch kanalisierte Wege von Feedback und Korrektur (T+K). |

tiple Krankheitsbilder handelt. Auch zur Veranschaulichung der im Treatment-Prozess auftretenden Unterschiede eignet sich besonders gut die AHB (Tab. 7.1):

Die farbliche Unterlegung der Stränge eines typischen Verlaufs beim Status quo und bei IMPAKT© soll den wachsenden Unterschied zugunsten IMPAKT© verdeutlichen.

[S1–S3] **Akutphase:** Schon der Phase S1 bis S3 zeichnet sich ein sichtbarer Vorteil für IMPAKT© ab, denn durch die enge Interaktion der Beteiligten steht nicht nur allen wichtigen Akteuren frühzeitig die bestmögliche Information zur Verfügung, sondern die wertvolle Unterstützung durch den Akteur ‚Patient' findet auch bereits in dieser Phase nicht zur zufällig, sondern systematisch und gezielt statt.

[S4–S6] **AHB-Phase:** In der AHB-Phase (S4 bis S6) vergrößert sich dieser Vorteil relevant, weil hier der Patient systematisch befähigt und zugleich motiviert wird, neue Lebensformen auch unter ungünstigeren Rahmenbedingungen (Berufs- oder Familienstress, fehlende Unterstützung seitens der Umgebung, Erlahmen der eigenen guten Vorsätze) zu erproben und zu stabilisieren.

[S7–S9] **Follow-Up-Phase:** In der Follow-Up-Phase (S7–S9) wird dieser Vorteil so groß, dass nicht nur ein deutlich besserer Gesundheitszustand erreicht wird, sondern dessen Erhalt auch bedeutend weniger Kosten verursacht, obwohl mehr Feedback zwischen Patienten und Therapeuten erfolgt als beim Status quo. Da diese Phase zeitlich die längste ist – meist in einer Größenordnung von

| [7.1] | 1: 3 | (im Durchschnitt Krankenhausaufenthaltsdauer = 7,3 d ~ 1 Wo (2017), |
|---|---|---|
| [7.2] | 1: 78 | AHB-Dauer = 21 d = 3 Wo (2017), Follow-Up- Phase = 1½ Jahre = 78 Wo, |

werden die etwas höheren Anfangskosten für S1 bis S6 nicht nur kompensiert, sondern Impakt führt sogar zu einer deutlichen effektiven Kostenersparnis.

### 7.5.3   Empirische Belege der Effektivität und Ökonomie von IMPAKT©

Die beiden vorgestellten Belege sind zusammengefasste Beispiele aus der winTEAM-Studie in Burgau, bei welcher de facto wichtige Teile von Modell, Assessments und vor allem Treatment umgesetzt wurden. Die Erfolge bei diesem beiden Patienten sind zwar besonders erfreulich, aber prinzipiell nicht ungewöhnlich, wenn man das IMPAKT©-Modell in die Praxis umsetzt. Sie zeigen jedenfalls das in IMPAKT© ruhende Potenzial auf nachdrückliche Weise (s. Pelka, 2016, 2021).

**Beispiel (1): Health to go! – nach Diagnose Schlaganfall**

**Diagnose und Anamnese:**
Durch Hirninfarkt (Schlaganfall) mit 72 Jahren schwer geschädigt, war Herr A.S. auch 11 Monate danach aus Sicht der Ärzte therapeutisch kaum mehr sinnvoll behandelbar. Er kam mit schwersten Beeinträchtigungen in die teilstationäre Behandlung TEAM in Burgau, mehr tot als lebendig. Eine Perspektive zur Besserung schien es nicht zu geben. Selbst der Erhalt des Status quo erschien nicht mehr möglich.
**Therapie und Krankheitsverlauf:**
Das Ereignis hatte schon 11 Monate zurückgelegen. Seit der Früh-Reha war eine fortgesetzte Verschlechterung des Patientenstatus eingetreten. Trotzdem wurde in Burgau die vierwöchige TEAM-Therapie beim Patienten A.S. angewandt (Bender et al., 2016). Dabei betrugen die Mehrkosten gegenüber der üblichen betreuenden Dauerbehandlung rd. 8000 € (Pelka, 2016, 2020).

- A.S. (73 J) profitierte erheblich von der vierwöchigen TEAM-Therapie. Schon nach vier Monaten konnte er ohne Hilfen gehen, mit kleineren Einschränkungen bei Bewegung und Sprachgebrauch.

MPS-35 Gesamtwert

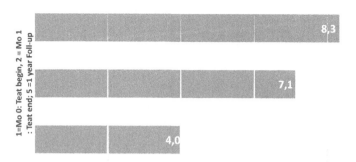

Skala: 1 = extrem schlecht 5 = erhebl. Einschränkung
9 = bestmöglich

**Abb. 7.8** Praxisbeispiel MPS-35 Entwicklung bei Diagnose Schlaganfall

- Er erzählte, dass er das Angebot seines Freundes wahrnehmen wolle. Dieser würde mit einem Segelschiff an der australischen Küste auf ihn warten, damit er als Tauchlehrer jungen Interessenten das Tauchen beibringen würde.
- … Und 6 Monate später (74 J) war er tatsächlich auf dem Schiff. Ein Jahr später (75 J) teilte er per Mail mit, er spüre zwar noch die Auswirkungen des Schlaganfalls, sei aber in seiner beruflichen Tätigkeit(!) nicht eingeschränkt.

**Gesundheitsökonomische(= GÖ) Evaluation TEAM:**
Wegen TEAM-Erfolgs entfielen nicht nur die vorher nötige Dauertherapie- und Betreuung, A.S. konnte wieder aktiv ins Berufsleben einsteigen.

- Im ersten Jahr wurde ein positiver gesundheitsökonomischer Netto-Effekt (Nutzen minus Kosten) von 35.000 € erzielt.
- Da A.S. im Folgejahr wieder aktiv als Tauchlehrer tätig war, erhöhte sich dieser GÖ-Effekt noch (keine Therapiekosten und ein Mindestjahresverdienst von 12.000 €).

Sein MPS35-Gesamtwert war im Kontrollzeitraum: Verweis auf Abb. 7.8 ◀

---

**Beispiel (2): IMPAKT© als Chance! – nach Diagnose Schädelhirntrauma (SHT)**

**Diagnose und Anamnese: P.S.**, aktiver, sozial engagierter Gymnasiast, erlitt mit 18 Jahren einen schweren Verkehrsunfall. **Folgen:** Unterschenkelamputation und schweres Polytrauma (diffuses axonales SHT) mit linksbetonter Tetraparese und Dysarthrie sowie Handgelenksdistorsion rechts.

**Akutversorgung u Früh-Reha** waren komplikationsreich. Für die Eltern war es sehr belastend, da P.S. bei der täglichen Pflege in Stress geriet. Dabei schlug er so, dass Faustabdrücke in der Wand zu sehen waren. Folge: er bekam (ohne Absprache mit den

MPS-35 Gesamtwert

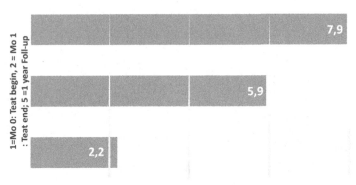

Skala: 1 = extrem schlecht 5 = erhebl. Einschränkung
9 = bestmöglich

**Abb. 7.9** Praxisbeispiel: MPS-35 Entwicklung bei Schädelhirntrauma nach Verkehrsunfall

Eltern) sedierende Medikamente → Bewusstseinsminderungen und generelle Reduktion des Wachzustands.

**TEAM- Treatment:** Schon vor Aufnahme in die TEAM-Gruppe wurde in Abstimmung mit dem TZB Burgau ein spezieller Umgang der Eltern mit P trainiert. Parallel dazu erfolgte eine Reduktion der sedierenden Medikamente. Trotzdem blieb die Situation bis TEAM-Beginn kritisch, da P.S. durch schwere Symptome der Hirnschädigung (Aggressivität, Nichterkennen der Funktion von Gegenständen wie Deo-Roller als Rasierapparat, Wortfindungsstörungen und semantische Paraphrasien) selbst- und fremdgefährdend war.

**Krankheitsverlauf:** Das vor dem TEAM-Treatment formulierte Ziel (**GAS-T**), selbstständig im Rollstuhl sitzend den Oberkörper waschen und pflegen zu können, wurde nach dem TEAM-Treatment vollständig erreicht und sogar übertroffen (**CriCC**). Darüber hinaus war P.S. nicht mehr selbst- oder fremdgefährdend. Mit anderen Menschen konnte er wieder vernünftig kommunizieren, so dass er schon nach einem halben Jahr in einem Nachsorgezentrum in einer Wohngruppe mit Gleichaltrigen wohnen konnte (**MPS-35**).

**Evaluation:** Auch nach einem Jahr zeigten sich weitere, äußerst positive Veränderungen: P.S. versorgte sich komplett selbstständig, ging selbstständig Treppen mit Geländer, bestand den neurologischen Test und absolvierte wieder Fahrstunden für den Führerschein. Die Krönung für ihn war, dass er inzwischen eine berufliche Ausbildung in einer besonderen Werkstätte beginnen konnte, mit der Perspektive, später voll berufstätig sein zu können. Sein **MPS35**-Gesamtwert war im Kontrollzeitraum: hier Verweis auf Abb. 7.9 ◄

Die genannten Beispiele können allenfalls ein Hinweis auf das bestehende Potenzial von Impakt sein, denn dessen langfristige Überlegenheit kommt erst durch eine feedback-gesteuerte Interaktion zwischen Kostenträger, Therapeuten und Patienten (und ggfls. seiner Angehörigen) voll zum Tragen.

## 7.6    Anwendung von IMPAKT© und Diskussion

Mancher kommt nach dem Gelesenen zu der Auffassung, dass IMPAKT© zwar eine interessante Theorie sein könnte, sich aber [1]unter den gegenwärtigen Rahmenbedingungen keineswegs für die Praxis eignen könnte. Dazu würden sich die Konzepte zu sehr unterscheiden, und [2]der praktische Nutzen eines solchen Konzeptes sei ja noch nicht ausgemacht. Und schließlich, [3]wer würde die Risiken einer Umstellung tragen. Denn es sei ja wohl klar, dass in der Umstellungsphase Mehrkosten auftreten würden, die man frühestens zu einem späteren Zeitpunkt ausgeglichen könne. Aber die Quartalsabrechnungen würden den Takt vorgeben, an dem man sich orientieren müsse.

Die meisten Leser kennen vermutlich das Statement von Erich Kästner: „Es gibt nichts Gutes, es sei denn, man tut es". Um den Mutigen und den nach neuen Lösungen Suchenden Mut zu machen, sei kurz auf die o. g. Einwände eingegangen:

- [1]**Praxiseignung:** Die o. g. Beispiele (s. Abschn. 7.5.3) aus der Rehaklinik Burgau (im Rahmen der winTEAM-Studie) beweisen nicht nur die praktische Machbarkeit, sie lassen sich auch als attraktive Herausforderung deuten.
- [2]**Praxis-Nutzen:** Sie belegen überdies, dass diese Technik effektiv und wirtschaftlich rentabel ist. Dies bedeutet, dass sich die Investitionskosten spätestens in einem Jahr rentiert haben werden.
- [3]**Umstellungsaufwand:** Jede Änderung bedarf eines Aufwandes, der Zeit, Geld und Lernen erfordert. Aber bei IMPAKT© ist die zusätzliche Zeit verkraftbar, weil sie schon innerhalb eines Quartals weitgehend kompensiert und innerhalb eines Jahres verkürzt wird. Die zusätzlichen Kosten sind ähnlich wie bei jeder Investition. Es steht aber jedem frei, diese Umstellung schrittweise zu vollziehen, z. B. durch Konzentration auf die diesbezüglich attraktiven Fälle.

Das Problem des Umstellungsaufwands stellt sich somit nicht für gut organisierte Praxen. Schwieriger ist die Anpassungsbereitschaft bei den Kostenträgern. Aber nach der neuen Gesetzgebung haben alle Kostenträger das Recht, einschlägig Pilotversuche, zum Beispiel mit bestimmten Diagnosen, Therapien und/oder Praxen vorzunehmen. Hierzu sei auf Abschn. 7.6.1 verwiesen.

Zusammenfassend lassen sich vorab folgende Benefits von IMPAKT© auch und gerade für die Praxis festhalten:

**Praxis- und Theorie-Benefits von IMPAKT©**

- *Paradigmenerweiterung* durch Einbeziehung *psychologischer + psychosozialer Dimensionen:* bezieht Patientenbesonderheiten mehr ein und erhöht Steuerungspotenzial zugunsten des Patienten.
- *Follow-Up* als **Kriterium** der **Treatment-Modifikation** statt Endpunkt-bezogener Messung: begünstigt mittel- und langfristig überlegene Therapieansätze zulasten Strohfeuer-Effekten.
- **Homöostase** (=*Gleichgewichtsstreben*) in der Gesundheits-, speziell der AHB-Politik: berücksichtigt stärker patientenspezifische Besonderheiten im Sinne einer personalisierten Therapie.

Ein solcher **Paradigmenwechsel** ist möglich, wenn man einen *positiven Zusammenhang* zwischen Treatment und **Gesundheitsentwicklung** nachweist und diesen den Patienten wie der Öffentlichkeit vermittelt.

### 7.6.1 Umsetzung von IMPAKT© am Beispiel AHB

Wie schon oben formuliert, ist eine Umsetzung am leichtesten, wenn sie als Pilotversuch gestartet wird und nach entsprechender Erfolgsbestätigung ausgeweitet wird. Dies soll am Beispiel eines regionalen Klinikverbundes (**KliV**) demonstriert werden, der aber bis heute noch nicht umgesetzt wurde.

Die Umsetzung von IMPAKT© durch **LT/KT** (Leistungs- oder Kostenträger) als **Pilotversuch** erfordert 2¼ Jahre. Voraussetzung generalisierbarer Ergebnisse ist die Aufnahme von mindestens 120, höchstens 240 Patienten, verteilt auf maximal 3–4 Zentren.

Zur **Umsetzung** von **IMPAKT©** ist die Unterstützung durch ein geeignetes Institut empfehlenswert:[4]

1. **Design**: Konzeptentwicklung und Versuchsplanung,
2. **Tools**: Anpassung der Tools an das spezielle Projekt,
3. **Training**: Information + Treatment-Training beteiligter Projektmitarbeiter,
4. **Kontrolle**: Wiederholte exemplarische Teilnahme an Patienten Schulungen,
5. **Monitoring und Auditing**: Kontrolle Datenerfassung unter Beachtung der DSGVO; Verantwortung *Monitoring + Auditing*,
6. **Analyse und Evaluation**: *Aufbereitung Projekt-Daten* + Durchführung statistischer Analysen mit anschließender Evaluation
7. **Präsentation und Transfer**: Schriftliche Ergebnisse als Bericht, Anfangsunterstützung der Umsetzung in die Alltagspraxis.

---

[4] Bei dessen Auswahl und Evaluation stehen der Autor oder Mitarbeiter des IAS gerne zur Verfügung.

Anwendbar ist das Konzept auch bei schwierigen, selbst bei psychiatrischen oder Demenz- (gefährdeten) Patienten, deren AHB-Verlauf nicht im erwarteten Sinne verläuft.

**Einsparpotenzial: eine KliV bezogene Schätzung als Beispiel**
Sparpotenziale werden häufig überschätzt, das Funktionieren ihrer Umsetzung optimistischer gesehen, als es dann tatsächlich eintritt. Dies gilt für BER oder Stuttgart21, auch für die Renovierung der Gorch Fock, aber auch für Modelle im Gesundheitsbereich, mögen sie noch so geeignet sein. Einsparpotenziale, vor allem ihren Zeitpunkt seriös zu schätzen, ist daher nie leicht. Umsetzungsprozesse benötigen oft mehr Zeit, als von der Sache her zu erwarten. Oft treten extern bedingte Störfaktoren auf, die von den Beteiligten nicht vorausgesehen wurden.

Daher kann es sich hier nur um eine Schätzung bei erfolgreicher Umsetzung handeln. Die Chancen für eine termingerechte Umsetzung von IMPAKT© steigen, wenn eine Pilotphase mit 120–240 Patienten entsprechend vorgeschaltet wird, ggfls. nach einer vorausgehenden Konzeptanalyse.

**Entlastung pro Patienten durch IMPAKT©**
Bei Umsetzung von IMPAKT© ist durch bessere und schnellere Reintegration der Patienten im Alltag/Beruf mit einer Kostensenkung von 800 € pro Monat und Bett zu rechnen. Bei psychiatrischen Patienten erhöht sich diese Entlastung sogar auf 1000 €/Mon. Diese Einsparung basiert auf folgenden Verbesserungen durch IMPAKT©:

| | |
|---|---|
| [1]Vermeidung redundanter Assessments (Stabilitätsabhängige Nutzenkontrolle) | 35 % |
| [2]Verringerter therapeutischer Aufwand (stärkere Eigenbeteiligung Patient) | 25 % |
| [3]Verkürzung AHB-Phase (konsequente Zielorientierung → schnellere Zielerreichung) | 15 % |
| [4]Verringerter Bedarf pflegerischer Leistungen (mehr Patienten-Selbstverantwortung) | 25 % |

Das bedeutet eine Entlastung von rd. 12.000 € pro Bett und Jahr, als vorsichtige Schätzung 50 %, also 6 T€.

**KliV- bezogenes Einsparpotenzial**
Betroffen sind bei **KliV** pro Jahr ca. 3000 Betten (Quelle: Unsere KliV-Kliniken, 2018). Vor diesem Hintergrund ergibt sich ein Einsparpotenzial von 3 Tsd. Betten × 6 Tsd. € = 18 Mio. € pro Jahr. Der dazu erforderliche Aufwand für **KliV** ist in Tab. 7.2 zusammengefasst.

**Hauptziel**
Erinnert sei, dass die Ersparnis nicht das Primärziel von **IMPAKT©** ist, sondern die längerfristig bessere Gesundheitsentwicklung des Patienten. Für diese können wir neben der statistischen Argumentation brillante Einzelbeispiele nennen. Wie die Praxisbeispiele zeigten, ist der längerfristige Nettoeffekt (Folgejahre) noch höher einzustufen.

**Tab. 7.2** Kosten und Nutzen bei IMPAKT© für KliV: 1) GÖ-(Gesundheitsökonomischer) Ertrag = Relation von Erreichter Kostenersparnis durch IMPAKT© -Einsatz zu den dazu vom KT/LT (hier: Kliv) eingesetzten Finanzressourcen

| Projekt IMPAKT© ↓ | Einsparpotenzial KliV insgesamt p. a. ↓ | Investitionsaufwand für Pilotstudie der KliV ↓ | Projektaufwand KliV einmalig↓ |
|---|---|---|---|
| Betroffene Patienten → | ~3000 | 240 | 240 Pat = ~60 beds |
| Projektdauer → | Organisations-abhängig | 2¼ Jahre | 2¼ Jahre |
| Einsparpotenzial → | 3′ beds × 6′ € = 18 Mio. € | 240 beds × 6 € = 1,5 Mio. € | |
| Umsetzungskosten → | 1–5 Mio. € | Kosten Kliv 0–100 Tsd. € p. a. organisations-abhängig | Kosten IAS 675 Tsd. €300 Tsd. € p. a. |
| GÖ-Ertrag | 1 : 3 bis 1 : 18 | 1 : 1,8 bis 1 : 3 | |

Bei Beibehaltung von **IMPAKT©** in den Folgejahren steigert sich dieser GÖ-Ertrag auf einen bis zum 30-fachen, d. h. Jeder in **IMPAKT©** investierte Euro führt zu 30 Euro Ersparnis, die an anderer Stelle investiert werden kann, ohne dass der Therapieerfolg dadurch geschmälert würde.

## 7.6.2 Verallgemeinerung auf andere Treatment-Modelle

In Kap. 1 bis 4 wurde IMPAKT© für das Treatment, insbesondere die Therapie chronischer Diagnosen entwickelt und seine Vorzüge gegenüber der typischen Vorgehensweise beim Status quo präsentiert. die Beweisführung seiner Überlegenheit auch in der Praxis wurde allerdings nur für den AHB-Bereich (s. Kap. 5 und Abschn. 7.6.1) geführt.

Tatsächlich bedarf es noch weiterer Pilotstudien, diese theoretisch begründeten Vorzüge vom Impakt auch für andere Treatment-Situationen bezüglich Effektivität und Ökonomie zu verifizieren. Immerhin können die in diesem Beitrag vorgelegten Belege in Verbindung mit der theoretisch begründeten Schlüssigkeit als hinreichend Basis für eine Entscheidung gelten, solche Studien in kleinerem oder sogar größerem Umfang für gezielte Diagnosen oder Aufgabenbereiche durchzuführen.

Naheliegende Anwendungsfelder neben der AHB erscheinen dem Autor die Bereiche:

- **Pflege**, insbesondere bei Patienten des Pflegegrads 1 und 2, bei denen auch aus konventioneller Sicht noch ein Aktivierungspotenzial besteht,
- **Behandlung bei progredienten Entwicklungen**, insbesondere für **Erkrankungen des Bewegungsapparates** (*nach ICD10- M00-94*),
- **Behandlung psychovegetativer und psychiatrischer Krankheiten** (*nach ICD10-F10-99 und R40-49*), weil hier der Anstieg von Häufigkeit und Kosten alternative Lösungsmöglichkeiten besonders dringlich erscheinen lässt.

- **Follow-Up-Angebote** für Reha-Gruppen auf dem Land, weil hier die in Großstädten schon jetzt angebotenen Lösungen nicht oder kaum verfügbar sind,
- **Präventionsleistungen** etwa bei **Diabetes** oder bei **Chronischen Wunden**, weil hier ein besonders hohes Verbreitungs- und Kostenrisiko besteht.

Für eine mögliche Priorisierung bezüglich Testphase und exemplarischer Umsetzung könnte eine Expertenkommission ein Konzept entwickeln, von dem auch der finanzielle und zeitliche Rahmen abgesteckt werden sollte.

## 7.6.3 Diskussion von IMPAKT© und Ausblick

**Diskussion**

IMPAKT© ist neu, attraktiv und mit Perspektive. Dies gilt vor allem, weil sich auf der einen Seite mit IMPAKT© wie auch mit ähnlichen System-Ansätzen zeitnah Verbesserungspotenziale bei chronischen Krankheiten erkennen lassen, zum andern zu ihrer Umsetzung vergleichsweise wenig organisatorische und vor allem personelle Änderungen erforderlich sind.

Bestehendes Personal der Kostenträger kann durch Fortbildungs-Seminare und Pilotstudien für die neuen Aufgaben fit gemacht werden. Motiviert sein dürften sie sehr bald, da die Erfolge bei den Patienten auch für ihre Tätigkeit als Motivator wirken werden.

Schwieriger könnte die Umstellung für die Ärzte sein. Aber die Zeit ist günstig. Mit der inzwischen gesetzlich verankerten Patientenakte kommen auf die Ärzte und anderen Therapeuten ohnehin neue Rahmenbedingungen zu. IMPAKT© liefert ihnen das Modell, um damit möglichst gut umzugehen. Auch sie werden mit jedem unerwarteten Therapie-Erfolg motivierter werden.

Bleibt noch das Thema der Kosten: Nach Berechnungen des Autors wird – abgesehen von vielleicht kurzfristigen Anpassungsproblemen – keine der beteiligten Gruppen finanzielle Nachteile erleiden, zumal ja der gleiche Finanzumfang zur Verfügung steht.

Bleiben noch die Patienten: Nach unseren ersten Erfahrungen profitieren sie nicht nur erheblich, vor allem in Bereichen, bei denen bisher eher bescheidene Erfolgsmeldungen zu verzeichnen waren, sie werden auch mit viel Vergnügen an der Verbesserung ihres eigenen Gesundheitsstatur basteln können und wollen.

**Ausblick**

Das Konzept von IMPAKT© ist verfügbar. Eine Mitarbeiterschulung ist vor zwei Jahren für eine Testgruppe von Mitarbeitern eines Kostenträgers erfolgreich eingesetzt worden. Nach intensiven Vorbereitungen (*Workshops + Entwicklung von Trainings- und Test-Konzept*) besteht jetzt die Möglichkeit eines zeitnahen Einsatzes insbesondere bei kritischen AHB- Patienten. Dazu bedarf nur noch der Finanzierung seitens **eines** oder **mehrerer Kosten- oder Leistungsträger**.

Die Durchführung eines solchen Projekts würde den Beteiligten helfen, bei verringerten Kosten bessere Ergebnisse zu erzielen. Wegen des innovativen Konzepts wäre es auch bundesweit und international von beispielhafter Wirkung.

**Mögliche Finanzierer**

Angesprochen fühlen könnten sich alle Institutionen der gesundheitlichen Versorgung von Patienten. Angefangen beim BMG, den Bundesländern, den Gemeinden bzw. regionalen Verbünden bis hin zu privaten Betreibern von einschlägigen Organisationen sind alle aufgefordert, eine solche Entscheidung zeitnah zu treffen.

Bei großflächiger Umsetzung könnte mit IMPAKT© bei gesichert besserer Versorgung der Patienten innerhalb von drei bis fünf Jahren eine Kosteneinsparung von mindestens 25 % der jeweils gegenwärtigen Kosten möglich sein. Mithin liegt hier ein Einsparpotenzial von rd. 75 Mrd. € (25 % von 90 % der 338 Mrd.) vor, welches dann in die Weiterentwicklung neuer Konzepte fließen könnte.

## Literatur

Bender, A., et al. (2016). WinTEAM: Langzeitrehabilitation von Patienten mit erworbenen Hirnschädigungen. Eine randomisierte kontrollierte Studie zu einem intensiven teilhabeorientierten ambulanten Therapieprogramm. Dt. Ärzte Verlag, *113*(38), 634–641.

Faust, V. (1995). *Medikament und Psyche*. Wiss. Verlagsgesellschaft.

Güthlin, C., et al. (2020). *Chronisch krank sein in Deutschland*. Zahlen, Fakten und Versorgungserfahrungen. Frankfurt a. M.: Institut für Allgemeinmedizin der Goethe-Universität. http://publikationen.ub.uni-frankfurt.de/frontdoor/index/index/docId/55045.xx. Zugegriffen am 01.04.2022.

Kücking, M. (2013). *Die Kosten chronischer Erkrankungen im Kontext von Ernährung und Gesundheit*. GKV Spitzenverband, Tagung vom 13.11.13.

Pelka, R. B. (1997). Wo liegen neue Chancen für Reha? In R. B. Pelka, G. Neubauer & M. Steinbach (Hrsg.), *Kosten u Nutzen der Rehabilitation. 1. Bad Füssinger Forum für Rehabilitation 14.–15. Mrz. 1997* (S. 168–188). Advanced Management Verlag.

Pelka, R. B. (2016). *GÖ-Report. Gesundheitsökonomische Erfassung und Evaluation von WinTEAM bei 47 Patienten mit erworbenen Hirnschäden*. Unveröffentlichter Bericht, IAS (S. 1–150).

Pelka, R. B. (2017). *ADIPAT©. Dreiteiliges Seminar-Konzept mit PP-Folien, Fragen und Musterantworten*. IAS. (unveröffentlichte Unterlagen).

Pelka, R. B. (2018). *MPS-35©. Erfassungsbogen, Handanweisung u Manual zum Assessment der medizinisch-funktionalen, psychischen und sozialen Alltagsbewältigung von AHB-Patienten*. IAS, Version 3.

Pelka, R. B. (2019). *GAS-T©. Kurz-Information zur Entwicklung, Anwendung und Gültigkeit. Aus GAS (Goal- Attainment-Scale) durch Transformation und Standardisierung abgeleitetes Assessment-tool zur Erfassung des Grades der Zielerreichung eines Treatments/Therapie*. IAS, Version 2.

Pelka, R. B. (2020). *CriCC©. Kurz-Information zur Entwicklung, Anwendung und Gültigkeit. Assessment CriCC (Critical Change while Control) zur Erfassung des Grades Treatment/Therapieabhängiger, alltagsbezogener Verbesserung des Gesundheitsstatus*. IAS, Version 2.

Pelka, R. B. (2021). WinTEAM. Therapie von Patienten mit länger zurückliegenden erworbenen Hirnschäden finanzierbar? Eine gesundheitsökonomische Analyse der WinTEAM-Studie von Burgau. (Publ. i. Vorb.).

Thomas, L. (2020). *Patienten schlucken zu viele Medikamente. Oft fehlt die Übersicht.* Dresdner Wochenzeitung v. 27.10.20.

Wirtz, S. (2020). Chronische Krankheiten verursachen hohe Kosten. Expertenkolumne v. 06.08.20. (finanzen_ch. Corp. New York).

# Die Entwicklung des deutschen Gesundheitssystems bei einer linearen Fortschreibung seiner demografischen Beeinflussungsdeterminanten

Oliver Kremer

## Inhaltsverzeichnis

### Zusammenfassung

Der initiale Grundgedanke des deutschen Gesundheitssystems basiert auf einem fiktiven Solidarvertrag zwischen den verschiedenen Generationen. Die ursprünglich vorherrschende Sozialstruktur eines Familienverbandes, innerhalb dessen die jeweiligen Mitglieder füreinander einstehen, sollte hierbei auf die gesamte Gesellschaft übertragen werden. Eine im Verhältnis hohe Anzahl an jungen Leistungserbringern steht

O. Kremer (✉)
Ansbach, Deutschland
E-Mail: oliver@schauwunder.de

© Der/die Autor(en), exklusiv lizenziert durch Springer Fachmedien Wiesbaden GmbH, ein Teil von Springer Nature 2022
M. Ebersoll et al. (Hrsg.), *Das Gesundheitswesen und seine volkswirtschaftliche Bedeutung*, https://doi.org/10.1007/978-3-658-36940-8_8

dementsprechend für eine vergleichsweise kleine Gruppe an leistungsschwachen Individuen, wie beispielsweise Kranke oder Alte ein. Seit Beginn der 1970er-Jahre übersteigt die Anzahl der in der Bundesrepublik verstorbenen Personen jedoch die der Neugeborenen. Die sich seit diesem Zeitpunkt vollziehende demografische Transformation ist eine wesentliche Beeinflussungsdeterminante für den sukzessiven Anstieg der gesundheitssektoralen Kosten. Auch lässt der ausbleibende Nachwuchs die Frage aufkommen, inwieweit zukünftig das aktuell bekannte Leistungsniveau in der Gesundheitsversorgung aufrechterhalten werden kann. Langfristig betrachtet ist im Fachkräftemangel eine ernstzunehmende Gefahr für den weiteren Fortbestand des deutschen Gesundheitssystems in seiner aktuell bekannten Form zu erkennen.

## 8.1 Grundzüge des deutschen Gesundheitssystems

Der deutsche Gesundheitssektor stellt mit einem Anteil von rund 11,2 % einen der wichtigsten Wirtschaftsbereiche unseres Landes dar (Bundesministerium für Wirtschaft und Energie, 2020). Im globalen Vergleich der westlichen Industrieländer bewegen sich die Gesundheitsausgaben für die einheimische Bevölkerung auf dem dritten Platz. Lediglich die USA (16,9 % des Bruttoinlandsproduktes) und die Schweiz (12,2 % des Bruttoinlandsproduktes) haben anteilig höhere Gesundheitsausgaben (Weltbank, 2021).

Die Idee hinter dem deutschen Gesundheitssystem basiert auf dem Solidarprinzip und einem imaginierten fiktiven Solidarvertrag zwischen den Generationen (Althammer et al., 2004). Bereits 1883 wurde durch die Regierung des damaligen Reichskanzlers Otto von Bismarck eine Sozialversicherung eingeführt, welche im weiteren Verlauf durch eine Renten- und eine Unfallversicherung ergänzt wurde (Engelberg, 2014) Die seinerzeit dominierende Sozialstruktur eines Familienverbandes, innerhalb dessen die jeweiligen Mitglieder füreinander einstehen, sollte demnach auf die gesamte Gesellschaft ausgeweitet werden. Vergleichsweise viele junge Leistungsträger stehen demzufolge für eine kleine Gruppe von Leistungsschwachen, beispielsweise kranke oder alte Menschen, ein.

In der Bundesrepublik Deutschland überstieg erstmals 1972 die Zahl der verstorbenen Personen die der Neugeborenen (Henneke, 2014). Der seit diesem Zeitpunkt beobachtbare demografische Wandel sorgte für einen konstanten Anstieg der Kosten im Gesundheitssystem: der inflationsbereinigte Anteil der Ausgaben hat sich, in Relation zum deutschen Inlandsprodukt betrachtet, nahezu verdoppelt (Schöffski & Schulenburg, 2012).

Angesichts des fehlenden Bevölkerungsnachwuchses entsteht die Frage nach der zukünftigen Leistungsfähigkeit des deutschen Gesundheitswesens. Die Gesamtzahl an Beschäftigten, welche durch ihre erwirtschafteten Sozialbeiträge Einzahlungen in das System erbringen, wird in den zukünftigen Jahrzehnten sukzessive zurückgehen. Auch ist bei qualifizierten Fachkräften im Allgemeinen ein sich immer weiter ausbreitender numerischer Mangel beobachtbar.

Stand den gesundheitssektoralen Unternehmen in den vergangenen Jahrzehnten eine vergleichsweise hohe Zahl an Bewerbern zur Deckung ihres Arbeitskräftebedarfs zur Verfügung, so unterschreitet heutzutage die Anzahl an Bewerbern oftmals die der vakanten Stellen. Langfristig gesehen stellt die demografische Entwicklung und der hieraus resultierende Fachkräftemangel eine Gefahr für die Leistungsfähigkeit unserer Sozialsysteme in ihrer aktuell bekannten Form dar (Mitesser, 2013). Insbesondere dem Gesundheitssektor ist aufgrund seiner Relevanz innerhalb der deutschen Gesamtökonomie eine Schlüsselrolle zuzuschreiben. Aufgrund einer immer weiter fortschreitenden Überalterung der Gesellschaft ist auch zukünftig von einem zunehmenden Bedarf nach qualifiziertem gesundheitssektoralem Personal auszugehen.

## 8.2   Allgemeine Einführung

Mit aktuell etwas über 83 Millionen Einwohnern befindet sich die numerische Bevölkerungszahl in der Bundesrepublik Deutschland auf einem Allzeithoch. Bis 2040 ist lediglich ein leichter Rückgang auf rund 82,1 Millionen prognostizierbar (Statistisches Bundesamt, 2021).

Diese sich insgesamt vergleichsweise konstant darstellende Entwicklung der Populationsgröße ist vordergründig positiv zu bewerten. Allerdings korreliert diese mit einem weiteren Anstieg des Durchschnittsalters in der Bevölkerung. Heute bereits nimmt der Altersmedian mit rund 45,7 Jahren innerhalb der Europäischen Union eine Spitzenstellung ein und wird lediglich von Italien und Portugal hinsichtlich seiner Höhe übertroffen (United Nations, 2021).

Die Anzahl von erwerbsfähigen Personen in der Altersgruppe von 20 bis 66 Jahren ist für das Jahr 2035 auf circa 45,8 Millionen prognostizierbar. Im Vergleich zur heutigen Situation bedeutet dies einen Rückgang von rund sechs Millionen Arbeitskräften. Eine numerische Situationsentschärfung durch fortschreitende Immigration ist hierbei bereits einkalkuliert. Ohne eine weitere Beibehaltung der Nettozuwanderung in der aktuell stattfindenden Höhe kann diesbezüglich von einem Rückgang von rund neun Millionen Personen ausgegangen werden.

Zwischen 1990 und 2018 wuchs die Gruppe der Menschen ab 67 Jahren in Deutschland um 54 Prozent von 10,4 Millionen auf 15,9 Millionen an. Bis zum Jahr 2039 wird diese um rund weitere fünf bis sechs Millionen zunehmen. Aktuell ist für diesen Zeitpunkt von einer Größe von voraussichtlich mindestens 21 Millionen auszugehen, was nahezu jedem vierten Bundesbürger entsprechen dürfte (Becker, 2019).

Die demografisch bedingte schleichende Abnahme in der Anzahl der Leistungserbringer bei einem parallelen Anwachsen in der Gruppe der Leistungsempfänger wirft die Frage nach der weiteren Finanzierbarkeit des Gesundheitssystems in der aktuell bekannten strukturellen Form auf. Bei einem zukünftigen Festhalten an den bestehenden sozialstaatlichen Strukturen drohen hohe Finanzierungslücken.

## 8.3    Die Beschäftigungssituation im Gesundheitswesen

Eine essenzielle Beeinflussungsdeterminante für das ökonomische Leistungsvermögen
eines Landes ist im Bildungsniveau und dem gesundheitlichen Zustand seiner Gesellschaft
zu sehen (Berger & Kahlert, 2006). Dem Gesundheitsbereich als größtem Wirtschaftssek-
tor in Deutschland kann hierbei eine besondere Bedeutung zugeschrieben werden (Reiners, 2017).

Der fortschreitende demografische Wandel und die damit verknüpfte immer weiter
ansteigende Morbiditätsrate macht für die nächsten Jahre einen zunehmenden
Investitionsbedarf erforderlich (Backes & Clemens, 2013), was eine steigende Nachfrage
nach geeignetem Fachpersonal nach sich ziehen wird (Penter et al., 2014).

Vor dem Hintergrund einer konstanten Expansion in den vergangenen Jahrzehnten befindet sich der Gesundheitsbereich nach wie vor in einer Wachstumsphase. So sind auch
aktuell immer noch fortdauernde Zuwächse in der Zahl der Beschäftigten sowie ansteigende Umsätze zu verzeichnen.

Die gesundheitssektorale Bruttowertschöpfung betrug im Jahr 2018 rund 370 Milliarden Euro. Somit entfällt rechnerisch jeder achte in der Bundesrepublik erwirtschaftete
Euro auf die Gesundheitswirtschaft (Bundesministerium für Wirtschaft und Energie, 2020).

In der allgemeinen Gesundheitsversorgung und im Krankenpflegesektor, welcher die
Altenpflege sowie die Humanmedizin umfasst, ist der höchste Anteil der Beschäftigten
vorzufinden (Verband der Ersatzkassen, 2021).

Die hohe Relevanz des Gesundheitsmarktes wird auch durch einen zunehmenden Anstieg der in diesem Sektor Beschäftigten widergegeben. Seit der deutschen Wiederverein-
gung 1990 wuchs deren Zahl um über 77 Prozent. Circa jede achte Arbeitsstunde, welche
in Deutschland erbracht wird, ist unmittelbar dem Gesundheits- und Sozialbereich zuzuordnen.

Das jährliche durchschnittliche gesundheitssektorale Wachstum war mit durchschnittlich 4,1 Prozent höher als in den meisten anderen Teilbereichen der Gesamtwirtschaft.
Aktuell sind im bundesdeutschen Gesundheitswesen etwas über 230.000 Unternehmungen mit rund 7,5 Millionen Mitarbeitern tätig. Jeder sechste Arbeitsplatz in Deutschland
ist daher diesem Wirtschaftsbereich hinzuzurechnen (Bundesministerium für Wirtschaft
und Energie, 2020).

Die Anzahl an Erwerbstätigen stieg seit 2007 um rund 1,1 Millionen an, wobei auch
zukünftig mit einer anhaltend hohen Nachfrage nach Fachkräften gerechnet werden kann.
Ein vorhandenes Ungleichgewicht ist bezüglich der Geschlechterverteilung festzuhalten:
Drei von vier Beschäftigten sind Frauen und arbeiten häufig in Teilzeit (Gesundheitsberichterstattung des Bundes, 2021).

Die Ausgaben im deutschen Gesundheitssystem werden aktuell zu mehr als 70 Prozent
über staatliche Sozialversicherungssysteme getragen. Im Gegensatz zu anderen Staaten besteht für die Versicherten eine einkommensunabhängige Möglichkeit der Leistungsinan-
spruchnahme. Gesundheitsleistungen werden unabhängig von individuellen ökonomischen
Gegebenheiten oder sozialem Status in gleichem Umfang gewährt (Marburger, 2018).

Im internationalen Vergleich belegt das deutsche Gesundheitssystem hinsichtlich seiner Leistungsfähigkeit aktuell den 20. Platz. Wettbewerbsnachteile sind primär in bürokratischen Hemmnissen identifizierbar: an erster Stelle kann hierbei das Vergütungssystem angeführt werden, welches mitunter durch die Schaffung falscher Anreize für die entsprechenden Leistungserbringer eine Fehlallokation der zur Verfügung stehenden Mittel begünstigt. Auch sind aufgrund der hohen Komplexität in der Ausgestaltung des Systems teilweise sich konterkarierend entgegenstehende Steuerungsmechanismen zu beklagen (Murray, 2017).

In positiver Hinsicht sind eine gute Arzneimittelqualität neben einem hohen Behandlungsstandard hervorzuheben. Auch kann die hohe Fachkompetenz im deutschen Gesundheitssektor als Ergebnis eines hoch entwickelten Qualifizierungs- und Ausbildungssystems angesehen werden. Auf dem Feld der Medizintechnik behauptet die Bundesrepublik bereits seit mehreren Jahrzehnten im internationalen Vergleich eine Vorreiterrolle (Spectaris, 2020).

Angesichts der immer weiter fortschreitenden demografischen Transformation kann weiterhin von einem zukünftigen Branchenwachstum ausgegangen werden. Um den aktuell vorherrschenden Standard auch zukünftig beizubehalten, wird über weitere notwendige Investitionen hinaus in erster Linie ein Anstieg in der Nachfrage nach pflegerischem und medizinischem Personal zu beobachten sein.

## 8.3.1 Die Nachfrage nach gesundheitssektoralen Fachkräften

Bereits seit längerem haben verschiedenste Leistungsanbieter im Gesundheitswesen Schwierigkeiten darin, ihre vakanten Stellen mit qualifizierten Bewerbern zu besetzen. Zurzeit ist im Allgemeinen eine lange Zeitspanne von der Ausschreibung bis zur finalen Besetzung festzuhalten. Konnten offene Stellen im Jahr 2020 in Deutschland branchenübergreifend nach rund 80 Tagen besetzt werden, so ist die Situation im Gesundheitssektor deutlich angespannter. Hier ist insbesondere die Altenpflege hervorzuheben. Offene Arbeitsstellen können bundesdurchschnittlich erst nach circa sechs Monaten besetzt werden (Institut für Arbeitsmarkt- und Berufsforschung, 2021).

Der Fachkräftemangel im Gesundheitswesen unterliegt nicht einer lokalen Begrenztheit, sondern ist bundesweit feststellbar (Bundesministerium für Wirtschaft und Energie, 2021). Aktuell kann innerhalb der gesamten deutschen Gesundheitswirtschaft die Nachfrage nach qualifiziertem Personal nicht befriedigt werden. Besonders sticht die Situation im Altenpflegebereich hervor, ebenso wie in der Humanmedizin und der Krankenpflege im Allgemeinen. Die gesundheitssektoralen Unternehmungen versuchen dieser Situation durch verschiedene Maßnahmen etwas entgegenzusetzen. Hier seien exemplarisch eine Ausweitung der zu erbringenden Arbeitszeit genannt oder auch ein höheres Ausmaß in der Technisierung der Arbeitsabläufe. Sämtliche dieser Substitutionsversuche um den Fachkräftebedarf abzumildern, konnten die Situation nicht nachhaltig entschärfen (Deutscher Industrie- und Handelskammertag, 2020).

Neben ökonomischen Faktoren, es sei im Besonderen eine immer noch häufig vorzu-
findende unzureichende Entlohnung der Beschäftigten genannt, ist die Fachkräftesituation
im Allgemeinen insbesondere von der gesamtgesellschaftlichen demografischen Entwicklung beeinflusst (Schaeffer & Wingenfeld, 2014).

Ein immer weiter anwachsendes Durchschnittsalter innerhalb der deutschen Bevölkerung lässt auch für die nächsten Jahrzehnte einen Anstieg in der Zahl von Leistungsempfängern prognostizieren. Durch ein gleichzeitiges Abschmelzen der Personengruppe,
welche durch ihre Arbeitskraft zur Leistungserbringung im Stande ist, findet parallel eine
weitere Situationsverschärfung statt.

## 8.4 Der Einfluss des demografischen Wandels auf die Fachkräftesituation

Der Begriff Demografie lässt sich aus dem Altgriechischen ableiten. Er ist aus den Wörtern
„demos" (übersetzt: das Volk), sowie „graphé" (übersetzt: Beschreibung, Schrift) zusam-
mengesetzt. Es beschreibt sowohl die strukturelle als auch die numerische Veränderung
einer Population (Padel, 2010).

Eine eventuelle Zu- bzw. Abnahme hinsichtlich der Bewohnerzahl ist hierbei ebenso
mit einzubeziehen, wie die Aufteilung nach Alter, Geschlecht, Geburten- sowie Sterbefälle
und eventuell beobachtbarer Migration. Diese Daten sind für die jeweiligen Verantwortungsträger in Staat und Wirtschaft elementar, lassen sich doch durch deren nähere Betrachtung zahlreiche wichtige gesellschaftspolitische Fragestellungen beantworten.

Die Begriffsbezeichnung des demografischen Wandels skizziert darüber hinaus Veränderungen in der ethnischen Zusammensetzung eines Landes, der regionalen Verteilung
einer Gesamtbevölkerung, sowie deren entsprechenden Lebensformen. Die dargestellten
Veränderungsdimensionen sind durch die Ausprägung und durch die Interaktion der drei
Beeinflussungsdeterminanten Mortalität (Sterblichkeitsrate), Fertilität (Geburtenrate) und
dem Wanderungssaldo gekennzeichnet. Quantitativ verantworten diese daher die numerische Veränderung einer Population und in qualitativer Hinsicht deren altersstrukturelle
Entwicklung (Max-Planck-Gesellschaft zur Förderung der Wissenschaften, 2021). Um
ihrer Bedeutung Rechnung zu tragen, sollen diese drei Veränderungsfaktoren etwas näher
beleuchtet werden, bevor die aus ihnen resultierenden Entwicklungen für den Gesundheitssektor herausgearbeitet werden.

### 8.4.1 Fertilität

Der Begriff Fertilität wird aus dem lateinischen Wort „fertilitas" abgeleitet, was in seiner
deutschen Übersetzung mit „Fruchtbarkeit" gleichzusetzen ist. Durch die Fertilitätsrate
wird daher eine demografische Messgröße beschrieben, welche die Zahl an Kindern abbildet, die von einer Frau durchschnittlich geboren wird. Für die vergangenen 6 Jahrzehnte

lässt sich für die Bundesrepublik Deutschland eine starke Veränderung festhalten. Wurden 1960 noch bundesdurchschnittlich 2,37 Kinder auf die Welt gebracht, so verringerte sich dieser Wert sukzessive bis in einen Wertebereich zwischen 1,28 und 1,45 in den 1980iger-Jahren (Bundesinstitut für Bevölkerungsforschung, 2021). Eine ähnliche Entwicklung ist auch für die ehemalige DDR festzuhalten, wenn auch auf einem höheren Niveau mit Durchschnittswerten zwischen 1,57 und 1,9 Nachkommen je Frau (Statistisches Bundesamt, 2021). Beide deutsche Staaten verfehlten demnach den statistisch erforderlichen Mindestwert von 2,08 Kindern für ein Bevölkerungswachstum deutlich (Landesamt für Datenverarbeitung und Statistik, 2005).

Bereits seit 1972 reicht die Zahl der in der Bundesrepublik Neugeborenen durchgängig nicht aus, die Populationshöhe ansteigen zu lassen bzw. zumindest halten zu können. Das bisherige Allzeittief stellt das Jahr 1994 mit einer Fertilitätsrate von 1,24 dar. Seit dem Jahr 2015 ist durchgängig eine leichte Erholung mit Durchschnittswerten über 1,5 Kindern je Frau festzuhalten (Statistisches Bundesamt, 2021).

### 8.4.2   Mortalität

Die Mortalität stellt einen zweiten, wichtigen Faktor dar. Verbesserte Arbeitsbedingungen, Fortschritte auf dem Gebiet der medizinischen Versorgung sowie günstigere Lebensbedingungen im Allgemeinen führten in Deutschland während der vergangenen rund 130 Jahre zu einem starken Anstieg der Lebenserwartung.

Vergleicht man das heutige durchschnittlich erreichbare Lebensalter mit dem der allgemeinen Sterbetafeln der Jahre 1870–1881, so hat sich die Lebenserwartung bei Frauen von 38,5 Jahren auf nunmehr 83,8 Jahren um mehr als das doppelte erhöht. Ähnlich positiv stellt sich die Situation bei den Männern dar. Hier ist ein Anstieg von 35,6 Jahren auf aktuell 78,5 Jahren zu verzeichnen. Im weltweiten Ländervergleich nimmt Deutschland mit seinen Durchschnittswerten bezüglich der Mortalität somit einen der vorderen Plätze ein (Statistisches Bundesamt, 2021).

### 8.4.3   Wanderungssaldo

Eine weitere wichtige Beeinflussungsdeterminante für die demografische Entwicklung in der Bundesrepublik Deutschland ist seit mehreren Jahrzehnten in der Migration zu sehen. Hervorzuheben ist hierbei die Differenz aus Einwanderung und Auswanderung in Form des sog. Wanderungssaldos.

Ein eventueller Bevölkerungsrückgang eines Landes kann entweder abgemildert, egalisiert oder auch überkompensiert werden, falls die Anzahl der einwandernden Personen die der auswandernden übersteigt. Bereits seit dem Jahr 2012 ist in Deutschland, bedingt durch einen positiven Wanderungssaldo, ein Anstieg der Gesamtpopulation feststellbar. Anders als bei verschiedenen anderen bevölkerungssoziologischen Einflussgrößen, wie beispielsweise der Fertilitätsrate oder der Lebenserwartung, ist die Prognostizierbarkeit von Wanderungssalden ungleich schwieriger (Bundesinstitut für Bau-, Stadt- und Raumforschung, 2018). Hierbei stehen oftmals ökonomische, ökologische und politische Fehlentwicklungen in Gestalt sogenannter Push – Faktoren verschiedenen Pull – Faktoren in den entsprechenden Zielländern gegenüber (Agersnap et al., 2019). Zu diesen kann beispielsweise ein hohes Niveau sozialstaatlicher Absicherungsmechanismen oder allgemeine ökonomische Prosperität hinzugezählt werden. Bedingt durch eine zunehmende globale Vernetzung und den damit einhergehenden Möglichkeiten des Informationsaustausches, beinhaltet dies das Potenzial für die kurzfristige Entstehung von nur schwer planbaren Migrationsbewegungen.

Das Bevölkerungswachstum innerhalb eines Landes wird in Form des natürlichen Saldos definiert. Es wird aus der Differenz an Geburten und Todesfällen gebildet. Seit dem Beginn der 1970iger-Jahre ist in der Bundesrepublik die Zahl an Neugeborenen niedriger als die der Verstorbenen, was zu einer Abnahme der autochthonen deutschen Bevölkerungszahl führte. Dieser Umstand kann auch langfristig nicht durch ein stetiges Ansteigen der Lebenserwartung kompensiert werden.

Die gewachsene Einwohnerzahl in der Bundesrepublik ist daher für die vergangenen Jahrzehnte ausschließlich auf einen positiven Wanderungssaldo zurückzuführen, welcher wiederum den Alterungsprozess in der Bevölkerung maßgeblich beeinflusst (Feld et al., 2017).

Der zunehmend anwachsenden Gruppe von alten Menschen mit ihrem einhergehenden höheren Bedarf an allgemeinen Gesundheitsleistungen steht eine immer weiter absinkende Zahl an Leistungserbringern gegenüber, welche altersbedingt dem Arbeitsmarkt zur Verfügung steht. Mittel- bis langfristig beinhaltet dies einen wichtigen Beeinflussungsfaktor für die Leistungsfähigkeit des deutschen Gesundheitssystems. Eine elementare Ableitung hieraus ist der gesundheitssektorale Fachkräftemangel.

## 8.5 Demografisch bedingte Beeinflussungsfaktoren der Leistungsempfänger

Die gestiegene Morbidität sowie die angestiegene allgemeine Lebenserwartung in der Bevölkerung führt zu einer allgemein erhöhten Inanspruchnahme von Gesundheitsleistungen (Heidemann, Scheidt-Nave, 2017). Ebenso hat sich in der Vergangenheit das Spektrum an zu behandelnden Krankheitsbildern gewandelt. Darüber hinaus unterlagen sowohl die Inzidenz, als Zahl der während einer festgelegten Zeitspanne identifizierten Neuerkrankungen, als auch die Prävalenz als Indikator der Gesamtzahl an Personen, welche zu einem bestimmten Zeitpunkt innerhalb einer Bevölkerung erkrankt sind, in den vergangenen Jahrzehnten einem starken Wandel.

Eine weitere Begleiterscheinung hinsichtlich der fortschreitenden Überalterung der Gesellschaft ist in einer zusehends höheren Zahl an altersbedingten chronischen Erkrankungen zu erkennen. Darüber hinaus sind verstärkt multimorbide Krankheitsbilder identifizierbar, welche sich durch das parallele Vorhandensein mehrerer Beeinträchtigungen auszeichnen. Dadurch bedingt ist häufig ein erhöhter zeitlicher und personeller Aufwand in der initialen Durchführung einer Diagnostik sowie auch in der fortlaufenden Krankheitstherapie notwendig. Es kann festgestellt werden, dass ein statistisch messbarer gesamtgesellschaftlicher Zugewinn an Lebenszeit oftmals mit einer gleichzeitig zunehmenden individuellen gesundheitlichen Einschränkung des Einzelnen verknüpft ist (Gurk, 2018).

Hinsichtlich der chronischen Erkrankungen sind demnach die häufigsten Erscheinungsformen auf dem Gebiet der sog. Zivilisationskrankheiten vorzufinden. Hierbei sind primär Krebs sowie bedingt durch jahrzehntelangen Tabakkonsum auftretende Lungenerkrankungen aufzuzählen. Darüber hinaus lassen sich Herz- und Kreislauferkrankungen, welche neben Bluthochdruck (Hypertonie), einen Schlaganfall oder einen Herzinfarkt zur Folge haben können, anführen. Auch sind Beeinträchtigungen des Skelett- und des Muskelbereiches, beispielsweise in Form von Osteoporose, Arthrose und Rückenschmerzen anzuführen. Sie alle sind in ihrer Behandlung zeit- und personalintensiv, was zukünftig eine weitergehende Verschärfung der bereits ohnehin angespannten gesundheitssektoralen Fachkräftesituation erwarten lässt.

Jeder dritte Einwohner der Bundesrepublik wird statistisch betrachtet im Jahr 2030 älter als 60 Jahre sein. Es ist von einer weiteren voraussichtlichen Erhöhung des allgemeinen Krankheitsrisikos für diese Altersgruppe von mindestens 20 Prozent auszugehen. Bei den über 90-jährigen liegt diese Prognose gar bei einem Wert von über 200 Prozent, was für die Gruppe der Hochbetagten eine starke Zunahme in ihrer Vulnerabilität bedeuten wird (Gesundheitsberichterstattung des Bundes, 2021).

Der allgemeine Bedarf nach Behandlungs- und Pflegeleistungen für ältere Bevölkerungsschichten wird daher sowohl individuell beim Einzelnen, als auch kollektiv hinsichtlich der gesamten Alterskohorte weiter steigen. Vor allem die Gruppe der in Deutschland zwischen 1955 bis 1969 geborenen „Babyboomer" wird sich für das Gesundheitssystem als situationsverschärfend erweisen. Ab 2030 wird diese Personengruppe sukzessive über 80 Jahre alt werden, weswegen für dieses Jahrzehnt neben weiteren Kostensteigerungen auch mit einer besonders hohen Nachfrage nach gesundheitssektoralem Personal zu rechnen ist. Es ist zu befürchten, dass in ein oder zwei Dekaden für die heutige Generation der über 50-jährigen nicht mehr vollumfänglich die erforderliche Gesundheitsversorgung sichergestellt werden kann. Angesichts einer sich sukzessive vergrößernden Lücke zwischen dem erforderlichen Bedarf und dem real existierenden Angebot an entsprechenden Fachkräften ist bereits heute die Rede von einem beginnenden „Pflegenotstand" (Gutensohn, 2021).

Doch nicht nur die Pflege allein ist vom Fachkräftemangel betroffen. Vor allem im Allgemeinbereich der medizinischen Versorgung ist dieser heutzutage schon jetzt ausgeprägt vorhanden. Die bereits dargestellte Multimorbidität und eine durch die Behandlung von Zivilisationskrankheiten ansteigende Versorgungsintensität machen weiteres Fachpersonal erforderlich. Darüber hinaus gilt es neuartige, durch den medizinischen Fortschritt verfügbare Anwendungsmöglichkeiten in die Praxis zu implementieren. Die diagnostische und therapeutische Umsetzung sind hierbei meist personalintensiv, sowohl in Bezug auf die theoretische Wissensaneignung als auch in der praktischen Ausübung am Patienten (Eichhorst, 2015).

Symptomatisch für eine zunehmend alternde Gesellschaft ist eine stetig ansteigende Zahl an multimorbiden geriatrischen und teilweise auch dementen Patienten, die eine immer weitergehende Spezialisierung der entsprechenden Leistungserbringer erforderlich macht. Wuchs die deutsche Bevölkerung in den Jahren zwischen 1991 und 2017 um 0,7 Prozent, so war während dieses Zeitraums parallel ein Anstieg bei den stationären Behandlungsfällen um 33,4 Prozent zu beobachten. Ähnlich stellt sich die Situation auch im ambulanten Bereich dar. Hier war im Vergleichszeitraum eine Steigerung der Fallzahlen um 32,2 Prozent festzuhalten. Lag die Zahl der Behandlungsfälle 1991 deutschlandweit noch bei 573 Millionen, so stieg diese bis zum Jahr 2017 auf 703 Millionen an, wodurch sich die Notwendigkeit zusätzlicher Fachkräfte verdeutlichen lässt (Kassenärztliche Bundesvereinigung, 2021).

In deutschen Krankenhäusern entfallen aktuell rund 62 Prozent aller anfallenden Kosten auf den Personalbereich. Bezogen auf den Pflegebereich bewegen sich diese, abhängig von den entsprechenden Pflegestufen seitens der zu behandelnden Patienten, in einem Bereich zwischen 60 und 80 Prozent. Insbesondere für die Patientengruppe der zwischen 65- und 85-Jährigen lassen sich hohe Krankheitskosten festhalten. Sie sind für Männer durchschnittlich in einem rund 2,3 Mal höheren Bereich quantifizierbar als für den Rest der Bevölkerung. Bei Frauen ist der entsprechende Referenzwert um das 1,8 -fache höher. Auffallend ist vor allem eine überexponentielle Kostenzunahme bei den Patienten in der Altersgruppe über 85 Jahren. Die Durchschnittswerte sind bei den Männern um das 4,65 -fache, bei der weiblichen Patientengruppe um das 4,7 -fache der durchschnittlichen Behandlungskosten erhöht.

## 8.6 Demografisch bedingte Beeinflussungsfaktoren der Leistungserbringer

### 8.6.1 Ärzte

Für den Zeitraum zwischen 1990 und 2020 ist ein starker Anstieg der in Deutschland praktizierenden Ärzte um über 72 Prozent auf rund 409.000 zu verzeichnen. Aufgrund einer weitgehend konstant gebliebenen Bevölkerungszahl ist eine entsprechende Erhöhung der Ärztedichte festzuhalten. Bundesdurchschnittlich kamen 2017 etwa 203 Einwohner auf einen praktizierenden Arzt, was in etwa eine Halbierung des für das Jahr 1980 ermittelten Wertes bedeutet (Bundesärztekammer, 2021). Im globalen Vergleich nimmt die Bundesrepublik somit den 12. Platz ein (Weltgesundheitsorganisation, 2021).

Die höchste Arztdichte herrscht im deutschlandweiten Vergleich in den Stadtstaaten vor, hier liegt die Hansestadt Hamburg vor Berlin an erster Stelle. Unterzieht man die sogenannten Flächenländer einer näheren Betrachtung, so befinden sich die meisten approbierten Mediziner im Verhältnis zur Einwohnerzahl im Saarland. Die Plätze zwei bis vier beanspruchen Bayern, Nordrhein – Westfalen und Hessen (Bundesärztekammer, 2021). Die Ärztedichte fällt in den Flächenbundesländern weitgehend ausgeglichen aus. Auch die Verteilungsstruktur stellt sich mit jeweils 194 bis 227 Einwohnern je Mediziner insgesamt recht homogen dar. Zwischen den verschiedenen Regionen innerhalb der Bundesländer sind aber mitunter starke Unterschiedlichkeiten festzuhalten. Vor allem ist zwischen ländlich strukturierten und urbanen Siedlungsgebieten eine starke Ungleichverteilung zu erkennen. Eine effiziente Gesundheitsversorgung der in strukturschwachen bzw. gering besiedelten Regionen ansässigen Bevölkerung stellt aktuell und voraussichtlich auch zukünftig eine der größten Herausforderungen für das deutsche Gesundheitssystem als solches dar. Auch wenn aktuell kein numerischer Ärztemangel identifizierbar ist, so besteht dennoch ein unübersehbares Ungleichgewicht in der Verteilungsstruktur von praktizierenden Ärzten im Allgemeinen und von niedergelassenen Medizinern im Speziellen (ebenda.).

Der sich gesamtgesellschaftlich vollziehende demografische Wandel macht auch vor der Altersstruktur innerhalb der Ärzteschaft nicht halt. Für die vergangenen Jahrzehnte ist eine starke Veränderung des Durchschnittsalters festzuhalten. So fand beispielsweise bei den Vertragsärzten zwischen 1993 (46,6 Jahre) und dem Jahr 2018 (54,2) eine Anhebung des Medianalters von knapp acht Jahren statt. Über ein Drittel (34,7 Prozent) aller in Deutschland praktizierenden Ärzte sind aktuell älter als sechzig Jahre. Aufgrund des bei Vielen absehbaren Erreichens des Renteneintrittsalters kann für das aktuelle Jahrzehnt von einem dementsprechend hohen Bedarf an Medizinern in der Nachbesetzung von Arztsitzen ausgegangen werden. (Kassenärztliche Bundesvereinigung, 2021).

Der medizinische Nachwuchs setzt mitunter andere Prioritäten als die älteren Altersgruppen und versucht das eigene Berufsleben dementsprechend zu gestalten. Dies hat eine verstärkte Nachfrage nach beruflicher Festanstellung oder auch Teilzeitbeschäftigung zur Folge, was insgesamt zu einem Rückgang in der Zahl der niedergelassenen Ärzte führt. Ein weitverbreiteter Trend in die Städte lässt ebenso, wie die eventuell nicht als ausreichend empfundenen beruflichen Entfaltungsmöglichkeiten für die Partnerin oder den Partner im ländlichen Raum, für viele eine Berufsausübung jenseits der großen Städte als unattraktiv erscheinen. Ganz allgemein ist bei den aus dem urbanen Raum stammenden jungen Medizinern die Bereitschaft, nach Beendigung des Studiums auf dem Land zu arbeiten, nur gering ausgeprägt (Gesundheitsberichterstattung des Bundes, 2015).

In den letzten Jahren sind in der deutschen Ärzteschaft verstärkte Auswanderungstendenzen zu erkennen. Verantwortlich sind hierfür unter anderem lange Arbeitszeiten in Verbindung mit einer höheren Arbeitsverdichtung und einer damit einhergehenden Reduzierung der jeweiligen Behandlungszeit für den einzelnen Patienten. Darüber hinaus schmälern oftmals administrative und als bürokratisch empfundene Sachzwänge im Berufsalltag, die für eine eigentliche ärztliche Tätigkeit zur Verfügung stehenden Zeitfenster. Als weiterhin situationsverschärfend kann eine oftmals als wenig leistungsgerecht empfundene Einkommenshöhe hinzugezählt werden. Mediziner sind in Deutschland als dem Land mit der weltweit höchsten Steuer- und Abgabenlast durch das oftmals überdurchschnittlich hohe Einkommen mit einer vergleichsweise hohen Zahllast konfrontiert.

Rund 2000 Ärzte sind in den letzten Jahren jeweils durchschnittlich aus Deutschland emigriert. Die bevorzugten Zielländer waren hierbei die Schweiz, Österreich, die Vereinigten Staaten und die skandinavischen Länder, allen voran Schweden. Angesichts von rund jährlich 10.000 medizinischen Studienabsolventen ist in der vergleichsweisen hohen Zahl an Auswanderern eine weitere gesamtsituative Situationsverschärfung zu erkennen (IREF, 2021). Für das aktuelle Jahrzehnt ist bis zum Jahr 2030 zusammengefasst ein durch die demografische Entwicklung entstehender Substitutionsbedarf von rund 111.700 praktizierenden Ärzten prognostizierbar.

Wie bereits dargestellt, bewegt sich die Zahl der erfolgreich absolvierten Abschlüsse in der Humanmedizin jährlich in einer Größenordnung von rund 10.000. Um die Summe der demografisch bedingt unbesetzten Arztstellen weiter zu bestimmen, wird hiervon wiederum die Anzahl der jährlich aus Deutschland emigrierenden Mediziner abgezogen. Diese rund 2000 Personen entsprechen rechnerisch rund einem Fünftel aller Studienabsolventen eines Jahrganges. Von den sich hieraus ergebenden rund 8000 Ärzten gilt es nun wiederum weitere circa 1400 Absolventen zu subtrahieren. Diese entscheiden sich aktiv für eine Tätigkeit im Wissenschaftsbereich oder in der freien Wirtschaft und stehen daher nicht für eine klassische Behandlungstätigkeit am Patienten zur Verfügung (Berberat, 2018). Final kann daher für das deutsche Gesundheitssystem von einer jährlichen Unterbesetzung in Höhe von circa 3400 Arztstellen ausgegangen werden. Dies bedeutet, dass unter den aktuellen Beeinflussungsdeterminanten nur gut zwei Drittel des vorhandenen Bedarfs aus eigener Kraft durch das Ausbildungssystem abgedeckt werden können.

Trotz der aktuellen Gesamtsituation, dass die vorherrschende nationale Nachfrage nach Medizinern nicht durch die deutschen Universitäten abgedeckt werden kann, ist paradoxerweise in den vergangenen Jahrzehnten ein durchgängiges Ansteigen der in Deutschland praktizierenden Ärzteschaft festzuhalten. Ermöglicht wurde dies durch eine hohe Einwanderung. Rund jeder achte in der Bundesrepublik behandelnde Humanmediziner stammt mittelweile aus dem Ausland. Die Hauptherkunftsländer sind demnach Rumänien, Syrien und Griechenland. Die Anzahl der von Migranten besetzten Arztsitze liegt aktuell bei etwas über 50.000, Tendenz weiter steigend (Bundesärztekammer, 2021).

Abschließend ist festzuhalten, dass der deutsche Gesundheitsbereich ohne Zuwanderung bereits seit längerem nicht mehr in der Lage wäre, die an ihn gestellten Anforderungen vollumfänglich zu erfüllen. Die aktuellen Einwanderungszahlen an Humanmedizinern dürften aber voraussichtlich mittel- bis langfristig nicht ausreichend sein, den prognostizierbaren gesundheitssektoralen Behandlungsbedarf weiter abzudecken.

## 8.6.2  Pflegefachkräfte

Hinsichtlich der Fachkräfte im Pflegesektor muss zwischen dem Bereich der Krankenpflege und dem der Altenpflege differenziert werden. Die Gesamtzahl der aktuell in Deutschland tätigen Krankenpflegefachkräfte beträgt rund 1,04 Millionen Beschäftigte, die der Altenpfleger 0,6 Millionen, wovon sich wiederum über die Hälfte in Teilzeitbe-schäftigungsverhältnissen befindet (Statistisches Bundesamt, 2021).

In den zwei Jahrzehnten zwischen 1999 und 2019 erhöhte sich die Zahl an Pflegebe-dürftigen um über 50 Prozent von 2,7 Millionen auf 4,1 Millionen. Von diesen wiederum musste ein rundes Fünftel vollstationär in Pflegeeinrichtungen versorgt werden musste (Statistisches Bundesamt, 2020).

Zurzeit kann davon ausgegangen werden, dass die Gesamtzahl derer, die auf Pflege angewiesen, sind bis 2050 um rund zwei weitere Millionen anwachsen wird. Hervorzuhe-ben ist die voraussichtliche Zahl von circa 1,5 Millionen Hochbetagter in einem Alter von über 90 Jahren, deren altersgerechte Betreuung mit einem hohen zusätzlichen pflegeri-schen Aufwand einhergeht (Bundesinstitut für Bevölkerungsforschung, 2021).

Die steigende Zahl an Behandlungsbedürftigen, sowohl im Bereich der Kranken- als auch der Altenpflege, führt parallel zu einer infrastrukturellen Nachfrageerhöhung nach ambulanten und stationären Einrichtungen, die wiederum mit einem entsprechenden Be-darf nach Pflegekräften korreliert (Bundesministerium für Gesundheit, 2021). Es ist davon auszugehen, dass die Beschäftigtenzahl von derzeit rund 425.000 Vollzeitkräften in der Pflege bis zum Jahr 2050 sukzessive auf eine Mindestzahl von 1,5 Millionen weiter stei-gen muss, um das heutige Niveau auch dauerhaft weiter beizubehalten. Bis zum Ende dieses Jahrzehnts werden mittelfristig circa 450.000 Vollzeitkräfte in der Pflege benötigt (Institut der deutschen Wirtschaft, 2018).

Der Gesamtbedarf an Pflegepersonal ist im Gesundheitssektor nicht ausschließlich von der Anzahl an Bedürftigen abhängig, sondern auch stark durch den Umfang von familiär erbrachten Versorgungsleistungen seitens der Angehörigen im häuslichen Umfeld. Aktuell werden circa zwei Drittel aller insgesamt anfallenden pflegerischen Leistungen privat in der Familie erbracht. Da die Gruppe der privat Pflegenden selbst den Entwicklungen der demografischen Transformation unterworfen ist und somit langfristig betrachtet von Leis-tungserbringern zu Leistungsempfängern wird, entsteht auch in diesem Bereich ein weite-rer Substitutionsbedarf an hauptberuflichen Kräften.

Für eine Prognostizierbarkeit des langfristigen Fachkräftebedarfs in der Pflege empfeh-len sich verschiedene Herangehensweisen. Seitens des Statistischen Bundesamtes werden zwei potenzielle Szenarien angenommen.

Die erste Annahme postuliert, dass sowohl die Zahl der Leistungsempfänger und die damit korrelierenden Behandlungszahlen sowohl aktuell als auch zukünftig mit der nume-rischen Fortentwicklung der Bevölkerung gekoppelt sind. In diesem Fall ist mit einem weiteren Anstieg des Gesamtbedarfs bei pflegesektoralen Arbeitskräften um circa 22,6 Prozent bis ins Jahr 2030 zu rechnen (Flake et al., 2018). Basierend auf dieser Berechnung werden 2030 circa 187.000 Vollzeitstellen in deutschen Kliniken fehlen (Blum et al., 2019).

Das zweite Szenario beinhaltet die Annahme, dass die sukzessive steigende Lebenser-wartung gleichzeitig mit einem insgesamt verbesserten Gesundheitszustand einhergeht. Die somit erst in einem höheren Alter einsetzende Pflegebedürftigkeit führt demnach wie-derum zu einem Absinken der Behandlungsquoten. Rechnerisch würde der Bedarf an in Vollzeit tätigen Fachkräften hierbei lediglich um 18,9 Prozent steigen (Flake et al., 2018).

Die zukünftig weiter ansteigende Nachfrage nach Pflegekräften ist allerdings nicht der einzige Beeinflussungsfaktor dieses Arbeitsmarktsektors. Seit mehreren Jahren ist ein konstanter Rückgang in der Anzahl der Auszubildenden festzuhalten, was ein Ansteigen der Altersstruktur in den Belegschaften nach sich zieht. Das erhöhte Durchschnittsalter spiegelt demzufolge auch den gesamtgesellschaftlichen demografischen Wandlungsprozess wider. Die größte Altersgruppe der Arbeitnehmer im Pflegebereich besteht mittlerweile aus den 40–60-Jährigen. Mehr als ein Drittel der in der Stationspflege Beschäftigten ist älter als 50 Jahre (Bundesministerium für Arbeit und Soziales, 2018). Diese Gruppe ist zwischenzeitlich ganz allgemein hinsichtlich der Altersverteilung in den Belegschaften überrepräsentiert: sie wuchs seit 2010 um rund 70 Prozent im ambulanten Sektor an. Eine ähnliche Entwicklung ist für den stationären Bereich festzuhalten mit einer Steigerung von nahezu 60 Prozent. Dem wiederum steht diametral die Altersgruppe der jüngeren Pflegekräfte gegenüber: der Anteil der Beschäftigten unter 35 Jahre ging zeitgleich um über zehn Prozent zurück (Bundesagentur für Arbeit, 2019).

Durch ein gesamtökonomisches, branchenübergreifendes Absinken in der Zahl der Auszubildenden steht dem Pflegebereich lediglich eine sukzessive abnehmende Menge an jungen Menschen zur Verfügung, welche sich theoretisch für eine entsprechende Berufsausbildung entscheiden können. Bewegte sich die Zahl der an Deutschlands allgemeinbildenden Schulen eingeschriebenen Mädchen und Jungen noch 1997 in einer Größenordnung von circa 10,1 Millionen, so ist abzusehen, dass diese im Jahr 2025 noch bei rund 7,5 Millionen liegen wird. Darüber hinaus kommt für den Pflegesektor ein von vielen als unattraktiv wahrgenommenes Berufsbild hinzu. Das im Vergleich zu anderen Berufssparten niedrige Sozialprestige erschwert bei vielen jungen Menschen die Bereitschaft, eine Ausbildung in der Pflege zu beginnen (ebenda).

Situationsverschärfend kommt eine in vielen Fällen als zu niedrig empfundene Bezahlung hinzu, ebenso wie lange Arbeitszeiten, eine hohe Arbeitsverdichtung, sowie oftmals in der Berufsausübung vorhandene psychische Belastungsfaktoren. Viele Leistungsanbieter sind daher schon heute oftmals kaum in der Lage, ihre vakanten Stellen hinreichend zu besetzen (Bundesagentur für Arbeit, 2021). Erschwert wird dies weiterhin, da der gesamtökonomisch bedingte Fachkräftemangel zu einem branchenübergreifenden Überangebot an Ausbildungsstellen geführt hat.

Abschließend ist somit festzuhalten, dass der demografische Wandel in dreifacher Hinsicht die zu geringe Anzahl von Kräften im Pflegebereich beeinflusst: einerseits bedingt ein zunehmender numerischer Anstieg an Leistungsempfängern eine höhere Zahl an Betreuungskräften. Hier wird insbesondere die Gruppe der Hochbetagten mit ihrem erhöhten Behandlungsbedarf zu einer weiteren Verschärfung der Gesamtsituation beitragen. Als zweites wird ein zusehends fortschreitender Altersmedian in der Belegschaftsstruktur zu einem allgemeinen Rückgang der qualitativen und quantitativen Leistungsfähigkeit in der Pflege führen. Hierbei wird indirekt auch die demografisch bedingte gesamtgesellschaftliche Transformation widergespiegelt. Drittens wird das theoretisch einsetzbare Nachwuchspotenzial an Fachkräften durch einen sukzessiven Rückgang an Schülern weiter geschmälert.

## 8.7    Fazit

Im demografischen Wandel ist eine der Hauptursachen für einen immer stärker um sich greifenden gesundheitssektoralen Fachkräftemangel zu erkennen. Dennoch wurde der Problematik seitens der politischen Verantwortungsträger über mehrere Jahrzehnte hinweg in einem nur unzureichenden Maß die notwendige Aufmerksamkeit geschenkt. Bereits in der Vergangenheit wären tiefgreifende Weichenstellungen notwendig gewesen, um dieser absehbaren Entwicklung nachhaltig entgegenzutreten. Das Phänomen eines sich immer weiter zuspitzenden Fachkräfteengpasses im deutschen Gesundheitsbereich kann als eine direkte Konsequenz des seinerzeit nur unzureichend ausgeprägten politischen Gestaltungswillens angesehen werden. Angesichts der sich darstellenden Gesamtsituation wird sich diese Fehlentwicklung mittel- bis langfristig weiter verstärken. Ferner wird als weitere Begleiterscheinung die allgemeine Leistungsfähigkeit der deutschen Gesundheitsversorgung zukünftig zurückgehen. Der immer weiter um sich greifende Überalterungsprozess in der autochthonen Bevölkerungsgruppe wird zukünftig zu einer grundlegenden Frage über den weiteren Fortbestand unserer Sozialsysteme in ihrer heutigen Form werden.

Mit einer Fertilitätsrate, welche seit mehreren Jahrzehnten in einem Niveaubereich von 1,3 bis 1,6 Kindern je Frau anzusiedeln ist, wird die Bevölkerungszahl in Deutschland unter der Annahme einer linearen Fortschreibung seiner Beeinflussungsdeterminanten rechnerisch bis ins Jahr 2100 auf voraussichtlich rund 66 Millionen absinken (Vollset, 2021). Ohne flankierende Zuwanderung ist gar eine weitere numerische Abnahme bis hin zu einer Höhe von circa 22 Millionen prognostizierbar (Gefira, 2021).

Eine weitere Erhöhung des heutigen Altersdurchschnitts von circa 46 Jahren (United Nations, 2021) wird die ökonomische Leistungsfähigkeit der Bundesrepublik nachhaltig reduzieren und zu einem situationsverschärfenden Absinken der Standortattraktivität für ausländische Fachkräfte führen. Um die aktuell vorhandene demografische Gesamtsituation in ihren Grundzügen weiter aufrecht erhalten zu können, wäre ab sofort eine jährlich stattfindende Nettozuwanderung in Höhe von rund 500.000 Menschen notwendig. Gleichzeitig wäre diese Immigration aber mit einem dementsprechend hohen Ausbildungsniveau seitens der Zuwanderer verknüpft, damit eine möglichst verzögerungsfreie Integration in den deutschen Arbeitsmarkt sichergestellt wäre. Daher wäre eine Intensivierung des Gestaltungsprozesses hin zu qualifizierter und umfassender Einwanderung notwendig. Hierbei ist den volkswirtschaftlichen Erfordernissen des Landes Rechnung zu tragen. Ohne eine zumindest intensiviert stattfindende Besetzung der offenen Stellen im Gesundheitssystem durch qualifizierte Einwanderer wird das bekannte Leistungsniveau nicht gehalten werden können.

Die Bundesrepublik ist seit mehr als fünfzig Jahren eines der weltweit größten Einwanderungsländer (Vereinte Nationen, 2021). Trotzdem war in der Vergangenheit seitens der politischen Verantwortungsträger nur ein unzureichender politischer Handlungswille zu erkennen, dieses Faktum in der politischen Ausrichtung anzuerkennen und Immigration unter der Berücksichtigung soziokultureller und ökonomischer Aspekte proaktiv zu gestalten. Der Beginn einer breit angelegten öffentlichen Debatte über die Notwendigkeit von Zuwanderung und deren entsprechende gesellschaftspolitische Umsetzung in der Praxis sollte daher angestrebt werden.

Die Herausforderung der demografischen Transformation ist kein auf Deutschland beschränktes Phänomen, sie ist in nahezu allen Industriestaaten weltweit vorzufinden. Wie auch mit Dienstleistungen und Waren, so konkurriert die Bundesrepublik im internationalen Wettstreit heutzutage ebenso um qualifizierte Fachkräfte. Als ein Standortnachteil kann in diesem Wettbewerb ein hierzulande hohes Niveau an Steuern- und Sozialabgaben angesehen werden. Hoch qualifizierte Arbeitskräfte weisen oftmals ein hohes Maß an Mobilität auf. Da die Notwendigkeit einer Inanspruchnahme staatlicher Unterstützungsleistungen oftmals mit zunehmendem Ausbildungsniveau zurückgeht, wird bei vielen akademisch ausgebildeten Migranten der Fokus auf ein niedriges Niveau der in den Zielländern erhobenen Steuern und Abgaben gelegt. Deutschland wird von zahlreichen Leistungsträgern bei der Auswahl daher tendenziell gemieden. Häufig fällt die Wahl stattdessen auf eines der anglo-amerikanischen Länder mit ihrer geringeren Steuerlast.

Um auch zukünftig die Leistungsfähigkeit des deutschen Gesundheitssystems in seiner bekannten Form weiter aufrecht erhalten zu können, ist die Umsetzung weitreichender Reformen unabdingbar.

## Literatur

### Printquellen

Agersnap, O., et al. (2019). *The welfare magnet hypothesis: Evidence from an immigrant welfare scheme in Denmark* (S. 11 f.). Princeton University and NBER.

Althammer, J., Habisch, A., & Roos, L. (2004). *Grundwahrheiten des Schreiber-Plans – Bedingungen für eine ehrliche Sozialpolitik.* Diskussionsbeiträge Nr. 30, Bund Katholischer Unternehmer e. V., S. 4–9.

Backes, G., & Clemens, W. (2013). *Lebensphase Alter – eine Einführung in die sozialwissenschaftliche Altersforschung* (S. 11).

Becker, S. (2019). *Digitaler Strukturwandel und der Sozialstaat im 21. Jahrhundert.* Deutsche Bank Research, EU-Monitor digitale Ökonomie und struktureller Wandel, S. 11 ff.

Berger, P., & Kahlert, H. (2006). *Der demographische Wandel – Chancen für die Neuordnung der Geschlechterverhältnisse* (S. 15 ff). Campus.

Blum, K., Offermanns, M., & Steffen, P. (2019). *Situation und Entwicklung der Pflege bis 2030* (S. 5). Deutsches Krankenhausinstitut.

Bundesagentur für Arbeit. (2019). *Arbeitsmarktsituation im Pflegebereich* (S. 8 ff). Nürnberg 2021.

Bundesagentur für Arbeit. (2021). *Arbeitsmarktsituation im Pflegebereich* (S. 6 ff). Nürnberg 2021.

Bundesärztekammer. (2021). Ärztestatistik zum 31. Dezember 2020, S. 2 ff.

Bundesinstitut für Bau-, Stadt- und Raumforschung. (2018). *Demografische Prognosen:per Annahme in die Zukunft* (S. 40 ff.). Franz Steiner.

Bundesministerium für Arbeit und Soziales. (2018). Forschungsbericht - Qualität der Arbeit, Beschäftigung und Beschäftigungsfähigkeit im Wechselspiel von Technologie, Organisation und Qualifikation– Branchenbericht: Pflege und Versorgung – 522/2, ISSN 0174-4992, S. 18–64.

Bundesministerium für Gesundheit. (2021). *Siebter Pflegebericht Bericht der Bundesregierung über die Entwicklung der Pflegeversicherung und den Stand der pflegerischen Versorgung in der Bundesrepublik Deutschland.* Berichtszeitraum: 2016–2019, S. 127.

Deutscher Industrie-und Handelskammertag. (2020). Fachkräftesuche bleibt Herausforderung, DIHK-Report Fachkräfte 2020, S. 5–8.

Eichhorst, S. (2015). *Praxishandbuch Strategisches Management im Krankenhaus* (S. 13 ff.). Mediengruppe Oberfranken.

Engelberg, E. (2014). *Bismarck – Sturm über Europa* (S. 687). Siedler.

Feld, P., et al. (2017). Zuwanderung nach Deutschland von 1945 bis heute. In Malteser Migrationsbericht 2017, S. 4 ff.

Flake, R., Kochskämper, S., Risius, P., & Seyda, S. (2018). Fachkräfteengpass in der Altenpflege. In IW-Trends 3/2018, Institut der deutschen Wirtschaft, ISSN 0941-6838, S. 34.

Gesundheitsberichterstattung des Bundes. (2015). *Welche Auswirkungen hat der demografische Wandel auf Gesundheit und Gesundheitsversorgung?* (S. 441–450).

Gurk, S. (2018). *Checklisten Krankheiten im Alter für Pflege- und medizinische Fachberufe* (S. 23). Urban & Fischer, ISBN 978-3-437-28702-2.

Gutensohn, D. (2021). *Pflege in der Krise* (S. 8). Atrium Verlag AG.

Heidemann, C., & Scheidt-Nave, C. (2017). *Journal of Health Monitoring.* Robert Koch-Institut, Abteilung für Epidemiologie und Gesundheitsmonitoring, ISSN 2511-2708, S. 112.

Henneke, D. (2014). *Personalcontrolling und demografischer Wandel: Welche Instrumente und Strategien für Ihr Unternehmen nützlich sind* (S. 68). Igel.

Institut der deutschen Wirtschaft. (2018). Vierteljahresschrift zur empirischen Wirtschaftsforschung, IW-Trends 3/2018, Fachkräfteengpass in der Altenpflege, S. 34 f.

Landesamt für Datenverarbeitung und Statistik. (2005). *Statistische Analysen und Studien Nordrhein Westfalen* (Bd. 25, S. 12–21).

Marburger, H. (2018). *Krankenversicherung und Vertragsarztrecht (SGB V), Pflegeversicherung (SGB XI)* (S. 15–16). Hagener Wissenschaftsverlag.

Mitesser, M. (2013). *Fachkräftemangel in Deutschland: Ausmaß, Ursachen und Lösungsstrategien* (S. 34 ff). Diplomica.

Murray, C. (2017). Healthcare Access and Quality Index based on mortality from causes amenable to personal health care in 195 countries and territories, 1990–2015: A novel analysis from the Global Burden of Disease Study 2015. *Lancet, 390,* 231–266.

Padel, S. (2010). *Einführung in die Demographie. Ein Überblick.* Förlaget Perspektid och tid, ISBN 978-91-85915-27-9.

Penter, V., Arnold, C., Friedrich, S., & Eichhorst, S. (2014). *Zukunft deutsches Krankenhaus 2020 – Analysen, Thesen, Potenziale* (S. 163). Mediengruppe Oberfranken – Fachverlage.

Reiners, H. (2017). *Krank und pleite? Das deutsche Gesundheitssystem* (S. 15). Suhrkamp.

Schaeffer, D., & Wingenfeld, K. (2014). *Handbuch Pflegewissenschaft, Studienausgabe* (S. 137–151). Beltz.

Schöffski, O., & Schulenburg, J. (2012). *Gesundheitsökonomische Evaluationen* (S. 164). Springer.

Spectaris Deutscher Industrieverband für optische, medizinische und mechatronische Technologien e. V. (2020). Die deutsche Medizintechnik-Industrie, SPECTARIS Jahrbuch 2020/2021, S. 5–15.

Statistisches Bundesamt. (2020). Pflegestatistik. Pflege im Rahmen der Pflegeversicherung, Deutschlandergebnisse, S. 9 ff.

Statistisches Bundesamt. (2021). Bevölkerung im Wandel: Ergebnisse der 14. koordinierten Bevölkerungsvorausberechnung, S. 9.

## Internetquellen

Bundesgesundheitsministerium.de: Bedeutung der Gesundheitswirtschaft. https://www.bundesge-sundheitsministerium.de/themen/gesundheitswesen/gesundheitswirtschaft/bedeutung-der-gesundheitswirtschaft.html. Zugegriffen am 21.08.2021.

Bundesinstitut für Bevölkerungsforschung: Allgemeine Geburtenziffer in Deutschland, West- und Ostdeutschland, 1952 bis 2019. https://www.bib.bund.de/DE/Fakten/Fakt/F07-Allgemeine-Geburtenziffer-Deutschland-West-Ost-ab-1952.html. Zugegriffen am 05.08.2021.

Bundesinstitut für Bevölkerungsforschung: Demografieportal des Bundes. Anzahl der Pflegebedürf-tigen steigt vor allem bei den Hochbetagten. http://www.demografieportal.de/SharedDocs/Infor-mieren/DE/ZahlenFakten/Pflegebeduerftige_Anzahl.html. Zugegriffen am 0.08.2021.

Bundesministerium für Gesundheit: Sechster Bericht der Bundesregierung über die Entwicklung der Pflegeversicherung und den Stand der pflegerischen Versorgung in der Bundesrepublik Deutsch-land. https://www.bundesgesundheitsministerium.de/themen/pflege/pflegeversicherung-zahlen-und-fakten/pflegeberichte.html. Zugegriffen am 20.08.2021.

Bundesministerium für Wirtschaft und Energie: Fachkräfte für Deutschland. https://www.bmwi.de/Redaktion/DE/Dossier/fachkraeftesicherung.html. Zugegriffen am 22.08.2021.

Bundesministerium für Wirtschaft und Energie: Gesundheitswirtschaft – Fakten & Zahlen, Ausgabe 2019 (Ergebnisse der Gesundheitswirtschaftlichen Gesamtrechnung), 2020. https://www.bmwi.de/Redaktion/DE/Publikationen/Wirtschaft/gesundheitswirtschaft-fakten-und-zahlen-2019.pdf?__blob=publicationFile&v=4. Zugegriffen am 20.08.2021.

Gefira.org: Bis zum Jahrhundertende werden 22 Millionen Deutsche übrig bleiben. https://gefira.org/de/2018/03/26/gehoeren-die-deutschen-in-naher-zukunft-noch-zu-deutschland/. Zugegrif-fen am 02.08.2021.

Gesundheitsberichterstattung des Bundes. (2021). Gesundheit in Deutschland – die wichtigsten Ent-wicklungen. https://www.rki.de/DE/Content/Gesundheitsmonitoring/Gesundheitsberichterstat-tung/GBEDownloadsGiD/2015/kurzfassung_gesundheit_in_deutschland.pdf?__blob=publicati-onFile. Zugegriffen am 12.08.2021.

Gesundheitsberichterstattung des Bundes: Gesundheitspersonal in 1.000. Gliederungsmerkmale: Jahre, Deutschland, Geschlecht, Einrichtung, Beruf. https://www.gbebund.de/gbe/pkg_isgbe5.prc_menu_olap?p_uid=gast&p_aid=30884068&p_sprache=D&p_help=2&p_indnr=89&p_ind-sp=&p_ityp=H&p_fid=. Zugegriffen am 22.08.2021.

Institut für Arbeitsmarkt- und Berufsforschung 2021: Entwicklung der tatsächlichen Besetzungs-dauer. https://www.iab.de/de/befragungen/stellenangebot/aktuelle-ergebnisse.aspx. Zugegriffen am 21.08.2021.

Integrated Reporting Framework, IREF: Ärztemigration: Es kommen mehr als gehen. https://de.ire-feurope.org/Diskussionsbeitrage/Artikel/article/Arztemigration-Es-kommen-mehr-als-gehen. Zugegriffen am 2.08.2021.

Kassenärztliche Bundesvereinigung: KBV-Zahlen. https://www.kbv.de/html/zahlen.php. 2021. Zu-gegriffen am 03.08.2021.

Max-Planck-Gesellschaft zur Förderung der Wissenschaften: Glossar demografischer Fachbegriffe. https://www.rostockerzentrum.de/glossar. Zugegriffen am 01.08.2021.

Statistisches Bundesamt Destatis.de: Lebenserwartung und Sterblichkeit. https://www.destatis.de/DE/Themen/Querschnitt/Demografischer-Wandel/Aspekte/demografie-lebenserwartung.html. Zugegriffen am 18.07.2021.

Statistisches Bundesamt: Gesundheit – Kostennachweis der Krankenhäuser. https://www.destatis.de/DE/Themen/Gesellschaft-Umwelt/Gesundheit/Krankenhaeuser/Publikationen/Downloads-Krankenhaeuser/kostennachweis-krankenhaeuser-2120630177004.pdf?__blob=publicationFi-le&v=4. Zugegriffen am 0.08.2021.

Statistisches Bundesamt: Gesundheitspersonal: Deutschland, Jahre, Einrichtungen, Geschlecht. https://www.genesis.destatis.de/genesis/online?operation=previous&levelindex=1&step=1&titel=Ergebnis&levelid=1630086637616&acceptscookies=false#abreadcrumb. Zugegriffen am 03.08.2021.

Statistisches Bundesamt: Wie veränderte sich die zusammengefasste Geburtenziffer zwischen 1950 und 2012? https://www.destatis.de/DE/Themen/Gesellschaft-Umwelt/Bevoelkerung/Geburten/FAQ/geburtenziffer1950bis2012.html. Zugegriffen am 03.07.2021.

Statistisches Bundesamt: Zusammengefasste Geburtenziffer nach Kalenderjahren. https://www.destatis.de/DE/Themen/Gesellschaft-Umwelt/Bevoelkerung/Geburten/Tabellen/geburtenziffer.html;jsessionid=FD730EA9C5AD1F0FBAC744F3AAD03532.live712. Zugegriffen am 28.07.2021.

United Nations, Department of Economic and Social Affairs: Population Dynamics. https://population.un.org/wpp/DataQuery/. Zugegriffen am 22.08.2021.

Verband der Ersatzkassen. Vdek.com: Daten zum Gesundheitswesen: Versorgung. https://www.vdek.com/presse/daten/d_ausgaben.html. Zugegriffen am 21.08.2021.

Vereinte Nationen: Development Department of Economic and Social Affairs. https://www.un.org/en/development/desa/population/migration/data/estimates2/estimates15.asp. Zugegriffen am 13.08.2021.

Vollset, E. (2021). *Fertility, mortality, migration, and population scenarios for 195 countries and territories from 2017 to 2100: A forecasting analysis for the Global Burden of Disease Study.* https://pubmed.ncbi.nlm.nih.gov/32679112/. Zugegriffen am 12.08.2021.

Weltbank: Current health expenditure (% of GDP). https://data.worldbank.org/indicator/SH.XPD.CHEX.GD.ZS?most_recent_value_desc=true. Zugegriffen am 21.08.2021.

Weltgesundheitsorganisation (WHO): The Global Health Observatory. https://www.who.int/data/gho/data/indicators/indicator-details/GHO/medical-doctors-(per-10-000-population). Zugegriffen am 18.08.2021.

# Quantifizierung des Gesundheitszustandes im Hinblick auf makroökonomische Analysen

Maik Ebersoll, Marianna Hanke-Ebersoll, Thorsten Junkermann
und Jürgen Federmann

## Inhaltsverzeichnis

# Quantifizierung des Gesundheitszustandes im Hinblick auf makroökonomische Analysen

9

Maik Ebersoll, Marianna Hanke-Ebersoll, Thorsten Junkermann
und Jürgen Federmann

## Inhaltsverzeichnis

M. Ebersoll (✉) · M. Hanke-Ebersoll
München, Deutschland
E-Mail: Maik.Ebersoll@awtinst.org; marianna.hanke-ebersoll@awtinst.org

T. Junkermann
Bad Kreuznach, Deutschland
E-Mail: Thorsten.Junkermann@awtinst.org

J. Federmann
Geisenhausen, Deutschland
E-Mail: juergen@federmann-online.de

© Der/die Autor(en), exklusiv lizenziert durch Springer Fachmedien Wiesbaden GmbH, ein Teil von Springer Nature 2022
M. Ebersoll et al. (Hrsg.), *Das Gesundheitswesen und seine volkswirtschaftliche Bedeutung*, https://doi.org/10.1007/978-3-658-36940-8_9

**Zusammenfassung**

Über verschiedene Kulturen und Zeitalter hinweg wurde und wird der Gesundheit eine besonders hohe Bedeutung beigemessen. Daher überrascht es wenig, dass die Steuerung gesundheitsbeeinflussender Faktoren sowie bspw. die Etablierung und Unterhaltung eines leistungsfähigen Gesundheitswesens als wichtige gesellschaftliche Aufgaben angesehen werden. Neben den damit verbundenen verhaltens- und behandlungsspezifischen Herausforderungen resultieren auch signifikante ökonomische und gesellschaftspolitische Implikationen. Damit berührt dieses Thema auch die wirtschaftswissenschaftliche Forschung und insbesondere die politische Steuerung. Diese kann jedoch kaum jedes einzelne Individuum im Blick behalten. Daher werden in diesem Beitrag Messansätze erarbeitet, welche den mittleren Gesundheitszustand einer bestimmten Population in quantitativer Form abbilden können und es in der Folge erlauben, diese Messgrößen in makroökonomische Modelle und Kennzahlensysteme einzubeziehen. In letzter Konsequenz soll so die Beeinflussung des mittleren Gesundheitszustands ermöglicht werden.

## 9.1   Zielstellung und Motivation

Mit dem Begriff Gesundheit wird eine ganz besondere Eigenschaft des Zustands individuellen, menschlichen Daseins angesprochen, welche sehr ursprüngliche und überlebenswichtige Bedürfnisse nach dem Erhalt oder der Verbesserung ihres physischen und psychischen Zustandes sowie ihrer Lebenszufriedenheit betrifft. Die damit einhergehenden existenziellen und ethischen Fragestellungen sind, insbesondere aufgrund individueller Betroffenheit, zuweilen emotional aufgeladen und prägen die entsprechenden gesellschaftlichen Debatten.

Gerade aufgrund der besonderen Charakteristik von „Gesundheit" erscheinen sachliche, neutrale und objektivierbare Ansätze zur Gesundheitsmessung erforderlich. Tatsächlich mangelt es in der Literatur nicht an verschiedenen Ansätzen zu ihrer Messung – in der Regel orientiert am Individuum, bekannten Krankheitsbildern oder Diagnosegruppen, aber auch an Parametern zur Prozessgestaltung oder Eckdaten des Gesundheitswesens.[1]

Der Umstand, dass sich von den vielen Ansätzen bisher keiner in Bezug auf eine gesamtgesellschaftlich ausgerichtete und interdisziplinär anerkannte Definition von „kollektiver" Gesundheit durchsetzen konnte, lässt die Vermutung zu, dass diese jeweils mit bestimmten Vor- und Nachteilen verknüpft sind. Selbst bei teilweise ähnlichen Fragestellungen (z. B. in der Gesundheits- und Wirtschaftspolitik) scheint keine einheitlich methodische Vorgehensweise vorzuliegen und keine interdisziplinär getragene Lösung für eine allgemein anerkannte gesellschaftliche Betrachtung gefunden worden zu sein.[2]

---

[1] Eine Übersicht über verschiedene Indikatoren ist bei der Bundeszentrale für gesundheitliche Aufklärung (BZgA) unter der doi: https://doi.org/10.17623/BZGA:224-i055-2.0, zugegriffen am 25.07.2021, 16:20 Uhr bei Walter/Gerlich/Schwarz „Gesundheitsindikatoren", 2020 zusammengestellt.

[2] Im europäischen Gesundheitsbericht 2015 stellt die WHO Europa fest: „Um für die Umsetzung von ‚Gesundheit 2020' über eine solide Grundlage zu verfügen, müssen Datenerhebungen gestärkt und neue Ansätze für die gesundheitsbezogene Erfolgskontrolle erforscht werden" (WHO Europäischer Gesundheitsbericht, 2015, S. 11).

Es wäre vermessen, dies als Ziel des vorliegenden Aufsatzes zu formulieren. Ziel ist daher nicht zwingend eine abschließende Lösung aller Herausforderungen der Gesundheitsmessung, sondern vielmehr ein Problemaufriss und ein Lösungsvorschlag für makroökonomische Analysen, welcher als Anregung für die weitere Forschung verstanden werden soll.

Neben Gedanken zur Zielgröße und der Darstellung ausgewählter, bereits vorliegender Ansätze zur Gesundheitsmessung, sollen in den folgenden Abschnitten insbesondere Überlegungen zu neuen quantitativen Messansätzen erfolgen, welche die ökonomische Forschung unterstützen können.

Es werden ganz bewusst nicht nur rein medizinisch orientierte Ansätze skizziert, sondern auch solche, die sich bevorzugt in anderen Wissenschaftsgebieten nutzen lassen, etwa der Ökonomie, der Gesundheitsökonomie, der Versorgungsforschung und anderen Gesellschaftswissenschaften.

Eine besondere Herausforderung entsteht durch den Anspruch, mit einer Gesundheitsmessung auch internationale Vergleiche zu ermöglichen. Hierbei sollen insbesondere lokale Besonderheiten, Eigenheiten des jeweiligen Gesundheitswesens, entsprechende Input-Output-Relationen und (nationale) Besonderheiten in ihrer Auswirkung auf die Zielgröße, untersucht werden können.

Letztlich soll eine solche Untersuchung damit natürlich auch die Gestaltungsfunktion politischer Meinungsbildungs- und Entscheidungsprozesse stützen.

## 9.2    Was ist die Zielgröße?

Gesundheit als existenzielle Dimension menschlichen Daseins hat bereits Philosophen und Wissenschaftler beschäftigt. Exemplarisch und anekdotisch seien zum Einstieg einige Zitate angeführt:

Friedrich Nietzsche (1882) fasst für sich zusammen: „Denn eine Gesundheit an sich gibt es nicht, und alle Versuche, ein Ding derart zu definieren, sind kläglich missraten. Es kommt auf dein Ziel, deinen Horizont, deine Kräfte, deine Antriebe, deine Irrtümer und namentlich auf die Ideale und Phantasmen deiner Seele an, um zu bestimmen, was selbst für deinen Leib Gesundheit zu bedeuten habe."

Sigmund Freud hält fest (2021, S. 8): „So wie Gesundheit und Krankheit nicht prinzipiell geschieden, sondern nur durch eine praktisch bestimmbare Summationsgrenze gesondert sind, so wird man sich auch nie etwas anderes zum Ziel der Behandlung setzen als die praktische Genesung des Kranken, die Herstellung seiner Leistungs- und Genußfähigkeit."

„Gesundheit ist weniger ein Zustand als eine Haltung. Und sie gedeiht mit der Freude am Leben." Thomas von Aquin (2021)

Die Vielfalt möglicher Zugänge zum Gesundheitsbegriff wird anhand dieser Zitate bereits deutlich. Ist schon der Begriff selbst nicht ganz eindeutig zu fassen, stellt die quantitative Bestimmung einer Zielgröße, also eines in Zahlen fassbaren Maßes für den Begriff eine weitere Herausforderung dar. Bereits die Definition einer Zielgröße beinhaltet notwendigerweise vorherige Konventionen über deren Inhalt sowie die gewünschte Aussagefähigkeit und legt somit den Grundstein für mögliche valide und verlässliche Messkonzepte.

Vorüberlegungen zur Annäherung an die hier zu untersuchende Zielgröße führen unweigerlich über den Begriff Gesundheit, spezifiziert in der Ausprägung des Gesundheitszustandes eines oder mehrerer Individuen.

Die Begriffe Gesundheit und Gesundheitszustand werden ganz unterschiedlich definiert und verwendet.[3] So gibt es bspw. eine medizinisch-statistische Sicht, die eher diagnoseorientiert ausfällt und regelmäßig zur Bewertung von einzelnen Behandlungsmethoden genutzt wird. Es gibt die Verwendung des Begriffs im Zusammenhang mit gesellschaftlichen Aspekten wie der Teilhabe von Einzelnen in einem System oder übergreifende Ansätze, welche etwa die Korrelation zwischen Bildung, Wissen und gesunder Ernährung in den Blick nehmen. Zuweilen wird unter dem Begriff Gesundheitszustand auch die rein individuelle Sicht verstanden, wobei hier in der Regel das subjektive Wohlbefinden im Vordergrund steht, welches sich als multifaktoriell beeinflusstes und kulturell geprägtes Empfindungsgeschehen darstellt (vgl. Erhart et al., 2006). Richter und Hurrelmann (2016, S. 8 ff.) stellen explizit das biomedizinische dem soziologischen Gesundheitsmodell gegenüber und benennen einen „Rückzug" der Medizin auf das biomedizinische, naturwissenschaftlich geprägte Modell.

Die WHO definierte 1947 den Begriff Gesundheit wie folgt: „Gesundheit ist ein Zustand vollkommenen körperlichen, geistigen und sozialen Wohlbefindens und nicht allein das Fehlen von Krankheit und Gebrechen. Der Besitz des bestmöglichen Gesundheitszustandes bildet eines der Grundrechte jedes menschlichen Wesens, ohne Unterschied der Rasse, der Religion, der politischen Anschauung und der wirtschaftlichen oder sozialen Stellung." (WHO, 1947)[4]

Allein anhand dieser Definitionen wird die Vielschichtigkeit des Begriffes verdeutlicht. Wird der Dreiteilung von Gesundheit in die Bereiche körperlich, geistig und sozial gefolgt, wird sich kaum ein Mensch als dauerhaft vollständig „gesund" bezeichnen können und damit über seinen gesamten Lebenszeitraum ohne medizinische oder soziale Unterstützung auskommen. Radoschewski (2000, S. 171) stellt fest, dass „bei der Messung gesundheitsbezogener Lebensqualität […] meist ein konstruktivistischer Ansatz […]" verwendet wird, so dass mit anderen Worten die verwendete Messmethode darüber entscheidet, was jeweils unter Gesundheit bzw. Lebensqualität zu verstehen ist.

Unter den Aspekt der physischen Gesundheit fallen demnach z. B. Werte des Blutdrucks, der Leber, des Cholesterinspiegels und viele andere; aber auch Variablen, die weniger direkt mit dem vom Arzt messbaren Größen verknüpft sind. Beispiele für weniger

---

[3] Vgl. etwa Hurrelmann und Richter (2016, S. 4 f.); Statistisches Bundesamt, „Mikrozensus – Fragen zur Gesundheit" Fachserie 12, Reihe S. 3.

[4] Satzung der WHO: „Health is a state of complete physical, mental and social well-being and not merely the absence of desease or infirmity." WHO (1947).

offensichtliche Variablen sind etwa der Grad der Selbstständigkeit, der Mobilität oder der Hilfebedürftigkeit (vgl. Pedroni & Zweifel, 1990, S. 18).

Die psychische oder geistige Gesundheit umfasst die Empfindungen der Befragten aber auch viele Krankheitsbilder. Angst, Sorgen, Kummer oder Freude könnten zum Beispiel durch direkte Interviews und Selbsteinschätzung abgefragt werden. Aber auch die kognitiven Fähigkeiten oder Einschränkungen zählen in diesen Bereich. So kann das Orientierungsvermögen oder die Gedächtnisleistung, besonders bei älteren Personen, Auskunft über die Möglichkeit des Probanden geben, sich in seinem Alltag zurechtzufinden (vgl. Pedroni & Zweifel, 1990, S. 18 f.).

Die dritte Ebene, die der sozialen Gesundheit, betrifft hauptsächlich die Einbindung der befragten Person in ein soziales Umfeld. Kontakte mit Freunden, potenziellen Ansprechpartnern bei Problemen und die eigene Rollenfunktion sind hierfür Variablen die Auskunft geben können. Die Herausforderung liegt hier insbesondere in der Messung dieser Dimension (vgl. Pedroni & Zweifel, 1990, S. 19), da hier weniger die medizinische Diagnose, sondern vielmehr die Folgen im Alltag im Mittelpunkt stehen.

Die WHO unternimmt mit der Wahl der drei (getrennt betrachteten) Dimensionen den Versuch, die Komplexität des Zusammenspiels eines Großteils der unterschiedlichen Blickwinkel festzuhalten. Sie blendet dabei jedoch zuweilen mögliche Zusammenhänge und Verflechtungen zwischen den drei Ebenen aus und bietet umfangreiche Interpretationsspielräume bei der Zuordnung konkreter Einzelindikatoren.

Im Folgenden wird versucht ein Messinstrument zu finden, welches die kollektive Gesundheit und Lebensqualität für ein beliebiges Gesellschaftssystem abbilden kann. Hierbei soll die Sichtweise des Individuums (Mikroebene) in sinnvoller Weise mit meso- und makro-Indikatoren des beobachteten Systems verknüpft werden. Zu diesem Zweck werden bereits vorhandene Ansätze der Quantifizierung möglicher Gesundheits- und Lebensqualitätsdimensionen untersucht. Hauptanwendungsbereich des zu findenden Messinstruments sollen systemische Analysen mit stark makroökonomischer Ausrichtung sein.

Die Verwendung des Wortpaares „Gesundheit und Lebensqualität" wurde bewusst gewählt und trägt dem Umstand Rechnung, dass unter Begrifflichkeiten wie Gesundheit oder Gesundheitszustand in der naturwissenschaftlichen Tradition der Medizin regelmäßig die Abwesenheit von krankheitsbezeichnenden Diagnosen verstanden wird. Hierdurch werden jedoch viele weitere Aspekte der interessierenden Größe ausgeblendet. Der vorliegende untersuchte Gesundheitsbegriff soll jedoch auch einen soziologischen Blick auf die Gesundheit beinhalten, was stellvertretend mit dem Begriff der Lebensqualität abgebildet werden soll (vgl. Franzkowiak, 2018). Wichtig ist hierbei, dass dieser Blickwinkel ergänzend und nicht als ausschließender Ansatz verstanden wird.

Insbesondere für die Anwendung in der quantitativen, ökonomischen Systemtheorie sind nachvollziehbare quantitative Messansätze erforderlich, welche eine inhärente Verbindung zwischen dem Individuum (als „Teilchen" eines Systems) und einer abgrenzbaren Gesamtheit von Individuen in ihrer Gesamtheit berücksichtigen. Idealerweise lässt sich für solche Anwendungen ein Maß für die gesuchte Zielgröße

„kollektive Lebensqualität/Gesundheit" finden, ohne die individuellen Unterschiede unzulässig stark zu nivellieren.

## 9.3    Bereits vorhandene Ansätze zur Messung der Zielgröße

Der beschriebenen Definitionsvielfalt stehen Messkonzepte in großer Zahl gegenüber. Im Sinne des konstruktivistischen Gedankengangs von Radoschewski (siehe oben), stehen die folgenden Ausführungen unter der Annahme, dass zwar viele Messkonzepte defizitär sind, sich aber aus der Gesamtschau eine sinnvolle Differenzierung entwickeln lässt. Aus diesem Grund werden in diesem Abschnitt viele und teils sehr heterogene Ansätze kurz skizziert, auch wenn sie für die Zielgröße „kollektive Lebensqualität/Gesundheit" (zunächst) keinen unmittelbaren Beitrag zu liefern scheinen.

### 9.3.1   Short Form Health Survey (SF36 und SF12)

Beim SF36 „[…] handelt es sich um einen kurzen Gesundheitsfragebogen mit 36 Fragen, mit dem ein acht Dimensionen umfassendes Profil der subjektiven Gesundheit erstellt wird. Es handelt sich hierbei um ein allgemeines Messinstrument, das nicht auf eine bestimmte Altersgruppe, Krankheit oder Behandlung zugeschnitten ist. Der Fragebogen SF-36 hat sich als Instrument des Vergleichs der relativen Belastung durch einzelne Krankheiten und der Differenzierung zahlreicher Behandlungsformen anhand ihres gesundheitlichen Nutzens bewährt" (Corience, 2020, vgl. auch Guyatt et al., 2008 und Moons et al., 2008).

Die acht Dimensionen des SF-36 sind (vgl. Heartbeat, 2020 sowie Ebersoll et al., 2021, S. 13 ff.):

- Allgemeine Gesundheitswahrnehmung – 5 Fragen
- Physische Gesundheit – 10 Fragen
- Eingeschränkte physisch-bedingte Rollenfunktion – 4 Fragen
- Körperliche Schmerzen – 2 Fragen
- Vitalität – 4 Fragen
- Mentale Gesundheit – 5 Fragen
- Eingeschränkte emotional-bedingte Rollenfunktion – 3 Fragen
- Soziale Funktionsfähigkeit – 2 Fragen

Auf Basis vordefinierter Kodierungstabellen werden hieraus Messwerte für den individuellen Gesundheitszustand generiert.

Mit dem SF12 liegt zudem eine Kurzform des SF36 vor, welcher bei signifikant reduziertem Erfassungsaufwand und entsprechend geringerer Detailtiefe dennoch eine hohe Aussagekraft für die Gesundheit des Probanden aufweist (vgl. Heartbeat, 2017, S. 22 f.).

## 9.3.2 European Quality of Life 5 Dimensions 3 Levels/5 Levels (EQ-5D – 3L/5L)

Die European Quality of Life 5 Dimensions 3 Level Version (EQ-5D-3L) ist ein Patient Reported Outcome (PRO)-Instrument, das allgemein die Lebensqualität von Patienten, unabhängig vorliegender Erkrankungen, beurteilen kann. Sie wurde 1990 publiziert und besteht aus einer visuellen Analogskala (EQ VAS) und einer deskriptiven Befragung EQ-5D. Die EQ VAS besteht aus einer vertikalen, 100 Punkte umfassenden visuellen Analogskala, deren Endpunkte jeweils mit „schlechtest denkbarer Gesundheitszustand" und „bestenfalls denkbarer Gesundheitszustand" beschriftet sind. Das deskriptive EQ-5D-3L System betrachtet folgende 5 Dimensionen über je 3 Level bzw. Antwortmöglichkeiten (vgl. Heartbeat, 2017, S. 6):

- „Mobilität
- Selbstversorgung
- Allgemeine Tätigkeiten
- Schmerz/Körperliche Beschwerden
- Angst/Niedergeschlagenheit

Level:

- Level 1: Keine Probleme
- Level 2: Einige Probleme
- Level 3: Extreme Probleme" (Heartbeat, 2017, S. 6).

In der Variante 5L liegen entsprechend fünf Ausprägungsgrade vor:

- Level 1: Keine Probleme …/Keine Schmerzen …/Nicht ängstlich …
- Level 2: Leichte Probleme …/Leichte Schmerzen …/Ein wenig ängstlich …
- Level 3: Mäßige Probleme …/Mäßige Schmerzen …/Mäßig ängstlich …
- Level 4: Große Probleme …/Starke Schmerzen …/Sehr ängstlich …
- Level 5: Nicht in der Lage …/Extreme Schmerzen …/Extrem ängstlich …

„Insgesamt ist der EQ-5D-3L ein validierter und aussagekräftiger Score für viele Bereiche der Medizin. Mit seiner kurzen Beantwortungszeit ist der Patientenaufwand minimal, während der Auswertungsaufwand vergleichsweise hoch ist. Ferner ist sein Deckeneffekt zu beachten. Letztendlich zeigt sich seine Relevanz in unzähligen Studien, die die Lebensqualität der Patienten mit ihm bemessen haben." (Heartbeat, 2017, S. 8)

### 9.3.3 Patient-Reported Outcomes Measurement Information System (PROMIS Global Health 10)

Der PROMIS Global-10-Fragebogen besteht aus 10 Fragen, die die folgenden, allgemeinen Bereiche der Gesundheit und Funktionsfähigkeit bewerten:

- Physische Gesundheit
- Mentale Gesundheit
- Soziale Gesundheit
- Schmerzen,
- Müdigkeit
- insgesamt wahrgenommenen Lebensqualität.

Die 10 Fragen des Global-10 wurden weitgehend von anderen Instrumenten, wie dem SF-36 und EQ-5D übernommen. Die Autoren haben sich aber bemüht, alle Fragen auf Gültigkeit und Aussagekraft hin zu bewerten und anzupassen (https://www.codetechnology.com/promis-global-10).

Für die Fragen stehen jeweils die Auswahlmöglichkeiten 0 Punkt (stärkste Beeinträchtigung) bis 20 Punkte (bestmöglicher Gesundheitszustand) zur Verfügung.

Die Fragen 3 und 9 sind im Fragebogen zwar noch enthalten, werden bei der Bewertung aber nicht mehr berücksichtigt, da die Aussagekraft nicht gegeben ist (Heartbeat, 2017, S 14).

### 9.3.4 VR-12 Veterans RAND 12

Der VR-12 ist den Patient-Reported-Outcome Instrumenten zuzuordnen und hat damit primär das Ziel, die Wirksamkeit von Behandlungen zu messen. Trotzdem ist der VR-12 unabhängig von der Erkrankung.

Die 12 Frage teilen sich in die folgenden Bereiche

- Allgemeine Gesundheit
- Physische Funktionsfähigkeit
- Physische Schmerzen
- Physische Rollenfunktionsfähigkeit
- Mentale Gesundheit
- Soziale Funktionsfähigkeit
- Mentale Rollenfunktionsfähigkeit
- Vitalität

Aus den Antworten auf die zwölf Fragen werden zwei Ergebniswerte, der PCS (physical component score) und der MCS (mental component score) berechnet.

Der VR-12 leitet sich vom VR-36 ab, der wiederum direkt vom SF-36 abgeleitet wurde.

Der VR-12 gilt als ein aussagekräftiger Score, der für die Implementierung in der klinischen Forschung und Patientenversorgung geeignet ist (Heartbeat, 2017, S. 25). Der Einsatz in der Bevölkerung außerhalb der Gruppe der „Patienten" ist nicht gesichert.

## 9.3.5    Klassifikationen der WHO

Die Familie der internationalen Klassifikationen der WHO bietet ein nützliches Instrumentarium für die Beschreibung und den Vergleich der Gesundheit von Bevölkerungen im internationalen Kontext. Quantitative Informationen über die Mortalität (anhand ICD-10) und über gesundheitliche Auswirkungen (mittels ICF) können summarisch zu einem Maß der Gesundheit der Bevölkerung zusammengefasst werden, um in Bezug auf die Bevölkerung die Gesundheit und deren Beurteilung zu überwachen und die Anteile der verschiedenen Ursachen von Mortalität und Morbidität zu beurteilen (vgl. DIMDI, 2005, S. 10).

Im Folgenden werden die beiden Klassifizierungskonzepte ICD und IDF kurz erläutert.

### 9.3.5.1 International Statistical Classification of Diseases and Related Health Problems (ICD)

„The purpose of the ICD is to permit systematic recording, analysis, interpretation and comparison of mortality and morbidity data collected in different countries or areas and at different times. The ICD is used to translate diagnoses of diseases and other health problems from words into an alphanumeric code, which permits easy storage, retrieval and analysis of the data. In practice, the ICD has become the international standard diagnostic classification for all general epidemiological and many health-management purposes. These include analysis of the general health situation of population groups and monitoring of the incidence and prevalence of diseases and other health problems in relation to other variables, such as the characteristics and circumstances of the individuals affected. … It is important to note that, although the ICD is primarily designed for the classification of diseases and injuries with a formal diagnosis, not every problem or reason for coming into contact with health services can be categorized in this way. … It can therefore be used to classify data recorded under headings such as ‚diagnosis', ‚reason for admission', ‚conditions treated' and ‚reason for consultation', which appear on a wide variety of health records from which statistics and other health-situation information are derived. " (WHO, 2011, S. 3).

Die ICD-Verschlüsselungen werden regelmäßig aktualisiert und auf sprachliche und länderspezifische Besonderheiten angepasst. Das Herzstück der ICD ist dabei die vierstellige ausführliche Systematik, welche aus 22 mit den römischen Zahlen I bis XXII symbolisierten Kapiteln besteht. Jedes Kapitel umfasst einen Kodebereich, der durch einen, zwei (Kap. I, II, XIX) oder vier (Kap. XX) Buchstaben gekennzeichnet ist (vgl. DIMDI, 2021):

| Kap.-Nr. | Kode-Bereich | Klassentitel |
|---|---|---|
| I | A00-B99 | Bestimmte infektiöse und parasitäre Krankheiten |
| II | C00-D48 | Neubildungen |
| III | D50-D89 | Krankheiten des Blutes und der blutbildenden Organe sowie bestimmte Störungen mit Beteiligung des Immunsystems |
| IV | E00-E90 | Endokrine, Ernährungs- und Stoffwechselkrankheiten |
| V | F00-F99 | Psychische und Verhaltensstörungen |
| VI | G00-G99 | Krankheiten des Nervensystems |
| VII | H00-H59 | Krankheiten des Auges und der Augenanhangsgebilde |
| VIII | H60-H95 | Krankheiten des Ohres und des Warzenfortsatzes |
| IX | I00-I99 | Krankheiten des Kreislaufsystems |
| X | J00-J99 | Krankheiten des Atmungssystems |
| XI | K00-K93 | Krankheiten des Verdauungssystems |
| XII | L00-L99 | Krankheiten der Haut und der Unterhaut |
| XIII | M00-M99 | Krankheiten des Muskel-Skelett-Systems und des Bindegewebes |
| XIV | N00-N99 | Krankheiten des Urogenitalsystems |
| XV | O00-O99 | Schwangerschaft, Geburt und Wochenbett |
| XVI | P00-P96 | Bestimmte Zustände, die ihren Ursprung in der Perinatalperiode haben |
| XVII | Q00-Q99 | Angeborene Fehlbildungen, Deformitäten und Chromosomenanomalien |
| XVIII | R00-R99 | Symptome und abnorme klinische und Laborbefunde, die anderenorts nicht klassifiziert sind |
| XIX | S00-T98 | Verletzungen, Vergiftungen und bestimmte andere Folgen äußerer Ursachen |
| XX | V01-Y98 | Äußere Ursachen von Morbidität und Mortalität |
| XXI | Z00-Z99 | Faktoren, die den Gesundheitszustand beeinflussen und zur Inanspruchnahme des Gesundheitswesens führen |
| XXII | U00-U99 | Schlüsselnummern für besondere Zwecke |

„Although the ICD is suitable for many different applications, it does not serve all the needs of its various users. It does not provide sufficient detail for some specialties and sometimes information on different attributes of health conditions may be needed. The ICD is also not useful to describe functioning and disability as aspects of health, and does not include a full array of health interventions or reasons for encounter." (WHO, 2011, S. 3 f.). Dieses Defizit versucht der im Folgenden aufgeführte ICF auszugleichen.

### 9.3.5.2 International Classification of Functioning, Disability and Health (ICF)
Die „International Classification of Functioning, Disability and Health" (ICF) ist von der Weltgesundheitsorganisation (WHO) zur Klassifizierung der Funktionsfähigkeit und Behinderung verbunden mit Gesundheitsproblemen, entwickelt worden. Sie umfasst Aspekte

menschlicher Gesundheit und gesundheitsrelevante Komponenten des Wohlbefindens. Sie umfasst dabei ausschließlich Komponenten die direkt mit Gesundheit in Verbindung stehen und nicht etwa solche die auf soziale oder kulturelle Faktoren wie bspw. die ethnische Zugehörigkeit, zurückgeführt werden könnten (vgl. DIMDI, 2005, S. 13). Die ICF gliedert sich in Teil 1: Funktionsfähigkeit und Behinderung (Körperfunktionen/-strukturen sowie Aktivitäten und Partizipation) und Teil 2: Kontextfaktoren (Umweltfaktoren und personenbezogene Kontextfaktoren) (DIMDI, 2005, S. 14 ff.).

Die Klassifikation der Körperfunktionen umfasst:

- Mentale Funktionen
- Sinnesfunktionen und Schmerz
- Stimm- und Sprechfunktionen
- Funktionen des kardiovaskulären, hämatologischen, Immun- und Atmungssystems
- Funktionen des Verdauungs-, des Stoffwechsels und des endokrinen Systems
- Funktionen des Urogenital- und reproduktiven Systems
- Neuromuskuloskeletale und bewegungsbezogene Funktionen
- Funktionen der Haut und Hautanhangsgebilde

Klassifikation der Körperstrukturen:

- Strukturen des Nervensystems
- Auge, Ohr und damit im Zusammenhang stehende Strukturen
- Strukturen, die an Stimme und Sprechen beteiligt sind
- Strukturen des kardiovaskulären, des Immun- und des Atmungssystems
- Mit dem Verdauungs-, Stoffwechsel und endokrinen System in Zusammenhang stehende Strukturen
- Mit dem Urogenital- und dem Reproduktionssystem in Zusammenhang stehende Strukturen
- Mit Bewegung in Zusammenhang stehende Strukturen
- Strukturen der Haut und Hautanhangsgebilde

Klassifikation der Aktivitäten und Partizipation

- Lernen und Wissensanwendung
- Allgemeine Aufgaben und Anforderungen
- Kommunikation
- Mobilität
- Selbstversorgung
- Häusliches Leben
- Interpersonelle Interaktionen und Beziehungen
- Bedeutende Lebensbereiche
- Gemeinschafts-, soziales und staatsbürgerliches Leben

Klassifikation der Umweltfaktoren

- Produkte und Technologien
- Natürliche und vom Menschen veränderte Umwelt
- Unterstützung und Beziehungen
- Einstellungen
- Dienste, Systeme und Handlungsgrundsätze

Jeder dieser Punkte enthält eine Vielzahl von Beurteilungsmerkmalen, welche je nach Intensität der Merkmalsausprägung auf einer mehrstufigen Skala bewertet werden.

Hierdurch wird der Gesamtansatz sehr feingliedrig und ist auch in Detailfragen aussagekräftig und international vergleichbar. Gleichzeitig erhöht sich naturgemäß der Erfassungsaufwand, was die Nutzung für makroskopische Aussagen und die engmaschige Erfassung und Analyse von zeitlich dynamischen Entwicklungen erschwert.

### 9.3.6   WHO Disability Assessment Schedule 2.0 (WHODAS 2.0)

Der WHODAS 2.0 ist den Patient-Reported-Outcome Instrumenten zuzuordnen und hat damit primär das Ziel, die Wirksamkeit von Behandlungen zu messen. Der WHODAS kann erkrankungsunabhängig eingesetzt werden.

Durch die 36 Fragen werden sechs Gesundheitsbereiche abgedeckt:

- Kognition – Verständnis und Kommunikation
- Mobilität – Bewegung und Fortbewegung
- Selbstversorgung – Körperpflege, Anziehen, Essen und alleine zurechtkommen
- Soziale Interaktion
- Lebensaktivität
- Gesellschaftliche Teilhabe

Der WHODAS basiert auf dem ICF der WHO und deckt alle ICF Domänen vollständig ab.

Als Alternative für kürzere Befragungen wurde aus dem WHODAS 2.0 eine Kurzform mit zwölf Fragen entwickelt, der „WHODAS 2.0 Short Form". Auch die Kurzform deckt alle sechs Domänen des ICF ab.

Durch den großen Fragenumfang von 36 Fragen ist der WHODAS 2.0 eher für klinische Studien geeignet als für den klinischen Alltag. Diese Lücke im Anwendungsbereich kann über den WHODAS 2.0 Short Form abgefangen werden. Trotz der Kürzung der Fragen ist der Fragebogen noch aussagekräftig und damit für den klinischen Alltag geeignet (Heartbeat, 2017, S. 30).

### 9.3.7 WHO Quality of Life Short Form (WHOQOL-BREF)

Der WHOQOL-BREF umfasst 26 Fragen und basiert ursprünglich auf dem WHO-QOL-100, der hundert Fragen umfasst.
   Durch die 26 Fragen werden die vier Bereiche

- Physische Gesundheit
- Psychologische Gesundheit
- Soziale Beziehungen
- Umwelt

abgedeckt. Für jeden der vier Bereiche wird ein eigener Score berechnet.
   Der WHOQOL-BREFF versucht durch den Bereich Umwelt einen Blickwinkel abzu-decken, der von anderen Messinstrumenten wenig beachtet wird.

### 9.3.8 Schedule for the Evaluation of Individual Quality of Life – Direct Weighting (SEIQoL-DW)

Der SEIQoL-DW wurde zur Messung der individuell empfundenen Lebensqualität ent-wickelt. Hierzu wählt der Proband verschiedene Lebensbereiche und bewertet diese hin-sichtlich der empfundenen Wichtigkeit und Zufriedenheit. Ob und in welcher Ausprägung hierbei gesundheitliche Aspekte thematisiert werden, ist daher vom jeweilen Probanden und der Interviewsituation abhängig. Zur umfassenden Bewertung des Gesundheits-zustands oder gar der Leistungsfähigkeit des Gesundheitswesens ist dieser Index daher weniger geeignet (vgl. Ebersoll et al., 2021, S. 15 f.).

### 9.3.9 Potential Years of Life Lost (PYLL)

Bei diesem Konzept handelt es sich um den Versuch der Messung von „vorzeitigen Sterbe-fällen" (vgl. Gardner & Sanborn, 1990, S. 322). Das Attribut „vorzeitig" bezieht sich auf einen zuvor zu wählenden Referenzwert und dieser wird oft mit der durchschnittlichen Lebenserwartung der beobachteten Zielgruppe quantifiziert.[5]

---

[5]Verschiedene Autoren verfolgen hierfür verschiedene Ansätze; vgl. Gardner/Sanborn (1990). Da-runter z. B. (i) das mittlere Sterbealter einer Population; (ii) das mittlere Alter mit dem 90 % eines Jahrgangs sterben, (iii) das typische Alter, zu dem ein Austritt aus dem Erwerbsleben angenommen werden kann (iv) Mischformen, in denen verschiedene Jahrgänge mit bestimmten Begründungen unterschiedlich gewichtet werden, (v) Ausschlüsse bestimmter Gruppen, wie etwa der Kindersterb-lichkeit usw.

Der PYLL-Wert einer Person ergibt sich aus der Differenz des Referenzwertes (z. B. 80 J.) und des tatsächlichen Sterbealters (bspw. 60 J. für Person A und 82 J. für Person B), wobei negative Werte durch den Wert null ersetzt werden. Für A resultiert daher $PYLL_{80,A} = 80 [J] - 60 [J] = 20 [J]$ und für B resultiert $PYLL_{80,B} = 80 [J] - 82 [J] = -2 [J]$ := 0 [J]. Ein hoher Wert ist somit tendenziell schlechter bzw. ließe eventuell auf einen schlechteren Gesundheitszustand schließen. Dieser Rückschluss unterstellt implizit, dass die Person tatsächlich gesundheitsbedingt und nicht etwa durch Ereignisse, wie bspw. Flugzeugabstürze oder Autounfälle zu Tode kam. Während diese Annahme im Einzelfall natürlich vollkommen falsch sein kann, ist sie aus makroskopischer Sicht unkritisch, solange solche nichtgesundheitsbedingten Sterbefälle in vergleichsweise geringer Anzahl auftreten oder aber im Referenzwert berücksichtigt sind.

Um Aussagen über ein bestimmtes Land oder eine Region zu erhalten, können die individuellen PYLL-Werte einer bestimmten Periode (bspw. eines Jahres) aggregiert werden. Da solche Aggregate ceteris paribus mit der Bevölkerungszahl korrelieren, erfolgt in Systemvergleichen typischerweise eine Normierung auf eine bestimmte Kopfzahl (bspw. 100.000 oder 1 Mio. Personen). Im Gegensatz zu reinen Sterbezahlen wird im PYLL auch das relative Sterbealter berücksichtigt und „frühe" Tode somit besser berücksichtigt. Sterbefällen sind meist vergleichsweise gut dokumentiert, was die Ermittlung erleichtert.

Als Kritikpunkt ist zu vermerken, dass nichttödliche Krankheitsverläufe im PYLL nicht berücksichtigt sind. So interessant der PYLL-Wert zunächst erscheint, um die Effektivität eines Gesundheitssystems messbar zu machen, so sehr muss berücksichtigt werden, dass eine sehr isolierte Betrachtung des Lebensendes erfolgt und ggf. krankheitsinduzierte Abweichungen von der durchschnittlichen Lebenserwartung im Fokus stehen. Dem PYLL-Maß liegt die Annahme zu Grunde, dass die Lebensverlängerung bis zu einem bestimmten Zielwert prinzipiell das Ziel des Gesundheitssystems darstellt.

Die OECD stellt für mehrere Länder auf 100.000 Einwohner normierte PYLL-Statistiken mit dem Referenzwert von 75 Jahren zur Verfügung (vgl. Ebersoll et al., 2021, S. 16; vgl. auch OECD, 2020).

## 9.3.10 Disability-Adjusted Life Year (DALY)

Dieses Messkonzept entwickelt das Konzept der verlorenen, potenziellen Lebensjahre weiter, indem es zusätzlich diejenigen Zeiten berücksichtigt, welche von bestimmten Krankheiten betroffen waren (vgl. WHO, 2020). Es ermöglicht so viel detailreichere und feiner abgestufte Aussagen über den Gesundheitszustand einer Population als es das PYLL-Konzept zulässt.

Ein DALY entspricht dabei einem verlorenen Jahr gesunden Lebens, folglich ist ein hoher Wert Ausdruck eines schlechten Gesundheitszustandes bzw. hoher Krankheitslast.

Die Ermittlung entsprechender Schätzungen verlorener Lebensjahre durch Krankheit oder der Lebensjahre mit Behinderung gestaltet sich allerdings schwierig. Während die entsprechenden Fallzahlen bestimmter Krankheitsbilder in Staaten mit modernem Gesundheitswesen meist noch mit einiger Sicherheit bestimmt werden können, gestaltet sich die Ermittlung der jeweiligen Zeitdauer bis zur Genesung schon schwieriger, vor allem dann, wenn verschiedene Leistungserbringer und darüber hinaus der Patient selbst am Behandlungserfolg im Sinne einer Genesung beteiligt sind. Für die statistischen Abschätzungen werden daher durchschnittliche Zeitperioden zugrunde gelegt (vgl. WHO, 2020, S. 6).

Größere Unsicherheiten und Wertungen kommen spätestens dann ins Spiel, wenn für die jeweiligen Krankheitsbilder Gewichtungsfaktoren angesetzt werden müssen, um deren „Schwere" und „Leidensintensität" für die Betroffenen abzubilden. Die WHO nutzt in diesem Zusammenhang nach Krankheitsbild, Alter und Geschlecht der Betroffenen gegliederte Gewichtungsfaktoren (vgl. WHO, 2020, S. 6 und 12 f.). Diese werden regelmäßig diskutiert und auch revidiert, was insbesondere bei Zeitreihenuntersuchungen über mehrere Jahre zu beachten ist; für Querschnittsuntersuchungen über mehrere Länder innerhalb desselben Jahres ist dies indes unproblematisch.

Messbar sind in diesem Zusammenhang auf der Basis aktueller Statistiken nur Krankheiten, die eine Inanspruchnahme des Gesundheitswesens notwendig machen. Krankheiten, die erhebliche Einschränkungen der Lebensqualität auch von Angehörigen mit sich bringen (z. B. Alzheimer-Demenz) werden vor allem in den frühen Stadien selten mit hoher Inanspruchnahme des Gesundheitswesens in Verbindung gebracht. Für den DALY-Index sind diese Krankheiten damit kaum zu greifen. Das Maß DALY misst nicht unmittelbar die Gesundheit von Einzelpersonen, sondern die Krankheitslast und Mortalitätsneigung von Populationen. Insoweit quantifiziert das Maß hinsichtlich der Effektivität eines Gesundheitssystems eine geringe Zahl (diagnostizierter) Krankheitsjahre und eine geringe Zahl verlorener Lebensjahre als Erfolgsfaktor. Nicht diagnostiziert bedeutet in diesem Maß (wie auch für viele der Vorgenannten) gleichzeitig nicht krank.

### 9.3.11 Quality-Adjusted Life Years (QALY)

Der Messansatz der quality-adjusted life years berücksichtigt sowohl die Qualität als auch die Quantität von Lebensjahren. Er wird für ökonomische Evaluationen und Bewertungen von z. B. medizinischen Interventionen und Behandlungsmethoden eingesetzt.

„It assumes that health is a function of length of life and quality of life, and combines these values into a single index number. To determine QALYs, one multiplies the utility value associated with a given state of health by the years lived in that state. A year of life lived in perfect health is worth 1 QALY (1 year of life × 1 Utility value). A year of life lived in a state of less than perfect health is worth less than 1 QALY; for example, 1 year of life lived in a situation with utility 0,5 (e.g. bedridden, 1 year × 0,5 Utility) is assigned

0,5 QALYs. Similarly, half a year lived in perfect health is equivalent to 0.5 QALYs (0,5 years × 1 Utility). Death is assigned a value of 0 QALYs, and in some circumstances it is possible to accrue negative QALYs to reflect health states deemed „worse than dead."" (Weinstein et al., 2009).

Die Lebensqualität kann anhand eines standardisierten Fragebogens (EQ-5D) gemessen werden. Das Konzept selbst findet seine Begründung in der Durchführung von Kosten-Nutzen-Analysen bei medizinischen Maßnahmen. Bisher ist in der Bundesrepublik Deutschland aufgrund der methodischen Kritik an der Ermittlung des Nutzwertes das Verfahren beim IQWiG nicht als Nachweis für eine Wirksamkeit zugelassen (vgl. Ärzteblatt, 2020).

Für die Etablierung als Messgröße für den Gesundheitszustand insgesamt könnte das Konzept dann geeignet sein, wenn eine wiederkehrende, repräsentative Befragung über den allgemeinen Nutzwert aller Einflüsse des Gesundheitssystems denkbar wäre. Aufgrund der Fokussierung des Maßes auf einzelne Therapien und medizinische Maßnahmen ist eine Verallgemeinerung des Maßes allerdings derzeit kaum sinnvoll möglich (vgl. Ebersoll et al., 2021, S. 21 f.).

## 9.3.12 Arbeitsunfähigkeitszeiten

Die in Zeiteinheiten gemessene gesundheitsbedingte Arbeitsunfähigkeit ist ein indirekter Indikator für den Gesundheitszustand. Die Gründe für Arbeitsunfähigkeit können dabei vielfältig sein. Zu den Determinanten zählen neben vielen verschiedenen medizinischen Krankheitsbildern unter anderem auch die persönliche Einstellung, das soziale Umfeld, das Ausbildungsniveau, das Verhalten in der Freizeit oder die Art der Belastung am Arbeitsplatz, welche sich je nach Branche stark unterscheiden kann (vgl. Ebersoll et al., 2021, S. 22 ff.).

Quantitative Betrachtungen der Arbeitsunfähigkeit fokussieren naturgemäß auf den erwerbstätigen Anteil der Wohnbevölkerung und lassen andere Bevölkerungsanteile (wie etwa Kinder, Rentner, nicht Erwerbstätige) unberücksichtigt, weshalb aus Sicht des Gesamtsystems immer nur eine Teilaussage über den Gesundheitszustand resultiert.

Dennoch liegt mit der Arbeitsunfähigkeitsstatistik ein gut dokumentiertes Instrumentarium vor, welches den Gesundheitszustand indirekt abbildet. Indirekt deshalb, weil genau genommen keine Differenzierung über die vielen möglichen Schattierungen des individuellen Gesundheitszustandes festgestellt wird, sondern stattdessen eine binäre Unterscheidung in arbeitsfähige und arbeitsunfähige Gesundheitszustände erfolgt. Selbst eine solch grobe Differenzierung stellt jedoch ein ungleich feinfühligeres Messinstrumentarium dar als bspw. das Maß PYLL, welches auf den Tod als Extremfall von Nicht-Gesundheit fokussiert. Insbesondere für rein ökonomisch motivierte und bspw. auf Arbeitsmärkte fokussierte Analysen, kann dieser Ansatz Stärken aufweisen.

### 9.3.13 Gesamtwirtschaftliche Gesundheitsausgaben

Des Weiteren können die Gesundheitsausgaben innerhalb eines Systems betrachtet werden, worunter in diesem Abschnitt ganz allgemein sämtliche Ausgaben für gesundheitserhaltende, -fördernde oder -wiederherstellende Maßnahmen verstanden werden sollen.

Während etwa die Kosten gesundheitswiederherstellender, kurativer Maßnahmen einen indirekten Rückschluss auf den aktuellen bzw. vergangenheitsbezogenen Gesundheitszustand zulassen, ermöglichen die Ausgaben für präventive Maßnahmen eine starke Aussage über das Gesundheitsbewusstsein und eine etwas weniger starke Aussage über den möglichen zukünftigen Gesundheitszustand (vgl. Ebersoll et al., 2021, S. 27 f.).

Solche Ausgabengrößen sind neben dem Gesundheitszustand allerdings auch von anderen Faktoren wie etwa dem aktuellen Stand der Forschung/Technik im System an sich und im Gesundheitswesen sowie dem jeweils etablierten System des Gesundheitswesens abhängig. Im Rahmen von Systemvergleichen besteht daher die Gefahr, dass dieser Indikator immer dann zu verzerrten Aussagen verleitet, wenn Systeme unterschiedlichen Typs verglichen werden (z. B. moderner Industriestaat, Naturvölker).

Die Nutzung derartiger Ausgabengrößen importiert weitere Zusammenhänge in die Überlegungen, denn sie entstehen aus einer Kombination von Mengen bestimmter Güter und Dienstleistungen sowie deren Preisen; letztere sind jedoch stark durch gesundheitsunabhängige Faktoren determiniert. Wenn somit Gesundheitsdaten aus Mengen- und Preiskomponenten bestehen, wären vor allem mengenbezogene Verhältnisgrößen, z. B. Hüftoperationen je Einwohner, geeignete Kennzahlen für Systemvergleiche.

### 9.3.14 Gesundheitszustand und Gesundheitsbewusstsein (Hanke, 2007)

Vor dem Hintergrund einer internationalen, vergleichenden Analyse verschiedener Ausprägungen von Gesundheitsversorgungssystemen nimmt Hanke (2007) unter anderem die Gesundheit der jeweiligen Systembevölkerung in den Fokus. Hierbei erfolgt eine Aufteilung in Gesundheitszustand und Gesundheitsbewusstsein, deren Sub-Indikatoren jeweils mit einem Punktwert in einen Gesamtindex eingehen.

Einzelne Indikatoren sind: Lebenserwartung, PYLL, krankheitsbedingte Todesursachen, Säuglingssterblichkeit, Frühgeburten, persönliche Gesundheitseinschätzung, Verweildauer im Krankenhaus, Krankenhausfälle, Arzneimittelverbrauch, Impfungen, Ausgaben für Prävention, Ernährung (Proteine, kal., Obst und Gemüse), Alkoholkonsum, Tabakkonsum, BMI (vgl. Hanke, 2007, S. 94 ff. und 141).

Der Ansatz bezieht somit sowohl präventive Aspekte als auch krankheitsbezogene Indikatoren ein.

### 9.3.15  Messung der „sozialen Lage" (Soz, 2011)

Im Zusammenhang mit sozio-ökonomischen Zeitreihenuntersuchungen verschiedener US-amerikanischer Bevölkerungsgruppen operationalisiert Hanke-Ebersoll (2011, S. 15 ff.) deren „soziale Lage" über Indikatoren aus den Lebensbereichen Bildung, Gesundheit sowie der wirtschaftlichen Lage.

Der Gesundheitszustand wird in dieser Arbeit über die Indikatoren BMI (Body Mass Index), Anzahl Arztbesuche, ausreichende Nahrungsmittelversorgung, Tabakkonsum und eine subjektive Gesundheitseinschätzung abgeschätzt.

### 9.3.16  Bruttonationalglück (Bhutan)

In Bhutan wurde in den 1990er-Jahren zur Messung des staatlichen Ziels einer glücklichen Bevölkerung das sogenannte Bruttonationalglück definiert.[6] Eine von neun Domänen widmet sich dem Thema Gesundheit. „This domain comprises of conditions of the human body and mind and thereby attempts to characterise health by including both physical and mental states. A healthy quality of life allows us to get through our daily activities without undue fatigue or physical stress. " (Bhutan, 2016, S. 39). Folgende Aspekte wurden einbezogen: „mean number of healthy days per month" (Bhutan, 2016, S. 81), „number of people having a long-term disability" (Bhutan, 2016, S. 82), „proportion of people who have ‚normal mental wellbeing'" (Bhutan, 2016, S. 83).

Die Messung dieser Aspekte erfolgte über verschiedene Instrumentarien (Bhutan, 2016, S. 118): „In order to assess the mental health condition of people, a commonly used mental health assessment tool called general health questionnaire (GHQ-12), consisting of 12 items, was used." „Health functioning was assessed using seven items or daily activities of living. People were asked the degree of difficulty in performing the listed daily activities of living due to their health condition. These seven items are: 1) difficulty in dressing, 2) walking, 3) bathing, 4) eating, 5) using fingers, 6) getting in or out of bed, and 7) using toilets." (Bhutan, 2016, S. 130) „Healthy days are calculated by taking into consideration both physical as well as mental health conditions. The average number of healthy days in the past 30 days …" (Bhutan, 2016, S. 133). Weiterhin werden „Suicidal ideation and attempts" berücksichtigt sowie auch „Barriers to health are studied by collecting data on the average waiting time to receive healthcare services and the average time taken to reach the nearest healthcare centre by walking. " (Bhutan, 2016, S. 134).

---

[6] Mehr Informationen unter http://www.grossnationalhappiness.com.

### 9.3.17 W3-Indikatoren

Mit dem Ziel der Relativierung des „Bruttoinlandprodukts (BIP)" in der politischen und gesellschaftlichen Diskussion schlug die Enquête-Kommission „Wachstum, Wohlstand, Lebensqualität" 2013 drei Dimensionen (Ökonomie, Ökologie, Soziales) mit einem Satz von zehn statistischen Indikatoren vor, unter denen sich auch die Gesundheit befindet (vgl. Bundestag 17/13300).

Neben der Lebenserwartung als Leitindikator (vgl. Bundestag 17/13300, S. 255) wurde weiterhin auf S. 256 die Zahl der zu erwartenden gesunden Lebensjahre ab der Geburt (HLY; healthy life years) als Messgröße vorgeschlagen.

### 9.3.18 Weighted Index of Social Progress (WISP)

„Der Weighted Index of Social Progress (gewichteter Index des sozialen Fortschritts) wurde von Richard Estes an der University of Pennsylvania in den USA entwickelt" (Bundestag 17/13300, S. 307) und berücksichtigt in seiner gesundheitsspezifischen Komponente die Indikatoren Kindersterblichkeit und Lebenserwartung. Beide Indikatoren wurden auch schon von obigen Ansätzen aufgegriffen.

### 9.3.19 Index of Social Health (ISH)

„Der Index of Social Health, der Index über soziale Gesundheit, ist eng mit den Namen Marque-Luisa Miringoff und Marc Miringoff verbunden. ... Der Index of Social Health ist ... ein Mehrkomponentenindikator, im konkreten Fall werden 16 Schlüssel-indikatoren ... verwendet, die von Arbeitslosigkeit über Kindersterblichkeit bis hin zu Armut, Mordraten und bezahlbarem Wohnraum reichen" (Bundestag 17/13300, S. 306). Darunter befinden sich auch gesundheitsspezifische Indikatoren wie z. B. Kindersterb-lichkeit, Drogenkonsum, Krankenversicherungsschutz, Zuzahlung zur Gesundheitsver-sorgung und Nahrungsmittelversorgung (vgl. Bundestag 17/13300, S. 307).

Neben bereits aus vorausgehend dargestellten Ansätzen bekannten Indikatoren, werden hier interessanterweise auch Aspekte des Gesundheitswesens einbezogen.

### 9.3.20 Maslowsche Bedürfnispyramide

Vor ca. acht Dekaden begann der Psychologe Abraham Maslow mit der Entwicklung sei-ner Theorie menschlicher Bedürfnisse (vgl. Maslow, 1943), welche er bis in die 1970er-Jahre erweiterte. Obwohl diese nicht mit dem Ziel der Beurteilung menschlicher Gesund-heit entstand, so enthält sie dennoch klare Abhängigkeiten vom Gesundheitszustand und bietet zudem einen Referenzrahmen, welcher im weitesten Sinne mit Lebenszufriedenheit in Verbindung steht.

Die physiologischen Grundbedürfnisse betreffen etwa Nahrung, Atmung, Schlaf und weisen daher eine unmittelbare Verbindung zu Determinanten der individuellen Gesundheit auf. Ähnliches gilt für Bedürfnisse nach Sicherheit, welche neben körperlicher Sicherheit auch auf die materielle Absicherung gerichtet sein können.

Die weiteren Ebenen der Maslow'schen Bedürfnishierarchie betreffen soziale Bedürfnisse (soziale Interaktion, Kommunikation, usw.) sowie Bedürfnisse nach Anerkennung, Wertschätzung und Selbstverwirklichung. Diese beinhalten klare Bezüge zu psychologischen und mentalen Aspekten menschlicher Gesundheit.

Genau genommen handelt es sich bei Maslows Theorie nicht um ein Messinstrumentarium, sondern lediglich um eine Form der Beschreibung und Klassifizierung menschlicher Bedürfnisse. Als solche bietet das Modell jedoch hilfreiche Impulse und Anknüpfungspunkte für die Suche nach gesundheitsorientierten Messinstrumenten. Ein Messinstrumentarium, welches die verschiedenen Bedürfnisse oder Bedürfnisebenen in geeigneter Weise quantifiziert, könnte zur Ableitung von Aussagen zum individuellen physischen und psychologischen Gesundheitszustand bzw. zur individuellen Lebenszufriedenheit genutzt werden.

### 9.3.21 Pflegegrade

Pflegebedürftigkeit bestimmt sich im deutschen Sozialversicherungssystem nach § 14 Abs. 1 Sozialgesetzbuch XI (SGB XI): „Es muss sich um Personen handeln, die körperliche, kognitive oder psychische Beeinträchtigungen oder gesundheitlich bedingte Belastungen oder Anforderungen nicht selbstständig kompensieren oder bewältigen können."

Die gemäß § 14 Abs. 2 SGB XI maßgeblichen Bereiche für gesundheitlich bedingte Beeinträchtigungen umfassen:

- Mobilität z. B. Positionswechsel im Bett, Halten einer stabilen Sitzposition, Umsetzen, Fortbewegen innerhalb des Wohnbereichs, Treppensteigen,
- kognitive und kommunikative Fähigkeiten z. B. Erkennen von Personen aus dem näheren Umfeld, örtliche Orientierung, zeitliche Orientierung, Erinnern an wesentliche Ereignisse oder Beobachtungen, Steuern von mehrschrittigen Alltagshandlungen, Treffen von Entscheidungen im Alltagsleben, Verstehen von Sachverhalten und Informationen, Erkennen von Risiken und Gefahren, Mitteilen von elementaren Bedürfnissen, Verstehen von Aufforderungen, Beteiligen an einem Gespräch,
- Verhaltensweisen und psychische Problemlagen, hierzu gehört unter anderem Motorisch geprägte Verhaltensauffälligkeiten, nächtliche Unruhe, selbstschädigendes und autoaggressives Verhalten, Beschädigen von Gegenständen, physisch aggressives Verhalten gegenüber anderen Personen, verbale Aggression, andere pflegerelevante vokale

Auffälligkeiten, Abwehr pflegerischer und anderer unterstützender Maßnahmen, Wahn-
vorstellungen, Ängste, Antriebslosigkeit bei depressiver Stimmungslage, sozial inadäquate Verhaltensweisen, sonstige pflegerelevante inadäquate Handlungen.,

- Selbstversorgung, hierzu zählt Waschen des vorderen Oberkörpers, Körperpflege im
Bereich des Kopfes, Waschen des Intimbereichs, Duschen und Baden einschließlich
Waschen der Haare, An- und Auskleiden des Oberkörpers, An- und Auskleiden des
Unterkörpers, mundgerechtes Zubereiten der Nahrung und Eingießen von Getränken,
Essen, Trinken, Benutzen einer Toilette oder eines Toilettenstuhls, Bewältigen der Fol-
gen einer Harninkontinenz und Umgang mit Dauerkatheter und Urostoma, Bewältigen
der Folgen einer Stuhlinkontinenz und Umgang mit Stoma, Ernährung parenteral oder
über Sonde, Bestehen gravierender Probleme bei der Nahrungsaufnahme bei Kindern
bis zu 18 Monaten, die einen außergewöhnlich pflegeintensiven Hilfebedarf auslösen.,
- Bewältigung von und selbstständiger Umgang mit krankheits- oder therapiebedingten
Anforderungen und Belastungen,
- Gestaltung des Alltagslebens und sozialer Kontakte, dies umfasst auch die Anpassung
an Veränderungen, Ruhen und Schlafen, sich beschäftigen, Vornehmen von in die Zukunft gerichteten Planungen, Interaktion mit Personen im direkten Kontakt, Kontakt-
pflege zu Personen außerhalb des direkten Umfelds.

Nach Maßgabe des § 15 SGB XI wird für jedes Einzelkriterium die Schwere der Beeinträchtigungen mit einem Punktwert beziffert, welcher sich für die Module 1, 4 und 6 im
Intervall von Punktbereich 0 (selbstständig)[7] bis zum Punktwert 3 (unselbstständig) bewegen kann.

Das Modul 2 ist ebenfalls 4-stufig skaliert, bewertet jedoch keine Aktivität, sondern
eine geistige Funktion. Für die Bewertung ist unerheblich, ob ein zuvor selbstständiger
Erwachsener eine Fähigkeit verloren oder diese nie ausgebildet hat. Die Skala umfasst
dabei den Punktbereich 0 (Fähigkeit vorhanden, unbeeinträchtigt) bis 3 (Fähigkeit nicht
vorhanden).

Das Modul 3 ist ebenfalls 4-stufig skaliert und bewertet die Fähigkeit, inwieweit eine
Person ihr Verhalten ohne fremde Unterstützung steuern kann. Erfasst werden daher die
Häufigkeiten des Unterstützungsbedarfs und diese mit Punktwerten von 0 (nie oder sehr
selten), 1(selten, ein- bis dreimal innerhalb von zwei Wochen), 3 (häufig, zweimal bis
mehrmals wöchentlich, aber nicht täglich) oder 5 (täglich) versehen.

Modul 5 befasst sich mit dem Themenkreis der selbstständigen Krankheitsbewältigung,
insbesondere mit der „krankheitsbezogenen Arbeit", die direkt auf die Kontrolle von Erkrankungen und Symptomen sowie auf die Durchführung therapeutischer Interventionen

---

[7] Selbstständigkeit bedeutet in diesem Zusammenhang jedoch nicht vollständige Gesundheit, sondern lediglich, dass eine Person eine Handlung in der Regel selbstständig durchführen kann. Auch
wenn möglicherweise die Durchführung erschwert oder nur unter Nutzung von Hilfs-/Pflegehilfs-
mitteln möglich ist. Entscheidend ist, die Person benötigt keine personelle Hilfe. Vorübergehende
oder nur vereinzelt auftretende Beeinträchtigungen sind dabei nicht zu berücksichtigen.

bezogen ist. In den 16 Kategorien erfolgt die Bewertung ausschließlich auf Grundlage der ärztlich angeordneten Maßnahmen, die gezielt auf eine bestehende Erkrankung ausgerichtet und für voraussichtlich mindestens sechs Monate erforderlich sind. Es wird bewertet, ob die Person die jeweilige Aktivität praktisch durchführen kann. Ist dies nicht der Fall, wird die Häufigkeit der erforderlichen Hilfe durch andere Personen, dokumentiert. Die Punkteverteilung erfolgt dabei wieder in einer Viererskala von 0 Punkten (keine oder seltener als einmal täglich), über 1 Punkt (mindestens ein- bis maximal dreimal täglich) und 2 Punkten (mehr als dreimal bis maximal achtmal täglich) bis zu 3 Punkten (mehr als achtmal täglich) (vgl. MDS, 2021).

Die zugemessenen Punktwerte werden dann den sechs Modulen zugeordnet, welche mit einem spezifischen Gewichtungsfaktor in den Gesamtpunktwert einfließen:

• Mobilität mit 10 Prozent,
• kognitive und kommunikative Fähigkeiten sowie Verhaltensweisen und psychische Problemlagen zusammen mit 15 Prozent,
• Selbstversorgung mit 40 Prozent,
• Bewältigung von und selbstständiger Umgang mit krankheits- oder therapiebedingten Anforderungen und Belastungen mit 20 Prozent,
• Gestaltung des Alltagslebens und sozialer Kontakte mit 15 Prozent.

Im Zuge der Pflegebedürftigkeitsfeststellung werden in einem 7. Modul Empfehlungen zur Förderung oder zum Erhalt der Selbstständigkeit oder der Fähigkeiten, Prävention und Rehabilitation ausgesprochen. Dies bezieht bspw. Hilfs- und Pflegehilfsmittel, Heilmittel und sonstige therapeutische Maßnahmen, wohnumfeldverbessernde Maßnahmen, edukative Maßnahmen und präventive Maßnahmen, ein (vgl. MDS, 2021).

Das SGB will mit diesem Ansatz nicht den Gesundheitszustand, sondern ausdrücklich Selbstständigkeit oder Fähigkeiten messen und greift auf Kriterien zurück, die zweifellos Überschneidungen mit dem Alltagsverständnis des Begriffs „Gesundheitszustand" aufweisen. Jedoch umfasst der Pflegebedürftigkeitsbegriff keineswegs alle Detailaspekte des Gesundheitszustands, sondern klammert grundsätzlich kurzzeitige (gem. § 14 Abs. 1 SGB XI mindestens sechs Monate) Störungen oder solche in nicht ausreichender Schwere (Mindestpunktwert) oder außerhalb der definierten Begutachtungskriterien aus. So ist beispielsweise nicht die Schwere der Erkrankung oder Behinderung, sondern allein die Schwere der gesundheitlichen Beeinträchtigungen der Selbstständigkeit oder der Fähigkeiten Grundlage für eine Bestimmung der Pflegebedürftigkeit. Eine Blindheit oder Lähmung der unteren Extremitäten allein, ist folglich nicht genug um als pflegebedürftig eingestuft zu werden.

Trotz dieser Schwächen liegt dennoch ein ausgereiftes und gut dokumentiertes Verfahren vor, welches aus makroskopischer Perspektive zumindest Indikatoreigenschaften für den Gesundheitszustand aufweist.

## 9.3.22 Barthel Index

1965 wurde von der Physiotherapeutin Barthel und der Ärztin Mahoney der Barthel Index (BI) entwickelt. Ziel war es neuromuskuläre und muskuloskelettale Erkrankungen von Patienten zu beurteilen. Mittlerweile wird der Index insbesondere im Rahmen geriatrischer und rehabilitativer Versorgungssettings zur Messung der Selbstversorgungsfähigkeiten bzw. Durchführung von Alltagsaktivitäten angewendet (vgl. DIMDI, 2002).

Der BI besteht aus 10 Items, die je nach Ausprägungsgrad der Selbstständigkeit mit Punkten bewertet werden. Die Items sind: Essen und Trinken, Baden/Duschen, Körperpflege, An- und Ausziehen, Stuhlkontrolle, Harnkontrolle, Benutzung der Toilette, Bett-/Stuhltransfer, Mobilität (selbstständiges Gehen/Fahren mit Rollstuhl) und Treppen steigen.

Je Item können zwischen zwei bis vier Ausprägungsgrade erreicht werden, die jeweils mit Punkten bewertet sind. Ein Punktwert von 100 bedeutet, dass die Person in den BI-Items selbstständig ist.

Kritik am BI bezieht sich insbesondere auf die nicht ausreichend scharfen Einstufungskriterien bzw. deren Definitionen, was zu diversen Erweiterungen und Spezifizierungen der Itemsdefinitionen führte. Positiv wird jedoch die einfache Anwendung und schnelle Abschätzung des Unterstützungsbedarfes gewertet (vgl. DIMDI, 2002).

Für die Messung des Gesundheitszustandes ist der BI jedoch zu eingeschränkt, da der Hauptfokus auf der Physis liegt und psychische Aspekte wie Kognition oder Kommunikationsfähigkeit unberücksichtigt lässt. So gibt es Krankheitsbilder, die allein psychische Ursachen haben und im BI ausgeblendet werden.

## 9.3.23 Satisfaction with Life Scale (SWLS)

Dieses Messinstrument zielt auf die Erfassung der Lebenszufriedenheit der Probanden, indem es auf einer siebenstufigen Antwortskala deren Zustimmung zu folgenden fünf Aussagen misst (vgl. Janke & Glöckner-Rist, 2014):

- In den meisten Bereichen entspricht mein Leben meinen Idealvorstellungen.
- Meine Lebensbedingungen sind ausgezeichnet.
- Ich bin mit meinem Leben zufrieden.
- Bisher habe ich die wesentlichen Dinge erreicht, die ich mir für mein Leben wünsche.
- Wenn ich mein Leben noch einmal leben könnte, würde ich kaum etwas ändern.

Gesundheitsspezifische Aussagen lassen sich hieraus nicht direkt ableiten, wobei jedoch davon auszugehen ist, dass sich ein als störend empfundener Gesundheitszustand zumindest indirekt im Antwortverhalten der Probanden niederschlagen würde.

### 9.3.24 Happiness and Satisfaction Scale (ISSP)

Dieses Messinstrument zielt auf die Erfassung der allgemeinen Lebenszufriedenheit der Probanden, indem es auf einer siebenstufigen Antwortskala deren Zustimmung zu folgenden drei Aussagen misst (vgl. Breyer & Voss, 2016):

- If you were to consider your life in general, how happy or unhappy would you say you are, on the whole?
- All things considered, how satisfied are you with your (main) job?
- All things considered, how satisfied are you with your family life?

Gesundheitsspezifische Aussagen lassen sich hieraus nicht direkt ableiten, wobei jedoch davon auszugehen ist, dass sich ein als störend empfundener Gesundheitszustand zumindest indirekt im Antwortverhalten der Probanden niederschlagen würde.

### 9.3.25 General Life Satisfaction Short Scale (L-1)

Dieses Messinstrument zielt auf die Erfassung der allgemeinen Lebenszufriedenheit der Probanden, indem es auf einer elfstufigen Skala deren Antwort auf die folgende Frage misst (vgl. Nießen et al., 2020):

- The next question is about your general satisfaction with life. All things considered, how satisfied are you with your life these days?

Gesundheitsspezifische Aussagen lassen sich hieraus nicht direkt ableiten, wobei jedoch davon auszugehen ist, dass sich ein als störend empfundener Gesundheitszustand zumindest indirekt im Antwortverhalten der Probanden niederschlagen würde.

### 9.3.26 Ableitung eines Maßes für den Gesundheitszustand aus einer makroökonomischen Systemfunktion

Durch die „Verknüpfung" der qualitativen Systemtheorie Luhmanns (vgl. Luhmann, 1997, 1996; Reese-Schäfer, 1999) mit der quantitativen Beschreibung von Systemen nach Straubs – auf der Gibbs-Falk-Dynamik basierenden – „Alternativen mathematischen Theorie der Nicht-Gleichgewichtsphänomene" (vgl. Straub, 1997) entsteht eine neue Beschreibungsform ökonomischer Systeme, welche auf verschiedenen systembeschreibenden

Größen aufbaut.[8] Jede dieser Größen repräsentiert in quantitativer Form eine bestimmte Eigenschaft der Realität und wurde aus bestimmten wirtschaftswissenschaftlichen Erwägungen heraus in das Modell aufgenommen. Gemeinsam beschreiben sie innerhalb der Systemfunktion das Wirtschaftssystem und seine Wirtschaftskraft in verschiedenen Fassetten.

Trotz dieser auf die Ökonomie beschränkten Perspektive lässt sich der Fußabdruck des Gesundheitswesens klar in den systembeschreibenden Größen erkennen und es lassen sich auch Aussagen zum Gesundheitszustand der Systembevölkerung ableiten (vgl. Ebersoll et al., 2021, S. 56 ff.). „Beispielsweise beinhaltet die Konsumgröße C auch bestimmte Güter (z. B. Arznei, Verbandsmaterial) und Dienstleistungen, deren Konsum durch Krankheiten bzw. kurative Aktivitäten verursacht ist und somit einen möglichen Rückschluss über den Gesundheitszustand zulässt. Ähnliches gilt für die Aktivitätsgröße A, welche neben beruflichen Tätigkeiten des medizinischen Personals u. a. auch auf Arbeitsunfähigkeitszeiten reagiert. In anderen Größen finden sich Lohnersatzleistungen wieder" (Ebersoll et al., 2021, S. 57). Hiermit sind also Korrelationen bestimmter Wertschwankungen systembeschreibender Größen zu Variationen des Gesundheitszustands angesprochen, auf deren Basis sich ein Maß für den Gesundheitszustand aus der ökonomischen Systemfunktion ableiten lässt. Weitere Informationen hierzu finden sich in Ebersoll et al., 2021.

### 9.3.27 Das Gesundheitssystem aus Luhmanns systemtheoretischer Sicht

Für Luhmann ist das Gesundheitssystem ein Teilsystem unter vielen anderen gesellschaftlichen (Sub-)Systemen. Für das Gesundheitssystem identifiziert er die Codierung „krank/gesund" (vgl. Luhmann, 2005, S 186). Setzt man im System als Destinationswert denjenigen Wert, welcher den Verbleib im System ermöglicht oder erst erforderlich macht, so gelangt man zur Codierungsausprägung „krank". Diese Codeausprägung stellt den Positivwert in der Luhmann'schen Sicht des Gesundheitssystems dar, weil diese die Anschlussfähigkeit im System ermöglicht. Da aber Menschen natürlicherweise Gesundheit anstreben, ist innerhalb des Gesundheitssystems das Gewünschte das Negative (vgl.

---

[8] Sie stellt eine alternative Methodik zur Beschreibung ökonomischer Systeme auf Meso- und Makroebene dar, welche auch ohne die stark einschränkenden Annahmen vieler traditioneller volkswirtschaftlicher Theorien auskommt. Dabei ist sie ein weitaus differenzierterer Ansatz als in der orthodoxen Makroökonomie gemeinhin üblich; bezieht sie doch unterschiedliche Sachverhalte und Phänomene zwingend mit ein, welche bisher weitgehend vernachlässigt wurden, darunter z. B. Fragen der Rechtsstruktur, Fragen zur Nutzung eines evolutorischen und irreversiblen Zeitkonzeptes oder etwa der Inanspruchnahme der natürlichen Umwelt. Auch geht sie in ihrer Gesamtheit (insbesondere durch die Einbeziehung von Austauschgrößen mit der Geosphäre) über die enge Fassung eines kommunikativ konstituierten Subsystems nach Luhmann deutlich hinaus (vgl. Ebersoll, 2006, S. 239). Sowohl in Bezug auf die Qualität der Beschreibung ökonomischer Systeme als auch hinsichtlich ihrer strukturellen Flexibilität weist dieser Ansatz wesentliche Vorteile auf.

Luhmann, 2005, S. 180). Hierin findet man auch einen grundlegenden Unterschied des Gesundheitssystems zu anderen Systemen.

Mit dem Fokus auf die Krankenbehandlung, einem Subsystem des Gesundheitssystems, wird deutlich, dass insbesondere in der Anfangsphase der Behandlung von chronischen Krankheiten die Codierung „krank/gesund" nicht geeignet bzw. nicht ausreichend ist. Alternativen sind Codierungen „nicht mehr gesund/noch nicht krank" oder „gesundheitsförderlich/gesundheitsschädlich" (vgl. Bauch, 1996).

Neben der Krankenbehandlung umfasst das Gesundheitssystem noch viele weitere Subsysteme (vgl. Schwarz & Busse, 1998): die Präventivmedizin, die Rehabilitation oder die Pharmaindustrie sind wichtige Beispiele hierfür. In den letzten Jahren nehmen aber auch Subsysteme an Bedeutung zu, die nicht direkt dem Medizinsystem zuzurechnen sind: Auch Patienten-Selbsthilfe-Organisationen oder der niederschwellige, kommerzielle „Gesundheitsmarkt" mit Wellness- und Fitness-Bewegung sind Subsysteme des Gesundheitssystems.

Das Subsystem Krankenbehandlung kann wiederum in die Subsysteme ambulante und stationäre Behandlung unterschieden werden, welche jeweils von der traditionellen Codierung „krank/gesund" geprägt sind.

Probleme können entstehen, wenn Systeme gemeinsam agieren, die unterschiedlich codiert sind: Während die Akutmedizin aus dem Code „krank/gesund" heraus einzelfallorientiert arbeitet, basiert die Präventivmedizin auf der Codierung „gesundheitsförderlich/ gesundheitsschädlich" (und betrachtet „gesund" bzw. „krank" lediglich als mittelbar anzustrebende bzw. zu vermeidende Zustände) und arbeitet eher populationsorientiert. Ein System der „Klinik des Subjekts" steht einem System der „epidemiologischen Klinik" gegenüber (vgl. Castel, 1983).

Die Betrachtungen der Soziologie, insbesondere der Theorie Luhmanns führt auf der Suche nach einem geeigneten Maß für Gesundheit und Lebensqualität nicht unmittelbar zum Ziel. Weder werden die Begriffe gesund und krank einer Definition zugeführt, noch wird eine Operationalisierungsmethodik für Gesundheit vorgeschlagen. Die Aufspaltung in weitere Subsysteme kann allenfalls verschiedene Sichtweisen ermöglichen, die in ihrer Synthese eine Wirkung entfalten. Als Zielgröße des Gesundheitssystems im Sinne dieses Beitrages erscheinen die Begriffspaare der Subsysteme nicht unmittelbar geeignet.

## 9.4    Erste Beobachtungen und Folgerungen

Im vorangegangenen Abschnitt wurden verschiedene Ansätze vorgestellt, welche mit jeweils mehr oder weniger unterschiedlichem Fokus für sich in Anspruch nehmen, Aspekte des Gesundheitszustands bzw. der Lebensqualität zu adressieren. Aufgrund der teils ganz unterschiedlichen Zielsetzungen besitzt jeder der vorgestellten Ansätze vor seinem genuinen Hintergrund eine Daseinsberechtigung.

Anstatt nunmehr diese Messansätze unmittelbar miteinander zu vergleichen, soll im Folgenden eine Metaanalyse erfolgen, um mögliche Muster bzw. Gemeinsamkeiten zu identifizieren, darauf aufbauend Klassifizierungen und Ordnungen zu entwickeln und anhand der Ergebnisse Schlüsse für die in diesem Aufsatz gesuchte Zielgröße zu ziehen.

### 9.4.1 Klassifikation der Indikatoren und statistische Analyse

In Summe wurden über zwanzig Ansätze vorgestellt, welche insgesamt ca. einhundert Indikatoren einbeziehen. Über alle Ansätze gesehen überlappen sich diese (bzw. die damit abgebildeten Konstrukte) oder sind teilweise deckungsgleich. Da die Instrumente meist auf mehrere Indikatoren zurückgreifen, ergeben sich inklusive der Mehrfachnutzung mehr als 160 verwendete Indikatoren.

Aufgrund dieser teils fehlenden Trennschärfe und im Sinne der hier beabsichtigen Querschnittsanalyse, sollen im Folgenden nicht die einzelnen Indikatoren, sondern eher bestimmte Klassen von Indikatoren im Fokus stehen.

Die genutzten Einzelindikatoren aller Ansätze lassen sich zweifelsohne klassieren, wobei die Definition der Klassengrenzen entscheidend ist. Zwar werden in einigen Messansätzen und der zugehörigen Literatur zuweilen bestimmte Klassifizierungen oder Gliederungen von Indikatoren vorgenommen, diese wurden aber für die hier beabsichtigte Analyse ganz bewusst nicht herangezogen, da dies eine Verzerrung zu Gunsten eines der Messansätze bedeutet hätte. Stattdessen wurde ein iteratives Verfahren im Sinne der Delphi-Methode gewählt. Vertreter verschiedener Bereiche des Gesundheitswesens (Krankenkassen, Leistungserbringer, medizinische Begutachtung) sowie Gesundheitsökonomen und Volkswirte haben zunächst individuell Klassifizierungen der Indikatoren vorgenommen, welche dann an den Einschätzungen der jeweils anderen Experten gespiegelt und nachjustiert wurden.

Im Ergebnis entstanden zehn Klassen, welche im Folgenden kurz skizziert werden. Diese Klassifikation kann zwar nicht für sich in Anspruch nehmen, einen allgemeingültigen Klassifizierungsstandard für alle theoretisch möglichen, gesundheitsbezogenen Indikatoren darzustellen, allerdings stellt sie aus Sicht der Experten eine konsensfähige Klassifizierung für die gesamte Bandbreite der betrachteten Ansätze und die dort genutzten Indikatoren dar.

### 9.4.1.1 Indikatorenklasse „Physis"
Unter diesem Oberbegriff wurden solche Indikatoren gefasst, welche sich dem Wortsinne nach auf die körperliche Beschaffenheit und Funktionen des Menschen beziehen. Mögliche Differenzierungen sind insbesondere nach Körperregionen oder -strukturen (z. B. Knochen, Muskeln) feststellbar. Beispielsweise können sich Indikatoren auf den Bewegungsapparat, bestimmte physische Körperstrukturen oder Körperfunktionen beziehen, die sich etwa in der Fähigkeit zur Durchführung bestimmter Aktivitäten äußern. Indikatoren zur Physis sind in der Regel objektiv feststellbar – sie weisen insoweit eine große Nähe zu medizinischen Diagnosen auf – sie können aber auch in Bezug auf ihre Relevanz für die Lebensqualität und das Wohlbefinden eine individuelle Komponente be-

inhalten. Indikatoren der Klasse Physis sind in der Regel Präsenzindikatoren, das heißt, sie stellen einen Zustand und seine Wirkungen zum Zeitpunkt der Messung dar.

### 9.4.1.2 Indikatorenklasse „Psychische/mentale Aspekte"

Diese Indikatorenklasse ergänzt die Klasse der „Physis" um die nicht primär körperlich beobachtbaren Beeinträchtigungen des Gesundheitszustandes. Sowohl mentale Stärke (Resilienz) als auch diagnostizierte psychische Störungen sowie emotionale Befindlichkeiten sind Einflussgrößen, die sich auf diese Indikatorenklasse auswirken können. In der Regel sind es – wie bei der Physis auch – Präsenzindikatoren. Typischerweise werden abseits der zählbaren Krankheitsfälle mit einer entsprechenden Diagnose individuelle Einschätzungen erfragt und durch das Individuum bewertet.

### 9.4.1.3 Indikatorenklasse „Allgemeine Gesundheitseinschätzung"

Bei dieser Indikatorenklasse handelt es sich in der Regel um subjektive Einschätzungen durch (unmittelbar betroffene) Personen, ohne dass diese Einschätzungen mit medizinischen Messverfahren belegt sein müssen. Eine Abfrage anhand vorgegebener Bewertungsskalen zielt auf das subjektive Wohlbefinden. Ergebnisse dieser auf Befragung basierenden Indikatorenklasse können, müssen aber nicht, mit diagnostizierbaren Störungen der Gesundheit einhergehen. Umgekehrt kann jedoch die Kenntnis einer (vermeintlichen) Diagnose bzw. Gesundheitseinschränkung die subjektive Gesundheitseinschätzung beeinflussen. Indikatoren dieser Klasse sind in der Regel Präsenzindikatoren.

### 9.4.1.4 Indikatorenklasse „Allgemeine Lebenszufriedenheit"

Die Indikatorenklasse der „allgemeinen Lebenszufriedenheit" erzeugt als Maß der Erfüllung individueller Erwartungen eine Brücke zwischen den objektiv beobachtbaren Indikatorenklassen zu einer subjektiv empfundenen Zufriedenheit mit den Lebensumständen. Es kann davon ausgegangen werden, dass die Lebenszufriedenheit und der objektive Gesundheitszustand positiv korrelieren; in welchem Ausmaß dies jedoch der Fall ist, kann nicht pauschal beurteilt werden. Bei dieser Indikatorenklasse handelt es sich meist um Präsenzindikatoren, die von der jeweiligen kulturellen Prägung des Individuums abhängig sein dürften. Anders als die Gesundheitseinschätzung, die in der Regel den individuellen Zustand zu bewerten sucht, weist diese Indikatorenklasse darauf hin, ob die eigene Lebensqualität positiv bewertet wird.

### 9.4.1.5 Indikatorenklasse „Inanspruchnahme des Gesundheitswesens"

Diese Indikatorenklasse setzt implizit ein existierendes Gesundheitswesen voraus.[9] Sie beschreibt typischerweise eine Interaktion des betroffenen Individuums mit einer Entität

---

[9]Auch historische oder wenig entwickelte Gesellschaften können Gesundheitssysteme ausprägen. Dies können u. U. der „Schamane" oder aber die „Kräuterhexe" sein; in Dorfstrukturen auch die Großmutter, die Erkrankte pflegt. Die vollständige Abwesenheit eines Gesundheitssystems ist nur selten festzustellen, z. B. wenn nach kriegerischen Auseinandersetzungen oder bei Naturkatastrophen die Strukturen kollabieren.

des Gesundheitssystems. Indikatoren dieser Klasse können auf der Basis von Befragungen, aber auch durch zähl- und messbare Vorgänge im Gesundheitssystem gebildet werden. Es sei der Vollständigkeit halber angemerkt, dass bei Nichtexistenz eines Gesundheitswesens und somit dem Fehlen von Indikatoren dieser Klasse nicht auf vollständige Gesundheit der zu betrachtenden Gesamtheit geschlossen werden kann.

Bei den Indikatoren dieser Klasse handelt es sich im Wesentlichen um Präsenz-indikatoren. Sofern im Einzelfall präventive Aspekte des Gesundheitswesens im Fokus stehen, kann eine Eigenschaft eines Frühindikators, d. h. einer Einflussgröße, die erst zu einem späteren Zeitpunkt eine Auswirkung hat, angenommen werden. Bei den Indikatoren dieser Klasse handelt es sich zudem oft um Makroindikatoren, die eine Aussagekraft erst für Gesamtheiten von Individuen entfalten.

### 9.4.1.6 Indikatorenklasse „Versorgungssystem"

Korrespondierend zur Indikatorenklasse der Inanspruchnahme wird in dieser Indikatoren-klasse die strukturelle Ausgestaltung eines Sozialsystems im weitesten Sinne in den Fokus genommen. Beinhaltet sind Aspekte der Ausgestaltung und Eigenschaften des Gesund-heitssystems, der Zugang zu entsprechenden (Versorgungs-)Leistungen durch eine Netzstruktur und -dichte sowie ein Versicherungsschutz und die Abhängigkeit des Zu-gangs zu Versorgungsleistungen von individueller wirtschaftlicher Potenz.

Da das Gesundheits- und Versorgungssystem meist auf der Basis vergangenheits-bezogener Erkenntnisse gestaltet wird, handelt es sich bei dieser Indikatorenklasse um Präsenzindikatoren, die je nach einzelner Ausprägung sowohl Spät- als auch Früh-indikationswirkung haben können.

Grundsätzlich sind in dieser Klasse Makroindikatoren zu finden, da ein Versorgungs-system immer für Personengesamtheiten zugänglich und nutzenstiftend sein soll. In die-sem Sinne des „Versorgungssystems als geronnene gesundheitsbezogene Erfahrung der Vergangenheit", handelt es sich auch um einen indirekten Indikator für die kollektive Lebensqualität.

### 9.4.1.7 Indikatorenklasse „Krankheitsfälle"

Durchaus abgrenzend von der vorherigen Klasse werden in vielen Indikatoren Krankheits-fälle als summarische Größe, regelmäßig beziehbar auf Populationsgrößen, erfasst. Es handelt sich hierbei um tatsächlich beobachtete, dokumentierte und statistisch auswert-bare Krankheitsfälle (in der Regel gegliedert nach medizinischen Diagnosen).

Dabei gibt es verschiedene Ausprägungen solcher Indikatoren: Manche fokussieren auf und zählen daher nur ganz bestimmte Krankheitsbilder (z. B. Krebserkrankungen), wäh-rend andere Messansätze verschiedenste Krankheitsbilder konsolidieren und ohne weitere Differenzierung einbeziehen (z. B. Krebs und Knochenbrüche), wobei sich die zweifache Frage der Vergleichbarkeit stellt: (1) Sind die verschiedenen Krankheitsbilder vergleichbar und dürfen gemeinsam betrachtet werden? (2) Ist eine solche fehlende Vergleichbarkeit für den Aussagegehalt von Makroaussagen schädlich? Frage eins kann nur in Abhängigkeit des Untersuchungsziels beantwortet werden, welches nicht zwingend auf medizinische/kurative Aspekte ausgerichtet sein muss. Meist ist daher die zweite Frage zu verneinen und wird auch dadurch entschärft, dass oft sehr übergreifende, indirekte Aspekte vermessen werden, wie etwa die Anzahl von Arztbesuchen oder Verweildauern in Krankenhäusern. Diese wiederum sind unmittelbar vergleich- und konsolidierbar.

Bei dieser Indikatorenklasse handelt es sich um Präsenzindikatoren bzw. Spätindikatoren, die eine Zeitspanne retrospektiv betrachten und bereits geschehene Behandlungen zu einem definierten Zeitpunkt ausweisen. In der Regel werden diese Indikatoren als Makroindikatoren verwendet, sofern eben nicht individuelle Verläufe im Vordergrund stehen.

### 9.4.1.8 Indikatorenklasse „Lebenserwartung/Todeswahrscheinlichkeit"

Diese Indikatorenklasse fokussiert bspw. auf durchschnittliche Lebensdauern, Sterbewahrscheinlichkeiten oder krankheitsbehaftete Lebenszeiträume und folgt der Grundannahme, dass ein längeres Leben ein Ausdruck für eine bessere Gesundheit ist.

Die Indikatoren weisen demnach einen starken Zeitbezug auf und sind ihrem Wesen nach zunächst Spätindikatoren, die als Makroindikatoren meist statistisch gemittelte Aussagen über ganze Bevölkerungsgruppen und entsprechende Wahrscheinlichkeiten beinhalten. Nicht zuletzt zur Risikoabschätzung – etwa bei Versicherungen – werden Überlebenswahrscheinlichkeiten und so genannte Sterbetafeln zu Grunde gelegt. Regelmäßig wird nicht oder nur sekundär untersucht, ob es bestimmte Gründe für die begrenzte Lebenserwartung gibt.

### 9.4.1.9 Indikatorenklasse „Prävention/bewusste Lebensgestaltung"

Diese Indikatorenklasse stellt auf individuelles Verhalten ab, das in der Regel über Befragungen aber teils auch durch andere Datenquellen erhoben wird. Aspekte der Lebensgestaltung wie Ernährung, (körperliche) Aktivität, missbräuchliche Verwendung berauschender Substanzen stehen dabei ebenso im Fokus, wie die Akzeptanz von Impfungen und der Konsum präventiver Produkte oder Dienstleistungen.

Bei dieser Indikatorenklasse handelt es sich dem Wesen nach um Frühindikatoren, die allerdings anhand der Erhebungsform (Befragung) auch Präsenz- oder Spätindikatoreigenschaften haben können. Die Indikatorenklasse ist beeinflusst vom aktuell (individuell) vorhandenen Stand des Wissens über gesundheitszu- oder -abträgliche Umstände der Lebensgestaltung und kann sich daher – zumindest in Details – gelegentlich ändern.

Weiterhin ist die Wirkung des Frühindikators davon abhängig, ob der Transfer des Wissens zum Verhalten des Individuums gelingt. Tendenziell ist davon auszugehen, dass sich Verhalten von Gruppen eher träge verändert (siehe z. B. notwendige staatliche/steuerliche Eingriffe bei (de-)meritorischen Gütern), da das Nutzenkalkül des Individuums oftmals den sofortigen Nutzen (z. B. Genuss) höher bewertet als den zukünftigen Nutzen einer aktuellen Einschränkung (z. B. keine Gewichtszunahme durch Genussverzicht).

### 9.4.1.10 Indikatorenklasse „Soziale Aspekte"

Diese Indikatorenklasse bezieht sich auf die nach außen orientierte Interaktion des Individuums. Menschen als soziale Wesen haben im Regelfall Bedürfnisse nach sozialer Interaktion und Teilhabe an gesellschaftlichen Bezügen. Durch gesundheitsrelevante Beeinträchtigungen (physischer oder auch psychischer Art) können Ein- oder Beschränkungen der Möglichkeiten zur gesellschaftlichen Teilhabe entstehen.

Dem Wesen nach handelt es sich bei dieser Indikatorenklasse um Präsenzindikatoren, die allerdings zumeist Auswirkungen bzw. Folgen anderweitig bereits direkt erfasster gesundheitlicher Einschränkungen beschreiben und insofern aus rein diagnostischer Sicht als Spätindikatoren interpretiert werden können.

Ohne Zweifel kann dieser Indikatorenklasse ein Bezug zur kollektiven Lebensqualität bescheinigt werden. Durch den starken Einfluss möglicher sozialer Teilhabe – unabhängig von der konkreten medizinischen Ursache – auf die kollektive Lebensqualität, sollte diese Indikatorenklasse dennoch in ihrer Bedeutung nicht unterschätzt werden.

### 9.4.2 Statistische Auswertung

Die im Anhang enthaltene Tabelle beinhaltet alle untersuchten Messansätze (mehr als zwanzig) und zeigt die darin genutzten Einzelindikatoren (mehr als einhundert) sowie die vorgenommene Klassifizierung.

Die Abb. 9.1 zeigt die prozentuale Verteilung aller vorgefundenen Indikatoren aus allen untersuchten Messansätzen über die zehn Klassen. Mit fast einem Drittel nehmen auf die Physis bezogene Indikatoren eine besonders prominente Stellung ein.

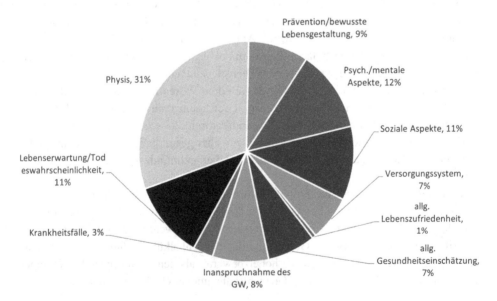

**Abb. 9.1** Klassifikation aller Indikatoren. (Quelle: eigene Abbildung)

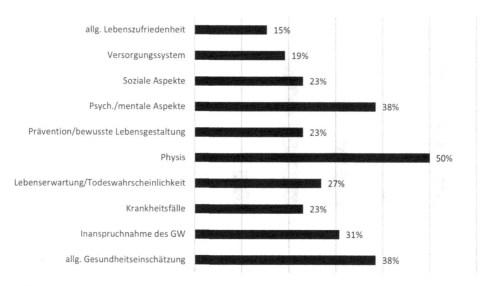

**Abb. 9.2** Prozentsatz der Messinstrumente, welche eine bestimmte Indikatorenklasse nutzen. (Quelle: eigene Abb.)

Es verwundert insofern auch nicht, dass – was in Abb. 9.2 ersichtlich wird – die Hälfte aller untersuchten Messansätze auf Indikatoren der Klasse „Physis" zurückgreift, gefolgt von den beiden Indikatorklassen „allgemeine Gesundheitseinschätzung" und „psychische/mentale Aspekte", welche in ca. 38 % aller Ansätze zu finden sind. Indikatoren aus dem Bereich der „Prävention und bewussten Lebensgestaltung" werden hingegen nur in rund 23 % der Ansätze einbezogen; Strukturen und Eigenschaften des „Versorgungssystems" hingegen bei ca. 19 %.

Keiner der untersuchten Ansätze berücksichtigt alle Indikatorklassen (selbst im Höchstfall sind es nur fünf), was aufgrund der teilweise recht unterschiedlichen Ausrichtung der Messansätze auch nicht zu erwarten war.

Da die Ansätze vor dem Hintergrund ganz spezieller Fragestellungen entwickelt wurden, überrascht es nicht, dass mehr als die Hälfte (58 %) von ihnen eher „eng" angelegt sind und lediglich eine, zwei oder drei Indikatorklassen berücksichtigen (vgl. Abb. 9.3).

### 9.4.3  Gruppierung in Ansätze mit makroskopischem und individuellem Fokus

Die untersuchten Ansätze lassen sich holzschnittartig in zwei grobe Gruppen unterteilen, von denen die erste eher auf Individuen und deren Gesundheitszustand ausgerichtet ist (im Folgenden mit „indiv." gekennzeichnet) und die zweite eher eine makroskopische Perspektive auf Personengruppen einnimmt und damit querschnittliche Aussagen zum Gesundheitszustand anstrebt („makro"). Während diese Unterscheidung für viele Instrumente und Indikatoren einigermaßen trennscharf vorgenommen werden kann, darf nicht

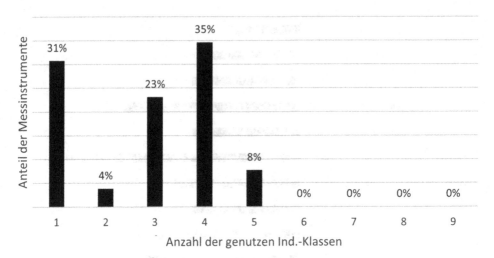

**Abb. 9.3** Anteil der Messinstrumente, welche … Indikatorenklassen nutzen. (Quelle: eigene Abb.)

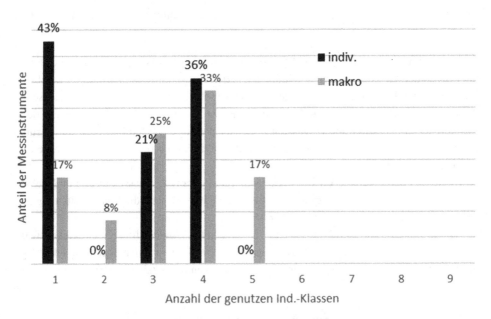

**Abb. 9.4** Anzahl der in makroskopisch/individuellen Ansätzen genutzten Indikatorenklassen. (Quelle: eigene Abb.)

verschwiegen werden, dass auch Grenzfälle existieren, welche sich ebenfalls in die jeweils andere Richtung interpretieren lassen. Trotz dieser Unschärfe lässt sich für die untersuchten Ansätze meist ein dominierender Charakter identifizieren. Vergleiche hierzu den Anhang „Übersicht der Indikatoren und ihrer Klassifizierung".

Die Abb. 9.4 zeigt, dass makroskopisch ausgerichtete Messansätze im Mittel eher breiter angelegt sind, sich also über mehr Indikatorklassen erstrecken als die individuell ausgerichteten Ansätze.

Dieser erste Eindruck verstetigt sich mit Blick auf die Nutzung der verschiedenen Indikator-klassen. Die makroskopisch ausgerichteten Ansätze nutzen nicht nur mehr, sondern auch zu-sätzliche Indikatorklassen (z. B. „Inanspruchnahme des Gesundheitswesens", „Lebens-erwartung/Todeswahrscheinlichkeit"). Auch die Häufigkeiten unterscheiden sich deutlich; während etwa 71 % der individuellen Ansätze auch direkt Indikatoren der Physis einbeziehen, sind dies nur 25 % der makroskopischen Ansätze. Diese hingegen greifen in 42 % auf Aspekte der Prävention und bewussten Lebensgestaltung zurück, was bei den individuellen Ansätzen nur zu 7 % geschieht. Die Abb. 9.5 verdeutlicht die jeweiligen Zahlen für alle Indikatorenklassen.

Für einen Vergleich mit den Zahlen des vorangegangenen Abschnitts, zeigen die beiden Abbildungen (Abb. 9.6 und 9.7) die prozentuale Verteilung aller genutzten Indikatoren auf

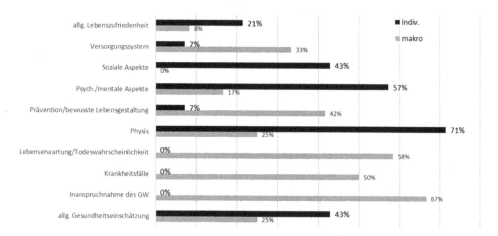

**Abb. 9.5** Prozentsatz der Messinstrumente, welche eine bestimmte Indikatorenklasse nutzen. (Quelle: eigene Abb.)

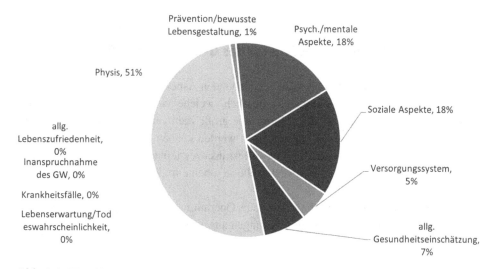

**Abb. 9.6**  Klassifizierung der Indikatoren (indiv.). (Quelle: eigene Abb.)

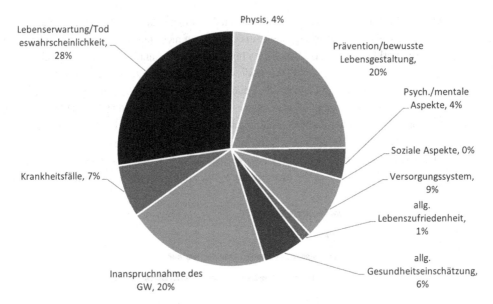

**Abb. 9.7** Klassifizierung der Indikatoren (makro). (Quelle: eigene Abb.)

die Klassen; zum ersten für die individuell ausgerichteten Messansätze und zum zweiten für die makroskopisch ausgerichteten Messansätze.

Beide Betrachtungsweisen hängen zumindest indirekt zusammen. Spätestens dann, wenn die Ergebnisse der individuellen Gruppe in geeigneter Weise aggregiert würden, ließen sich Bezüge analysieren. Ein Gütekriterium könnte dabei sein, dass die Aussagen der „makro"-Gruppe im statistischen Mittel mit den Aussagen der „indiv."-Gruppe deckungsgleich sind.

## 9.5 Makroskopische Ansätze für das Gesundheitsmaß g*

Der Gesundheitszustand ist von vielen verschiedenen Aspekten abhängig. In den vorangegangenen Abschnitten wurde bereits deutlich, welche vielfältigen Definitions- und Messansätze möglich sind und dass hierzu eine große Zahl verschiedener und auch teils völlig andersartiger Indikatoren herangezogen werden können. Es wurde ebenfalls deutlich, dass die konkrete Komposition eines Messansatzes je nach Zielstellung völlig neu bedacht werden muss. Für diesen Zweck stellt die oben durchgeführte Analyse einen äußerst wertvollen Fundus dar.

Bevor im vorliegenden Abschnitt konkrete Operationalisierungsvorschläge erarbeitet werden, sollen zunächst einige Vorüberlegungen angestellt werden.

## 9.5.1 Vorüberlegungen zu g*

Wie kann die Messung des Gesundheitszustands erfolgen? Gesucht ist ein quantitatives Maß, welches in der Folge vereinfachend mit g* symbolisiert werden soll und dessen Operationalisierungsvorschrift den abstrakten Gesundheitsbegriff mit empirischen Phänomenen in Verbindung bringt.

Für die Operationalisierung müssen ganz allgemein in einem ersten Schritt Einflussfaktoren des zu messenden Gesundheitszustands sowie deren Ausprägungen und Wirkungsweise bestimmt werden. Im nächsten Schritt werden dann diese Einflussfaktoren bezüglich ihrer eigenen Einflussfaktoren analysiert. Dieses iterative Vorgehen wird so lange weitergeführt, bis Messbarkeit erreicht ist (Hanke, 2007, S. 57). Die auf der Messebene gefundenen Einzelfaktoren müssen anschließend zum Gesamtmaß g* zusammengefügt werden. Ein möglicher Ansatz wäre bspw., je identifizierter Indikatorenklasse mindestens einen Indikator zu wählen. Dieses Vorgehen ist jedoch keinesfalls zwingend, weswegen dies auch nicht vorausgesetzt werden soll.

Als triviale Forderung für die Konstruktion von g* gilt, dass sich unterschiedliche Ausprägungen des Gesundheitszustands verschiedener Personen(gruppen) in eine wohlgeordnete Reihenfolge bringen lassen müssen, weshalb g* mindestens ordinalskaliert sein muss (zu den unterschiedlichen Skalenniveaus siehe Hanke, 2007, S. 114 f.). Um sich bzgl. der zulässigen Rechenoperationen nicht zu sehr einzuschränken, wäre allerdings eine Operationalisierung auf Intervall- oder besser noch auf Verhältnis¬skalenniveau wünschenswert. Verhältnisskalen setzen zur Bildung von Verhältnissen einen absoluten Nullpunkt voraus. Als erste Näherung wäre dafür ein denkbares absolutes Minimum von g* zu suchen bzw. – etwas allgemeiner formuliert – zu untersuchen, ob für den Gesundheitszustand natürliche Extrempunkte „völliger Gesundheit" oder „völliger Abwesenheit von Gesundheit" existieren.

Die Frage, ob das Gesundheitsmaß g* so konstruiert werden muss, dass sein Wertebereich durch ein Minimum oder Maximum begrenzt ist, sollte davon abhängen, ob für den Gesundheitszustand derartige Extrema empirisch beobachtet werden können. Trivialerweise kann der Tod als vollständige Abwesenheit von Gesundheit und damit als natürliches Minimum identifiziert werden. Wie die Darstellungen in den vorangegangenen Abschnitten jedoch zeigen, lässt sich die Frage nach dem Maximum nicht so leicht beantworten. Wird etwa auf die Abwesenheit von Krankheiten bzw. Diagnosen fokussiert, so ließe sich ein vorläufiger absoluter Höchstwert der Form „keine Diagnose bedeutet vollständige Gesundheit" finden, welcher allerdings stark vom aktuellen wissenschaftlichen Kenntnisstand und Technologie der Diagnostik abhängig wäre. Auch subjektive Einschätzungen des Gesundheitszustands müssen nicht zwingend ein solches Maximum aufweisen, da sie zumeist von ganz individuellen Wünschen, Erwartungen sowie Denkstrukturen geprägt sind und bei einer aus Sicht eines Dritten gleich einzuschätzenden individuellen Gesundheitslage dennoch in unterschiedlichen subjektiven Einschätzungen

münden können. Der Umstand, dass in einigen Messungen durch die Erschaffer des Mess-
modells einfach eine limitierte Skala definiert wird, auf der sich nach oben und unten begrenzte Messwerte ergeben, darf nicht darüber hinwegtäuschen, dass dies zwar äußerst
hilfreiche, aber eben auch willkürliche methodische Festlegungen sind. Für unsere Zwecke soll zunächst die Feststellung ausreichen, dass ein wohldefiniertes Minimum existiert,
weshalb ein verhältnisskaliertes Maß g* angestrebt werden kann.

In den vorangegangenen Abschnitten klang bereits an, dass bisher eindimensionale
(z. B. PYLL) wie auch mehrdimensionale Ansätze entwickelt wurden. Unabhängig von
der Anzahl der Einflussgrößen sollte das Maß g* bzw. seine Bestandteile gute Indikatoreigenschaften aufweisen (vgl. Hanke, 2007, S. 116), z. B. Validität, Sensitivität, Reliabilität, Konsistenz, Relevanz sowie Praktikabilität bzw. Ökonomiekriterien (siehe hierzu Anhang „Kriterien für die Güte von Indikatoren").

Im Fall mehrdimensionaler Ansätze ließe sich g* als abhängige Größe einer Gesundheitsfunktion interpretieren, deren unabhängige Größen in den Determinanten des Gesundheitszustands zu suchen wären. In diesem Sinne könnte g* in Form eines mathematischen
Zusammenhangs (z. B. als Index) gebildet werden, der verschiedene Einflussgrößen kombiniert (vgl. zum Vorgehen auch Gansneder, 2001, S. 71 ff.). Im Sinne einer guten Indikatoreigenschaft von g* muss, neben der jeweiligen Wirkrichtung der Einflussgrößen,
auch auf deren absolute Größe und spätere Gewichtung im Gesamtmaß g* geachtet werden.

Die eben angesprochenen Möglichkeiten einer g*-Funktion oder eines g*-Index setzen
voraus, dass die entsprechenden Einflussgrößen und das sie verbindende mathematische
Funktionsgesetz bekannt sind oder aber deren Kenntnis einfach unterstellt wird. Mit Hilfe
der sogenannten Gibbs-Falk-Dynamik (siehe hierzu Ebersoll, 2006, S. 66 ff. und ausführlicher Falk, 1968 sowie Straub, 1997) kann diese Schwäche teilweise umgangen werden,
da diese quantitative Beschreibungsmethodik mit wenigen Vorbedingungen auskommt
und insbesondere nicht auf die Unterstellung eines bestimmten Funktionsgesetztes angewiesen ist. Das Maß g* würde dann mittels des totalen Differentials über seine Einflussgrößen X1 bis Xn beschrieben. Die Herausforderungen liegen somit weniger in der Suche
nach dem zugrunde liegenden Funktionsgesetz als vielmehr in der unabhängigen Messung
der partiellen Differenziale $\partial g*/\partial Xi$.

Hierfür muss allerdings auch geklärt werden, welche Eigenschaften g* aufweist und
insbesondere, ob es als intensive oder extensive Größe aufzufassen wäre.[10] Dies kann jedoch in dem frühen Entwicklungsstadium von g* noch nicht abschließend beantwortet

---

[10] Eigenschaften extensiver Größen sind nach Straub 1989, S. 109: Sie sind proportional zu einer
Teilchenzahl. Sie besitzen eine Dichte. Sie genügen einem Erhaltungssatz. Sie sind einer „Strom-
Dichte" zugeordnet. Sie sind auch für Nicht-Gleichgewichtszustände definiert. Sie sind verhältnis-
skaliert, mit expliziter Ausnahme von Null. Sie realisieren Prozesse und damit Zustandsänderungen.
Sie konstituieren eine Energieform. Ebersoll 2006, S. 32 f.: „Obwohl man oft von der extensiven
Variablen spricht, kann eine Variable für sich allein genau genommen nicht extensiv sein, da einige
der obigen Bedingungen die Existenz wenigstens einer weiteren Größe fordern. Die Eigenschaft der
Größen, extensiv zu sein, ist zudem eng an die Homogenität des zugeordneten Systems gebunden."
Vgl. hierzu auch Falk 1990, S. 263.

werden. Allerdings scheinen auf den ersten Blick nicht alle Eigenschaften der Extensivität (z. B. die Mengenproportionalität) mit dem umgangssprachlichem Gesundheitsbegriff vereinbar.[11]

Bezüglich der einzelnen Einflussgrößen und der Konstruktion von g* muss auch die dimensionale Homogenität gewahrt bleiben, d. h. die genutzten Maßeinheiten müssen konsistent sein. Diese Einheiten ergeben sich als Folge der Operationalisierungsvorschrift und sollten bei der Messung und Interpretation von Daten Berücksichtigung finden. Werden diese Einheiten konsequent angewandt, ermöglichen sie einen wertvollen Einblick, insbesondere bei Kombinationen mehrerer Größen zu komplexeren Indizes. Solche Einheiten fördern auch die Klarheit des Denkens und erhöhen die Transparenz. Neben den aus der Physik bekannten SI-Basiseinheiten (Meter, Kilogramm, Sekunde, etc.) können auch fachspezifisch definierte Einheitensysteme zum Tragen kommen (vgl. Lauster, M: „Mathematical Analysis on Hidden Constants in Quantitative Economics", https://publications.rwth-aachen.de/record/738483; 18.09.2021).

Als Operationalisierungsvorschrift muss g* prinzipiell (!) auch in grundsätzlich unterschiedlichen Ausprägungen von Gesellschaften/Staaten (z. B. Industriestaat vs. Entwicklungsland) anknüpfen können; sowohl indigene Gesellschaften als auch die Menschen in modernen industriellen Gesellschaften haben ein g*. Dieses mag beispielhaft auch von denselben maslow'schen Bedürfniskategorien, z. B. von der Nahrungsmittelversorgung, abhängig sein. Spätestens auf Ebene der konkreten Messung müssen jedoch unter Umständen unterschiedliche Indikatoren herangezogen werden: für das indigene Volk könnte das die Größe und Ergiebigkeit der Agrarflächen und Jagdgründe sein, während im Industriestaat eher die Entfernung zum nächsten Supermarkt und Verfügbarkeit von Zahlungsmitteln von Bedeutung sind. Manche Indikatoren eignen sich evtl. in beiden Systemausprägungen.

Weiterhin soll an g* die Forderung gestellt werden, die Mikroebene (d. h. individuelle Gesundheitszustände einzelner Personen) konsistent mit der Makroebene zu verknüpfen. Dies könnte zum einen dadurch erreicht werden, dass ein makroskopisches g* auf Indikatoren basiert, welche ihrerseits wiederum einen starken Bezug zur Mikroebene aufweisen. Ein in dieser Hinsicht evtl. vorzugswürdigeres aber sicherlich auch vielfach anspruchsvolleres Vorgehen wäre die direkte Messung des Gesundheitszustands auf individueller Ebene. Daran anknüpfend könnte das makroskopische g* etwa als Tupel aller in der jeweiligen Gesellschaft anzutreffenden individuellen Gesundheitszustände aufgefasst werden, was zwar den Grad an Präzision und Detaillierung vervielfacht, gleichzeitig aber auch die Übersichtlichkeit und Handhabbarkeit von g* erschwert. Ist stattdessen ein skalares g* gewünscht, so wäre eine entsprechende Aggregationsvorschrift über alle Tupelkomponenten erforderlich.

---

[11]Zur Ermutigung sei erwähnt, dass auch die intensive Größe Temperatur erst in einem längeren Forschungsprozess in ihre heutige, allseits bekannte Form gebracht wurde, weil längere Zeit eine klare Abgrenzung extensiven und intensiven Größen fehlte und die zugehörige extensive Größe Entropie erst spät erforscht wurde.

Zusätzlich ist der angestrebte makroskopische Charakter von g* stets im Hinterkopf zu behalten, welcher eben nicht danach strebt in bestmöglicher Form den Gesundheitszustand aller einzelnen Individuen abzubilden, sondern stattdessen auf die querschnittliche Beschreibung des mittleren Gesundheitszustands von Bevölkerungsgruppen abzielt. In diesem Zusammenhang soll noch das Kriterium der Effizienz in Erhebung und Verarbeitung der Daten angeführt werden. In der Praxis kann es sich daher als zweckmäßig erweisen, den Genauigkeitsgrad des Maßes g* ganz bewusst geringfügig zu reduzieren, wenn hiermit signifikante Verbesserung der Effizienz erreicht werden. Dies kann auch damit gerechtfertigt werden, dass der Hauptanwendungsbereich des zu findenden Messinstruments in systemischen Analysen mit stark makroökonomischer Ausrichtung besteht.

Die folgende Auflistung wiederholt in geraffter Form die grundlegenden Forderungen bzw. Eigenschaften des Gesundheitsmaßes g*, welche im obigen Text herausgearbeitet wurden:

- g* charakterisiert die Gesundheit
- g* muss verschiedene Ausprägungen/Intensitäten von Gesundheit abbilden können
- wohldefiniertes Minimum
- Verhältnisskaliert
- mehrkomponentiges Maß g*
- g* als abhängige Größe einer „Gesundheitsfunktion"
- dimensionale Homogenität
- g* muss auch in grundsätzlich unterschiedlichen Ausprägungen von Gesellschaften/ Staaten anknüpfen können
- konsistente Verbindung von Mikro- und Makroebene
- g* als makroskopisches Maß
- Effizienz

Basierend auf diesen methodischen Vorüberlegungen, widmen sich die folgenden Abschnitte der konkreten Umsetzung des Vorhabens.

### 9.5.2 Operationalisierungsansatz g*$^1$: Index

Im vorliegenden Abschnitt soll ein erstes Konzept für die Quantifizierung von g* vorgeschlagen werden, welches zur besseren Abgrenzung von anderen Konzepten mit dem Zusatz „1" gekennzeichnet wird. Die Zielgröße g*$^1$ wird dabei als Relation der folgenden Einflussgrößen interpretiert, denen jeweils bestimmte Symbole zugeordnet werden, um in den anschließenden Abschnitten eine zweifelsfreie Referenz zu ermöglichen:

- Krankheitslast D (disease)
- Präventionsquotient P

- Medizinische Netzdichte M
- Wohlstandsmaß W

Das gesuchte Maß ist demnach: $g^{*1} = g^{*1}(D, P, M, W)$.

### 9.5.2.1 Krankheitslast (D)

Über die Komponente D soll die in der betrachteten Gesellschaft vorhandene Krankheitslast abgebildet werden. Hierzu zählen verschiedenste physische und psychische/mentale Krankheitsbilder.

Schon die statistische Erfassung der Krankheiten, ihrer entsprechenden Häufigkeiten sowie Dauern in einer konsistenten und international vergleichbaren Form, stellt eine signifikante Herausforderung dar. Dazu gesellt sich die keinesfalls triviale Aufgabe, die teils sehr unterschiedlichen Krankheitsbilder sinnvoll und dimensional konsistent in einem Gesamtmaß zu aggregieren. Die Entwicklung einer hierzu fähigen Methode übersteigt den in diesem Aufsatz verfügbaren Rahmen bei weitem, weswegen stattdessen auf das von der WHO genutzte Instrumentarium zurückgegriffen werden soll.

Der von der WHO berechnete DALY (zur Definition siehe die Ausführungen in Abschn. 9.3.10), bewertet die Krankheitslast einzelner Länder, indem er die im Land vorhandenen Fallzahlen, Falldauern und die hierdurch erlittenen Einbußen an Lebensqualität in zeitliche Äquivalente umrechnet (siehe Anhang zur Krankheitslast D). Der DALY beziffert demnach die in der Betrachtungsperiode „verlorenen, qualitativ vollwertigen" Lebensjahre.

Um einen aussagekräftigen, internationalen Vergleich auch kleiner und großer Länder zu ermöglichen, wird die so ermittelte Krankheitslast auf die Bevölkerungszahl bezogen, womit die mittlere Krankheitslast pro Einwohner abgeschätzt werden kann. Sie lag 2019 für die vorhandenen Länderdaten zwischen 0,17 und 0,87 „verlorener Jahre" pro Person (siehe Anhang zur Krankheitslast D). Diese Größe bezeichnen wir mit D und sie beinhaltet eine Aussage über die relative Krankheitslast im jeweiligen Land.

Die Abb. 9.8 zeigt den Wert D ausgewählter Länder, welche jeweils mit dem Ländercode gem. ISO 3166 angegeben sind (Singapore SGP, Netherlands NLD, United Kingdom GBR, Germany DEU, United States of America USA, France FRA, China CHN, Russian Federation RUS, India IND, Afghanistan AFG, South Sudan SSD, Somalia SOM).

Bei der späteren Berechnung von $g^{*1}$ muss beachtet werden, dass ein höherer Zahlenwert für die Krankheitslast D unter sonst gleichen Bedingungen zu einem geringerem $g^{*1}$ führen sollte.

### 9.5.2.2 Präventionsquotient (P)

Neben der vorhandenen Krankheitslast, sollen auch Bemühungen zur Krankheitsprävention einbezogen werden. Diese können in vielfältigen Formen auftreten und reichen von Impfungen über bestimmte ärztliche Vorsorgeuntersuchungen, bis hin zu verschiedenen Faktoren der Ernährung, sportlicher Betätigung und sonstigen Lebens-

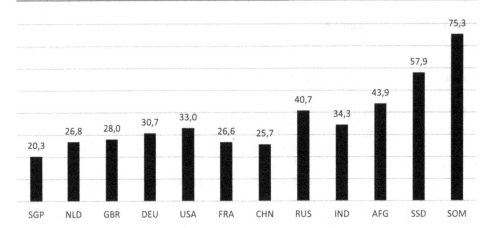

**Abb. 9.8** Relative Krankheitslast D ausgewählter Länder, 2019. (Quelle: eigene Abbildung)

gestaltung. Hierbei könnten auch solche Indikatoren einbezogen werden, welche der Prävention entgegenwirken; beispielsweise gesundheitsschädliche Verhaltensweisen wie Tabakkonsum.

Zur Quantifizierung von P kann eine bestimmte Gruppe präventiv wirkender Maßnahmen ausgewählt werden, deren Verbreitungsgrad im jeweiligen Land gemessen wird. Zur Veranschaulichung beschränkt sich die vorliegende Analyse auf die Verbreitungsgrade der folgenden Präventionsmaßnahmen (PM), wobei jeweils der WHO-Definition gefolgt wird:

- PM1: Polio (Pol3), Impfschutz bei 1-Jährigen in %
- PM2: Hepatitis B (HepB3), Impfschutz bei 1-Jährigen in %
- PM3: Masern-haltiger Impfstoff der ersten Dosis (MCV1)-Impfschutz bei 1-Jährigen (%)
- PM4: Tuberkulose-Impfschutz bei Einjährigen (%)
- PM5: DTP3-Impfschutz bei Einjährigen (%), (Diphtherie, Tetanus, Pertussis)
- PM6: Um auch einen gegenläufigen Indikator einzubeziehen, wird die prozentuale Verbreitung des Tabakkonsums innerhalb der Bevölkerung berücksichtigt. Dieser Indikator muss aufgrund seiner Gegenläufigkeit transformiert werden, bevor er ins Gesamtmaß P aufgenommen wird.

Der Präventionsquotient P soll beispielhaft als arithmetischer Mittelwert obiger Größen gebildet werden, wobei jeweils auf die Datenbasis der WHO aus den Jahren 2018 bis 2020 abgestellt wird (Anhang zum Präventionsquotient P).

$$P = \frac{1}{6}\left( PM_1 + PM_2 + PM_3 + PM_5 + PM_5 + \left(1 - PM_6\right)\right)$$

Kritiker mögen einwenden, dass auf diese Weise völlig unterschiedliche präventive Maßnahmen in einen Topf geworfen werden. Letztlich geht es hier jedoch nicht darum, Maßnahmen nach bestimmten medizinischen Kategorien zu gliedern, sondern lediglich darum, eine abstrakte, international vergleichbare Maßzahl zur Bedeutung und Ausbreitung vorab definierter präventiver Ansätze in den betroffenen Ländern zu generieren. Dieses Vorgehen erlaubt zudem eine einfache Berechnung und erleichtert auch spätere Ergänzungen um weitere Vorsorgemaßnahmen, die natürlich jederzeit möglich sind, ohne dass sich hierdurch der Wertebereich von null bis einhundert ändert. Darüber hinaus ließen sich die einzelnen Präventionsmaßnahmen bei entsprechenden Erkenntnissen auch unterschiedlich gewichten (Gf$_i$ ist der Gewichtungsfaktor von Maßnahme PM$_i$), wenn bestimmte Präventionsmaßnahmen als besonders bedeutsam angesehen werden:

$$P = \frac{\sum_{i=1}^{n}\left(Gf_i * PM_i\right)}{\sum_{i=1}^{n} Gf_i}$$

Im vorliegenden Beispiel soll zunächst von einer Gleichgewichtung aller PM ausgegangen werden. Die Abb. 9.9 zeigt den Wert P ausgewählter Länder.

Ein höherer Präventionsquotient P sollte unter sonst gleichen Bedingungen zu einem höheren g*[1] führen.

### 9.5.2.3  Medizinische Netzdichte (M)

Neben der aktuellen Krankheitslast D und den Versuchen, diese präventiv zu verkleinern (P), soll nun auf das Gesundheitswesen und die Abdeckung der Bevölkerung mit „medizinischen Basisleistungen" fokussiert werden. Ein entsprechend ausgeprägtes Gesundheitswesen kann als Indiz dafür dienen, dass sich Phasen mit gesundheitlichen Einschnitten, besser/schneller oder auch mit weniger bleibenden Schäden überstehen lassen. Weiterhin stellen die Ausgestaltung und Ausdifferenzierung des Gesundheitswesens einen indirekten

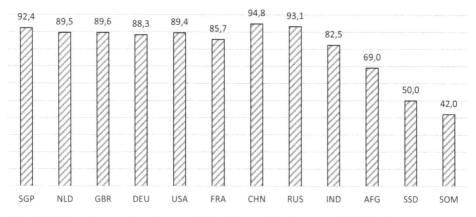

**Abb. 9.9**  Präventionsquotient P ausgewählter Länder. (Quelle: eigene Abbildung)

Indikator für medizinisches Wissen und Technologien dar. Gesucht ist demnach ein Maß dafür, inwiefern medizinische Bedürfnisse durch das vorhandene Gesundheitswesen abgedeckt werden können; dieses könnte als „Grad der Abdeckung med. Bedürfnisse" oder als „medizinische Netzdichte" benannt werden. Sein Symbol ist M.

Da die medizinischen Bedürfnisse innerhalb der Bevölkerung äußerst heterogen sein können und in vielen Ländern statistisch nur lückenhaft erfasst werden, scheidet eine Vollerhebung aus. Stattdessen verbleibt die Möglichkeit anhand ausgewählter Indikatoren, eine grobe Aussage abzuleiten. Denkbar ist ein Vorgehen, welches beispielsweise

- Art und Anzahl medizinischen Personals,
- die Zahl vorhandener Krankenhausbetten,
- die Ausstattung mit medizinischen Geräten oder auch
- den Zugang zu medizinischen Basisleistungen

umfasst und diese in einem geeigneten Index kombiniert.

Um den Umfang dieses Aufsatzes nicht zu sprengen, wird dieser Vorschlag hier nicht weiterverfolgt und stattdessen direkt auf den „UHC, Universal Health Service Coverage Index" der WHO zurückgegriffen (vgl. WHO, 2019). Dieser fokussiert auf grundlegende medizinische Gesundheitsleistungen. Definiert ist der UHC als der durchschnittliche Abdeckungsgrad auf der Grundlage von „Tracer-Interventionen", die die Bereiche reproduktive Gesundheit, Gesundheit von Müttern, Neugeborenen und Kindern, Infektionskrankheiten, nicht übertragbare Krankheiten sowie Dienstleistungskapazität und -zugang für die Bevölkerung umfassen (vgl. WHO, 2019). Somit überschneidet sich der UHC weitgehend mit dem oben skizzieren Ziel, indem er jedem Land einen entsprechenden Zahlenwert zwischen null und einhundert zuweist.

Die Abb. 9.10 zeigt den Wert M ausgewählter Länder (vgl. Anhang zur medizinischen Netzdichte M).

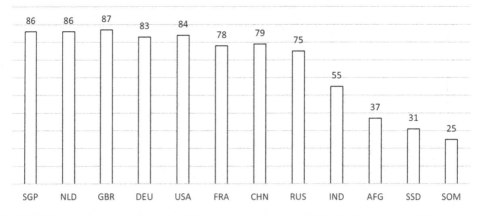

**Abb. 9.10** Medizinische Netzdichte M ausgewählter Länder, 2017. (Quelle: eigene Abbildung)

Eine höhere Netzdichte M sollte unter sonst gleichen Bedingungen zu einem höheren g*[1] führen.

### 9.5.2.4 Wohlstandsmaß (W)

Während die Größen Krankheitslast (D), Präventionsquotient (P) und medizinische Netzdichte (M) noch vergleichsweise eng mit dem Gesundheitszustand verknüpft waren, soll mit dem allgemeinen Wohlstandsmaß (W) nun ein eher indirekter Aspekt einbezogen werden. Auch wenn „Wohlstand" keine unmittelbare medizinische oder gesundheitliche Kategorie darstellt, so bestehen doch vielfältige Bezüge und gegenseitige Beeinflussungsmöglichkeiten.

Zunächst ist das Wohlstandsniveau eine wesentliche Determinante für die Abdeckung von menschlichen Grundbedürfnissen wie Nahrungsmittelversorgung, Wohnen, Hygiene, Koch- und Heizmöglichkeiten usw. Selbst wenn diese Bedürfnisse grundlegend abgedeckt sind, so ermöglicht ein höheres Wohlstandsniveau oft weitere Qualitätssteigerungen, beispielsweise eine gesündere Ernährung, Versorgung mit sauberem, fließendem Trinkwasser, den Übergang von offenem Feuer zu anderen Koch- und Heizmöglichkeiten usw. (vgl. Rosling, 2018, S. 48). Insofern könnte zunehmender Wohlstand auch als indirekter Indikator für die gesundheitsförderliche Lebensgestaltung interpretiert werden. Weiterhin kann das Gesundheitsbewusstsein steigen, wenn durch eine qualitativ hochwertige Abdeckung der Grundbedürfnisse (im Sinne der maslow'schen Bedürfnispyramide) der Blick für weitere gesundheitsförderliche Verhaltensweisen und Lebensumstände frei wird.

Darüber hinaus korreliert gesellschaftlicher Wohlstand mit der Finanzierbarkeit von kurativen Maßnahmen im Krankheitsfall und ermöglicht die Installation und Aufrechterhaltung eines ausdifferenzierten und leistungsfähigen Gesundheitswesens. Dies gilt unabhängig von der Frage, ob sich eine Gesellschaft dazu entscheidet, die Gesundheitsversorgung den Individuen und dem ökonomischen Marktgeschehen zu überlassen oder diese über Sozialversicherungen und andere Umlagesysteme zu organisieren. Auch jenseits von eventuellem Versicherungsschutz ermöglicht höherer Wohlstand dem Individuum den Einkauf medizinischer Leistungen und Produkte (bspw. im Ausland, „Gesundheitstourismus") und den Akteuren des Gesundheitswesens die Beschaffung von Geräten, Arzneien oder Ausbildung auf den entsprechenden Märkten.

Zunehmender gesellschaftlicher Wohlstand geht oft mit der Ausgestaltung eines leistungsfähigeren, breiteren Bildungssystems einher, welches wiederum mit dem Gesundheitsbewusstsein korrelieren kann. Neben dem hierdurch ermöglichten Bildungsniveau in breiten Bevölkerungsschichten, ist ein Bildungssystem auch ein wesentlicher Grundbaustein für Wissenschaft sowie Forschung und Entwicklung, welche in neuen gesundheitsbezogenen Erkenntnissen und Technologien münden können.

Für die hier verfolgten Zwecke, den mittleren Gesundheitszustand innerhalb eines Landes zu quantifizieren, wird ein spezifisches makroökonomisches Wohlstandsmaß im gesundheitlichen Kontext benötigt. Das heißt, es geht nicht darum, ob einzelne Individuen eines Landes von Armut oder Wohlstand betroffen sind, sondern wie sich dies für die Gesamtgesellschaft im Mittel darstellt. Eine Schwäche dieses Ansatzes offenbart sich insbesondere in bevölkerungsreicheren Ländern mit heterogener Wohlstandsverteilung. Hier bietet sich ggf. eine weitere Unterteilung an, wenn anstatt landesweit gültiger Mittelwertaussagen, kleinteiligere Forschungsfragen zu beantworten sind. Für die in diesem Aufsatz beabsichtigte querschnittliche Länderbetrachtung stellt dies jedoch kein Problem dar.

Die wirtschaftswissenschaftliche Forschung beschäftigt sich schon seit langer Zeit mit Fragen der Wohlstandsmessung und diskutiert in diesem Zusammenhang die Vor- und Nachteile verschiedenster Ansätze, welche von eher traditionellen Betrachtungen des Bruttoinlandsprodukts bis hin zu alternativen Ansätzen wie denen in Bhutan oder 3W reichen (siehe hierzu Abschn. 9.3.16 oder Abschn. 9.3.17). Beispielhaft soll im Folgenden auf das von den UN veröffentlichte Bruttoinlandsprodukt pro Kopf (BIP) zurückgegriffen werden (vgl. UN, 2020, S. 175 ff.), welches natürlich jederzeit durch andere, geeigneter erscheinende Indikatoren ersetzt werden darf.

Die BIP-Zahlen werden jedoch nicht direkt zur Quantifizierung der Größe W herangezogen, sondern zuvor mit einer Transformationsfunktion modifiziert, welche den Wertebereich von W auf das Intervall von null bis eins normiert. Darüber hinaus soll die Transformationsfunktion den abnehmenden Grenznutzen des Geldes einfließen lassen und berücksichtigen, dass ab einem bestimmten Punkt auch die wohlhabendsten Individuen bzw. Gesellschaften an wissenschaftliche und technologische Grenzen stoßen, welche einer unbegrenzten Förderung des Gesundheitszustands mittels Finanzkraft entgegenstehen. Für W und die Transformationsfunktion wird daher beispielhaft folgende Form vorgeschlagen, da sie aus Sicht der Autoren geeignet ist, die obigen Bedingungen zu erfüllen:

$$W = \frac{10}{10 + e^{0,12*(40-BIP)}}$$

Die Funktionsparameter wurden so gewählt, dass der Wendepunkt bei einem BIP pro Kopf von 40 Tsd. USD liegt und ab einem Wert von 50 Tsd. USD eine starke „Sättigung" eintritt; an diesem Punkt liegt der Funktionswert bei ca. 0,97 und lässt sich nicht mehr wesentlich – bzw. nur noch mit weit überproportionalem Aufwand – steigern.

Die so aus dem Pro-Kopf-BIP erzeugten einzelnen Länderwerte und der Verlauf der Transformationsfunktion sind in Abb. 9.11 dargestellt (vgl. Anhang zum Wohlstandsmaß W). Die graue Linie zeigt die Transformationsfunktion und jeder schwarze Punkt steht für einen Länderwert von W.

Abb. 9.12 zeigt den prozentualen Wert W ausgewählter Länder im Jahr 2018.

Ein höheres Wohlstandsmaß W sollte unter sonst gleichen Bedingungen zu einem höheren g*[1] führen.

## 9.5.2.5 Konstruktion des Maßes g*[1]
Die gefundenen (Teil-)Größen, können nun in geeigneter Form zu einer Indikatorgröße g*[1] kombiniert werden. Hierbei muss im Sinne einer guten Indikatoreigenschaft neben der

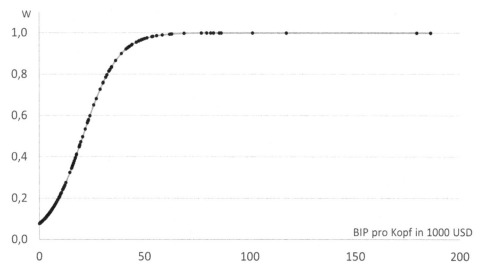

**Abb. 9.11** Wohlstandsmaß W. (Quelle: eigene Abbildung)

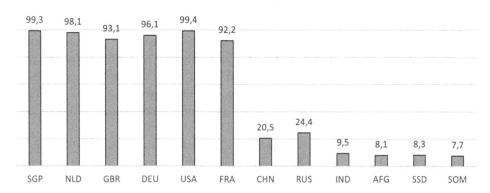

**Abb. 9.12** Wohlstandsmaß W [%] ausgewählter Länder. (Quelle: eigene Abbildung)

jeweiligen Wirkrichtung auch auf deren absolute Größe und spätere Gewichtung im Gesamtmaß geachtet werden.

Das gesuchte Maß ist: $g^{*1} = g^{*1}(D, P, M, W)$, mit den Einzelgrößen

- Krankheitslast D,
- Präventionsquotient P,
- Medizinische Netzdichte M und
- Wohlstandsmaß W.

Ein höheres Maß für die Krankheitslast D muss zu einem geringerem $g^{*1}$ führen, weshalb im Folgenden immer der Komplementärwert 1-D (bzw. bei prozentualer Schreibweise

100-D) herangezogen werden soll. Die anderen drei Größen P, M und W sind gleichläufig zu $g^{*1}$ und benötigen keine derartige Transformation.

Jede der vier Einflussgrößen soll mit einem spezifischen Gewichtungsfaktor in $g^{*1}$ eingehen. Die Gewichte werden im Folgenden mit den jeweiligen Kleinbuchstaben d, m, p, w symbolisiert.

$$g^{*1} = d * \left(100 - D\right) + m * M + p * P + w * W$$

Die jeweiligen Zahlenwerte der Gewichtungsfaktoren sollten der Bedingung d + m + p + w = 1 genügen und müssen im Rahmen der weiteren Forschung konkretisiert werden. Als Ausgangspunkt könnte eine Gleichverteilung d = m = p = w = ¼ genutzt werden. Auf Basis der vorangegangenen Ausführungen erscheint es jedoch angebrachter, direkte Determinanten stärker und indirekte schwächer zu gewichten, weshalb für die initiale Wertebelegung d > m > p >w gelten soll. Ganz konkret werden folgende Initialwerte vorgeschlagen: d = 0,4 > m = 0,3 > p = 0,2 > w = 0,1.

Die Säulenhöhe in Abb. 9.13 verdeutlicht den Wert $g^{*1}$ ausgewählter Staaten. Anhand der verschiedenen Einfärbungen bzw. Schraffierungen innerhalb der Säulen ist zu erkennen, welchen Anteil die gewichteten Teilgrößen zum Gesamtwert $g^{*1}$ beitragen (vgl. Anhang zu $g^{*1}$).

Bei der Datenzusammenstellung stellte sich heraus, dass nicht alle genutzten Datenquellen zeitnah und jährlich aktualisiert werden und auch nicht zu denselben Zeitpunkten. Um dennoch einen vollständigen Datensatz (inklusiver aller Datenquellen) zu erhalten, konnte nicht für alle Indikatoren dasselbe Jahr ausgewählt werden. Stattdessen wurde auf den Zeitraum von 2017 bis 2020 abgestellt, um einen guten Kompromiss aus Datenqualität und Aktualität zu erreichen.

Alternativ zur obigen Verknüpfung und Gewichtung der Einzelgrößen D, P, M und W ließen sich diese und g* auch im Sinne einer Gibbs-Funktion verknüpfen (vgl. Ebersoll,

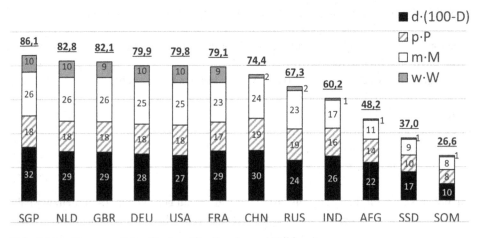

**Abb. 9.13** $g*1$ ausgewählter Staaten. (Quelle: eigene Abbildung)

2006, S. 66 ff.). Hierzu muss analysiert werden, ob g* als extensive oder intensive Größe aufzufassen ist. In letzterem Fall könnte g* Teil einer inneren Gibbs-Funktion sein (vgl. Ebersoll, 2006, S. 73). Derartige Fragen sollen jedoch der weiteren Forschung vorbehalten bleiben.

### 9.5.3 Operationalisierungsansatz g*²: Selbsteinschätzung des Gesundheitszustands

Eine alternative Quantifizierungsmethode für das Gesundheitsmaß g* könnte auch die direkte Befragung von Individuen sein (g*²).

Der Gesundheitszustand kann als eine vollkommen subjektive Empfindung interpretiert werden. Da jeder Mensch eine eigene und sich ggf. auch verändernde Wahrnehmung der persönlichen Gesundheit hat, ist die Aussagekraft von empirisch beobachtbaren Größen zwar intersubjektiv nachvollziehbar, aber zur genauen Abbildung subjektiver Empfindungen evtl. nicht zutreffend (siehe hierzu auch die späteren Ausführungen zum Vergleich der Operationalisierungsansätze).

Mögliche Messinstrumente könnten bspw. die Frage aus dem SF36 zur allgemeinen Gesundheitswahrnehmung oder der SEIQol-DW oder SWLS sein. Eine Vollerhebung scheidet aufgrund des Erhebungsaufwand auf Individualebene regelmäßig aus, weswegen auf Stichproben zurückgegriffen werden könnte, wie z. B. auf jene der OECD-Länder (vgl. Anhang zu g*²): „Die meisten OECD-Länder führen regelmäßig Umfragen durch, in denen sich die Teilnehmer zu ihrer Gesundheit äußern können. Solche Datenerhebungen enthalten häufig die Frage: „Wie beurteilen Sie Ihren Gesundheitszustand?" Diese Frage ist zwar subjektiv, aus ihr lässt sich aber gut ableiten, wie stark die Befragten das Gesundheitssystem zukünftig in Anspruch nehmen werden." (OECD, 2021)

Die Abb. 9.14 zeigt das g*² ausgewählter Staaten auf Basis der OECD-Daten (vgl. Anhang zu g*²).

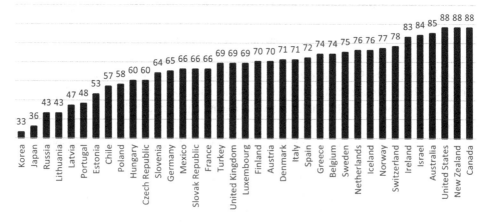

**Abb. 9.14** g*2 ausgewählter Staaten. (Quelle: eigene Abbildung)

„Im OECD-Raum bezeichnen etwa 69 % der Erwachsenen ihren Gesundheitszustand als „gut" oder „sehr gut". In Kanada und Neuseeland sind laut eigenen Angaben 88 % der Erwachsenen bei guter Gesundheit, in Japan und Südkorea hingegen weniger als 40 %. Es ist möglich, dass kulturelle Faktoren und die Art der Fragestellung die Antworten beeinflussen. Männer geben mit größerer Wahrscheinlichkeit als Frauen an, bei guter Gesundheit zu sein: Im OECD-Durchschnitt schätzen 71 % der Männer ihren Gesundheitszustand als „gut" oder „sehr gut" ein, jedoch nur 67 % der Frauen. Am größten ist der Unterschied in Frankreich, Portugal, der Türkei und Großbritannien. Das Alter und der soziale Status haben ebenfalls Auswirkungen auf die Antworten. Ältere Menschen geben erwartungsgemäß häufiger an, dass ihr Gesundheitszustand nicht gut sei, was auch für Arbeitslose sowie für Personen mit niedrigem Bildungsniveau oder geringem Einkommen gilt. Die obersten 20 % auf der Einkommensskala bezeichnen ihren Gesundheitszustand im OECD-Raum zu 78 % als „gut" oder „sehr gut", bei den 20 % mit dem geringsten Einkommen sind es etwa 61 %." (OECD, 2021)

Ableitungen aus solchen subjektiven Aussagen für politische oder systemische Entwicklungen sind zwar theoretisch möglich aber keineswegs trivial, da es sich um nicht verifizierbare Momentabfragen handelt, welche neben der persönlichen Gesundheit eben auch von vielen anderen Faktoren abhängen können. Welche Einflussfaktoren zur Aussage „mir geht es gut" führen, kann nicht unmittelbar und in objektiver Form abgeleitet werden; zumindest nicht ohne weitere Annahmen. So wäre es bspw. auch möglich, dass Menschen mit existenten (aber evtl. unbekannten) Krankheitsbildern oder objektiv erkennbaren Einschränkungen körperlicher Funktionen, dennoch ihre eigene Gesundheit als „sehr gut" bewerten und sich in diesem Sinne als „gesund" fühlen und verstehen.

Weiterhin führt die Adaption von Fortschritt und Entwicklung dazu, dass auch der Gesundheitszustand subjektiv nicht unbegrenzt steigt, sondern eher konstant „gut" bleibt, auch wenn objektiv z. B. Behandlungsmethoden, entwickelt werden die Krankheiten „verschwinden" lassen.

### 9.5.4  Operationalisierungsansatz g*³: Lebensqualität

Lebensqualität ist ein unspezifischer Sammelbegriff unter dem üblicherweise vor allem der Grad des subjektiven Wohlbefindens einer Person oder einer Gruppe von Menschen verstanden wird. Im Gegensatz zu spezifischen Gesundheitsmaßen kann sich die allgemeine Lebenszufriedenheit aus vielen verschiedenen Quellen speisen, welche zudem aus dem subjektiven Empfinden der Individuen ganz unterschiedlich ausgewählt und gewichtet sein können.

Ein möglicher Faktor ist hierbei der materielle Lebensstandard. Weitere Faktoren mit einem Einfluss auf empfundenes Glück und Zufriedenheit können bspw. Bildung, Berufschancen, sozialer Status, körperliche und psychische Gesundheit, Zugang zur Natur usw. sein. Trotz dieser Vielfalt möglicher Determinanten kann vermutet werden, dass der körperlichen und psychischen Gesundheit ein besonderer Status zukommt. Auch wenn sie die Lebenszufriedenheit vielleicht nicht dominiert, dürfte sie diese signifikant beeinflussen.

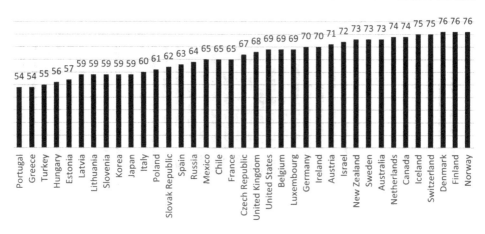

**Abb. 9.15** g*3 ausgewählter Staaten. (Quelle: eigene Abbildung)

Zur Quantifizierung der Lebenszufriedenheit sammelt die OECD Daten ihrer Mitgliedsstaaten. Der verwendete Indikator versucht dabei nicht die aktuelle Gefühlslage der Menschen zu erfassen, sondern die Einschätzung der Menschen abzufragen, wie sie ihr Leben in einem größeren Zusammen einschätzen. Die Befragungsskala bewegt sich hierbei auf einer Skala von 0 bis 10, wobei 0 keine Zufriedenheit und 10 eine sehr hohe Zufriedenheit ausdrückt. In manchen Ländern wie Griechenland, Portugal und der Türkei waren die Durchschnittswerte mit 5,5 oder weniger verhältnismäßig niedrig. Am anderen Ende der Skala lagen Dänemark, Finnland, Island, Norwegen und die Schweiz – sie erreichten Werte von mehr als 7,6. (vgl. OECD, 2021 und Abb. 9.15).[12]

### 9.5.5 Operationalisierungsansatz g*⁴: Lebenserwartung

Die Lebenserwartung ist eine weit verbreitete Messgröße, welche in vielen Kontexten auch als Indikator für die Gesundheit einer Population genutzt wird, selbst wenn sie nur gemittelte Zeitspannen berücksichtigt und nicht etwa die Lebensqualität oder gar einzelne Krankheitshäufigkeiten (vgl. hierzu auch die Indikatorenklasse Lebenserwartung/Todeswahrscheinlichkeit).

„OECD-Studien zeigen, dass die höheren Ausgaben für Gesundheit dazu beigetragen haben, die Lebenserwartung zu erhöhen. Auch der verbesserte Lebensstandard, Umweltfaktoren, Bildung und veränderte Lebensgewohnheiten spielen eine wichtige Rolle.[13] All

---

[12] Zur besseren Vergleichbarkeit mit anderen Indikatoren wurden die Messergebnisse auf das Intervall von 0 bis 100 transformiert, d. h. g*3 = 10 „Messwert der OECD".

[13] „Chronische, nicht übertragbare Krankheiten – insbesondere Krebs, Herz-Kreislauf-Erkrankungen, chronische Atembeschwerden und Diabetes – verursachen in den OECD-Ländern heute die Mehr-

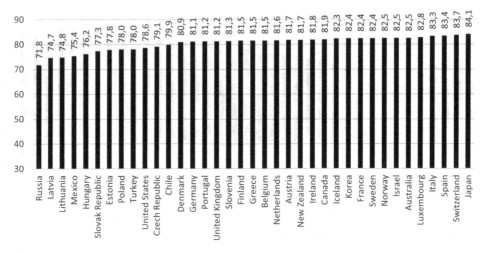

**Abb. 9.16** g*4 ausgewählter Staaten. (Quelle: eigene Abbildung)

diese Faktoren erklären nicht nur, warum die Lebenserwartung in den vergangenen Jahrzehnten gestiegen ist. Sie zeigen auch, warum es von Land zu Land große Unterschiede bei der Lebenserwartung gibt." (OECD, 2021)

„Die Lebenserwartung ist in den OECD-Ländern in den vergangen 50 Jahren erheblich gestiegen. Heute liegt sie im OECD-Durchschnitt bei 80 Jahre – das sind gut zehn Jahre mehr als 1960. Frauen leben etwa fünf Jahre länger als Männer und erreichen im Durchschnitt ein Alter von 83 Jahren, Männer hingegen können nur mit 78 Jahren rechnen. Innerhalb der OECD ist die Lebenserwartung in Japan mit durchschnittlich 84 Jahren am höchsten, in Lettland, Litauen und Mexiko ist sie mit 75 bzw. 76 Jahren am niedrigsten. In Brasilien liegt die Lebenserwartung ebenfalls bei 75 Jahren, in Russland und Südafrika hingegen leben die Menschen durchschnittlich 72 bzw. 58 Jahre." (OECD, 2021).

Die Abb. 9.16 zeigt das g*4 ausgewählter Staaten auf Basis der OECD-Daten (vgl. Anhang zu g*4).

## 9.5.6    Vergleich der Operationalisierungsansätze und Diskussion für politische Handlungsableitungen

Die beschriebenen Ansätze für die Operationalisierung des Gesundheitszustandes ermöglichen nicht nur einen Vergleich miteinander, sondern zeigen auch auf, dass es verschiedene

---

zahl aller Todesfälle und Behinderungen. Viele dieser Krankheiten hängen mit der Lebensführung zusammen und sind vermeidbar. Menschen, die nicht rauchen, nur in Maßen Alkohol trinken, Sport treiben, sich ausgewogen ernähren und weder übergewichtig noch fettleibig sind, verringern ihr Risiko, früh zu sterben." (OECD, 2021).

| Korrelationskoeffizient | g*1 | g*2: Selbstein-schätzung | g*3: Lebenszu-friedenheit | g*4: Lebenser-wartung |
|---|---|---|---|---|
| g*1 | 1,000 | 0,535 | 0,649 | 0,841 |
| g*2: Selbsteinschätzung | 0,535 | 1,000 | 0,649 | 0,421 |
| g*3: Lebenszufriedenheit | 0,649 | 0,649 | 1,000 | 0,390 |
| g*4: Lebenserwartung | 0,841 | 0,421 | 0,390 | 1,000 |

**Abb. 9.17** Korrelationskoeffizienten zwischen $g^{*1}$ bis $g^{*4}$. (Quelle: eigene Abbildung)

Beziehungen untereinander gibt. Diese Beziehungen können für eine politische, insbesondere gesundheitspolitische, Diskussion herangezogen werden.

Das kombinierte Maß $g^{*1}$ weist im Ländervergleich eine hohe Korrelation mit der Lebenserwartung ($g^{*4}$) auf (Abb. 9.17).[14] Die Korrelationskoeffizienten zwischen $g^{*1}$ und der Lebensqualität ($g^{*3}$) bzw. der Selbsteinschätzung des Gesundheitszustands ($g^{*2}$) fallen hingegen viel geringer aus. Diese ist vor dem Hintergrund der zu $g^{*2}$ und $g^{*3}$ ausgeführten Herleitungen leicht nachzuvollziehen, da eine subjektive Wahrnehmung eine ungleich höhere Variabilität besitzt als ein weitestgehend objektiver Index wie $g^{*1}$.

Eine erfolgreiche Plausibilitätskontrolle kann darin gesehen werden, dass alle g*-Varianten positiv miteinander korrelieren, d. h. es liegen keine gegenläufigen Maße mit negativem Koeffizienten vor.

**Exkurs zur Korrelation innerhalb von g*1**
Unter Berücksichtigung der Konstruktion von $g^{*1}$ und der darin vorgenommenen Gewichtung von D, P, M und W (s. o.) könnte der Eindruck entstehen, die Korrelation zwischen $g^{*1}$ und der Lebenserwartung beruhe allein auf der höheren relativen Gewichtung des DALY in $g^{*1}$. Die Korrelation der gewichteten Faktoren (Abb. 9.18) zeigt jedoch, dass dies nicht der Fall ist. Die höchste Korrelation weist das Maß $g^{*1}$ mit der Netzdichte (M) auf. Die Korrelation von $g^{*1}$ mit dem transformierten DALY (100-D), dem Wohlstandsmaß (W) und der Prävention (P) fallen demgegenüber etwas ab.

Als vorläufiges Ergebnis kann festgestellt werden, dass die verschiedenen g*-Varianten tatsächlich unterschiedliche Sachverhalte messen, auch wenn sich die damit verbundenen Konstrukte gegenseitig überlappen. Die Abb. 9.19 zeigt eine Darstellung aller vier g*-Varianten.

---

[14] Damit kann g*1 als Plausibilisierung dafür angesehen werden, dass die Lebenserwartung häufig als Maßstab für den Gesundheitszustand bzw. ein erfolgreiches Gesundheitssystem herangezogen wird. Ein Beispiel findet sich in der Darstellung der Nachhaltigkeitspolitik der Bundesregierung (Quelle: https://www.bundesregierung.de/breg-de/themen/nachhaltigkeitspolitik/gesundheit-und-wohlergehen-1509824, zugegriffen am 12.09.21, 15:40 Uhr), in der als erstes Ziel die Lebenserwartung formuliert wird: „Welche Ziele setzt die Deutsche Nachhaltigkeitsstrategie zur Steigerung der Gesundheit und des Wohlergehens? Senkung vorzeitiger Sterblichkeit auf 100 (Frauen) bzw. 190 (Männer) Todesfälle pro 100.000 Einwohner bis 2030 […]".

| Korrelations-koeffizient | | |
|---|---|---|
| | | g*1 |
| 100-D | | 0,868 |
| P | | 0,682 |
| M | | 0,932 |
| W | | 0,733 |

**Abb. 9.18** Korrelationskoeffizienten zwischen g*¹ und W, M, P, 100-D. (Quelle: eigene Abbildung)

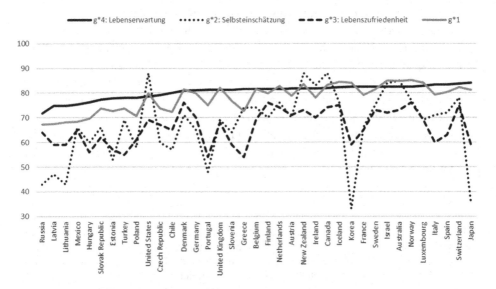

**Abb. 9.19** g*¹ bis g*⁴ im Vergleich. (Quelle: eigene Abbildung)

Erkennbar liegen Lebenserwartung ($g*^4$) und $g*^1$ eng zusammen. Als Maß für die Gesundheit im engeren Sinne scheint sie daher ein geeignetes Kriterium zu sein. Dennoch zeigt die vergleichende Länderdarstellung auch Unterschiede.

Die subjektive Gesundheitseinschätzung ($g*^2$) weicht zum Teil erheblich von der Lebenserwartung ($g*^4$) bzw. vom Maß $g*^1$ ab. Dies betrifft beispielsweise Länder wie Portugal (PRT) oder Korea (KOR).

Die Lebenszufriedenheit ($g*^3$) ist in den Ländern Dänemark (DNK), Finnland (FIN), Norwegen (NOR) und Island (ISL) am höchsten; die Lebenserwartung ($g*^4$) dieser Länder unterscheidet sich bei gleicher Zufriedenheit durchaus – von 80,9 Jahren in Dänemark bis 82,5 Jahren in Norwegen.

Noch deutlicher fällt die Divergenz beim Ländervergleich zwischen den USA und Korea aus. In den USA beträgt die Lebenserwartung ($g*^4$) 78,6 Jahre, in Korea hingegen

82,4 Jahre. In der eigenen Gesundheitseinschätzung ($g*^2$) liegen die USA jedoch mit einem Wert von 88 mit am höchsten und Korea mit 33 am niedrigsten; ähnlich verhält es sich mit der Lebenszufriedenheit ($g*^3$).

Dass auch Japan – immerhin mit der höchsten Lebenserwartung der einbezogenen Länder (84,1 Jahre) – eine ähnliche niedrige Bewertung der Eigeneinschätzung ($g*^2$) und Zufriedenheit ($g*^3$) wie Korea aufweist, legt den Schluss nahe, dass insbesondere die Selbsteinschätzung ($g*^2$) in großem Umfang von weiteren Faktoren beeinflusst wird, als nur den objektiv messbaren Gesundheitsindikatoren. Kulturelle Unterschiede und gesellschaftliche Werte könnten hier eine maßgebliche Rolle spielen; bspw. ist in westlichen Staaten die Wertschätzung der Arbeit und die Einordnung des Individuums in das übergeordnete Institutionensystem geringer ausgeprägt als in den fernöstlichen Staaten (vgl. Kholin & Blickle, 2015, S. 23). Es kann die These aufgestellt werden, dass individuelle Freiheiten und damit verbundene Werte einen positiven Einfluss auf die Lebenszufriedenheit und Gesundheitseinschätzung besitzen. An dieser Annahme könnten dann auch entsprechende Empfehlungen für politische Entscheidungsträger ausgerichtet werden.

Beispielsweise wären die Netzdichte (M) als einer der wesentlichen Einflussfaktoren des Gesundheitsmaßes $g*^1$ und als langfristiger Indikator die Lebenserwartung ($g*^4$), relevante Orientierungspunkte für gesundheitspolitische Entscheidungen. Darüber hinaus interessiert im Sinne der Gesundheitsdefinition der WHO aber eben auch die Schaffung von Rahmenbedingungen für die subjektive Lebenszufriedenheit ($g*^3$) und positive Eigeneinschätzung der Gesundheit ($g*^2$).

Es scheint daher nicht nur relevant zu sein, ob eine Gesellschaft im Durchschnitt mehr Lebensjahre zur Verfügung hat, sondern auch, wie diese Jahre gelebt und kulturell gestaltet werden. Für politische Entscheidungen bedeutet die Erkenntnis dieser Untersuchung, dass für die Gesundheit von Gesellschaften Entwicklungen des Gesundheitssystems mindestens so relevant sind, wie die Entwicklung eines zufriedenheitszuträglichen Wirtschafts- und Staatswesens insgesamt. In kurzer und prägnanter Fassung haben dies – so die Überlieferung – der französische Arzt Alexis Carrel und die englische Krankenschwester Cicely Saunders formuliert: „Nicht dem Leben mehr Jahre (Tage) geben, sondern den Jahren (Tagen) mehr Leben."

## 9.6 Zusammenfassung

Mit dem vorliegenden Beitrag wurde der Versuch unternommen, den Begriff des Gesundheitszustands zu operationalisieren und insbesondere für die makroökonomische Forschung ein quantitatives Gesundheitsmaß $g*$ zu entwickeln.

Hierzu wurde eine Vielzahl bereits vorhandener Ansätze skizziert und statistisch ausgewertet. Diese stammen aus teils sehr unterschiedlichen Bereichen, verfolgen unterschiedliche Ziel- und Fragestellungen und wurden trotz dieser Heterogenität ganz bewusst in die Untersuchung einbezogen. Auf diese Weise wird eine breite Diskussionsgrundlage geschaffen und kann als wertvoller Fundus für die weitere Arbeit genutzt werden.

In Kap. 5 wurden neue Operationalisierungsansätze vorgestellt und miteinander verglichen, wobei sich herausstellte, dass diese aufgrund der verschiedenen Betrachtungswinkel nicht deckungsgleich sind. Vielmehr ist jedes Maß – trotz sicherlich vorhandener Überlappungen – von ganz eigenen Determinanten beeinflusst und misst auch einen ganz eigenen Tatbestand. Für die makroökonomische Forschung können daher die folgenden Empfehlungen ausgesprochen werden:

- Die Maße $g*^1$ und $g*^4$ können zur Quantifizierung des Gesundheitszustands genutzt werden.
- Das Maß $g*^4$ greift nur auf den übergreifenden (Spät-)Indikator Lebenserwartung zurück und ist daher vergleichsweise leicht zu ermitteln und zu handhaben. Dies stellt jedoch gleichzeitig einen Nachteil im Fall von Detailbetrachtungen und der Ableitung für bspw. politische Handlungsempfehlungen dar.
- Das Maß $g*^1$ erlaubt als Frühindikatorensatz eine detailliertere und fachlich breiter fundierte Ermittlung, die auf mehrere Quellen angewiesen und damit naturgemäß aufwändiger ist.
- Stehen anstatt objektiv beobachtbarer Kriterien des Gesundheitszustands eher subjektive Empfindungen im Mittelpunkt des Interesses, so eignen sich eher das gesundheitsbezogene Maß $g*^2$ oder – bei ganz breit angelegten Betrachtungen – das auf die Lebenszufriedenheit abzielende Maß $g*^3$.
- Aus gesamtgesellschaftlicher bzw. politischer Sicht scheint es jedoch sinnvoll zu sein, die eher objektiven Maße ($g*^1$ und $g*^4$) mit den subjektiven Maßen ($g*^2$ und $g*^3$) zu verknüpfen.

Sofern das Maß $g*$ in eine makroökonomische Systemfunktion einbezogen wird, wäre vorab zu erörtern, ob es als eigenständige extensive Standardvariable oder als intensive Größe einer noch zu identifizierenden extensiven Standardvariable aufgefasst werden kann. Hierfür käme beispielsweise die Teilchengröße N in Frage, welche auch die Systembevölkerung symbolisiert. Erste Überlegungen hierzu wurden bereits diskutiert (vgl. Ebersoll et al., 2021, S. 62 ff.). Derartige Fragen sollen jedoch der weiteren Forschung vorbehalten bleiben.

Insbesondere in Bezug zu $g*^1$, aber auch an vielen anderen Stellen dieses Aufsatzes, wurden im Text bereits weiterer Forschungsbedarf und auch weitere Optimierungsmöglichkeiten angedeutet. Obwohl damit also noch einige Fragen für die Operationalisierung von „Gesundheit" offen bleiben, konnte ein inhaltlicher Mehrwert durch die Verknüpfung unterschiedlicher sachlich fundierter Ansätze generiert werden. Die gefundenen Maße lassen auch bereits in der vorliegenden Form eine sinnvolle Ableitung von Handlungsalternativen und politischen Gestaltungsoptionen erkennen.

## 9.7     Anhänge

### 9.7.1    Anhang: Kriterien für die Güte von Indikatoren

**Validität**[15]

Ein Indikator ist valide, wenn die Frage „Wird das gemessen, was gemessen werden soll?" mit ja zu beantworten ist, das heißt, ob der Indikator den gemeinten und interessierenden Sachverhalt tatsächlich und so vollständig wie möglich erfasst. In der Realität ist diese Bedingung jedoch nicht leicht zu erfüllen, da die Aussagekraft eingeschränkt werden kann, wenn nicht berücksichtigte Einflüsse auf den Indikator und sein Ergebnis wirken. (Vgl. Pedroni & Zweifel, 1990, S. 21 f.)

**Sensitivität**

Ist ein Indikator in der Lage auch kleine Veränderungen im interessierenden Bereich aufzuzeigen, so nennt man diesen Indikator sensitiv.219 Dabei bietet sich das Konzept der Elastizitäten an, um die Empfindlichkeit des Indikators zu messen: „Elastizität" = Verhältnis der relativen Änderung einer Größe zur verursachenden relativen Änderung einer anderen Größe. (Vgl. Pedroni & Zweifel, 1990, S. 22)

**Reliabilität**

Die Reliabilität eines Indikators ist eng mit der Frage verbunden: „Stehen die zur Messung erforderlichen Informationen nach Umfang, Art und Qualität überhaupt zur Verfügung?" Ein Indikator hat dann eine hohe Reliabilität, wenn die Messergebnisse bei gleichen Bedingungen und identischem Messverfahren übereinstimmen. Reliabilität wird daher auch häufig als Korrelation zwischen Messreihen (z. B. in Laborversuchen) gemessen. Anders ausgedrückt ist ein Indikator zuverlässig, wenn unterschiedliche Messergebnisse nicht auf den Messfehler zurückzuführen sind. (Vgl. Pedroni & Zweifel, 1990, S. 23)

**Konsistenz**

Nicht widersprüchliche Komponenten bilden die Konsistenz eines Indikators. Diese Anforderung ist besonders bei der Bildung von Indizes relevant. Ist ein Proband laut Fragebogen zum Beispiel erst „deprimiert" und drei Fragen weiter „die meiste Zeit zufrieden" deutet dies auf Inkonsistenz hin. (Vgl. Pedroni & Zweifel, 1990, S. 23 f.)

---

[15] Diese Zusammenstellung wurde entnommen aus Hanke 2007, S. 116 f.

**Relevanz**
Ein Indikator sollte dem Anspruch genügen, auch bei späteren Anwendungen leicht verständlich zu sein. Wobei der Indikator durch seine Relevanz in der Anwendung seine Rechtfertigung findet. Vgl. Pedroni & Zweifel, 1990, S. 24.

**Praktikabilität bzw. Ökonomiekriterium**
Das Ökonomiekriterium verlangt, dass die Wahl des Indikators so erfolgt, dass der Messaufwand in einem möglichst günstigen Verhältnis zum Aussagewert des Indikators steht. Dies führt regelmäßig zu Zielkonflikten mit den Kriterien der Validität, aber auch der Reliabilität. Dieser Zielkonflikt kann entschärft werden, wenn man sich auf möglichst zuverlässige Indikatoren, die besonders empfindlich und rasch auf Veränderung im Wirklichkeitsausschnitt reagieren, beschränkt. (siehe Sensitivität) Weiterhin besteht die Möglichkeit, von eng miteinander korrelierten Indikatoren nur einen auszuwählen. Das Kriterium der Ökonomie spielt bei sogenannten Sekundäranalysen jedoch eine eher untergeordnete Rolle. (Vgl. Hanke, 2007, S. 117)

### 9.7.2 Anhang: Übersicht der Indikatoren und ihrer Klassifizierung

Um alle Messansätze innerhalb der Tabellen darstellen zu können, wurden die Indikatoren teils nur mit Kurzbezeichnungen versehen; falls im jeweiligen Ansatz lediglich eine Prosabeschreibung vorgefunden wurde, ist in die Tabelle eine von den Autoren gewählte Kurzbeschreibung eingefügt worden. Bei sehr umfassenden, feingliedrigen Ansätzen, wie z. B. ICD oder auch ICF konnten nicht alle Indikatoren in ihrer vollen Detailtiefe aufgenommen werden. Stattdessen wurde dort eine etwas höhere Gliederungsebene gewählt, welche den Autoren vor dem Hintergrund des Ziels dieser Untersuchung jedoch dennoch als ausreichend und aussagekräftig erschien (Tab. 9.1, 9.2, 9.3, 9.4, 9.5 und 9.6).

Bzgl. g*[1] ist zu beachten, dass teilweise nur exemplarische Indikatoren herangezogen wurden, wie etwa bestimmte Impfungen oder Tabakkonsum im Präventionsquotienten. Die obigen Kennzeichnungen mit „x" sind daher lediglich vorläufig und es können weitere Indikatoren einbezogen werden.

### 9.7.3 Anhang: Krankheitslast D

Tab. 9.7

### 9.7.4 Anhang zum Präventionsquotient P

Tab. 9.8

**Tab. 9.1** lfd. Nr. – Indikatoren – Klasse – SEIQoL-DW – EQ-5D – PYLL

| lfd. Nr. | Indikatoren | Klasse | SEIQoL-DW | EQ-5D | PYLL |
|---|---|---|---|---|---|
| 1 | Mobilität | Physis | | x | |
| 2 | Selbstversorgung | allg. Gesundheitseinschätzung | | x | |
| 3 | Allgemeine Tätigkeiten | allg. Gesundheitseinschätzung | | x | |
| 4 | Schmerz/körperliche Beschwerden | Physis | | x | |
| 5 | Angst/Niedergeschlagenheit | Psych./mentale Aspekte | | x | |
| 6 | Allgemeine Gesundheit | allg. Gesundheitseinschätzung | | | |
| 7 | Physische Funktion | Physis | | | |
| 8 | Fatigue | Psych./mentale Aspekte | | | |
| 9 | Physische Schmerzen | Physis | | | |
| 10 | Bestimmte infektiöse und parasitäre Krankheiten | Physis | | | |
| 11 | Neubildungen | Physis | | | |
| 12 | Krankheiten des Blutes und der blutbildenden Organe sowie bestimmte Störungen mit Beteiligung des Immunsystems | Physis | | | |
| 13 | Endokrine, Ernährungs- und Stoffwechselkrankheiten | Physis | | | |
| 14 | Psychische und Verhaltensstörungen | Psych./mentale Aspekte | | | |
| 15 | Krankheiten des Nervensystems | Physis | | | |
| 16 | Krankheiten des Auges und der Augenanhangsgebilde | Physis | | | |
| 17 | Krankheiten des Ohres und des Warzenfortsatzes | Physis | | | |
| 18 | Krankheiten des Kreislaufsystems | Physis | | | |
| 19 | Krankheiten des Atmungssystems | Physis | | | |
| 20 | Krankheiten des Verdauungssystems | Physis | | | |
| 21 | Krankheiten der Haut und der Unterhaut | Physis | | | |
| 22 | Krankheiten des Muskel-Skelett-Systems und des Bindegewebes | Physis | | | |
| 23 | Krankheiten des Urogenitalsystems | Physis | | | |
| 24 | Schwangerschaft, Geburt und Wochenbett | Physis | | | |

(Fortsetzung)

**Tab. 9.1** (Fortsetzung)

| lfd. Nr. | Indikatoren | Klasse | SEIQoL-DW | EQ-5D | PYLL |
|---|---|---|---|---|---|
| 25 | Bestimmte Zustände, die ihren Ursprung in der Perinatalperiode haben | Physis | | | |
| 26 | Angeborene Fehlbildungen, Deformitäten und Chromosomen-anomalien | Physis | | | |
| 27 | Symptome und abnorme klinische und Laborbefunde, die anderenorts nicht klassifiziert sind | Physis | | | |
| 28 | Verletzungen, Vergiftungen und bestimmte andere Folgen äußerer Ursachen | Physis | | | |
| 29 | Mentale Gesundheit | Psych./mentale Aspekte | | | |
| 30 | Emotionale Belastung | Psych./mentale Aspekte | | | |
| 31 | Soziale Gesundheit | Soziale Aspekte | | | |
| 32 | Allgemeine Gesundheitswahr-nehmung | allg. Gesundheitsein-schätzung | x | | |
| 33 | Physische Gesundheit | Physis | | | |
| 34 | Eingeschränkte physisch-bedingte Rollenfunktion | Physis | | | |
| 35 | Körperliche Schmerzen | Physis | | | |
| 36 | Vitalität | Psych./mentale Aspekte | | | |
| 37 | eingeschränkte emotional bedingte Rollenfunktion | Psych./mentale Aspekte | | | |
| 38 | Soziale Funktionsfähigkeit | Soziale Aspekte | | | |
| 39 | Physische Rollenfunktionsfähigkeit | Physis | | | |
| 40 | Mentale Rollenfunktionsfähigkeit | Psych./mentale Aspekte | | | |
| 41 | Kognition | Psych./mentale Aspekte | | | |
| 42 | Soziale Interaktion | Soziale Aspekte | | | |
| 43 | Lebensaktivität | Psych./mentale Aspekte | | | |
| 44 | Gesellschaftliche Teilnahme | Soziale Aspekte | | | |
| 45 | Sportaktivität: Laufen | Physis | | | |
| 46 | Sportaktivität: schneller Richtungs-wechsel | Physis | | | |
| 47 | Sportaktivität: schnelle Ab-bremsung | Physis | | | |

(Fortsetzung)

**Tab. 9.1** (Fortsetzung)

| lfd. Nr. | Indikatoren | Klasse | SEIQoL-DW | EQ-5D | PYLL |
|---|---|---|---|---|---|
| 48 | Sportaktivität: Bewegung mit festem Stand | Physis | | | |
| 49 | Lebenserwartung | Lebenserwartung/ Todeswahrscheinlich-keit | | | x |
| 50 | PYLL | Lebenserwartung/ Todeswahrscheinlich-keit | | | x |
| 51 | krankheitsbedingte Todesursachen | Lebenserwartung/ Todeswahrscheinlich-keit | | | |
| 52 | Säuglings-/Kindersterblichkeit | Lebenserwartung/ Todeswahrscheinlich-keit | | | |
| 53 | Frühgeburten | Lebenserwartung/ Todeswahrscheinlich-keit | | | |
| 54 | persönliche Gesundheitsein-schätzung | allg. Gesundheitsein-schätzung | | | |
| 55 | Verweildauer im Krankenhaus | Inanspruchnahme des GW | | | |
| 56 | Krankheitsfälle | Krankheitsfälle | | | |
| 57 | Krankenhausfälle | Inanspruchnahme des GW | | | |
| 58 | Arzneimittelverbrauch | Inanspruchnahme des GW | | | |
| 59 | Impfungen | Prävention/bewusste Lebensgestaltung | | | |
| 60 | Ausgaben für Prävention | Prävention/bewusste Lebensgestaltung | | | |
| 61 | Ernährung (Proteine, kal., Obst und Gemüse) | Prävention/bewusste Lebensgestaltung | | | |
| 62 | Alkoholkonsum | Prävention/bewusste Lebensgestaltung | | | |
| 63 | Tabakkonsum | Prävention/bewusste Lebensgestaltung | | | |
| 64 | BMI | Physis | | | |
| 65 | Arztbesuche | Inanspruchnahme des GW | | | |
| 66 | Arbeitsunfähigkeitszeiten | Krankheitsfälle | | | |
| 67 | beruflichen Tätigkeiten im Gesundheitswesen | Versorgungssystem | | | |
| 68 | Lohnersatzleistungen | Versorgungssystem | | | |

(Fortsetzung)

**Tab. 9.1** (Fortsetzung)

| lfd. Nr. | Indikatoren | Klasse | SEIQoL-DW | EQ-5D | PYLL |
|---|---|---|---|---|---|
| 69 | No of happy days per month | allg. Gesundheitsein-schätzung | | | |
| 70 | number of people having a long-term disability | Physis | | | |
| 71 | Suicidal ideation and attempts | Psych./mentale Aspekte | | | |
| 72 | waiting time to receive healthcare services | Versorgungssystem | | | |
| 73 | time taken to reach the nearest healthcare centre by walking | Versorgungssystem | | | |
| 74 | Drogenmissbrauch | Prävention/bewusste Lebensgestaltung | | | |
| 75 | Personen mit Krankenversicherung | Versorgungssystem | | | |
| 76 | Zuzahlung zur Gesundheitsver-sorgung | Versorgungssystem | | | |
| 77 | kognitive und kommunikative Fähigkeiten | Psych./mentale Aspekte | | | |
| 78 | Verhaltensweisen und psychische Problemlagen | Physis | | | |
| 79 | Bewältigung von krankheitsbed. Anf. | Physis | | | |
| 80 | Gestaltung des Alltagslebens und sozialer Kontakte | Soziale Aspekte | | | |
| 81 | Mentale Funktionen | Psych./mentale Aspekte | | | |
| 82 | Sinnesfunktionen und Schmerz | Physis | | | |
| 83 | Stimm- und Sprechfunktionen | Physis | | | |
| 84 | Funktionen des kardiovaskulären, hämatologischen, Immun- und Atmungssystems | Physis | | | |
| 85 | Funktionen des Verdauungs-, des Stoffwechsels und des endokrinen Systems | Physis | | | |
| 86 | Funktionen des Urogenital- und reproduktiven Systems | Physis | | | |
| 87 | Neuromuskuloskeletale und bewegungsbezogene Funktionen | Physis | | | |
| 88 | Funktionen der Haut und Haut-anhangsgebilde | Physis | | | |
| 89 | Strukturen des Nervensystems | Physis | | | |
| 90 | Auge, Ohr und damit im Zu-sammenhang stehende Strukturen | Physis | | | |

(Fortsetzung)

**Tab. 9.1** (Fortsetzung)

| lfd. Nr. | Indikatoren | Klasse | SEIQoL-DW | EQ-5D | PYLL |
|---|---|---|---|---|---|
| 91 | Strukturen, die an Stimme und Sprechen beteiligt sind | Physis | | | |
| 92 | Strukturen des kardiovaskulären, des Immun- und des Atmungssystems | Physis | | | |
| 93 | Mit dem Verdauungs-, Stoffwechsel und endokrinen System in Zusammenhang stehende Strukturen | Physis | | | |
| 94 | Mit dem Urogenital- und dem Reproduktionssystem in Zusammenhang stehende Strukturen | Physis | | | |
| 95 | Mit Bewegung in Zusammenhang stehende Strukturen | Physis | | | |
| 96 | Strukturen der Haut und Hautanhangsgebilde | Physis | | | |
| 97 | Lernen und Wissensanwendung | Soziale Aspekte | | | |
| 98 | Allgemeine Aufgaben und Anforderungen | Soziale Aspekte | | | |
| 99 | Kommunikation | Soziale Aspekte | | | |
| 100 | Mobilität | Soziale Aspekte | | | |
| 101 | Selbstversorgung | Physis | | | |
| 102 | Selbstversorgung | Soziale Aspekte | | | |
| 103 | Häusliches Leben | Soziale Aspekte | | | |
| 104 | Interpersonelle Interaktionen und Beziehungen | Soziale Aspekte | | | |
| 105 | Bedeutende Lebensbereiche | Soziale Aspekte | | | |
| 106 | Gemeinschafts-, soziales und staatsbürgerliches Leben | Soziale Aspekte | | | |
| 107 | Produkte und Technologien | Versorgungssystem | | | |
| 108 | Natürliche und vom Menschen veränderte Umwelt | Versorgungssystem | | | |
| 109 | Unterstützung und Beziehungen | Versorgungssystem | | | |
| 110 | Einstellungen | Versorgungssystem | | | |
| 111 | Dienste, Systeme und Handlungsgrundsätze | Versorgungssystem | | | |
| 112 | Essen und Trinken | Physis | | | |
| 113 | Baden/Duschen | Physis | | | |
| 114 | Körperpflege | Physis | | | |
| 115 | An- und Ausziehen | Physis | | | |
| 116 | Stuhlkontrolle | Physis | | | |
| 117 | Harnkontrolle | Physis | | | |

(Fortsetzung)

**Tab. 9.1** (Fortsetzung)

| lfd. Nr. | Indikatoren | Klasse | SEIQoL-DW | EQ-5D | PYLL |
|---|---|---|---|---|---|
| 118 | Benutzung der Toilette | Physis | | | |
| 119 | Bett-/Stuhltransfer | Physis | | | |
| 120 | Mobilität (selbstständiges Gehen/ Fahren mit Rollstuhl) | Physis | | | |
| 121 | Treppen steigen | Physis | | | |
| 122 | allg. Lebenszufriedenheit | allg. Lebens- zufriedenheit | | | |
| 123 | „indiv." vs. „makro" | | i | i | m |

**Tab. 9.2** lfd. Nr. – DALY – QALY – PROMIS – SF32/12 – VR12 – WHODAS

| lfd. Nr. | DALY | QALY | PROMIS | SF 36/12 | VR-12 | WHODAS |
|---|---|---|---|---|---|---|
| 1 | | | | | | x |
| 2 | | | | | | x |
| 6 | | | x | | x | |
| 7 | | | x | | x | |
| 8 | | | x | | | |
| 9 | | | x | | x | |
| 29 | | | x | x | x | |
| 32 | | | | x | | |
| 33 | | | | x | | |
| 34 | | | | x | | |
| 35 | | | | x | | |
| 36 | | | | x | x | |
| 37 | | | | x | | |
| 38 | | | | x | x | |
| 39 | | | | x | | |
| 40 | | | | x | | |
| 41 | | | | | | x |
| 42 | | | | | | x |
| 43 | | | | | | x |
| 44 | | | | | | x |
| 49 | x | x | | | | |
| 50 | x | x | | | | |
| 51 | X | X | | | | |
| 55 | Y | Y | | | | |
| 56 | Y | Y | | | | |
| 57 | Y | Y | | | | |
| 123 | m | m | i | i | i | i |

**Tab. 9.3** lfd. Nr. – WHOQOL – Arbeitsunf. – Hanke2007 – Soz2011 – ök. Systemfunktion – Buthan

| lfd. Nr. | WHOQOL | Arbeitsun-fähigkeit | Hanke, 2007 | Soz, 2011 | Gesundheitszustand auf Basis der ök. Systemfunktion | Bruttonational-glück (Buthan) |
|---|---|---|---|---|---|---|
| 29 | | | | | | X |
| 49 | | | x | | | |
| 50 | | | x | | | |
| 51 | | | x | | | |
| 52 | | | x | | | |
| 53 | | | x | | | |
| 54 | | | x | x | | X |
| 55 | | | x | | | |
| 56 | | x | | | | |
| 57 | | x | x | | x | |
| 58 | | | x | | x | |
| 59 | | | x | | x | |
| 60 | | | x | | x | |
| 61 | | | x | x | x | |
| 62 | | | x | | x | |
| 63 | | | x | x | x | |
| 64 | | | x | x | | |
| 65 | | | | x | x | |
| 66 | | | | | x | |
| 67 | | | | | x | |
| 68 | | | | | x | |
| 69 | | | | | | X |
| 70 | | | | | | X |
| 71 | | | | | | X |
| 72 | | | | | | X |
| 73 | | | | | | X |
| 122 | | | | | | x |
| 123 | i | m | m | m | m | m |

**Tab. 9.4** lfd. Nr. – 3W – ISH – WISP – Maslow – Pflegegrade – ICF

| lfd. Nr. | 3W | ISH | WISP | Maslow | Pflegegrade SGB | ICF |
|---|---|---|---|---|---|---|
| 1 | | | | | x | |
| 4 | | | | y | | |
| 5 | | | | y | | |
| 7 | | | | y | | |
| 9 | | | | y | | |
| 29 | | | | y | | |
| 30 | | | | y | | |
| 31 | | | | y | | |
| 33 | | | | y | | |
| 35 | | | | y | | |
| 37 | | | | y | | |
| 38 | | | | y | | |
| 42 | | | | y | | |
| 44 | | | | y | | |
| 49 | X | | X | | | |
| 52 | Y | X | X | | | |
| 55 | Y | | | | | |
| 56 | Y | | | | | |
| 57 | Y | | | | | |
| 61 | | X | | y | | |
| 71 | | X | | | | |
| 74 | | X | | | | |
| 75 | | X | | | | |
| 76 | | X | | | | |
| 77 | | | | | x | |
| 78 | | | | | x | |
| 79 | | | | | x | |
| 80 | | | | | x | |
| 81 | | | | | | x |
| 82 | | | | | | x |
| 83 | | | | | | x |
| 84 | | | | | | x |
| 85 | | | | | | x |
| 86 | | | | | | x |
| 87 | | | | | | x |
| 88 | | | | | | x |
| 89 | | | | | | x |
| 90 | | | | | | x |
| 91 | | | | | | x |
| 92 | | | | | | x |
| 93 | | | | | | x |
| 94 | | | | | | x |

(Fortsetzung)

**Tab. 9.4** (Fortsetzung)

| lfd. Nr. | 3W | ISH | WISP | Maslow | Pflegegrade SGB | ICF |
|----------|----|-----|------|--------|-----------------|-----|
| 95 | | | | | | x |
| 96 | | | | | | x |
| 97 | | | | | | x |
| 98 | | | | | | x |
| 99 | | | | | | x |
| 100 | | | | | | x |
| 101 | | | | | x | x |
| 102 | | | | | | |
| 103 | | | | | | x |
| 104 | | | | | | x |
| 105 | | | | | | x |
| 106 | | | | | | x |
| 107 | | | | | | x |
| 108 | | | | | | x |
| 109 | | | | | | x |
| 110 | | | | | | x |
| 111 | | | | | | x |
| 123 | m | m | m | i | i | i |

**Tab. 9.5** lfd. Nr. – Barthel – Gesundheitsausg. – SWLS – ISSP – L-1 – ICD

| lfd. Nr. | Barthel | Gesundheitsausgaben | SWLS | ISSP | L-1 | ICD |
|----------|---------|---------------------|------|------|-----|-----|
| 10 | | | | | | x |
| 11 | | | | | | x |
| 12 | | | | | | x |
| 13 | | | | | | x |
| 14 | | | | | | x |
| 15 | | | | | | x |
| 16 | | | | | | x |
| 17 | | | | | | x |
| 18 | | | | | | x |
| 19 | | | | | | x |
| 20 | | | | | | x |
| 21 | | | | | | x |
| 22 | | | | | | x |
| 23 | | | | | | x |
| 24 | | | | | | x |
| 25 | | | | | | x |
| 26 | | | | | | x |
| 27 | | | | | | x |
| 28 | | | | | | x |
| 55 | | y | | | | |

(Fortsetzung)

**Tab. 9.5** (Fortsetzung)

| lfd. Nr. | Barthel | Gesundheitsausgaben | SWLS | ISSP | L-1 | ICD |
|---|---|---|---|---|---|---|
| 56 | | y | | | | |
| 57 | | y | | | | |
| 58 | | x | | | | |
| 60 | | x | | | | |
| 65 | | y | | | | |
| 67 | | y | | | | |
| 68 | | y | | | | |
| 75 | | y | | | | |
| 76 | | x | | | | |
| 112 | x | | | | | |
| 113 | x | | | | | |
| 114 | x | | | | | |
| 115 | x | | | | | |
| 116 | x | | | | | |
| 117 | x | | | | | |
| 118 | x | | | | | |
| 119 | x | | | | | |
| 120 | x | | | | | |
| 121 | x | | | | | |
| 122 | | | x | x | x | |
| 123 | i | m | i | i | i | i |

**Tab. 9.6** Übersicht zu $g^{*1}$, $g^{*2}$, $g^{*3}$ und $g^{*4}$

| lfd. Nr. | Indikatoren | Klasse | $g^{*1}$ | $g^{*2}$ | $g^{*3}$ | $g^{*4}$ |
|---|---|---|---|---|---|---|
| 7 | Physische Funktion | Physis | x | | | |
| 14 | Psychische und Verhaltensstörungen | Psych./mentale Aspekte | x | | | |
| 49 | Lebenserwartung | Lebenserwartung/ Todeswahrscheinlichkeit | | | | x |
| 54 | persönliche Gesundheitseinschätzung | allg. Gesundheitseinschätzung | | x | | |
| 55 | Verweildauer im Krankenhaus | Inanspruchnahme des GW | y | | | |
| 56 | Krankheitsfälle | Krankheitsfälle | x | | | |
| 57 | Krankenhausfälle | Inanspruchnahme des GW | y | | | |
| 59 | Impfungen | Prävention/bewusste Lebensgestaltung | x | | | |
| 63 | Tabakkonsum | Prävention/bewusste Lebensgestaltung | x | | | |
| 65 | Arztbesuche | Inanspruchnahme des GW | x | | | |
| 122 | allg. Lebenszufriedenheit | allg. Lebenszufriedenheit | | | x | |
| 124 | Wohlstandsmaß | Versorgungssystem | x | | | |
| 125 | UHC | Versorgungssystem | x | | | |
| 123 | „indiv." vs. „makro" | | m | m | m | m |

**Tab. 9.7** DALY ausgewählter Staaten 2019. (Quelle: WHO, Global Health Estimates 2019, Summary Tables, December 2020, Geneva, Switzerland. https://www.who.int/data/gho/data/themes/mortality-and-global-health-estimates. Zugegriffen am 01.09.2021)

| Country | ISO-3 Code | Population (in 1000) | DALY (in 1000) | DALY pro Person |
|---|---|---|---|---|
| Afghanistan | AFG | 38.042 | 16.695 | 0,44 |
| Albania | ALB | 2881 | 797 | 0,28 |
| Algeria | DZA | 43.053 | 10.508 | 0,24 |
| Angola | AGO | 31.825 | 16.533 | 0,52 |
| Antigua and Barbuda | ATG | 97 | 26 | 0,26 |
| Argentina | ARG | 44.781 | 12.252 | 0,27 |
| Armenia | ARM | 2958 | 864 | 0,29 |
| Australia | AUS | 25.203 | 6101 | 0,24 |
| Austria | AUT | 8955 | 2517 | 0,28 |
| Azerbaijan | AZE | 10.048 | 3093 | 0,31 |
| Bahamas | BHS | 389 | 124 | 0,32 |
| Bahrain | BHR | 1641 | 302 | 0,18 |
| Bangladesh | BGD | 163.046 | 43.332 | 0,27 |
| Barbados | BRB | 287 | 99 | 0,34 |
| Belarus | BLR | 9452 | 3556 | 0,38 |
| Belgium | BEL | 11.539 | 3278 | 0,28 |
| Belize | BLZ | 390 | 100 | 0,26 |
| Benin | BEN | 11.801 | 6426 | 0,54 |
| Bhutan | BTN | 763 | 215 | 0,28 |
| Bolivia (Plurinational State of) | BOL | 11.513 | 3468 | 0,30 |
| Bosnia and Herzegovina | BIH | 3301 | 1152 | 0,35 |
| Botswana | BWA | 2304 | 1112 | 0,48 |
| Brazil | BRA | 211.050 | 62.240 | 0,29 |
| Brunei Darussalam | BRN | 433 | 103 | 0,24 |
| Bulgaria | BGR | 7000 | 2908 | 0,42 |
| Burkina Faso | BFA | 20.321 | 11.110 | 0,55 |
| Burundi | BDI | 11.531 | 5396 | 0,47 |
| Cabo Verde | CPV | 550 | 135 | 0,24 |
| Cambodia | KHM | 16.487 | 4990 | 0,30 |
| Cameroon | CMR | 25.876 | 13.541 | 0,52 |
| Canada | CAN | 37.411 | 9685 | 0,26 |
| Central African Republic | CAF | 4745 | 3593 | 0,76 |
| Chad | TCD | 15.947 | 11.070 | 0,69 |
| Chile | CHL | 18.952 | 4476 | 0,24 |
| China | CHN | 1.441.860 | 370.246 | 0,26 |
| Colombia | COL | 50.339 | 11.528 | 0,23 |
| Comoros | COM | 851 | 341 | 0,40 |

(Fortsetzung)

**Tab. 9.7** (Fortsetzung)

| Country | ISO-3 Code | Population (in 1000) | DALY (in 1000) | DALY pro Person |
|---|---|---|---|---|
| Congo | COG | 5381 | 2233 | 0,42 |
| Costa Rica | CRI | 5048 | 1138 | 0,23 |
| Côte d'Ivoire | CIV | 25.717 | 13.699 | 0,53 |
| Croatia | HRV | 4130 | 1438 | 0,35 |
| Cuba | CUB | 11.333 | 3608 | 0,32 |
| Cyprus | CYP | 1199 | 248 | 0,21 |
| Czechia | CZE | 10.689 | 3425 | 0,32 |
| Democratic People's Republic of Korea | PRK | 25.666 | 8465 | 0,33 |
| Democratic Republic of the Congo | COD | 86.791 | 50.758 | 0,58 |
| Denmark | DNK | 5772 | 1591 | 0,28 |
| Djibouti | DJI | 974 | 402 | 0,41 |
| Dominican Republic | DOM | 10.739 | 3322 | 0,31 |
| Ecuador | ECU | 17.374 | 3848 | 0,22 |
| Egypt | EGY | 100.388 | 27.796 | 0,28 |
| El Salvador | SLV | 6454 | 1852 | 0,29 |
| Equatorial Guinea | GNQ | 1356 | 728 | 0,54 |
| Eritrea | ERI | 3497 | 1456 | 0,42 |
| Estonia | EST | 1326 | 434 | 0,33 |
| Eswatini | SWZ | 1148 | 647 | 0,56 |
| Ethiopia | ETH | 112.079 | 40.666 | 0,36 |
| Fiji | FJI | 890 | 327 | 0,37 |
| Finland | FIN | 5532 | 1597 | 0,29 |
| France | FRA | 65.130 | 17.324 | 0,27 |
| Gabon | GAB | 2173 | 869 | 0,40 |
| Gambia | GMB | 2348 | 975 | 0,42 |
| Georgia | GEO | 3997 | 1560 | 0,39 |
| Germany | DEU | 83.517 | 25.663 | 0,31 |
| Ghana | GHA | 30.418 | 11.844 | 0,39 |
| Greece | GRC | 10.473 | 3255 | 0,31 |
| Grenada | GRD | 112 | 37 | 0,33 |
| Guatemala | GTM | 17.581 | 5166 | 0,29 |
| Guinea | GIN | 12.771 | 7562 | 0,59 |
| Guinea-Bissau | GNB | 1921 | 1065 | 0,55 |
| Guyana | GUY | 783 | 352 | 0,45 |
| Haiti | HTI | 11.263 | 5236 | 0,46 |
| Honduras | HND | 9746 | 2576 | 0,26 |
| Hungary | HUN | 9685 | 3635 | 0,38 |
| Iceland | ISL | 339 | 76 | 0,23 |
| India | IND | 1.366.418 | 469.247 | 0,34 |
| Indonesia | IDN | 270.626 | 81.918 | 0,30 |

(Fortsetzung)

**Tab. 9.7** (Fortsetzung)

| Country | ISO-3 Code | Population (in 1000) | DALY (in 1000) | DALY pro Person |
|---|---|---|---|---|
| Iran (Islamic Republic of) | IRN | 82.914 | 19.731 | 0,24 |
| Iraq | IRQ | 39.310 | 10.211 | 0,26 |
| Ireland | IRL | 4882 | 1110 | 0,23 |
| Israel | ISR | 8519 | 1625 | 0,19 |
| Italy | ITA | 60.550 | 17.573 | 0,29 |
| Jamaica | JAM | 2948 | 795 | 0,27 |
| Japan | JPN | 126.860 | 35.208 | 0,28 |
| Jordan | JOR | 10.102 | 1855 | 0,18 |
| Kazakhstan | KAZ | 18.551 | 5248 | 0,28 |
| Kenya | KEN | 52.574 | 19.284 | 0,37 |
| Kiribati | KIR | 118 | 64 | 0,54 |
| Kuwait | KWT | 4207 | 711 | 0,17 |
| Kyrgyzstan | KGZ | 6416 | 1535 | 0,24 |
| Lao People's Democratic Republic | LAO | 7169 | 2407 | 0,34 |
| Latvia | LVA | 1907 | 788 | 0,41 |
| Lebanon | LBN | 6856 | 1670 | 0,24 |
| Lesotho | LSO | 2125 | 1845 | 0,87 |
| Liberia | LBR | 4937 | 2554 | 0,52 |
| Libya | LBY | 6777 | 1614 | 0,24 |
| Lithuania | LTU | 2760 | 1106 | 0,40 |
| Luxembourg | LUX | 616 | 144 | 0,23 |
| Madagascar | MDG | 26.969 | 11.183 | 0,41 |
| Malawi | MWI | 18.629 | 7151 | 0,38 |
| Malaysia | MYS | 31.950 | 8069 | 0,25 |
| Maldives | MDV | 531 | 78 | 0,15 |
| Mali | MLI | 19.658 | 11.643 | 0,59 |
| Malta | MLT | 440 | 118 | 0,27 |
| Mauritania | MRT | 4526 | 1860 | 0,41 |
| Mauritius | MUS | 1270 | 445 | 0,35 |
| Mexico | MEX | 127.576 | 33.491 | 0,26 |
| Micronesia (Federated States of) | FSM | 114 | 50 | 0,44 |
| Mongolia | MNG | 3225 | 1098 | 0,34 |
| Montenegro | MNE | 628 | 212 | 0,34 |
| Morocco | MAR | 36.472 | 10.784 | 0,30 |
| Mozambique | MOZ | 30.366 | 18.558 | 0,61 |
| Myanmar | MMR | 54.045 | 19.011 | 0,35 |
| Namibia | NAM | 2495 | 1051 | 0,42 |
| Nepal | NPL | 28.609 | 8767 | 0,31 |

(Fortsetzung)

**Tab. 9.7** (Fortsetzung)

| Country | ISO-3 Code | Population (in 1000) | DALY (in 1000) | DALY pro Person |
|---|---|---|---|---|
| Netherlands | NLD | 17.097 | 4586 | 0,27 |
| New Zealand | NZL | 4783 | 1210 | 0,25 |
| Nicaragua | NIC | 6546 | 1536 | 0,23 |
| Niger | NER | 23.311 | 13.655 | 0,59 |
| Nigeria | NGA | 200.964 | 127.043 | 0,63 |
| North Macedonia | MKD | 2083 | 718 | 0,34 |
| Norway | NOR | 5379 | 1320 | 0,25 |
| Oman | OMN | 4975 | 978 | 0,20 |
| Pakistan | PAK | 216.565 | 95.904 | 0,44 |
| Panama | PAN | 4246 | 985 | 0,23 |
| Papua New Guinea | PNG | 8776 | 3532 | 0,40 |
| Paraguay | PRY | 7045 | 1787 | 0,25 |
| Peru | PER | 32.510 | 7158 | 0,22 |
| Philippines | PHL | 108.117 | 32.612 | 0,30 |
| Poland | POL | 37.888 | 12.302 | 0,32 |
| Portugal | PRT | 10.226 | 3112 | 0,30 |
| Qatar | QAT | 2832 | 418 | 0,15 |
| Republic of Korea | KOR | 51.225 | 11.394 | 0,22 |
| Republic of Moldova | MDA | 4043 | 1464 | 0,36 |
| Romania | ROU | 19.365 | 7345 | 0,38 |
| Russian Federation | RUS | 145.872 | 59.384 | 0,41 |
| Rwanda | RWA | 12.627 | 4107 | 0,33 |
| Saint Lucia | LCA | 183 | 58 | 0,32 |
| Saint Vincent and the Grenadines | VCT | 111 | 37 | 0,34 |
| Samoa | WSM | 197 | 57 | 0,29 |
| Sao Tome and Principe | STP | 215 | 60 | 0,28 |
| Saudi Arabia | SAU | 34.269 | 8396 | 0,25 |
| Senegal | SEN | 16.296 | 5826 | 0,36 |
| Serbia | SRB | 8772 | 3244 | 0,37 |
| Seychelles | SYC | 98 | 31 | 0,31 |
| Sierra Leone | SLE | 7813 | 4770 | 0,61 |
| Singapore | SGP | 5804 | 1176 | 0,20 |
| Slovakia | SVK | 5457 | 1663 | 0,30 |
| Slovenia | SVN | 2079 | 609 | 0,29 |
| Solomon Islands | SLB | 670 | 237 | 0,35 |
| Somalia | SOM | 15.443 | 11.624 | 0,75 |
| South Africa | ZAF | 58.558 | 27.301 | 0,47 |
| South Sudan | SSD | 11.062 | 6403 | 0,58 |
| Spain | ESP | 46.737 | 12.470 | 0,27 |
| Sri Lanka | LKA | 21.324 | 5658 | 0,27 |

(Fortsetzung)

**Tab. 9.7** (Fortsetzung)

| Country | ISO-3 Code | Population (in 1000) | DALY (in 1000) | DALY pro Person |
|---|---|---|---|---|
| Sudan | SDN | 42.813 | 15.954 | 0,37 |
| Suriname | SUR | 581 | 190 | 0,33 |
| Sweden | SWE | 10.036 | 2607 | 0,26 |
| Switzerland | CHE | 8591 | 2127 | 0,25 |
| Syrian Arab Republic | SYR | 17.070 | 4727 | 0,28 |
| Tajikistan | TJK | 9321 | 2699 | 0,29 |
| Thailand | THA | 69.626 | 20.190 | 0,29 |
| Timor-Leste | TLS | 1293 | 433 | 0,33 |
| Togo | TGO | 8082 | 3721 | 0,46 |
| Tonga | TON | 104 | 28 | 0,27 |
| Trinidad and Tobago | TTO | 1395 | 426 | 0,31 |
| Tunisia | TUN | 11.695 | 2965 | 0,25 |
| Turkey | TUR | 83.430 | 18.648 | 0,22 |
| Turkmenistan | TKM | 5942 | 1958 | 0,33 |
| Uganda | UGA | 44.270 | 16.708 | 0,38 |
| Ukraine | UKR | 43.994 | 18.640 | 0,42 |
| United Arab Emirates | ARE | 9771 | 1762 | 0,18 |
| United Kingdom | GBR | 67.530 | 18.930 | 0,28 |
| United Republic of Tanzania | TZA | 58.005 | 22.661 | 0,39 |
| United States of America | USA | 329.065 | 108.567 | 0,33 |
| Uruguay | URY | 3462 | 1075 | 0,31 |
| Uzbekistan | UZB | 32.982 | 8390 | 0,25 |
| Vanuatu | VUT | 300 | 110 | 0,37 |
| Venezuela (Bolivarian Republic of) | VEN | 28.516 | 8480 | 0,30 |
| Viet Nam | VNM | 96.462 | 27.593 | 0,29 |
| Yemen | YEM | 29.162 | 11.913 | 0,41 |
| Zambia | ZMB | 17.861 | 8447 | 0,47 |
| Zimbabwe | ZWE | 14.645 | 6995 | 0,48 |

Dass die Länder – selbst innerhalb der OECD – teils recht unterschiedliche Empfehlungen zu einzelnen Präventionsmaßnahmen für sinnvoll erachten zeigt sich bspw. an der Tuberkulose-Impfung.[16]

---

[16] „[…] Die BCG-Impfung gegen Tuberkulose wird von der Ständigen Impfkommission (STIKO) am Robert Koch-Institut seit 1998 nicht mehr empfohlen. Gründe: günstige epidemiologische Situation in Deutschland mit geringem Infektionsrisiko in der Bevölkerung, eine Schutzeffektivität von 50–80 % in Abhängigkeit von Alter und der Art der Erkrankung, sowie nicht selten unerwünschte Nebenwirkungen (attenuierter Lebendimpfstoff). Dies entspricht den Empfehlungen der WHO, die vorgeschlagen hat, in Populationen, deren Infektionsrisiko für Tuberkulose unter 0,1 % liegt, keine

**Tab. 9.8** Daten zum Präventionsquotienten P, 2018–2020. (Quelle: WHO Data Collection; https://www.who.int/data/collections; Zugegriffen am 18.09.2021)

| Country | ISO-3 Code | BCG | DTP3 | MCV2 | HepB | Polio | Tobacco | Avg. |
|---|---|---|---|---|---|---|---|---|
| Monaco | MCO | 89 | 99 | 79 | 99 | 99 | | 93,00 |
| Luxembourg | LUX | | 99 | 90 | 96 | 99 | 79,2 | 92,64 |
| Switzerland | CHE | | 96 | 93 | 72 | 96 | 76,9 | 86,78 |
| Norway | NOR | | 97 | 95 | 97 | 97 | 87,6 | 94,72 |
| Ireland | IRL | 0 | 94 | | 94 | 94 | 77,6 | 71,92 |
| Iceland | ISL | | 92 | 94 | | 93 | 86,5 | 91,38 |
| Qatar | QAT | 98 | 82 | 90 | 82 | 89 | 78,4 | 86,57 |
| United States of America | USA | | 93 | 95 | 91 | 92 | 76,2 | 89,44 |
| Singapore | SGP | 98 | 96 | 84 | 96 | 96 | 84,3 | 92,38 |
| Denmark | DNK | | 97 | 90 | | 97 | 81,4 | 91,35 |
| Australia | AUS | | 95 | 94 | 95 | 95 | 84,5 | 92,70 |
| Sweden | SWE | 26 | 97 | 95 | 97 | 97 | 72,1 | 80,68 |
| Netherlands | NLD | | 94 | 90 | 92 | 94 | 77,7 | 89,54 |
| Austria | AUT | | 85 | 84 | 85 | 85 | 74,1 | 82,62 |
| Finland | FIN | 98 | 91 | 93 | | 91 | 82,6 | 91,12 |
| San Marino | SMR | | 89 | 79 | 89 | 89 | | 86,50 |
| Germany | DEU | | 93 | 93 | 87 | 93 | 75,7 | 88,34 |
| Belgium | BEL | | 98 | 85 | 97 | 98 | 77,1 | 91,02 |
| Canada | CAN | | 91 | 83 | 84 | 92 | 83,3 | 86,66 |
| Israel | ISR | | 98 | 96 | 96 | 98 | 75,3 | 92,66 |
| New Zealand | NZL | | 92 | 91 | 92 | 92 | 86,2 | 90,64 |
| United Arab Emirates | ARE | 86 | 90 | 92 | 91 | 80 | 72,9 | 85,32 |
| United Kingdom | GBR | | 93 | 87 | 93 | 93 | 82,2 | 89,64 |
| Andorra | AND | | 99 | 93 | 98 | 99 | 69,7 | 91,74 |
| France | FRA | 78 | 96 | 83 | 91 | 96 | 70,3 | 85,72 |
| Japan | JPN | 95 | 96 | 95 | 92 | 96 | 80,6 | 92,43 |
| Italy | ITA | | 94 | 86 | 94 | 94 | 78,7 | 89,34 |
| Kuwait | KWT | 96 | 91 | 94 | 91 | 99 | 74,2 | 90,87 |
| Republic of Korea | KOR | 98 | 98 | 96 | 98 | 98 | 78,8 | 94,47 |
| Malta | MLT | | 98 | 99 | 98 | 98 | 77 | 94,00 |
| Bahamas | BHS | | 89 | 83 | 89 | 89 | 89,3 | 87,86 |
| Brunei Darussalam | BRN | 99 | 99 | 97 | 99 | 99 | 83,7 | 96,12 |
| Spain | ESP | | 98 | 94 | 98 | 98 | 75,5 | 92,70 |
| Cyprus | CYP | | 96 | 88 | 94 | 96 | 64,3 | 87,66 |
| Slovenia | SVN | 96 | 95 | 91 | | 95 | 79,9 | 91,38 |
| Bahrain | BHR | | 98 | 99 | 98 | 98 | 70 | 92,60 |
| Portugal | PRT | 32 | 99 | 96 | 98 | 99 | 77,2 | 83,53 |
| Estonia | EST | 91 | 91 | 87 | 90 | 91 | 72,7 | 87,12 |
| Saudi Arabia | SAU | 95 | 95 | 96 | 95 | 95 | 80,6 | 92,77 |

(Fortsetzung)

**Tab. 9.8**  (Fortsetzung)

| Country | ISO-3 Code | BCG | DTP3 | MCV2 | HepB | Polio | Tobacco | Avg. |
|---|---|---|---|---|---|---|---|---|
| Czechia | CZE | 98 | 97 | 84 | 97 | 97 | 71,1 | 90,68 |
| Greece | GRC | | 99 | 83 | 96 | 99 | 63,8 | 88,16 |
| Cook Islands | COK | 99 | 98 | 98 | 98 | 98 | 73,3 | 94,05 |
| Slovakia | SVK | 90 | 97 | 98 | 97 | 97 | 69,7 | 91,45 |
| Lithuania | LTU | 96 | 91 | 91 | 91 | 91 | 76,3 | 89,38 |
| Oman | OMN | 99 | 99 | 99 | 99 | 99 | 86,5 | 96,92 |
| Latvia | LVA | 99 | 99 | 94 | 99 | 99 | 67,2 | 92,87 |
| Barbados | BRB | | 85 | 78 | 85 | 85 | 92,1 | 85,02 |
| Uruguay | URY | 99 | 92 | 91 | 92 | 91 | 79,6 | 90,77 |
| Trinidad and Tobago | TTO | | 93 | 92 | 93 | 93 | | 92,75 |
| Antigua and Barbuda | ATG | | 96 | 78 | 95 | 95 | | 91,00 |
| Seychelles | SYC | 99 | 97 | 99 | 97 | 97 | 78,8 | 94,63 |
| Hungary | HUN | 99 | 99 | 99 | | 99 | 72,3 | 93,66 |
| Chile | CHL | 98 | 93 | 83 | 93 | 93 | 57 | 86,17 |
| Palau | PLW | | 96 | 83 | 93 | 96 | 75,4 | 88,68 |
| Panama | PAN | 99 | 74 | 74 | 74 | 74 | 93,1 | 81,35 |
| Poland | POL | 92 | 95 | 92 | 91 | 87 | 74,7 | 88,62 |
| Croatia | HRV | 98 | 94 | 95 | 93 | 94 | 67,3 | 90,22 |
| Romania | ROU | 97 | 87 | 75 | 87 | 87 | 76,5 | 84,92 |
| Costa Rica | CRI | 99 | 95 | 93 | 98 | 94 | 90,2 | 94,87 |
| Nauru | NRU | 99 | 95 | 97 | 95 | 95 | 47,7 | 88,12 |
| Argentina | ARG | 75 | 74 | 71 | 74 | 74 | 78,9 | 74,48 |
| Russian Federation | RUS | 98 | 97 | 96 | 97 | 97 | 73,7 | 93,12 |
| Malaysia | MYS | 99 | 98 | 84 | 99 | 98 | 78,2 | 92,70 |
| Mauritius | MUS | 96 | 93 | 87 | 93 | 94 | 73,9 | 89,48 |
| Saint Lucia | LCA | 89 | 86 | 71 | 86 | 88 | | 84,00 |
| Grenada | GRD | | 72 | 79 | 72 | 72 | | 73,75 |
| Maldives | MDV | 99 | 99 | 96 | 99 | 99 | | 98,40 |
| Equatorial Guinea | GNQ | 85 | 53 | | 53 | 55 | | 61,50 |
| Kazakhstan | KAZ | 93 | 88 | 91 | 88 | 88 | 76,2 | 87,37 |
| Mexico | MEX | 28 | 74 | 78 | 79 | 74 | 86,1 | 69,85 |
| China | CHN | 99 | 99 | 99 | 99 | 99 | 73,5 | 94,75 |
| Bulgaria | BGR | 97 | 91 | 84 | 91 | 91 | 66 | 86,67 |
| Turkey | TUR | 96 | 98 | 93 | 98 | 98 | 70,9 | 92,32 |
| Brazil | BRA | 67 | 77 | 44 | 77 | 74 | 83,5 | 70,42 |
| Cuba | CUB | 99 | 99 | 98 | 99 | 98 | 71,2 | 94,03 |
| Montenegro | MNE | 67 | 84 | 76 | 52 | 84 | | 72,60 |
| Botswana | BWA | 98 | 95 | 66 | 95 | 96 | 76,6 | 87,77 |
| Lebanon | LBN | | 71 | 64 | 71 | 67 | 57,6 | 66,12 |
| Gabon | GAB | 85 | 63 | | 63 | 62 | | 68,25 |

(Fortsetzung)

**Tab. 9.8** (Fortsetzung)

| Country | ISO-3 Code | BCG | DTP3 | MCV2 | HepB | Polio | Tobacco | Avg. |
|---|---|---|---|---|---|---|---|---|
| Dominica | DMA | 98 | 97 | 90 | 97 | 97 | | 95,80 |
| Dominican Republic | DOM | 85 | 82 | 55 | 81 | 80 | 90,9 | 78,98 |
| Saint Vincent & Grenadines | VCT | 99 | 97 | 99 | 97 | 99 | | 98,20 |
| Thailand | THA | 99 | 97 | 87 | 97 | 97 | 76,9 | 92,32 |
| Venezuela (Boliv. Rep. of) | VEN | 82 | 54 | 28 | 54 | 62 | | 56,00 |
| Serbia | SRB | 98 | 97 | 91 | 94 | 97 | 62,4 | 89,90 |
| Turkmenistan | TKM | 98 | 98 | 99 | 99 | 98 | | 98,40 |
| Peru | PER | 94 | 88 | 66 | 88 | 87 | 90,4 | 85,57 |
| Colombia | COL | 89 | 88 | 88 | 88 | 88 | 92,1 | 88,85 |
| South Africa | ZAF | 86 | 84 | 76 | 84 | 84 | 69,1 | 80,52 |
| Ecuador | ECU | 81 | 70 | 70 | 70 | 72 | | 72,60 |
| Belarus | BLR | 97 | 97 | 98 | 97 | 97 | 75,2 | 93,53 |
| Fiji | FJI | 99 | 99 | 94 | 99 | 99 | 73,4 | 93,90 |
| North Macedonia | MKD | 93 | 92 | 94 | 92 | 92 | | 92,60 |
| Suriname | SUR | | 51 | 50 | 51 | 51 | | 50,75 |
| Bosnia and Herzegovina | BIH | 95 | 73 | 76 | 80 | 73 | 62,8 | 76,63 |
| Namibia | NAM | 94 | 87 | 56 | 87 | 84 | 83,7 | 81,95 |
| Paraguay | PRY | 84 | 79 | 72 | 79 | 78 | 87,4 | 79,90 |
| Iran (Islamic Republic of) | IRN | 98 | 99 | 98 | 99 | 99 | 85,8 | 96,47 |
| Iraq | IRQ | 99 | 74 | 93 | 74 | 78 | 78,3 | 82,72 |
| Jamaica | JAM | 99 | 96 | 89 | 95 | 95 | 89,1 | 93,85 |
| Albania | ALB | 99 | 99 | 96 | 99 | 99 | 70,6 | 93,77 |
| Libya | LBY | 74 | 73 | 72 | 73 | 73 | | 73,00 |
| Guyana | GUY | 94 | 99 | 97 | 99 | 91 | 88,1 | 94,68 |
| Tonga | TON | 99 | 99 | 99 | 99 | 99 | 70,2 | 94,20 |
| Belize | BLZ | 76 | 79 | 87 | 79 | 79 | | 80,00 |
| Azerbaijan | AZE | 94 | 79 | 79 | 79 | 85 | 80,9 | 82,82 |
| Guatemala | GTM | 86 | 83 | 79 | 89 | 83 | | 84,00 |
| Georgia | GEO | 96 | 88 | 77 | 88 | 88 | 72,9 | 84,98 |
| Samoa | WSM | 99 | 79 | 44 | 72 | 76 | 71,3 | 73,55 |
| Jordan | JOR | 76 | 77 | 90 | 77 | 76 | | 79,20 |
| Armenia | ARM | 99 | 92 | 96 | 92 | 94 | 75,6 | 91,43 |
| Sri Lanka | LKA | 99 | 96 | 96 | 96 | 96 | 77,5 | 93,42 |
| Eswatini | SWZ | 97 | 83 | 70 | 83 | 82 | 90,6 | 84,27 |
| Algeria | DZA | 99 | 91 | 77 | 91 | 91 | 81 | 88,33 |
| Mongolia | MNG | 99 | 96 | 96 | 96 | 97 | 72,6 | 92,77 |
| El Salvador | SLV | 79 | 72 | 56 | 72 | 64 | 88,4 | 71,90 |

(Fortsetzung)

**Tab. 9.8** (Fortsetzung)

| Country | ISO-3 Code | BCG | DTP3 | MCV2 | HepB | Polio | Tobacco | Avg. |
|---|---|---|---|---|---|---|---|---|
| Tuvalu | TUV | 99 | 95 | 85 | 93 | 90 | 51,9 | 85,65 |
| Indonesia | IDN | 87 | 77 | 49 | 77 | 76 | 62,1 | 71,35 |
| Marshall Islands | MHL | 89 | 79 | 64 | 82 | 78 | | 78,40 |
| Cabo Verde | CPV | 98 | 93 | 86 | 94 | 94 | | 93,00 |
| Bolivia (Plurin. State of) | BOL | 82 | 68 | 46 | 68 | 68 | | 66,40 |
| Bhutan | BTN | 98 | 95 | 92 | 96 | 96 | | 95,40 |
| Tunisia | TUN | 85 | 92 | 92 | 92 | 92 | 74,4 | 87,90 |
| Angola | AGO | 58 | 51 | 41 | 47 | 51 | | 49,60 |
| State of Palestine | PSE | 99 | 99 | 99 | 99 | 99 | | 99,00 |
| Micronesia (Fed. States of) | FSM | 84 | 83 | 62 | 88 | 82 | | 79,80 |
| Morocco | MAR | 99 | 99 | 99 | 99 | 99 | 85,5 | 96,75 |
| Philippines | PHL | 64 | 71 | 68 | 71 | 72 | 75,9 | 70,32 |
| Djibouti | DJI | 77 | 70 | 60 | 70 | 70 | | 69,40 |
| Vanuatu | VUT | 77 | 78 | | 78 | 76 | 75,4 | 76,88 |
| Ukraine | UKR | 93 | 81 | 82 | 81 | 84 | 77 | 83,00 |
| Republic of Moldova | MDA | 95 | 86 | 93 | 87 | 87 | 75,8 | 87,30 |
| Congo | COG | 72 | 73 | 29 | 73 | 73 | 84,2 | 67,37 |
| Papua New Guinea | PNG | 52 | 39 | 27 | 39 | 41 | | 39,60 |
| Viet Nam | VNM | 95 | 94 | 93 | 94 | 80 | | 91,20 |
| Lao People's Dem. Rep. | LAO | 90 | 79 | 47 | 79 | 78 | 64,8 | 72,97 |
| Egypt | EGY | 96 | 94 | 94 | 94 | 95 | 78,8 | 91,97 |
| Honduras | HND | 83 | 80 | 79 | 80 | 80 | | 80,40 |
| Ghana | GHA | 93 | 94 | 79 | 94 | 92 | 96,7 | 91,45 |
| Nigeria | NGA | 67 | 57 | 12 | 57 | 57 | 95,3 | 57,55 |
| India | IND | 85 | 85 | 81 | 85 | 85 | 73,7 | 82,45 |
| Timor-Leste | TLS | 88 | 86 | 78 | 86 | 86 | 63,1 | 81,18 |
| Nicaragua | NIC | 93 | 92 | 98 | 92 | 93 | | 93,60 |
| Eritrea | ERI | 97 | 95 | 85 | 95 | 95 | 92,6 | 93,27 |
| Sao Tome and Principe | STP | 95 | 95 | 81 | 95 | 95 | 47 | 84,67 |
| Solomon Islands | SLB | 82 | 94 | 51 | 94 | 92 | 61,3 | 79,05 |
| Mauritania | MRT | 80 | 71 | | 71 | 76 | | 74,50 |
| Côte d'Ivoire | CIV | 86 | 80 | | 80 | 74 | 86,9 | 81,38 |
| Kenya | KEN | 92 | 89 | 49 | 91 | 89 | 89,5 | 83,25 |
| Zimbabwe | ZWE | 88 | 86 | 74 | 86 | 86 | 87,8 | 84,63 |
| Bangladesh | BGD | 99 | 98 | 93 | 98 | 98 | 62,3 | 91,38 |
| Kiribati | KIR | 93 | 92 | 57 | 92 | 91 | 48,8 | 78,97 |
| Zambia | ZMB | 85 | 84 | 66 | 84 | 83 | 87,6 | 81,60 |

(Fortsetzung)

**Tab. 9.8** (Fortsetzung)

| Country | ISO-3 Code | BCG | DTP3 | MCV2 | HepB | Polio | Tobacco | Avg. |
|---|---|---|---|---|---|---|---|---|
| Uzbekistan | UZB | 99 | 95 | 99 | 95 | 97 | 88,3 | 95,55 |
| Cameroon | CMR | 80 | 69 | 28 | 69 | 70 | 91,2 | 67,87 |
| Cambodia | KHM | 98 | 92 | 80 | 92 | 94 | 81,8 | 89,63 |
| Senegal | SEN | 95 | 91 | 69 | 92 | 84 | 91,4 | 87,07 |
| Comoros | COM | 91 | 87 | | 87 | 81 | 82 | 85,60 |
| Myanmar | MMR | 87 | 84 | 90 | 84 | 86 | 55,8 | 81,13 |
| Pakistan | PAK | 91 | 77 | 74 | 77 | 83 | 80,8 | 80,47 |
| Kyrgyzstan | KGZ | 96 | 87 | 93 | 86 | 87 | 72,9 | 86,98 |
| Lesotho | LSO | 87 | 87 | 69 | 87 | 83 | 71 | 80,67 |
| Sudan | SDN | 92 | 90 | 68 | 90 | 90 | | 86,00 |
| United Rep. of Tanzania | TZA | 87 | 86 | 67 | 86 | 65 | 88,3 | 79,88 |
| Nepal | NPL | 92 | 84 | 74 | 84 | 84 | 71,6 | 81,60 |
| Syrian Arab Republic | SYR | 74 | 49 | 53 | 49 | 53 | | 55,60 |
| Guinea | GIN | 73 | 47 | | 47 | 48 | | 53,75 |
| Yemen | YEM | 71 | 72 | 46 | 72 | 66 | 79,7 | 67,78 |
| Benin | BEN | 88 | 72 | | 72 | 73 | 94 | 79,80 |
| Mali | MLI | 78 | 70 | 26 | 70 | 65 | 87,9 | 66,15 |
| Haiti | HTI | 73 | 51 | 41 | 51 | 51 | 92,6 | 59,93 |
| Tajikistan | TJK | 98 | 97 | 97 | 97 | 97 | | 97,20 |
| Burkina Faso | BFA | 98 | 91 | 71 | 91 | 91 | 84,9 | 87,82 |
| Guinea-Bissau | GNB | 84 | 78 | | 78 | 60 | | 75,00 |
| Rwanda | RWA | 89 | 91 | 91 | 91 | 91 | 88,5 | 90,25 |
| South Sudan | SSD | 52 | 49 | | 49 | 50 | | 50,00 |
| Chad | TCD | 60 | 52 | | 52 | 52 | 88,6 | 60,92 |
| Ethiopia | ETH | 70 | 71 | 46 | 71 | 74 | 96 | 71,33 |
| Gambia | GMB | 88 | 88 | 61 | 88 | 88 | 86,2 | 83,20 |
| Uganda | UGA | 91 | 89 | | 89 | 88 | 92,7 | 89,94 |
| Togo | TGO | 96 | 82 | 46 | 82 | 80 | 93,2 | 79,87 |
| Niger | NER | 94 | 81 | 60 | 81 | 81 | 91,5 | 81,42 |
| Dem. Rep. of the Congo | COG | 72 | 73 | 29 | 73 | 73 | 84,2 | 67,37 |
| Afghanistan | AFG | 87 | 70 | 43 | 70 | 75 | | 69,00 |
| Sierra Leone | SLE | 72 | 91 | 67 | 91 | 90 | 81,5 | 82,08 |
| Madagascar | MDG | 73 | 68 | 24 | 70 | 76 | 71,7 | 63,78 |
| Mozambique | MOZ | 91 | 79 | 62 | 79 | 73 | 86,7 | 78,45 |
| Central African Republic | CAF | 61 | 42 | | 42 | 46 | | 47,75 |
| Liberia | LBR | 85 | 65 | 30 | 65 | 67 | 15 | 54,50 |
| Malawi | MWI | 87 | 94 | 75 | 90 | 93 | 90,2 | 88,20 |
| Burundi | BDI | 83 | 93 | 83 | 93 | 93 | 88,5 | 88,92 |
| Somalia | SOM | 37 | 42 | | 42 | 47 | | 42,00 |

In Fällen, in denen nicht für jede der sechs verschiedenen Vorsorgemaßnahmen Daten zur Verfügung standen, wurde der Mittelwert über die verfügbaren Datenpunkte gebildet.

### 9.7.5 Anhang zur medizinischen Netzdichte M

Tab. 9.9

### 9.7.6 Anhang zum Wohlstandsmaß W

Tab. 9.10

### 9.7.7 Anhang zu g*¹

Tab. 9.11, 9.12 und 9.13

### 9.7.8 Anhang zu g*², g*³ und g*⁴

Tab. 9.14

---

generelle BCG-Impfung durchzuführen. Ein Impfstoff ist in Deutschland nicht mehr für diese Indikation zugelassen; international ist Impfstoff verfügbar. Aufgrund unterschiedlicher epidemiologischer Gegebenheiten ist diese Situation in anderen Staaten anders zu bewerten und so fordern eine Reihe von Ländern bei Langzeitaufenthalten z. B. in Schulen oder Universitäten diese Impfung. Da die Impfung in Deutschland nicht empfohlen ist, besteht in der Mehrzahl der Bundesländer auch kein Versorgungsanspruch nach Auftreten eines Impfschadens, wenn in Deutschland geimpft wird. Detaillierte Fragen zu dieser Problematik sollten mit einem Arzt besprochen werden." (https://www.rki.de/SharedDocs/FAQ/Impfen/Tuberkulose/FAQ01.html, Zugegriffen am 30.08.2021).

**Tab. 9.9** Daten zum UHC, 2017. (Quelle: WHO (2019))

| Country | ISO-3 Code | Period | Value |
|---|---|---|---|
| Somalia | SOM | 2017 | 25 |
| Chad | TCD | 2017 | 28 |
| Madagascar | MDG | 2017 | 28 |
| South Sudan | SSD | 2017 | 31 |
| Central African Republic | CAF | 2017 | 33 |
| Afghanistan | AFG | 2017 | 37 |
| Guinea | GIN | 2017 | 37 |
| Niger | NER | 2017 | 37 |
| Eritrea | ERI | 2017 | 38 |
| Mali | MLI | 2017 | 38 |
| Congo | COG | 2017 | 39 |
| Ethiopia | ETH | 2017 | 39 |
| Liberia | LBR | 2017 | 39 |
| Sierra Leone | SLE | 2017 | 39 |
| Angola | AGO | 2017 | 40 |
| Benin | BEN | 2017 | 40 |
| Burkina Faso | BFA | 2017 | 40 |
| Guinea-Bissau | GNB | 2017 | 40 |
| Papua New Guinea | PNG | 2017 | 40 |
| Democratic Republic of the Congo | COD | 2017 | 41 |
| Kiribati | KIR | 2017 | 41 |
| Mauritania | MRT | 2017 | 41 |
| Burundi | BDI | 2017 | 42 |
| Nigeria | NGA | 2017 | 42 |
| Yemen | YEM | 2017 | 42 |
| Togo | TGO | 2017 | 43 |
| United Republic of Tanzania | TZA | 2017 | 43 |
| Gambia | GMB | 2017 | 44 |
| Sudan | SDN | 2017 | 44 |
| Equatorial Guinea | GNQ | 2017 | 45 |
| Pakistan | PAK | 2017 | 45 |
| Senegal | SEN | 2017 | 45 |
| Uganda | UGA | 2017 | 45 |
| Cameroon | CMR | 2017 | 46 |
| Malawi | MWI | 2017 | 46 |
| Mozambique | MOZ | 2017 | 46 |
| CÃ'te dâ€™Ivoire | CIV | 2017 | 47 |
| Djibouti | DJI | 2017 | 47 |
| Ghana | GHA | 2017 | 47 |
| Micronesia (Federated States of) | FSM | 2017 | 47 |
| Solomon Islands | SLB | 2017 | 47 |
| Bangladesh | BGD | 2017 | 48 |

(Fortsetzung)

**Tab. 9.9** (Fortsetzung)

| Country | ISO-3 Code | Period | Value |
|---|---|---|---|
| Lesotho | LSO | 2017 | 48 |
| Nepal | NPL | 2017 | 48 |
| Vanuatu | VUT | 2017 | 48 |
| Gabon | GAB | 2017 | 49 |
| Haiti | HTI | 2017 | 49 |
| Lao People's Democratic Republic | LAO | 2017 | 51 |
| Comoros | COM | 2017 | 52 |
| Timor-Leste | TLS | 2017 | 52 |
| Zambia | ZMB | 2017 | 53 |
| Zimbabwe | ZWE | 2017 | 54 |
| Guatemala | GTM | 2017 | 55 |
| India | IND | 2017 | 55 |
| Kenya | KEN | 2017 | 55 |
| Sao Tome and Principe | STP | 2017 | 55 |
| Indonesia | IDN | 2017 | 57 |
| Rwanda | RWA | 2017 | 57 |
| Samoa | WSM | 2017 | 58 |
| Tonga | TON | 2017 | 58 |
| Albania | ALB | 2017 | 59 |
| Cambodia | KHM | 2017 | 60 |
| Syrian Arab Republic | SYR | 2017 | 60 |
| Bosnia and Herzegovina | BIH | 2017 | 61 |
| Botswana | BWA | 2017 | 61 |
| Iraq | IRQ | 2017 | 61 |
| Myanmar | MMR | 2017 | 61 |
| Philippines | PHL | 2017 | 61 |
| Bhutan | BTN | 2017 | 62 |
| Maldives | MDV | 2017 | 62 |
| Mongolia | MNG | 2017 | 62 |
| Namibia | NAM | 2017 | 62 |
| Eswatini | SWZ | 2017 | 63 |
| Mauritius | MUS | 2017 | 63 |
| Belize | BLZ | 2017 | 64 |
| Fiji | FJI | 2017 | 64 |
| Libya | LBY | 2017 | 64 |
| Azerbaijan | AZE | 2017 | 65 |
| Honduras | HND | 2017 | 65 |
| Jamaica | JAM | 2017 | 65 |
| Serbia | SRB | 2017 | 65 |
| Bulgaria | BGR | 2017 | 66 |
| Georgia | GEO | 2017 | 66 |
| Sri Lanka | LKA | 2017 | 66 |

(Fortsetzung)

**Tab. 9.9** (Fortsetzung)

| Country | ISO-3 Code | Period | Value |
|---|---|---|---|
| Bolivia (Plurinational State of) | BOL | 2017 | 68 |
| Egypt | EGY | 2017 | 68 |
| Montenegro | MNE | 2017 | 68 |
| Qatar | QAT | 2017 | 68 |
| Saint Lucia | LCA | 2017 | 68 |
| Tajikistan | TJK | 2017 | 68 |
| Ukraine | UKR | 2017 | 68 |
| Armenia | ARM | 2017 | 69 |
| Cabo Verde | CPV | 2017 | 69 |
| Oman | OMN | 2017 | 69 |
| Paraguay | PRY | 2017 | 69 |
| Republic of Moldova | MDA | 2017 | 69 |
| South Africa | ZAF | 2017 | 69 |
| Chile | CHL | 2017 | 70 |
| Kyrgyzstan | KGZ | 2017 | 70 |
| Morocco | MAR | 2017 | 70 |
| Tunisia | TUN | 2017 | 70 |
| Turkmenistan | TKM | 2017 | 70 |
| Croatia | HRV | 2017 | 71 |
| Democratic People's Republic of Korea | PRK | 2017 | 71 |
| Latvia | LVA | 2017 | 71 |
| Saint Vincent and the Grenadines | VCT | 2017 | 71 |
| Seychelles | SYC | 2017 | 71 |
| Suriname | SUR | 2017 | 71 |
| Grenada | GRD | 2017 | 72 |
| Guyana | GUY | 2017 | 72 |
| Iran (Islamic Republic of) | IRN | 2017 | 72 |
| The former Yugoslav Republic of Macedonia | MKD | 2017 | 72 |
| Antigua and Barbuda | ATG | 2017 | 73 |
| Lebanon | LBN | 2017 | 73 |
| Lithuania | LTU | 2017 | 73 |
| Malaysia | MYS | 2017 | 73 |
| Nicaragua | NIC | 2017 | 73 |
| Uzbekistan | UZB | 2017 | 73 |
| Dominican Republic | DOM | 2017 | 74 |
| Hungary | HUN | 2017 | 74 |
| Romania | ROU | 2017 | 74 |
| Saudi Arabia | SAU | 2017 | 74 |
| Trinidad and Tobago | TTO | 2017 | 74 |
| Turkey | TUR | 2017 | 74 |
| Venezuela (Bolivarian Republic of) | VEN | 2017 | 74 |

(Fortsetzung)

**Tab. 9.9** (Fortsetzung)

| Country | ISO-3 Code | Period | Value |
|---|---|---|---|
| Bahamas | BHS | 2017 | 75 |
| Estonia | EST | 2017 | 75 |
| Greece | GRC | 2017 | 75 |
| Poland | POL | 2017 | 75 |
| Russian Federation | RUS | 2017 | 75 |
| Viet Nam | VNM | 2017 | 75 |
| Argentina | ARG | 2017 | 76 |
| Belarus | BLR | 2017 | 76 |
| Colombia | COL | 2017 | 76 |
| Czechia | CZE | 2017 | 76 |
| El Salvador | SLV | 2017 | 76 |
| Ireland | IRL | 2017 | 76 |
| Jordan | JOR | 2017 | 76 |
| Kazakhstan | KAZ | 2017 | 76 |
| Kuwait | KWT | 2017 | 76 |
| Mexico | MEX | 2017 | 76 |
| United Arab Emirates | ARE | 2017 | 76 |
| Bahrain | BHR | 2017 | 77 |
| Barbados | BRB | 2017 | 77 |
| Costa Rica | CRI | 2017 | 77 |
| Ecuador | ECU | 2017 | 77 |
| Peru | PER | 2017 | 77 |
| Slovakia | SVK | 2017 | 77 |
| Algeria | DZA | 2017 | 78 |
| Cyprus | CYP | 2017 | 78 |
| Finland | FIN | 2017 | 78 |
| France | FRA | 2017 | 78 |
| Austria | AUT | 2017 | 79 |
| Brazil | BRA | 2017 | 79 |
| China | CHN | 2017 | 79 |
| Panama | PAN | 2017 | 79 |
| Slovenia | SVN | 2017 | 79 |
| Thailand | THA | 2017 | 80 |
| Uruguay | URY | 2017 | 80 |
| Brunei Darussalam | BRN | 2017 | 81 |
| Denmark | DNK | 2017 | 81 |
| Israel | ISR | 2017 | 82 |
| Italy | ITA | 2017 | 82 |
| Malta | MLT | 2017 | 82 |
| Portugal | PRT | 2017 | 82 |
| Cuba | CUB | 2017 | 83 |

(Fortsetzung)

**Tab. 9.9** (Fortsetzung)

| Country | ISO-3 Code | Period | Value |
| --- | --- | --- | --- |
| Germany | DEU | 2017 | 83 |
| Japan | JPN | 2017 | 83 |
| Luxembourg | LUX | 2017 | 83 |
| Spain | ESP | 2017 | 83 |
| Switzerland | CHE | 2017 | 83 |
| Belgium | BEL | 2017 | 84 |
| Iceland | ISL | 2017 | 84 |
| United States of America | USA | 2017 | 84 |
| Netherlands | NLD | 2017 | 86 |
| Republic of Korea | KOR | 2017 | 86 |
| Singapore | SGP | 2017 | 86 |
| Sweden | SWE | 2017 | 86 |
| Australia | AUS | 2017 | 87 |
| New Zealand | NZL | 2017 | 87 |
| Norway | NOR | 2017 | 87 |
| United Kingdom of Great Britain and Northern Ireland | GBR | 2017 | 87 |
| Canada | CAN | 2017 | 89 |

**Tab. 9.10** Daten zum Wohlstandsmaß W, 2018. (Quelle: UN, 2020, S. 175 ff.; bzw. eigene Berechnung von W)

| Country | ISO-3 Code | GDP per capita (US dollars) | Wohlstandsmaß W |
| --- | --- | --- | --- |
| Monaco | MCO | 185,835016 | 1,00 |
| Chad | TCD | 179,258247 | 1,00 |
| Madagascar | MDG | 117,369541 | 1,00 |
| South Sudan | SSD | 101,207853 | 1,00 |
| Central African Republic | CAF | 86,3553283 | 1,00 |
| Afghanistan | AFG | 85,4742098 | 1,00 |
| Guinea | GIN | 82,7085144 | 1,00 |
| Niger | NER | 81,3356512 | 1,00 |
| Eritrea | ERI | 79,4146045 | 1,00 |
| Mali | MLI | 76,8672988 | 1,00 |
| Congo | COG | 68,7936608 | 1,00 |
| Ethiopia | ETH | 62,9179395 | 0,99 |
| Liberia | LBR | 62,7208796 | 0,99 |
| Sierra Leone | SLE | 61,8337135 | 0,99 |
| Angola | AGO | 58,3927091 | 0,99 |
| Benin | BEN | 55,7668147 | 0,99 |
| Burkina Faso | BFA | 53,9498146 | 0,98 |
| Guinea-Bissau | GNB | 53,5831433 | 0,98 |
| Papua New Guinea | PNG | 51,2302753 | 0,97 |

(Fortsetzung)

**Tab. 9.10** (Fortsetzung)

| Country | ISO-3 Code | GDP per capita (US dollars) | Wohlstandsmaß W |
|---|---|---|---|
| Democratic Republic of the Congo | COD | 50,1357207 | 0,97 |
| Kiribati | KIR | 49,1990372 | 0,97 |
| Mauritania | MRT | 48,511258 | 0,97 |
| Burundi | BDI | 48,4727126 | 0,97 |
| Nigeria | NGA | 47,5137021 | 0,96 |
| Yemen | YEM | 47,2929671 | 0,96 |
| Togo | TGO | 46,1923751 | 0,95 |
| United Republic of Tanzania | TZA | 44,2149104 | 0,94 |
| Gambia | GMB | 43,8361525 | 0,94 |
| Sudan | SDN | 43,0049534 | 0,93 |
| Equatorial Guinea | GNQ | 42,526439 | 0,93 |
| Pakistan | PAK | 42,0515954 | 0,93 |
| Senegal | SEN | 41,3580856 | 0,92 |
| Uganda | UGA | 39,0820551 | 0,90 |
| Cameroon | CMR | 36,3348425 | 0,87 |
| Malawi | MWI | 34,3885127 | 0,84 |
| Mozambique | MOZ | 34,2488417 | 0,83 |
| Côte d'Ivoire | CIV | 33,6218795 | 0,82 |
| Djibouti | DJI | 33,271165 | 0,82 |
| Ghana | GHA | 33,1227994 | 0,81 |
| Micronesia (Federated States of) | FSM | 32,2181222 | 0,80 |
| Solomon Islands | SLB | 31,6272331 | 0,79 |
| Bangladesh | BGD | 30,4058331 | 0,76 |
| Lesotho | LSO | 30,2624872 | 0,76 |
| Nepal | NPL | 28,9675767 | 0,73 |
| Vanuatu | VUT | 27,1422418 | 0,68 |
| Gabon | GAB | 26,0050998 | 0,65 |
| Haiti | HTI | 24,1335493 | 0,60 |
| Lao People's Democratic Republic | LAO | 23,477728 | 0,58 |
| Comoros | COM | 23,3667144 | 0,58 |
| Timor-Leste | TLS | 23,2418886 | 0,57 |
| Zambia | ZMB | 23,2171961 | 0,57 |
| Zimbabwe | ZWE | 22,9920598 | 0,57 |
| Guatemala | GTM | 21,9675404 | 0,53 |
| India | IND | 20,7312043 | 0,50 |
| Kenya | KEN | 20,7052113 | 0,50 |
| Sao Tome and Principe | STP | 19,8907266 | 0,47 |
| Indonesia | IDN | 19,4307907 | 0,46 |

(Fortsetzung)

**Tab. 9.10** (Fortsetzung)

| Country | ISO-3 Code | GDP per capita (US dollars) | Wohlstandsmaß W |
|---|---|---|---|
| Rwanda | RWA | 19,2754185 | 0,45 |
| Samoa | WSM | 19,2188608 | 0,45 |
| Tonga | TON | 19,0825178 | 0,45 |
| Albania | ALB | 19,0727796 | 0,45 |
| Cambodia | KHM | 17,8515801 | 0,41 |
| Syrian Arab Republic | SYR | 17,7458678 | 0,41 |
| Botswana | BWA | 17,2780621 | 0,40 |
| Iraq | IRQ | 17,1303398 | 0,39 |
| Myanmar | MMR | 16,7269808 | 0,38 |
| Philippines | PHL | 16,3778556 | 0,37 |
| Bhutan | BTN | 16,2640154 | 0,37 |
| Maldives | MDV | 15,9233587 | 0,36 |
| Mongolia | MNG | 15,8594335 | 0,36 |
| Namibia | NAM | 15,5750828 | 0,35 |
| Eswatini | SWZ | 15,4440012 | 0,34 |
| Mauritius | MUS | 14,6740231 | 0,32 |
| Belize | BLZ | 12,7536171 | 0,28 |
| Fiji | FJI | 12,280842 | 0,26 |
| Libya | LBY | 12,0265475 | 0,26 |
| Azerbaijan | AZE | 11,8758617 | 0,25 |
| Honduras | HND | 11,687598 | 0,25 |
| Jamaica | JAM | 11,3941409 | 0,24 |
| Serbia | SRB | 11,3733472 | 0,24 |
| Bulgaria | BGR | 11,2219824 | 0,24 |
| Georgia | GEO | 10,5660498 | 0,23 |
| Sri Lanka | LKA | 10,485906 | 0,22 |
| Bolivia (Plurinational State of) | BOL | 10,3305906 | 0,22 |
| Egypt | EGY | 10,1792297 | 0,22 |
| Montenegro | MNE | 9,7895042 | 0,21 |
| Qatar | QAT | 9,6948515 | 0,21 |
| Saint Lucia | LCA | 9,5318691 | 0,21 |
| Tajikistan | TJK | 9,3878134 | 0,20 |
| Ukraine | UKR | 9,3679169 | 0,20 |
| Armenia | ARM | 8,9207005 | 0,19 |
| Cabo Verde | CPV | 8,821822 | 0,19 |
| Oman | OMN | 8,7716876 | 0,19 |
| Paraguay | PRY | 8,2582268 | 0,18 |
| Republic of Moldova | MDA | 8,2236578 | 0,18 |
| South Africa | ZAF | 8,0188164 | 0,18 |
| Chile | CHL | 7,6913451 | 0,17 |
| Kyrgyzstan | KGZ | 7,65009 | 0,17 |

(Fortsetzung)

**Tab. 9.10**   (Fortsetzung)

| Country | ISO-3 Code | GDP per capita (US dollars) | Wohlstandsmaß W |
|---|---|---|---|
| Morocco | MAR | 7,3613342 | 0,17 |
| Tunisia | TUN | 7,2735649 | 0,16 |
| Turkmenistan | TKM | 7,2121586 | 0,16 |
| Croatia | HRV | 7,2087799 | 0,16 |
| Democratic People's Republic of Korea | PRK | 6,964613 | 0,16 |
| Latvia | LVA | 6,9472501 | 0,16 |
| Saint Vincent and the Grenadines | VCT | 6,6496355 | 0,15 |
| Seychelles | SYC | 6,3692316 | 0,15 |
| Suriname | SUR | 6,3448716 | 0,15 |
| Grenada | GRD | 6,3117181 | 0,15 |
| Guyana | GUY | 6,2670286 | 0,15 |
| Iran (Islamic Republic of) | IRN | 6,0629445 | 0,15 |
| The former Yugoslav Republic of Macedonia | MKD | 6,0037184 | 0,14 |
| Antigua and Barbuda | ATG | 5,9513828 | 0,14 |
| Lebanon | LBN | 5,9300688 | 0,14 |
| Lithuania | LTU | 5,7945756 | 0,14 |
| Malaysia | MYS | 5,7834949 | 0,14 |
| Nicaragua | NIC | 5,523079 | 0,14 |
| Uzbekistan | UZB | 5,3542533 | 0,14 |
| Dominican Republic | DOM | 5,2238092 | 0,13 |
| Hungary | HUN | 5,1473338 | 0,13 |
| Romania | ROU | 4,900755 | 0,13 |
| Saudi Arabia | SAU | 4,8858125 | 0,13 |
| Trinidad and Tobago | TTO | 4,8847424 | 0,13 |
| Turkey | TUR | 4,7177198 | 0,13 |
| Venezuela (Bolivarian Republic of) | VEN | 4,5490201 | 0,12 |
| Bahamas | BHS | 4,4525774 | 0,12 |
| Estonia | EST | 4,3966668 | 0,12 |
| Greece | GRC | 4,249574 | 0,12 |
| Poland | POL | 4,2377961 | 0,12 |
| Russian Federation | RUS | 4,2121331 | 0,12 |
| Viet Nam | VNM | 4,1896877 | 0,12 |
| Argentina | ARG | 4,1456537 | 0,12 |
| Belarus | BLR | 4,1147061 | 0,12 |
| Colombia | COL | 4,1036872 | 0,12 |
| Czechia | CZE | 4,0582426 | 0,12 |
| El Salvador | SLV | 4,0006208 | 0,12 |

(Fortsetzung)

**Tab. 9.10**  (Fortsetzung)

| Country | ISO-3 Code | GDP per capita (US dollars) | Wohlstandsmaß W |
|---|---|---|---|
| Ireland | IRL | 3,8934927 | 0,12 |
| Jordan | JOR | 3,6668978 | 0,11 |
| Kazakhstan | KAZ | 3,6354077 | 0,11 |
| Kuwait | KWT | 3,5485902 | 0,11 |
| Mexico | MEX | 3,5237995 | 0,11 |
| United Arab Emirates | ARE | 3,449581 | 0,11 |
| Bahrain | BHR | 3,4372955 | 0,11 |
| Barbados | BRB | 3,347043 | 0,11 |
| Costa Rica | CRI | 3,2963636 | 0,11 |
| Ecuador | ECU | 3,2729484 | 0,11 |
| Peru | PER | 3,102727 | 0,11 |
| Slovakia | SVK | 3,0485895 | 0,11 |
| Algeria | DZA | 3,0372152 | 0,11 |
| Cyprus | CYP | 2,9569215 | 0,11 |
| Finland | FIN | 2,7910344 | 0,10 |
| France | FRA | 2,7025588 | 0,10 |
| Austria | AUT | 2,6814253 | 0,10 |
| Brazil | BRA | 2,5631759 | 0,10 |
| China | CHN | 2,5424898 | 0,10 |
| Panama | PAN | 2,5375122 | 0,10 |
| Slovenia | SVN | 2,5001098 | 0,10 |
| Thailand | THA | 2,2015844 | 0,10 |
| Uruguay | URY | 2,1535265 | 0,10 |
| Brunei Darussalam | BRN | 2,0547573 | 0,10 |
| Denmark | DNK | 2,0355307 | 0,10 |
| Israel | ISR | 2,0289007 | 0,10 |
| Italy | ITA | 1,9854283 | 0,09 |
| Malta | MLT | 1,9481149 | 0,09 |
| Portugal | PRT | 1,9468976 | 0,09 |
| Cuba | CUB | 1,730439 | 0,09 |
| Germany | DEU | 1,7163693 | 0,09 |
| Japan | JPN | 1,7104747 | 0,09 |
| Luxembourg | LUX | 1,6837658 | 0,09 |
| Spain | ESP | 1,6707964 | 0,09 |
| Switzerland | CHE | 1,6273609 | 0,09 |
| Belgium | BEL | 1,572344 | 0,09 |
| Iceland | ISL | 1,5549803 | 0,09 |
| United States of America | USA | 1,534492 | 0,09 |
| Netherlands | NLD | 1,5121273 | 0,09 |
| Republic of Korea | KOR | 1,5017214 | 0,09 |
| Singapore | SGP | 1,4005282 | 0,09 |
| Sweden | SWE | 1,3544454 | 0,09 |

(Fortsetzung)

**Tab. 9.10**  (Fortsetzung)

| Country | ISO-3 Code | GDP per capita (US dollars) | Wohlstandsmaß W |
|---|---|---|---|
| Australia | AUS | 1,3303863 | 0,09 |
| New Zealand | NZL | 1,2837557 | 0,09 |
| Norway | NOR | 1,2480216 | 0,09 |
| United Kingdom of Great Britain and Northern Ireland | GBR | 1,2084407 | 0,09 |
| Canada | CAN | 1,0440622 | 0,09 |

**Tab. 9.11**  Ungewichtete Indikatoren für g*[1]

| Country | ISO 3166 | Krankheitslast | 100-D | Prävention | Netzdichte | Wohlstand |
|---|---|---|---|---|---|---|
| Afghanistan | AFG | 43,89 | 56,11 | 69,00 | 37,00 | 8,08 |
| Albania | ALB | 27,67 | 72,33 | 93,77 | 59,00 | 13,35 |
| Algeria | DZA | 24,41 | 75,59 | 88,33 | 78,00 | 11,88 |
| Angola | AGO | 51,95 | 48,05 | 49,60 | 40,00 | 11,06 |
| Antigua and Barbuda | ATG | 26,50 | 73,50 | 91,00 | 73,00 | 37,99 |
| Argentina | ARG | 27,36 | 72,64 | 74,48 | 76,00 | 25,07 |
| Armenia | ARM | 29,20 | 70,80 | 91,43 | 69,00 | 12,00 |
| Australia | AUS | 24,21 | 75,79 | 92,70 | 87,00 | 98,91 |
| Austria | AUT | 28,11 | 71,89 | 82,62 | 79,00 | 97,47 |
| Azerbaijan | AZE | 30,78 | 69,22 | 82,82 | 65,00 | 12,66 |
| Bahamas | BHS | 31,93 | 68,07 | 87,86 | 75,00 | 79,72 |
| Bahrain | BHR | 18,38 | 81,62 | 92,60 | 77,00 | 59,84 |
| Bangladesh | BGD | 26,58 | 73,42 | 91,38 | 48,00 | 9,14 |
| Barbados | BRB | 34,39 | 65,61 | 85,02 | 77,00 | 40,90 |
| Belarus | BLR | 37,62 | 62,38 | 93,53 | 76,00 | 14,93 |
| Belgium | BEL | 28,41 | 71,59 | 91,02 | 84,00 | 96,00 |
| Belize | BLZ | 25,69 | 74,31 | 80,00 | 64,00 | 12,88 |
| Benin | BEN | 54,45 | 45,55 | 79,80 | 40,00 | 8,40 |
| Bhutan | BTN | 28,12 | 71,88 | 95,40 | 62,00 | 11,16 |
| Bolivia (Plurin. State of) | BOL | 30,12 | 69,88 | 66,40 | 68,00 | 11,19 |
| Bosnia and Herzegovina | BIH | 34,89 | 65,11 | 76,63 | 61,00 | 14,39 |
| Botswana | BWA | 48,24 | 51,76 | 87,77 | 61,00 | 18,15 |
| Brazil | BRA | 29,49 | 70,51 | 70,42 | 79,00 | 19,36 |
| Brunei Darussalam | BRN | 23,89 | 76,11 | 96,12 | 81,00 | 78,55 |
| Bulgaria | BGR | 41,54 | 58,46 | 86,67 | 66,00 | 20,25 |
| Burkina Faso | BFA | 54,67 | 45,33 | 87,82 | 40,00 | 8,32 |
| Burundi | BDI | 46,79 | 53,21 | 88,92 | 42,00 | 7,86 |
| Cabo Verde | CPV | 24,48 | 75,52 | 93,00 | 69,00 | 11,29 |

(Fortsetzung)

**Tab. 9.11** (Fortsetzung)

| Country | ISO 3166 | Krankheitslast | 100-D | Prävention | Netzdichte | Wohlstand |
|---|---|---|---|---|---|---|
| Cambodia | KHM | 30,27 | 69,73 | 89,63 | 60,00 | 8,98 |
| Cameroon | CMR | 52,33 | 47,67 | 67,87 | 46,00 | 9,00 |
| Canada | CAN | 25,89 | 74,11 | 86,66 | 89,00 | 95,46 |
| Central African Republic | CAF | 75,73 | 24,27 | 47,75 | 33,00 | 8,02 |
| Chad | TCD | 69,42 | 30,58 | 60,92 | 28,00 | 8,25 |
| Chile | CHL | 23,62 | 76,38 | 86,17 | 70,00 | 35,74 |
| China | CHN | 25,68 | 74,32 | 94,75 | 79,00 | 20,53 |
| Colombia | COL | 22,90 | 77,10 | 88,85 | 76,00 | 15,45 |
| Comoros | COM | 40,09 | 59,91 | 85,60 | 52,00 | 8,87 |
| Congo | COG | 41,50 | 58,50 | 67,37 | 39,00 | 10,22 |
| Costa Rica | CRI | 22,54 | 77,46 | 94,87 | 77,00 | 25,84 |
| Côte d'Ivoire | CIV | 53,27 | 46,73 | 81,38 | 47,00 | 9,18 |
| Croatia | HRV | 34,81 | 65,19 | 90,22 | 71,00 | 32,38 |
| Cuba | CUB | 31,84 | 68,16 | 94,03 | 83,00 | 19,17 |
| Cyprus | CYP | 20,71 | 79,29 | 87,66 | 78,00 | 72,68 |
| Czechia | CZE | 32,04 | 67,96 | 90,68 | 76,00 | 56,50 |
| Dem. Rep. of the Congo | COG | 41,50 | 58,50 | 67,37 | 39,00 | 10,22 |
| Denmark | DNK | 27,57 | 72,43 | 91,35 | 81,00 | 99,28 |
| Djibouti | DJI | 41,30 | 58,70 | 69,40 | 47,00 | 10,61 |
| Dominican Republic | DOM | 30,94 | 69,06 | 78,98 | 74,00 | 17,09 |
| Ecuador | ECU | 22,15 | 77,85 | 72,60 | 77,00 | 14,98 |
| Egypt | EGY | 27,69 | 72,31 | 91,97 | 68,00 | 10,04 |
| El Salvador | SLV | 28,70 | 71,30 | 71,90 | 76,00 | 11,81 |
| Equatorial Guinea | GNQ | 53,72 | 46,28 | 61,50 | 45,00 | 21,82 |
| Eritrea | ERI | 41,64 | 58,36 | 93,27 | 38,00 | 9,46 |
| Estonia | EST | 32,70 | 67,30 | 87,12 | 75,00 | 57,24 |
| Eswatini | SWZ | 56,38 | 43,62 | 84,27 | 63,00 | 11,92 |
| Ethiopia | ETH | 36,28 | 63,72 | 71,33 | 39,00 | 8,25 |
| Fiji | FJI | 36,79 | 63,21 | 93,90 | 64,00 | 14,86 |
| Finland | FIN | 28,86 | 71,14 | 91,12 | 78,00 | 97,12 |
| France | FRA | 26,60 | 73,40 | 85,72 | 78,00 | 92,17 |
| Gabon | GAB | 39,98 | 60,02 | 68,25 | 49,00 | 17,72 |
| Gambia | GMB | 41,51 | 58,49 | 83,20 | 44,00 | 8,23 |
| Georgia | GEO | 39,02 | 60,98 | 84,98 | 66,00 | 12,24 |
| Germany | DEU | 30,73 | 69,27 | 88,34 | 83,00 | 96,10 |
| Ghana | GHA | 38,94 | 61,06 | 91,45 | 47,00 | 9,68 |
| Greece | GRC | 31,08 | 68,92 | 88,16 | 75,00 | 49,76 |
| Grenada | GRD | 33,06 | 66,94 | 73,75 | 72,00 | 22,46 |
| Guatemala | GTM | 29,38 | 70,62 | 84,00 | 55,00 | 12,44 |

(Fortsetzung)

**Tab. 9.11** (Fortsetzung)

| Country | ISO 3166 | Krankheitslast | 100-D | Prävention | Netzdichte | Wohlstand |
|---|---|---|---|---|---|---|
| Guinea | GIN | 59,21 | 40,79 | 53,75 | 37,00 | 8,43 |
| Guinea-Bissau | GNB | 55,42 | 44,58 | 75,00 | 40,00 | 8,29 |
| Guyana | GUY | 44,99 | 55,01 | 94,68 | 72,00 | 12,91 |
| Haiti | HTI | 46,49 | 53,51 | 59,93 | 49,00 | 8,34 |
| Honduras | HND | 26,43 | 73,57 | 80,40 | 65,00 | 10,00 |
| Hungary | HUN | 37,53 | 62,47 | 93,66 | 74,00 | 36,69 |
| Iceland | ISL | 22,57 | 77,43 | 91,38 | 84,00 | 99,88 |
| India | IND | 34,34 | 65,66 | 82,45 | 55,00 | 9,53 |
| Indonesia | IDN | 30,27 | 69,73 | 71,35 | 57,00 | 11,61 |
| Iran (Islamic Republic of) | IRN | 23,80 | 76,20 | 96,47 | 72,00 | 14,14 |
| Iraq | IRQ | 25,97 | 74,03 | 82,72 | 61,00 | 13,77 |
| Ireland | IRL | 22,73 | 77,27 | 71,92 | 76,00 | 99,91 |
| Israel | ISR | 19,08 | 80,92 | 92,66 | 82,00 | 94,31 |
| Italy | ITA | 29,02 | 70,98 | 89,34 | 82,00 | 83,61 |
| Jamaica | JAM | 26,98 | 73,02 | 93,85 | 65,00 | 13,53 |
| Japan | JPN | 27,75 | 72,25 | 92,43 | 83,00 | 89,96 |
| Jordan | JOR | 18,37 | 81,63 | 79,20 | 76,00 | 12,04 |
| Kazakhstan | KAZ | 28,29 | 71,71 | 87,37 | 76,00 | 21,04 |
| Kenya | KEN | 36,68 | 63,32 | 83,25 | 55,00 | 9,18 |
| Kiribati | KIR | 54,35 | 45,65 | 78,97 | 41,00 | 9,09 |
| Kuwait | KWT | 16,90 | 83,10 | 90,87 | 76,00 | 83,38 |
| Kyrgyzstan | KGZ | 23,92 | 76,08 | 86,98 | 70,00 | 8,76 |
| Lao People's Dem. Rep. | LAO | 33,57 | 66,43 | 72,97 | 51,00 | 10,04 |
| Latvia | LVA | 41,34 | 58,66 | 92,87 | 71,00 | 41,21 |
| Lebanon | LBN | 24,36 | 75,64 | 66,12 | 73,00 | 18,09 |
| Lesotho | LSO | 86,82 | 13,18 | 80,67 | 48,00 | 8,73 |
| Liberia | LBR | 51,73 | 48,27 | 54,50 | 39,00 | 7,98 |
| Libya | LBY | 23,81 | 76,19 | 73,00 | 64,00 | 13,24 |
| Lithuania | LTU | 40,06 | 59,94 | 89,38 | 73,00 | 44,83 |
| Luxembourg | LUX | 23,45 | 76,55 | 92,64 | 83,00 | 100,00 |
| Madagascar | MDG | 41,47 | 58,53 | 63,78 | 28,00 | 8,06 |
| Malawi | MWI | 38,39 | 61,61 | 88,20 | 46,00 | 7,95 |
| Malaysia | MYS | 25,26 | 74,74 | 92,70 | 73,00 | 24,37 |
| Maldives | MDV | 14,76 | 85,24 | 98,40 | 62,00 | 22,14 |
| Mali | MLI | 59,23 | 40,77 | 66,15 | 38,00 | 8,40 |
| Malta | MLT | 26,91 | 73,09 | 94,00 | 82,00 | 81,42 |
| Mauritania | MRT | 41,10 | 58,90 | 74,50 | 41,00 | 9,20 |
| Mauritius | MUS | 35,07 | 64,93 | 89,48 | 63,00 | 24,03 |
| Mexico | MEX | 26,25 | 73,75 | 69,85 | 76,00 | 20,85 |

(Fortsetzung)

**Tab. 9.11** (Fortsetzung)

| Country | ISO 3166 | Krankheitslast | 100-D | Prävention | Netzdichte | Wohlstand |
|---|---|---|---|---|---|---|
| Micronesia (Fed. States of) | FSM | 43,77 | 56,23 | 79,80 | 47,00 | 10,89 |
| Mongolia | MNG | 34,06 | 65,94 | 92,77 | 62,00 | 11,87 |
| Montenegro | MNE | 33,77 | 66,23 | 72,60 | 68,00 | 19,08 |
| Morocco | MAR | 29,57 | 70,43 | 96,75 | 70,00 | 10,86 |
| Mozambique | MOZ | 61,11 | 38,89 | 78,45 | 46,00 | 8,04 |
| Myanmar | MMR | 35,18 | 64,82 | 81,13 | 61,00 | 8,83 |
| Namibia | NAM | 42,13 | 57,87 | 81,95 | 62,00 | 14,36 |
| Nepal | NPL | 30,64 | 69,36 | 81,60 | 48,00 | 8,48 |
| Netherlands | NLD | 26,82 | 73,18 | 89,54 | 86,00 | 98,08 |
| New Zealand | NZL | 25,31 | 74,69 | 90,64 | 87,00 | 94,06 |
| Nicaragua | NIC | 23,47 | 76,53 | 93,60 | 73,00 | 9,50 |
| Niger | NER | 58,58 | 41,42 | 81,42 | 37,00 | 8,10 |
| Nigeria | NGA | 63,22 | 36,78 | 57,55 | 42,00 | 9,63 |
| North Macedonia | MKD | 34,49 | 65,51 | 92,60 | 72,00 | 14,56 |
| Norway | NOR | 24,54 | 75,46 | 94,72 | 87,00 | 99,93 |
| Oman | OMN | 19,66 | 80,34 | 96,92 | 69,00 | 44,80 |
| Pakistan | PAK | 44,28 | 55,72 | 80,47 | 45,00 | 8,80 |
| Panama | PAN | 23,20 | 76,80 | 81,35 | 79,00 | 34,79 |
| Papua New Guinea | PNG | 40,25 | 59,75 | 39,60 | 40,00 | 10,20 |
| Paraguay | PRY | 25,37 | 74,63 | 79,90 | 69,00 | 14,16 |
| Peru | PER | 22,02 | 77,98 | 85,57 | 77,00 | 15,93 |
| Philippines | PHL | 30,16 | 69,84 | 70,32 | 61,00 | 10,67 |
| Poland | POL | 32,47 | 67,53 | 88,62 | 75,00 | 34,43 |
| Portugal | PRT | 30,43 | 69,57 | 83,53 | 82,00 | 57,93 |
| Qatar | QAT | 14,75 | 85,25 | 86,57 | 68,00 | 99,69 |
| Republic of Korea | KOR | 22,24 | 77,76 | 94,47 | 86,00 | 82,31 |
| Republic of Moldova | MDA | 36,21 | 63,79 | 87,30 | 69,00 | 10,32 |
| Romania | ROU | 37,93 | 62,07 | 84,92 | 74,00 | 26,43 |
| Russian Federation | RUS | 40,71 | 59,29 | 93,12 | 75,00 | 24,41 |
| Rwanda | RWA | 32,52 | 67,48 | 90,25 | 57,00 | 8,28 |
| Saint Lucia | LCA | 31,94 | 68,06 | 84,00 | 68,00 | 22,63 |
| Saint Vincent & Grenadines | VCT | 33,69 | 66,31 | 98,20 | 71,00 | 16,60 |
| Samoa | WSM | 28,74 | 71,26 | 73,55 | 58,00 | 12,05 |
| Sao Tome and Principe | STP | 28,11 | 71,89 | 84,67 | 55,00 | 9,42 |
| Saudi Arabia | SAU | 24,50 | 75,50 | 92,77 | 74,00 | 57,17 |
| Senegal | SEN | 35,75 | 64,25 | 87,07 | 45,00 | 8,97 |
| Serbia | SRB | 36,98 | 63,02 | 89,90 | 65,00 | 16,35 |

**Tab. 9.11** (Fortsetzung)

| Country | ISO 3166 | Krankheitslast | 100-D | Prävention | Netzdichte | Wohlstand |
|---|---|---|---|---|---|---|
| Seychelles | SYC | 31,48 | 68,52 | 94,63 | 71,00 | 37,00 |
| Sierra Leone | SLE | 61,05 | 38,95 | 82,08 | 39,00 | 8,07 |
| Singapore | SGP | 20,26 | 79,74 | 92,38 | 86,00 | 99,35 |
| Slovakia | SVK | 30,47 | 69,53 | 91,45 | 77,00 | 45,87 |
| Slovenia | SVN | 29,29 | 70,71 | 91,38 | 79,00 | 65,09 |
| Solomon Islands | SLB | 35,34 | 64,66 | 79,05 | 47,00 | 9,42 |
| Somalia | SOM | 75,27 | 24,73 | 42,00 | 25,00 | 7,69 |
| South Africa | ZAF | 46,62 | 53,38 | 80,52 | 69,00 | 15,02 |
| South Sudan | SSD | 57,89 | 42,11 | 50,00 | 31,00 | 8,26 |
| Spain | ESP | 26,68 | 73,32 | 92,70 | 83,00 | 75,97 |
| Sri Lanka | LKA | 26,53 | 73,47 | 93,42 | 66,00 | 11,98 |
| Sudan | SDN | 37,27 | 62,73 | 86,00 | 44,00 | 8,69 |
| Suriname | SUR | 32,68 | 67,32 | 50,75 | 71,00 | 14,47 |
| Sweden | SWE | 25,98 | 74,02 | 80,68 | 86,00 | 98,51 |
| Switzerland | CHE | 24,76 | 75,24 | 86,78 | 83,00 | 99,94 |
| Syrian Arab Republic | SYR | 27,69 | 72,31 | 55,60 | 60,00 | 8,47 |
| Tajikistan | TJK | 28,96 | 71,04 | 97,20 | 68,00 | 8,33 |
| Thailand | THA | 29,00 | 71,00 | 92,32 | 80,00 | 16,46 |
| Timor-Leste | TLS | 33,48 | 66,52 | 81,18 | 52,00 | 9,51 |
| Togo | TGO | 46,04 | 53,96 | 79,87 | 43,00 | 8,17 |
| Tonga | TON | 26,53 | 73,47 | 94,20 | 58,00 | 12,89 |
| Trinidad and Tobago | TTO | 30,51 | 69,49 | 92,75 | 74,00 | 39,13 |
| Tunisia | TUN | 25,35 | 74,65 | 87,90 | 70,00 | 11,07 |
| Turkey | TUR | 22,35 | 77,65 | 92,32 | 74,00 | 20,21 |
| Turkmenistan | TKM | 32,96 | 67,04 | 98,40 | 70,00 | 15,95 |
| Uganda | UGA | 37,74 | 62,26 | 89,94 | 45,00 | 8,22 |
| Ukraine | UKR | 42,37 | 57,63 | 83,00 | 68,00 | 10,50 |
| United Arab Emirates | ARE | 18,04 | 81,96 | 85,32 | 76,00 | 93,48 |
| United Kingdom | GBR | 28,03 | 71,97 | 89,64 | 87,00 | 93,12 |
| United Rep. of Tanzania | TZA | 39,07 | 60,93 | 79,88 | 43,00 | 8,53 |
| United States of America | USA | 32,99 | 67,01 | 89,44 | 84,00 | 99,36 |
| Uruguay | URY | 31,05 | 68,95 | 90,77 | 80,00 | 39,55 |
| Uzbekistan | UZB | 25,44 | 74,56 | 95,55 | 73,00 | 9,02 |
| Vanuatu | VUT | 36,62 | 63,38 | 76,88 | 48,00 | 10,59 |
| Venezuela (Boliv. Rep. of) | VEN | 29,74 | 70,26 | 56,00 | 74,00 | 16,36 |
| Viet Nam | VNM | 28,60 | 71,40 | 91,20 | 75,00 | 10,07 |
| Yemen | YEM | 40,85 | 59,15 | 67,78 | 42,00 | 8,43 |
| Zambia | ZMB | 47,29 | 52,71 | 81,60 | 53,00 | 9,04 |
| Zimbabwe | ZWE | 47,76 | 52,24 | 84,63 | 54,00 | 9,15 |

**Tab. 9.12** Gewichtete Indikatoren und g*[1]

| Country | ISO 3166 | d·(100-D) | p·P | m·M | w·W | g*1 |
|---|---|---|---|---|---|---|
| Afghanistan | AFG | 22,45 | 13,80 | 11,10 | 0,81 | 48,15 |
| Albania | ALB | 28,93 | 18,75 | 17,70 | 1,33 | 66,72 |
| Algeria | DZA | 30,24 | 17,67 | 23,40 | 1,19 | 72,49 |
| Angola | AGO | 19,22 | 9,92 | 12,00 | 1,11 | 42,25 |
| Antigua and Barbuda | ATG | 29,40 | 18,20 | 21,90 | 3,80 | 73,30 |
| Argentina | ARG | 29,06 | 14,90 | 22,80 | 2,51 | 69,26 |
| Armenia | ARM | 28,32 | 18,29 | 20,70 | 1,20 | 68,51 |
| Australia | AUS | 30,32 | 18,54 | 26,10 | 9,89 | 84,85 |
| Austria | AUT | 28,76 | 16,52 | 23,70 | 9,75 | 78,73 |
| Azerbaijan | AZE | 27,69 | 16,56 | 19,50 | 1,27 | 65,02 |
| Bahamas | BHS | 27,23 | 17,57 | 22,50 | 7,97 | 75,27 |
| Bahrain | BHR | 32,65 | 18,52 | 23,10 | 5,98 | 80,25 |
| Bangladesh | BGD | 29,37 | 18,28 | 14,40 | 0,91 | 62,96 |
| Barbados | BRB | 26,24 | 17,00 | 23,10 | 4,09 | 70,44 |
| Belarus | BLR | 24,95 | 18,71 | 22,80 | 1,49 | 67,95 |
| Belgium | BEL | 28,64 | 18,20 | 25,20 | 9,60 | 81,64 |
| Belize | BLZ | 29,72 | 16,00 | 19,20 | 1,29 | 66,21 |
| Benin | BEN | 18,22 | 15,96 | 12,00 | 0,84 | 47,02 |
| Bhutan | BTN | 28,75 | 19,08 | 18,60 | 1,12 | 67,55 |
| Bolivia (Plurin. State of) | BOL | 27,95 | 13,28 | 20,40 | 1,12 | 62,75 |
| Bosnia and Herzegovina | BIH | 26,04 | 15,33 | 18,30 | 1,44 | 61,11 |
| Botswana | BWA | 20,70 | 17,55 | 18,30 | 1,81 | 58,37 |
| Brazil | BRA | 28,20 | 14,08 | 23,70 | 1,94 | 67,92 |
| Brunei Darussalam | BRN | 30,44 | 19,22 | 24,30 | 7,85 | 81,82 |
| Bulgaria | BGR | 23,39 | 17,33 | 19,80 | 2,02 | 62,54 |
| Burkina Faso | BFA | 18,13 | 17,56 | 12,00 | 0,83 | 48,53 |
| Burundi | BDI | 21,28 | 17,78 | 12,60 | 0,79 | 52,45 |
| Cabo Verde | CPV | 30,21 | 18,60 | 20,70 | 1,13 | 70,64 |
| Cambodia | KHM | 27,89 | 17,93 | 18,00 | 0,90 | 64,72 |
| Cameroon | CMR | 19,07 | 13,57 | 13,80 | 0,90 | 47,34 |
| Canada | CAN | 29,64 | 17,33 | 26,70 | 9,55 | 83,22 |
| Central African Republic | CAF | 9,71 | 9,55 | 9,90 | 0,80 | 29,96 |
| Chad | TCD | 12,23 | 12,18 | 8,40 | 0,82 | 33,64 |
| Chile | CHL | 30,55 | 17,23 | 21,00 | 3,57 | 72,36 |
| China | CHN | 29,73 | 18,95 | 23,70 | 2,05 | 74,43 |
| Colombia | COL | 30,84 | 17,77 | 22,80 | 1,55 | 72,96 |
| Comoros | COM | 23,97 | 17,12 | 15,60 | 0,89 | 57,57 |

(Fortsetzung)

**Tab. 9.12** (Fortsetzung)

| Country | ISO 3166 | d·(100-D) | p·P | m·M | w·W | g*1 |
|---|---|---|---|---|---|---|
| Congo | COG | 23,40 | 13,47 | 11,70 | 1,02 | 49,60 |
| Costa Rica | CRI | 30,98 | 18,97 | 23,10 | 2,58 | 75,64 |
| Côte d'Ivoire | CIV | 18,69 | 16,28 | 14,10 | 0,92 | 49,99 |
| Croatia | HRV | 26,08 | 18,04 | 21,30 | 3,24 | 68,66 |
| Cuba | CUB | 27,26 | 18,81 | 24,90 | 1,92 | 72,89 |
| Cyprus | CYP | 31,71 | 17,53 | 23,40 | 7,27 | 79,92 |
| Czechia | CZE | 27,18 | 18,14 | 22,80 | 5,65 | 73,77 |
| Dem. Rep. of the Congo | COG | 23,40 | 13,47 | 11,70 | 1,02 | 49,60 |
| Denmark | DNK | 28,97 | 18,27 | 24,30 | 9,93 | 81,47 |
| Djibouti | DJI | 23,48 | 13,88 | 14,10 | 1,06 | 52,52 |
| Dominican Republic | DOM | 27,63 | 15,80 | 22,20 | 1,71 | 67,33 |
| Ecuador | ECU | 31,14 | 14,52 | 23,10 | 1,50 | 70,26 |
| Egypt | EGY | 28,92 | 18,39 | 20,40 | 1,00 | 68,72 |
| El Salvador | SLV | 28,52 | 14,38 | 22,80 | 1,18 | 66,88 |
| Equatorial Guinea | GNQ | 18,51 | 12,30 | 13,50 | 2,18 | 46,50 |
| Eritrea | ERI | 23,34 | 18,65 | 11,40 | 0,95 | 54,34 |
| Estonia | EST | 26,92 | 17,42 | 22,50 | 5,72 | 72,57 |
| Eswatini | SWZ | 17,45 | 16,85 | 18,90 | 1,19 | 54,39 |
| Ethiopia | ETH | 25,49 | 14,27 | 11,70 | 0,82 | 52,28 |
| Fiji | FJI | 25,28 | 18,78 | 19,20 | 1,49 | 64,75 |
| Finland | FIN | 28,45 | 18,22 | 23,40 | 9,71 | 79,79 |
| France | FRA | 29,36 | 17,14 | 23,40 | 9,22 | 79,12 |
| Gabon | GAB | 24,01 | 13,65 | 14,70 | 1,77 | 54,13 |
| Gambia | GMB | 23,40 | 16,64 | 13,20 | 0,82 | 54,06 |
| Georgia | GEO | 24,39 | 17,00 | 19,80 | 1,22 | 62,41 |
| Germany | DEU | 27,71 | 17,67 | 24,90 | 9,61 | 79,89 |
| Ghana | GHA | 24,43 | 18,29 | 14,10 | 0,97 | 57,78 |
| Greece | GRC | 27,57 | 17,63 | 22,50 | 4,98 | 72,68 |
| Grenada | GRD | 26,78 | 14,75 | 21,60 | 2,25 | 65,37 |
| Guatemala | GTM | 28,25 | 16,80 | 16,50 | 1,24 | 62,79 |
| Guinea | GIN | 16,32 | 10,75 | 11,10 | 0,84 | 39,01 |
| Guinea-Bissau | GNB | 17,83 | 15,00 | 12,00 | 0,83 | 45,66 |
| Guyana | GUY | 22,00 | 18,94 | 21,60 | 1,29 | 63,83 |
| Haiti | HTI | 21,40 | 11,99 | 14,70 | 0,83 | 48,93 |
| Honduras | HND | 29,43 | 16,08 | 19,50 | 1,00 | 66,01 |
| Hungary | HUN | 24,99 | 18,73 | 22,20 | 3,67 | 69,59 |
| Iceland | ISL | 30,97 | 18,28 | 25,20 | 9,99 | 84,44 |
| India | IND | 26,26 | 16,49 | 16,50 | 0,95 | 60,21 |
| Indonesia | IDN | 27,89 | 14,27 | 17,10 | 1,16 | 60,42 |

(Fortsetzung)

**Tab. 9.12** (Fortsetzung)

| Country | ISO 3166 | d·(100-D) | p·P | m·M | w·W | g*1 |
|---|---|---|---|---|---|---|
| Iran (Islamic Republic of) | IRN | 30,48 | 19,29 | 21,60 | 1,41 | 72,79 |
| Iraq | IRQ | 29,61 | 16,54 | 18,30 | 1,38 | 65,83 |
| Ireland | IRL | 30,91 | 14,38 | 22,80 | 9,99 | 78,08 |
| Israel | ISR | 32,37 | 18,53 | 24,60 | 9,43 | 84,93 |
| Italy | ITA | 28,39 | 17,87 | 24,60 | 8,36 | 79,22 |
| Jamaica | JAM | 29,21 | 18,77 | 19,50 | 1,35 | 68,83 |
| Japan | JPN | 28,90 | 18,49 | 24,90 | 9,00 | 81,28 |
| Jordan | JOR | 32,65 | 15,84 | 22,80 | 1,20 | 72,50 |
| Kazakhstan | KAZ | 28,68 | 17,47 | 22,80 | 2,10 | 71,06 |
| Kenya | KEN | 25,33 | 16,65 | 16,50 | 0,92 | 59,40 |
| Kiribati | KIR | 18,26 | 15,79 | 12,30 | 0,91 | 47,26 |
| Kuwait | KWT | 33,24 | 18,17 | 22,80 | 8,34 | 82,55 |
| Kyrgyzstan | KGZ | 30,43 | 17,40 | 21,00 | 0,88 | 69,70 |
| Lao People's Dem. Rep. | LAO | 26,57 | 14,59 | 15,30 | 1,00 | 57,47 |
| Latvia | LVA | 23,46 | 18,57 | 21,30 | 4,12 | 67,46 |
| Lebanon | LBN | 30,26 | 13,22 | 21,90 | 1,81 | 67,19 |
| Lesotho | LSO | 5,27 | 16,13 | 14,40 | 0,87 | 36,68 |
| Liberia | LBR | 19,31 | 10,90 | 11,70 | 0,80 | 42,71 |
| Libya | LBY | 30,48 | 14,60 | 19,20 | 1,32 | 65,60 |
| Lithuania | LTU | 23,97 | 17,88 | 21,90 | 4,48 | 68,23 |
| Luxembourg | LUX | 30,62 | 18,53 | 24,90 | 10,00 | 84,05 |
| Madagascar | MDG | 23,41 | 12,76 | 8,40 | 0,81 | 45,38 |
| Malawi | MWI | 24,64 | 17,64 | 13,80 | 0,79 | 56,88 |
| Malaysia | MYS | 29,90 | 18,54 | 21,90 | 2,44 | 72,77 |
| Maldives | MDV | 34,10 | 19,68 | 18,60 | 2,21 | 74,59 |
| Mali | MLI | 16,31 | 13,23 | 11,40 | 0,84 | 41,78 |
| Malta | MLT | 29,24 | 18,80 | 24,60 | 8,14 | 80,78 |
| Mauritania | MRT | 23,56 | 14,90 | 12,30 | 0,92 | 51,68 |
| Mauritius | MUS | 25,97 | 17,90 | 18,90 | 2,40 | 65,17 |
| Mexico | MEX | 29,50 | 13,97 | 22,80 | 2,08 | 68,35 |
| Micronesia (Fed. States of) | FSM | 22,49 | 15,96 | 14,10 | 1,09 | 53,64 |
| Mongolia | MNG | 26,38 | 18,55 | 18,60 | 1,19 | 64,72 |
| Montenegro | MNE | 26,49 | 14,52 | 20,40 | 1,91 | 63,32 |
| Morocco | MAR | 28,17 | 19,35 | 21,00 | 1,09 | 69,61 |
| Mozambique | MOZ | 15,55 | 15,69 | 13,80 | 0,80 | 45,85 |
| Myanmar | MMR | 25,93 | 16,23 | 18,30 | 0,88 | 61,34 |
| Namibia | NAM | 23,15 | 16,39 | 18,60 | 1,44 | 59,57 |
| Nepal | NPL | 27,74 | 16,32 | 14,40 | 0,85 | 59,31 |

(Fortsetzung)

**Tab. 9.12** (Fortsetzung)

| Country | ISO 3166 | d·(100-D) | p·P | m·M | w·W | g*1 |
|---|---|---|---|---|---|---|
| Netherlands | NLD | 29,27 | 17,91 | 25,80 | 9,81 | 82,79 |
| New Zealand | NZL | 29,88 | 18,13 | 26,10 | 9,41 | 83,51 |
| Nicaragua | NIC | 30,61 | 18,72 | 21,90 | 0,95 | 72,18 |
| Niger | NER | 16,57 | 16,28 | 11,10 | 0,81 | 44,76 |
| Nigeria | NGA | 14,71 | 11,51 | 12,60 | 0,96 | 39,79 |
| North Macedonia | MKD | 26,20 | 18,52 | 21,60 | 1,46 | 67,78 |
| Norway | NOR | 30,19 | 18,94 | 26,10 | 9,99 | 85,22 |
| Oman | OMN | 32,13 | 19,38 | 20,70 | 4,48 | 76,70 |
| Pakistan | PAK | 22,29 | 16,09 | 13,50 | 0,88 | 52,76 |
| Panama | PAN | 30,72 | 16,27 | 23,70 | 3,48 | 74,17 |
| Papua New Guinea | PNG | 23,90 | 7,92 | 12,00 | 1,02 | 44,84 |
| Paraguay | PRY | 29,85 | 15,98 | 20,70 | 1,42 | 67,95 |
| Peru | PER | 31,19 | 17,11 | 23,10 | 1,59 | 73,00 |
| Philippines | PHL | 27,93 | 14,06 | 18,30 | 1,07 | 61,36 |
| Poland | POL | 27,01 | 17,72 | 22,50 | 3,44 | 70,68 |
| Portugal | PRT | 27,83 | 16,71 | 24,60 | 5,79 | 74,93 |
| Qatar | QAT | 34,10 | 17,31 | 20,40 | 9,97 | 81,78 |
| Republic of Korea | KOR | 31,10 | 18,89 | 25,80 | 8,23 | 84,03 |
| Republic of Moldova | MDA | 25,52 | 17,46 | 20,70 | 1,03 | 64,71 |
| Romania | ROU | 24,83 | 16,98 | 22,20 | 2,64 | 66,65 |
| Russian Federation | RUS | 23,72 | 18,62 | 22,50 | 2,44 | 67,28 |
| Rwanda | RWA | 26,99 | 18,05 | 17,10 | 0,83 | 62,97 |
| Saint Lucia | LCA | 27,22 | 16,80 | 20,40 | 2,26 | 66,69 |
| Saint Vincent & Grenadines | VCT | 26,53 | 19,64 | 21,30 | 1,66 | 69,13 |
| Samoa | WSM | 28,50 | 14,71 | 17,40 | 1,21 | 61,82 |
| Sao Tome and Principe | STP | 28,76 | 16,93 | 16,50 | 0,94 | 63,13 |
| Saudi Arabia | SAU | 30,20 | 18,55 | 22,20 | 5,72 | 76,67 |
| Senegal | SEN | 25,70 | 17,41 | 13,50 | 0,90 | 57,51 |
| Serbia | SRB | 25,21 | 17,98 | 19,50 | 1,64 | 64,32 |
| Seychelles | SYC | 27,41 | 18,93 | 21,30 | 3,70 | 71,33 |
| Sierra Leone | SLE | 15,58 | 16,42 | 11,70 | 0,81 | 44,50 |
| Singapore | SGP | 31,90 | 18,48 | 25,80 | 9,93 | 86,11 |
| Slovakia | SVK | 27,81 | 18,29 | 23,10 | 4,59 | 73,79 |
| Slovenia | SVN | 28,28 | 18,28 | 23,70 | 6,51 | 76,77 |
| Solomon Islands | SLB | 25,86 | 15,81 | 14,10 | 0,94 | 56,71 |
| Somalia | SOM | 9,89 | 8,40 | 7,50 | 0,77 | 26,56 |
| South Africa | ZAF | 21,35 | 16,10 | 20,70 | 1,50 | 59,66 |
| South Sudan | SSD | 16,85 | 10,00 | 9,30 | 0,83 | 36,97 |
| Spain | ESP | 29,33 | 18,54 | 24,90 | 7,60 | 80,36 |

(Fortsetzung)

**Tab. 9.12** (Fortsetzung)

| Country | ISO 3166 | d·(100-D) | p·P | m·M | w·W | g*1 |
|---|---|---|---|---|---|---|
| Sri Lanka | LKA | 29,39 | 18,68 | 19,80 | 1,20 | 69,07 |
| Sudan | SDN | 25,09 | 17,20 | 13,20 | 0,87 | 56,36 |
| Suriname | SUR | 26,93 | 10,15 | 21,30 | 1,45 | 59,82 |
| Sweden | SWE | 29,61 | 16,14 | 25,80 | 9,85 | 81,40 |
| Switzerland | CHE | 30,10 | 17,36 | 24,90 | 9,99 | 82,35 |
| Syrian Arab Republic | SYR | 28,92 | 11,12 | 18,00 | 0,85 | 58,89 |
| Tajikistan | TJK | 28,42 | 19,44 | 20,40 | 0,83 | 69,09 |
| Thailand | THA | 28,40 | 18,46 | 24,00 | 1,65 | 72,51 |
| Timor-Leste | TLS | 26,61 | 16,24 | 15,60 | 0,95 | 59,40 |
| Togo | TGO | 21,59 | 15,97 | 12,90 | 0,82 | 51,28 |
| Tonga | TON | 29,39 | 18,84 | 17,40 | 1,29 | 66,91 |
| Trinidad and Tobago | TTO | 27,80 | 18,55 | 22,20 | 3,91 | 72,46 |
| Tunisia | TUN | 29,86 | 17,58 | 21,00 | 1,11 | 69,55 |
| Turkey | TUR | 31,06 | 18,46 | 22,20 | 2,02 | 73,74 |
| Turkmenistan | TKM | 26,82 | 19,68 | 21,00 | 1,60 | 69,09 |
| Uganda | UGA | 24,90 | 17,99 | 13,50 | 0,82 | 57,21 |
| Ukraine | UKR | 23,05 | 16,60 | 20,40 | 1,05 | 61,10 |
| United Arab Emirates | ARE | 32,79 | 17,06 | 22,80 | 9,35 | 82,00 |
| United Kingdom | GBR | 28,79 | 17,93 | 26,10 | 9,31 | 82,13 |
| United Rep. of Tanzania | TZA | 24,37 | 15,98 | 12,90 | 0,85 | 54,10 |
| United States of America | USA | 26,80 | 17,89 | 25,20 | 9,94 | 79,83 |
| Uruguay | URY | 27,58 | 18,15 | 24,00 | 3,96 | 73,69 |
| Uzbekistan | UZB | 29,82 | 19,11 | 21,90 | 0,90 | 71,74 |
| Vanuatu | VUT | 25,35 | 15,38 | 14,40 | 1,06 | 56,19 |
| Venezuela (Boliv. Rep. of) | VEN | 28,11 | 11,20 | 22,20 | 1,64 | 63,14 |
| Viet Nam | VNM | 28,56 | 18,24 | 22,50 | 1,01 | 70,30 |
| Yemen | YEM | 23,66 | 13,56 | 12,60 | 0,84 | 50,66 |
| Zambia | ZMB | 21,08 | 16,32 | 15,90 | 0,90 | 54,21 |
| Zimbabwe | ZWE | 20,89 | 16,93 | 16,20 | 0,92 | 54,94 |

**Tab. 9.13** Indikatoren und g*1 ausgewählter Staaten

| Country | ISO 3166 | d·(100-D) | p · P | m · M | w · W | g*1 |
|---|---|---|---|---|---|---|
| Singapore | SGP | 31,90 | 18,48 | 25,80 | 9,93 | 86,11 |
| Netherlands | NLD | 29,27 | 17,91 | 25,80 | 9,81 | 82,79 |
| United Kingdom | GBR | 28,79 | 17,93 | 26,10 | 9,31 | 82,13 |
| Germany | DEU | 27,71 | 17,67 | 24,90 | 9,61 | 79,89 |
| United States of America | USA | 26,80 | 17,89 | 25,20 | 9,94 | 79,83 |
| France | FRA | 29,36 | 17,14 | 23,40 | 9,22 | 79,12 |
| China | CHN | 29,73 | 18,95 | 23,70 | 2,05 | 74,43 |
| Russian Federation | RUS | 23,72 | 18,62 | 22,50 | 2,44 | 67,28 |
| India | IND | 26,26 | 16,49 | 16,50 | 0,95 | 60,21 |
| Afghanistan | AFG | 22,45 | 13,80 | 11,10 | 0,81 | 48,15 |
| South Sudan | SSD | 16,85 | 10,00 | 9,30 | 0,83 | 36,97 |
| Somalia | SOM | 9,89 | 8,40 | 7,50 | 0,77 | 26,56 |
| Country | ISO 3166 | d·(100-D) | p·P | m·M | w·W | g*1 |

**Tab. 9.14** Daten zu g*2, g*3, g*4. (Quelle: g*2, g*3, g*4: OECD bzw. eigene Berechnungen, Better Life Index, https://stats.oecd.org/Index.aspx?DataSetCode=BLI, zugegriffen am 01.09.2021)

| Country | ISO 3166 | g*1 | g*2: Selbstein-schätzung | g*3: Lebens-zufriedenheit | g*4: Lebens-erwartung |
|---|---|---|---|---|---|
| Australia | AUS | 84,8 | 85 | 73 | 82,5 |
| Austria | AUT | 78,7 | 70 | 71 | 81,7 |
| Belgium | BEL | 81,6 | 74 | 69 | 81,5 |
| Canada | CAN | 83,2 | 88 | 74 | 81,9 |
| Chile | CHL | 72,4 | 57 | 65 | 79,9 |
| Czech Republic | CZE | 73,8 | 60 | 67 | 79,1 |
| Denmark | DNK | 81,5 | 71 | 76 | 80,9 |
| Estonia | EST | 72,6 | 53 | 57 | 77,8 |
| Finland | FIN | 79,8 | 70 | 76 | 81,5 |
| France | FRA | 79,1 | 66 | 65 | 82,4 |
| Germany | DEU | 79,9 | 65 | 70 | 81,1 |
| Greece | GRC | 72,7 | 74 | 54 | 81,5 |
| Hungary | HUN | 69,6 | 60 | 56 | 76,2 |
| Iceland | ISL | 84,4 | 76 | 75 | 82,3 |
| Ireland | IRL | 78,1 | 83 | 70 | 81,8 |
| Israel | ISR | 84,9 | 84 | 72 | 82,5 |
| Italy | ITA | 79,2 | 71 | 60 | 83,3 |
| Japan | JPN | 81,3 | 36 | 59 | 84,1 |
| Korea | KOR | 84,0 | 33 | 59 | 82,4 |
| Latvia | LVA | 67,5 | 47 | 59 | 74,7 |
| Lithuania | LTU | 68,2 | 43 | 59 | 74,8 |
| Luxembourg | LUX | 84,0 | 69 | 69 | 82,8 |

(Fortsetzung)

**Tab. 9.14** (Fortsetzung)

| Country | ISO 3166 | g*1 | g*2: Selbstein-schätzung | g*3: Lebens-zufriedenheit | g*4: Lebens-erwartung |
|---|---|---|---|---|---|
| Mexico | MEX | 68,4 | 66 | 65 | 75,4 |
| Netherlands | NLD | 82,8 | 76 | 74 | 81,6 |
| New Zealand | NZL | 83,5 | 88 | 73 | 81,7 |
| Norway | NOR | 85,2 | 77 | 76 | 82,5 |
| Poland | POL | 70,7 | 58 | 61 | 78 |
| Portugal | PRT | 74,9 | 48 | 54 | 81,2 |
| Russia | RUS | 67,3 | 43 | 64 | 71,8 |
| Slovak Republic | SVK | 73,8 | 66 | 62 | 77,3 |
| Slovenia | SVN | 76,8 | 64 | 59 | 81,3 |
| Spain | ESP | 80,4 | 72 | 63 | 83,4 |
| Sweden | SWE | 81,4 | 75 | 73 | 82,4 |
| Switzerland | CHE | 82,3 | 78 | 75 | 83,7 |
| Turkey | TUR | 73,7 | 69 | 55 | 78 |
| United Kingdom | GBR | 82,1 | 69 | 68 | 81,2 |
| United States | USA | 79,8 | 88 | 69 | 78,6 |

# Literatur

Aquin, T. v. (2021). Deutsche Gesellschaft für Gesundheit e. V. https://deuge.net/archiv/zitate.html. Zugegriffen am 18.08.2021, 18:23 Uhr.

Ärzteblatt. (2020). https://www.aerzteblatt.de/archiv/inhalt?heftid=3152. Zugegriffen am 15.11.2020.

Bauch, J. (1996). Läßt sich das Gesundheitswesen politisch steuern? Die Gesundheitsreform in systemtheoretischer Sicht. *Sozialwissenschaften und Berufspraxis, 19*(3), 242–247. https://nbn-resolving.org/urn:nbn:de:0168-ssoar-36415.

Bhutan. (2016). Centre for Bhutan Studies & GNH Research: A Compass towards a just and harmonious society – 2015 GNH Survey Report, Thimphu, Bhutan, ISBN 978-99936-14-86-9.

Breyer, B., & Voss, C. (2016). Happiness and Satisfaction Scale (ISSP). Zusammenstellung sozialwissenschaftlicher Items und Skalen (ZIS). https://doi.org/10.6102/zis240.

Bundestag 17/13300: Deutscher Bundestag Drucksache 17/13300, 17. Wahlperiode, 03.05.2013, Schlussbericht der Enquete-Kommission „Wachstum, Wohlstand, Lebensqualität – Wege zu nachhaltigem Wirtschaften und gesellschaftlichem Fortschritt in der Sozialen Marktwirtschaft".

Castel, R. (1983). Von der Gefährlichkeit zum Risiko. In M. M. Wambach (Hrsg.), Der Mensch als Risiko. *Zur Logik von Prävention und Früherkennung* (S. 51–74). Frankfurt a. M.: Suhrkamp.

Corience. (2020). http://www.corience.org/de/leben-mit-einem-herzfehler/erwachsene/koerper-seele/lebensqualitaet/hintergrundwissen/. Zugegriffen am 13.07.2020.

DIMDI. (2002). Evalutionsergebnisse zum „Hamburger Einstufungsmanual" zum Barthel-Index; vorgestellt im Ausschuss Qualitätssicherung II der BAG KGE e. V. am 4. November 2002. https://www.dimdi.de/static/.downloads/deutsch/hamburger-manual-nov2004.pdf. Zugegriffen am 08.08.2021

DIMDI. (2005). Deutsches Institut für Medizinische Dokumentation und Information, DIMDI, WHO-Kooperationszentrum für das System Internationaler Klassifikationen: Internationale Klassifikation der Funktionsfähigkeit, Behinderung und Gesundheit, Stand Oktober 2005.

https://www.dimdi.de/dynamic/.downloads/klassifikationen/icf/icfbp2005.zip. Zugegriffen am 03.08.2021.

DIMDI. (2021). https://www.dimdi.de/dynamic/de/klassifikationen/icd/icd-10-gm/systematik/systematik/. Zugegriffen am 30.08.2021.

Ebersoll, M. (2006). *Die Alternative Wirtschaftstheorie. Beitrag zu den Grundlagen einer quantitativen Theorie dynamischer ökonomischer Systeme.* Der Andere.

Ebersoll, M., Hanke-Ebersoll, M., & Junkermann, T. (2021). Das Gesundheitswesen aus Sicht einer quantitativen, ökonomischen Systembeschreibung, Neopubli GmbH Berlin. ISBN: 978-3-754108-10-9. Reihe: Berichte zu aktuellen, gesellschaftlichen Fragestellungen aus der Perspektive der Alternativen Wirtschaftstheorie, Band 3.

Erhart, M., Wille, N., & Ravens-Sieberer, U. (2006). Die Messung der subjektiven Gesundheit: Stand der Forschung und Herausforderungen. In M. Richter & K. Hurrelmann (Hrsg.), *Gesundheitliche Ungleichheit. Grundlagen, Probleme, Konzepte* (S. 321–338). VS Verlag für Sozialwissenschaften.

Falk, G. (1968). *Theoretische Physik auf der Grundlage einer allgemeinen Dynamik, Band II: Allgemeine Dynamik/Thermodynamik.* Springer.

Falk, G. (1990). Physik, Zahl und Realität – Die begrifflichen und mathematischen Grundlagen einer universellen quantitativen Naturbeschreibung. Basel: Birkhäuser.

Franzkowiak, P. (2018). Soziologische Perspektiven auf Gesundheit und Krankheit. https://doi.org/10.17623/BZGA:224-i116-2.0.

Freud, S. (2021). Die Freudsche psychoanalytische Methode, Gesammelte Werke Bd. V. https://www.textlog.de/freud-psychoanalyse-freudsche-psychoanalytische-methode.html. Zugegriffen 18.09.2021.

Gansneder, M. (2001). Operationalisierung von Rechtsstrukturen in ökonomischen Systemen, Dissertation an der Fakultät für Wirtschafts- und Organisationswissenschaften der Universität der Bundeswehr München, Neubiberg.

Gardner, J. W., & Sanvorn, J. S. (1990). Years of Potential Life Lost (YPLL) – What does it measure? *Epidemiology, 1*(4), 322.

Guyatt, G. H., Feeny, D. H., & Patrick, D. L. (2008). Measuring health-related quality of life, www.annals.org/cgi/content/full/118/8/622, published 1993. Zugegriffen am 08.11.2008.

Hanke, M. (2007). *Ideal- und Realsysteme des Gesundheitswesens.* Der Andere.

Hanke-Ebersoll, M. (2011). *Soziale Konvergenz? Eine empirische Analyse der sozialen Lage ausgewählter Ethnizitäten in den USA.* Der Andere.

Heartbeat. (2017). Patient reported outcome measures, Generic Health Related.

Heartbeat. (2020). https://heartbeat-med.com/de/wiki/sf-36-fragebogen/#busl45kcftnvw95weufjfo. Zugegriffen am 18.10.2020.

Janke, S., & Glöckner-Rist, A. (2014). Deutsche Version der Satisfaction with Life Scale (SWLS). Zusammenstellung sozialwissenschaftlicher Items und Skalen (ZIS). https://doi.org/10.6102/zis147.

Kholin, M., & Blickle, G. (2015). Zum Verhältnis von Erwerbsarbeit, Arbeitswerten und Globalisierung. *Zeitschrift für Arbeits- und Organisationspsychologie, 59*((N. F. 33) 1), 16–29. Hogrefe, Göttingen.

Luhmann, N. (1996). *Die Wirtschaft der Gesellschaft.* Suhrkamp.

Luhmann, N. (1997). *Die Gesellschaft der Gesellschaft, erster Teilband.* Suhrkamp.

Luhmann, N. (2005). Der medizinische Code. *Soziologische Aufklärung, 5,* 176–188. Wiesbaden: VS Verlag für Sozialwissenschaften.

Maslow, A. H. (1943). A theory of human motivation. *Psychological Review, 50*(4), 370–396.

MDS – Medizinischer Dienst des Spitzenverbandes Bund der Krankenkassen e. V. (2021). Richtlinien des GKV-Spitzenverbandes zur Feststellung der Pflegebedürftigkeit nach dem XI. Buch des Sozialgesetzbuches, 3. Aufl.

Moons, P., Marquet, K., Budts, W., & De Geest, S. (2008). Validity, reliability and responsiveness of the „Schedule for the Evaluation of Individual Quality of Life – Direct Weighting" (SEIQoL-DW) in congenital heart disease, www.hqlo.com/content/2/1/27. Zugegriffen am 05.11.2008.

Nießen, D., Groskurth, K., Rammsted, B., & Lechner, C. M. (2020). An English-language adaptation of the General Life Satisfaction Short Scale (L-1). *Zusammenstellung sozialwissenschaftlicher Items und Skalen (ZIS).* https://doi.org/10.6102/zis284.

Nietzsche, F. (1882). Die fröhliche Wissenschaft (La gaya scienza), 1882 (ergänzt 1887).

OECD. (2020). OECD health statistics 2020 – Definitions, sources and methods. https://stats.oecd.org/FileView2.aspx?IDFile=b12da936-1b4c-4d40-bfc7-252113a3c7a4. Zugegriffen 12.08.2020.

OECD. (2021). Better life index. https://www.oecdbetterlifeindex.org/de. Zugegriffen 07.09.2021.

Pedroni, G., & Zweifel, P. (1990). *Wie misst man Gesundheit?* Pharma Information.

Radoschewski, M. (2000). Gesundheitsbezogene Lebensqualität – Konzepte und Maße. *Bundesgesundheitsblatt,* 43, 165–188, Springer.

Reese-Schäfer. (1999). *Niklas Luhmann zur Einführung.* Junius.

Richter, M., & Hurrelmann, K. (Hrsg.). (2016). *Soziologie von Gesundheit und Krankheit.* Wiesbaden: Springer Fachmedien.

Rosling, H. (2018). *Factfulness.* Ullstein Buchverlag.

Schwartz, F. W., & Busse, R. (1998). Denken in Zusammenhängen: Gesundheitssystemforschung. In F. W. Schwartz et al. (Hrsg.) *Das Public Health Buch: Gesundheit und Gesundheitswesen* (S. 385–411). München/Wien/Baltimore: Urban & Schwarzenberg.

Straub, D. (1989). *Thermofluiddynamics of optimized rocket propulsions.* Birkhauser.

Straub, D. (1997). *Alternative mathematical theory of non-equilibrium phenomena* (Mathematics in science and engineering, Bd. 196). Academic Press.

UN. (2020). United Nations, Department of Economic and Social Affairs, Statistics Division, New York 2020. https://www.google.com/url?sa=t&rct=j&q=&esrc=s&source=web&cd=&ved=2ahUKEwi-oqf2_hOXyAhXJ_KQKHajVDMQQFnoECAUQAQ&url=https%3A%2F%2Funstats.un.org%2Funsd%2Fpublications%2Fstatistical-yearbook%2Ffiles%2Fsyb63%2Fsyb63.pdf&usg=AOvVaw0_DcjqzwP_gnq5Xm6e8zD_. Zugegriffen am 04.09.2021.

Weinstein, M. C., Torrance, G., & McGuire, A. (2009). QALYs: The basics. *Value in Health, 12,* 5–9.

WHO. (1947). Satzung der WHO. https://apps.who.int/gb/bd/PDF/bd47/EN/constitution-en.pdf. Zugegriffen am 01.06.2021, 09:53 Uhr.

WHO. (2011). International statistical classification of diseases and related health problems 10th revision; Volume 2 Instruction manual; Fifth edition 2016. https://icd.who.int/browse10/Content/statichtml/ICD10Volume2_en_2019.pdf. Zugegriffen am 27.08.2021.

WHO. (2015). Der Europäische Gesundheitsbericht 2015 – Wesentliche Perspektiven. Kopenhagen, WHO-Regionalbüro für Europa, 2015. https://www.in-form.de/fileadmin/Dokumente/PDF/dereuropaeische_gesundheitsbericht_2015_1_.pdf. Zugegriffen am 29.07.2021.

WHO. (2019). Primary health care on the road to universal health coverage, 2019 Monitoring report, Conference edition. https://www.who.int/healthinfo/universal_health_coverage/report/2019/en/. Zugegriffen am 31.08.2021.

WHO. (2020). WHO methods and data sources for global burden of disease estimates 2000–2019; Global Health Estimates Technical Paper WHO/ DDI/DNA/GHE/2020.3; Department of Data and Analytics, Division of Data, Analytics and Delivery for Impact WHO, Geneva, December 2020.

# Die Autoren

**Dr. rer. pol. Maik Ebersoll, LL.M, Dipl.-Kaufmann Univ.**
Dr. Maik Ebersoll verantwortet in der Robert Bosch GmbH und zuvor in der Linde AG den Bereich Legal Operations. Er studierte in Saarbrücken Rechts- und in München Wirtschaftswissenschaften mit den Schwerpunkten Operations Research, Statistik sowie Logistik und promovierte an der Fakultät für Wirtschafts- und Organisationswissenschaften der Universität der Bundeswehr in München. Seine Forschungs- und Interessensschwerpunkte liegen in den Bereichen Makroökonomie, quantitative Systemtheorie sowie Legal Management und er engagiert sich im AWT Institut für ökonomische Systemtheorie e. V. sowie im Liquid Legal Institute e. V.

**Dr. rer. pol. Marianna Hanke-Ebersoll, Dipl. Volkswirtin Univ.**
Dr. Marianna Hanke-Ebersoll ist Geschäftsbereichsleiterin Pflege des Medizinischen Dienstes in Bayern. Sie studierte an der Ludwig-Maximilians-Universität Volkswirtschaftslehre und Gesundheitsökonomie und promovierte an der Universität der Bundeswehr in München. Sie arbeitete im AOK Bundesverband in Bonn und entwickelte unter anderem die Pflegenavigatoren für die AOK Familie, bevor sie später bei der AOK Bayern in München unter anderem neue Leistungs- und Organisationsstrukturen wie die Pflegeberatung oder Pflegestützpunkte aufbaute. Seit Ende 2020 leitet sie den Geschäftsbereich Pflege des MD Bayern. Ihre Forschungsschwerpunkte liegen im Bereich der Gesundheitsökonomie und Volkswirtschaftslehre und sie engagiert sich ehrenamtlich im AWT Institut für ökonomische Systemtheorie e. V.

**Dr. rer. pol. Thorsten Junkermann, Dipl.-Kaufmann Univ.**
Dr. Thorsten Junkermann ist Regionaldirektor Nord im Landeskrankenhaus (AöR) und verantwortet die strategische und operative Führung von mehreren Einrichtungen und Krankenhausstandorten innerhalb des Landeskrankenhauses. Zudem ist ihm die Aufgabe als Chief Digital Officer (CDO) für das Landeskrankenhaus mit dem Schwerpunkt der strategischen Umsetzung der digitalen Transformation übertragen. Er studierte in München Wirt-

M. Ebersoll et al. (Hrsg.), *Das Gesundheitswesen und seine volkswirtschaftliche Bedeutung*, https://doi.org/10.1007/978-3-658-36940-8

schafts- und Organisationswissenschaften mit den Schwerpunkten Operations Research, Wirtschaftsinformatik und Statistik und promovierte an der Fakultät für Wirtschafts- und Organisationswissenschaften an der Universität der Bundeswehr in München. Seine Forschungs- und Interessensschwerpunkte liegen in den Bereichen quantitative Systemtheorie, Gesundheitsökonomie und strategisches Management von Gesundheitseinrichtungen. Er engagiert sich ehrenamtlich im AWT Institut für ökonomische Systemtheorie e. V. und ist Mitglied in verschiedenen Gremien der Krankenhausgesellschaft Rheinland-Pfalz e. V. und der Deutschen Krankenhausgesellschaft e. V.

**Diplom-Wirtschaftsjurist Gregor Mainzer**
Gregor Mainzer ist als Stellvertretender Geschäftsführer und Prokurist für das conMedico MVZ gGmbH, Medizinisches Versorgungszentrum, der Landeskrankenhaus (AöR) verantwortlich. Herr Mainzer verantwortet 10 Praxen an 6 Standorten mit 80 Mitarbeitern und unterschiedlichen Fachdisziplinen und Ausrichtungen. Neben der Verantwortung für das operative Tagesgeschäft befasst sich Herr Mainzer mit der strategischen Weiterentwicklung des Unternehmens, insbesondere mit der Schnittstelle Krankenhaus. Herr Mainzer studierte Wirtschaftsrecht an der Fachhochschule Mainz mit dem Schwerpunkt öffentliches Recht und war mehrere Jahre als Berater und Prüfer in einer Wirtschaftsprüfungsprüfungsgesellschaft im Bereich NPO tätig. Neben seiner Tätigkeit im Landeskrankenhaus (AöR) engagiert er sich in landesweiten Projekten der ambulanten Versorgung.

**Janine Bicking**
Janine Bicking ist Fachwirtin für ambulante, medizinische Versorgung, übergeordnete Praxismanagerin und Mitglied der Geschäftsführung im conMedico MVZ. Janine Bicking verfügt über mehr als 10-jährige Berufserfahrung im Management und in der Organisation von ambulanten Haus- und Facharztpraxen. Als gelernte medizinische Fachangestellte kennt sie sowohl die Anforderungen an das Tagesgeschäft einer ambulanten Praxis als auch die aktuellen organisatorischen wie telematischen Herausforderungen.

**Prof. Dr. Franz Benstetter**
Prof. Dr. Franz Benstetter, Professor für Sozialversicherungen und Gesundheitsökonomie und Prodekan der Fakultät für Angewandte Gesundheits- und Sozialwissenschaften an der Technischen Hochschule Rosenheim. Studium der Volkswirtschaftslehre und Ökonometrie an der Ludwig-Maximilians-Universität München und an der University of California Santa Barbara, USA.

Er promovierte an der LMU München mit der Themenstellung „Health Care Economics: The Market für Physician Service"; nach Forschungs- und Beratertätigkeit arbeitete er als Führungskraft bei der Munich Re in der Erst- und Rückversicherung in internationalen Gesundheitsmärkten.

Seit 2015 ist er Professor an der TH Rosenheim und forscht u. a. zur Konzeption neuer Versorgungsformen, zur Analyse von Anreizeffekten und Fehlverhalten in Gesundheitsmärkten sowie zur digitalen Transformation im Gesundheitswesen.

**Dominik Schirmer**

Dominik Schirmer studierte nach einer kaufmännischen Berufsausbildung Sozialarbeit, Soziologie und Gesundheitswissenschaften. Zuletzt absolvierte er berufsbegleitend das Masterstudium in Gesundheitsökonomie an der Friedrich-Alexander-Universität Erlangen-Nürnberg mit dem Abschluss als Master of Health Business Administration (MHBA).

Er leitet im Ressort Grundsatz/Recht der AOK Bayern den Bereich Verbraucherschutz. In dieser Funktion verantwortet er u. a. den Fachbereich Behandlungsfehlermanagement sowie als „Beauftragter zur Bekämpfung von Fehlverhalten im Gesundheitswesen" die Leitung der Stelle zur Bekämpfung von Fehlverhalten im Gesundheitswesen der AOK Bayern.

Seine Forschungsinteressen liegen im Bereich Betrug und Missbrauch im Gesundheitswesen und er engagiert sich ehrenamtlich in der AG Gesundheitswesen von Transparency International Deutschland e.V.

**Dr. rer. pol. Gerald Gass, Dipl. Volkswirt Univ., Dipl. Soziologe Univ.**

Dr. Gerald Gass ist seit April 2021 Vorstandsvorsitzender der Deutschen Krankenhausgesellschaft (DKG e. V.). Der Diplom-Volkswirt und Diplom-Soziologe promovierte an der Goethe-Universität Frankfurt am Main. Er war zuletzt Präsident der Deutschen Krankenhausgesellschaft und Vorsitzender der Krankenhausgesellschaft Rheinland-Pfalz. Er verantwortete als Geschäftsführer das Landeskrankenhaus Rheinland-Pfalz in Andernach (AöR), den größten Träger psychiatrisch-psychotherapeutischer und neurologischer Einrichtungen in Rheinland-Pfalz, mit insgesamt 17 Standorten. Zuvor leitete Dr. Gerald Gass von 2001 bis 2008 die Abteilung Gesundheit im Rheinland-Pfälzischen Sozialministerium.

**Maike Visarius, M.A.**

Maike Visarius ist seit 2017 politische Referentin der Deutschen Krankenhausgesellschaft. Die studierte Geisteswissenschaftlerin arbeitet seit 2011 im Gesundheitswesen. Sie war zuvor als gesundheitspolitische Fachjournalistin und Redakteurin tätig und blickt außerdem auf eine mehrjährige Beratungserfahrung für Ministerien und Wirtschaft in den Bereichen Public Relations und Führungskräfteentwicklung zurück.

**Prof. Dr. Roman Grinblat**

LL.M. ist seit 2020 Inhaber der Professur für Soziale Arbeit im Studiengang Sozialmanagement an der Dualen Hochschule Baden-Württemberg Heidenheim (DHBW), Mitglied des Expertenpools gemäß § 92b Absatz 6 SGB V sowie Lehrbeauftragter an verschiedenen Universitäten und Hochschulen, unter anderem an der Ludwig-Maximilians-Universität München und der Universität Augsburg.

Nach seinem Studium der Rechts- und Wirtschaftswissenschaften promovierte er im Bereich der gesetzlichen Krankenversicherung an der Universität Augsburg. Parallel zum Dr. iur. schloss er ein Masterstudium zum LL.M. ab. Nach einem Forschungsaufenthalt an der Oxford University (UK), arbeitete Prof. Dr. Grinblat viele Jahre bei verschiedenen Unternehmen im Gesundheits- und Sozialsektor sowie am Max-Planck-Institut für Sozialrecht und Sozialpolitik in München.

Seine Forschungsschwerpunkte liegen an der Schnittstelle von Recht und Ökonomie und umfassen insbesondere das Sozial- und Medizinprodukterecht, Gesundheitsökonomie sowie Digitalisierung der Sozialwirtschaft.

### Enes-Batuhan Baskal

ist Senior Consultant bei EY Parthenon wo er verschiedene Organisationen in der Gesundheitswirtschaft zu Prozessen, Strategien und Reimbursement berät. Zuvor war er langjähriger Referent für Gesundheitspolitik bei der BARMER Landesvertretung in Baden-Württemberg. Darüber hinaus ist er Gastdozent an der DHBW in Heidenheim.

Nach seinem Studium im Bereich Gesundheitsmanagement an der Hochschule für Technik und Wirtschaft in Aalen schloss er sein berufsbegleitendes Studium Digital Management & Transformation (M. Sc.) an und befasste sich mit der nutzenorientierten und wirtschaftlichen Weiterentwicklung der Digitalen Gesundheitsanwendungen.

Ehrenamtlich ist er im Landesvorstand der Arbeitsgemeinschaft Sozialdemokratinnen und Sozialdemokraten im Gesundheitswesen aktiv.

### Univ.-Prof. Dr. med. Dipl.-Psych. Michael Huss

Michael Huss ist Ärztlicher Direktor der Reinhessen-Fachklinik Alzey (RFK), Chefarzt der Abteilung für Kinder- und Jugendpsychiatrie, Psychosomatik und Psychotherapie (KJP) der RFK sowie Chefarzt der Abteilung für KJP an der Rheinhessen-Fachklinik Mainz. Seit 2007 hat er den Lehrstuhl für KJP an der Universitätsmedizin Mainz inne, ist dort Direktor der Klinik für KJP der Universitätsmedizin Mainz und leitet die dortige Kinderpsychosomatik.

Er hat sein Diplom in Psychologie an der Freien Universität Berlin, seine Promotion in Medizin mit Auszeichnung an der Ruprechts-Karl-Universität Heidelberg und seine Habilitation im Fach KJP an der Humboldt-Universität in Berlin erworben, für die er den Hermann-Emminghaus-Preis erhielt. Neben seiner klinischen Tätigkeit leitet er seit 25 Jahren internationale Forschungsprojekte und war als Berater an der europäischen Zulassungsbehörde EMEA tätig. 2017 hatte er eine Gastprofessur für KJP in Japan an der Hokkaido Universität in Sapporo inne. Für sein internationales Patent über Doppler-Radar-Aktographie erhielt er den Europäischen Altran-Finalisten-Preis für Innovation in der medizinischen Forschung.

### Univ.-Prof. Dr. Rainer B. Pelka, em., Dipl.-Mathematiker, Dipl.-Psychologe

*Pelka* studierte Wirtschaftsmathematik an den Universitäten Köln und München sowie an der TU München, ferner Psychologie an der LMU München, wo er mit dem Dipl. in Mathematik und dem Diplom in Psychologie abschloss, sowie mit dem Dr. phil. über „Lernprozesse in stochastischen Automaten" promovierte.

Von 1979 bis 2007 hatte er an der UniBw München den Lehrstuhl für „Angewandte Statistik" inne. Seit 2007 ist er Inhaber und Wissenschaftlicher Leiter des **IAS** (Institut für Angewandte Statistik) in Unterföhring bei München.

Seine Schwerpunkte liegen in den Bereichen Lerntheorien und Künstliche Intelligenz, u. a. zur Entwicklung und Evaluation von Sicherheitssystemen, Kybernetik, Testentwicklung und Testanwendung, Medizinische Therapiestudien, u. a. zur Alzheimer-Entwicklung und -Prävention, sowie Gesundheitsökonomie.

## Oliver Kremer

Oliver Kremer studierte Wirtschaftspsychologie in Nürnberg und Medizinmanagement in München.

Er ist Lehrbeauftragter für Medizin- und Gesundheitsökonomie an der Fachhochschule für Ökonomie und Management in Nürnberg. Darüber hinaus hat er einen Lehrauftrag für Wirtschaftspsychologie an der Hamburger Fern-Hochschule.

Seine Forschungs- und Interessensschwerpunkte liegen in der Gesundheitsökonomie sowie dem strategischen Management von Gesundheitseinrichtungen. Er engagiert sich ehrenamtlich im AWT - Institut für ökonomische Systemtheorie e. V.

## Jürgen Federmann

Jürgen Federmann studierte in München Wirtschaftsrecht. Er ist Lehrbeauftragter an der Akkon Hochschule für Humanwissenschaften in Berlin für die Module Vergaberecht und Qualitätsmanagement. Seine sonstigen Schwerpunkte liegen in der quantitativen Systemtheorie und der Gesundheitsökonomie.

## Dr. rer. pol. Maik Ebersoll, LL.M, Dipl.-Kaufmann Univ.

Dr. Maik Ebersoll verantwortet in der Robert Bosch GmbH und zuvor in der Linde AG den Bereich Legal Operations. Er studierte in Saarbrücken Rechts- und in München Wirtschaftswissenschaften mit den Schwerpunkten Operations Research, Statistik sowie Logistik und promovierte an der Fakultät für Wirtschafts- und Organisationswissenschaften der Universität der Bundeswehr in München. Seine Forschungs- und Interessensschwerpunkte liegen in den Bereichen Makroökonomie, quantitative Systemtheorie sowie Legal Management und er engagiert sich im AWT Institut für ökonomische Systemtheorie e. V. sowie im Liquid Legal Institute e. V.

## Dr. rer. pol. Marianna Hanke-Ebersoll, Dipl. Volkswirtin Univ.

Dr. Marianna Hanke-Ebersoll ist Geschäftsbereichsleiterin Pflege des Medizinischen Dienstes in Bayern. Sie studierte an der Ludwig-Maximilians-Universität Volkswirtschaftslehre und Gesundheitsökonomie und promovierte an der Universität der Bundeswehr in München. Sie arbeitete im AOK Bundesverband in Bonn und entwickelte unter anderem die Pflegenavigatoren für die AOK Familie, bevor sie später bei der AOK Bayern in München unter anderem neue Leistungs- und Organisationsstrukturen wie die Pflegeberatung oder Pflegestützpunkte aufbaute. Seit Ende 2020 leitet sie den Geschäftsbereich Pflege des MD Bayern. Ihre Forschungsschwerpunkte liegen im Bereich der Gesundheitsökonomie und Volkswirtschaftslehre und sie engagiert sich ehrenamtliche im AWT Institut für ökonomische Systemtheorie e. V.

**Dr. rer. pol. Thorsten Junkermann, Dipl.-Kaufmann Univ.**

Dr. Thorsten Junkermann ist Regionaldirektor Nord im Landeskrankenhaus (AöR) und verantwortet die strategische und operative Führung von mehreren Einrichtungen und Krankenhausstandorten innerhalb des Landeskrankenhauses. Zudem ist ihm die Aufgabe als Chief Digital Officer (CDO) für das Landeskrankenhaus mit dem Schwerpunkt der strategischen Umsetzung der digitalen Transformation übertragen. Er studierte in München Wirtschafts- und Organisationswissenschaften mit den Schwerpunkten Operations Research, Wirtschaftsinformatik und Statistik und promovierte an der Fakultät für Wirtschafts- und Organisationswissenschaften an der Universität der Bundeswehr in München. Seine Forschungs- und Interessensschwerpunkte liegen in den Bereichen quantitative Systemtheorie, Gesundheitsökonomie und strategisches Management von Gesundheitseinrichtungen. Er engagiert sich ehrenamtlich im AWT Institut für ökonomische Systemtheorie e. V. und ist Mitglied in verschiedenen Gremien in der Krankenhausgesellschaft Rheinland-Pfalz e. V und der Deutschen Krankenhausgesellschaft e. V.

ervices